Les fondamentaux du contrôle de gestion

Principes et outils

Ouvrage coordonné par :
Françoise Giraud, ESCP Europe
Philippe Zarlowski, ESCP Europe

Avec :
Olivier Saulpic, ESCP Europe
Marie-Anne Lorain, ESCP Europe
François Fourcade, ESCP Europe
Jérémy Morales, ESCP Europe

Préface :
Gervais Pellissier, FranceTélécom-Orange

PEARSON
Education

Retrouvez également cet ouvrage en version anglaise :

Fundamentals of management control.
Techniques and principles
ISBN : 978-2-7440-7519-3
Parution fin août 2011 aux éditions Pearson

À noter :

les astérisques * dans le corps du texte renvoient à la rubrique « Définitions et concepts » placée à la fin des chapitres.

ISBN : 978-2-7440-7518-6

Mise en pages : Compo-Méca

Les auteurs

Olivier Saulpic, Professeur associé, ESCP Europe.
Docteur en économie. Consultant. Ancien Directeur industriel et du contrôle de gestion.
Centres d'intérêt : conception des systèmes de pilotage, appropriation des systèmes de pilotage par les acteurs, renouveau de la planification, théorie et enseignement du contrôle.

Françoise Giraud, Professeur associé, ESCP Europe.
Docteur en sciences de gestion. Expérience professionnelle en cabinets d'audit et de conseil aux entreprises. Conception, coordination et animation de formations pour des publics de professionnels et étudiants.
Centres d'intérêt : aspects comportementaux du contrôle de gestion, liens avec la gestion des ressources humaines, systèmes de mesure de la performance locale, tableaux de bord.

Philippe Zarlowski, Professeur associé, ESCP Europe.
Docteur en sciences de gestion. Expérience de management dans différentes organisations académiques. Conception, gestion et animation de modules ainsi que de programmes de formation pour des publics de professionnels et d'étudiants.
Centres d'intérêt : Diffusion et mise en œuvre dans les organisations publiques et privées de nouveaux systèmes de mesure des performances.

Marie-Anne Lorain, Professeur de contrôle de gestion, ESCP Europe.
Docteur en sciences de gestion. Ancien Directeur de gestion et Contrôleur financier dans le secteur de la distribution.
Centres d'intérêt : gestion budgétaire et prévisions glissantes, outils de pilotage.

François Fourcade, Professeur associé, ESCP Europe.
Docteur en sciences de gestion. Ancien Directeur « achats et industrie » dans le secteur de l'équipement automobile, en France et à l'étranger. Directeur scientifique du CIRPP, laboratoire de recherche en innovation pédagogique. Chercheur associé au CRG (École polytechnique).
Centres d'intérêt : stratégie et management de l'innovation, outils de pilotage.

Jérémy Morales, Professeur assistant, ESCP Europe.
Docteur en sciences de gestion. Enseignant-chercheur en contrôle de gestion et management.
Centres d'intérêt : impact de la rationalité financière sur les modes d'organisation et de contrôle, l'instrumentation de gestion, les interactions et le travail quotidien des cadres.

Remerciements

Cet ouvrage, fruit d'un travail collectif de l'équipe d'auteurs, a également bénéficié de nombreux échanges avec les collègues, étudiants, praticiens et participants en formation permanente qui – par leurs questions, commentaires ou témoignages – ont contribué à en préciser et à en enrichir le contenu. Nous souhaitons ici les remercier.

Nos remerciements s'adressent en particulier **aux collègues et intervenants du département Contrôle et Pilotage des Organisations (CPO) d'ESCP Europe** pour le processus d'échange engagé depuis de nombreuses années autour du cours fondamental de contrôle de gestion du **programme Master in Management**. Merci notamment à :

- **Carole Bonnier**, **Philippe Dobler**, **Carla Mendoza** et **Robert Zrihen** (**ESCP Europe**) pour leur contribution à la réflexion sur les tableaux de bord ;
- **Michel Fiol** (**HEC Paris**) pour nos discussions avec lui sur la méthode OVAR pour ces mêmes tableaux de bord ;
- **Annick Bourguignon** (**ESSEC Business School**) pour ses propositions stimulantes sur un enseignement responsable.

Nous souhaitons également témoigner notre gratitude à deux dirigeants d'entreprise qui ont contribué directement à cet ouvrage :

- **Caroline Catoire** (**SAUR**) pour le cas « Propreté et Environnement » ;
- **Gervais Pellissier** (**France Télécom – Orange**) pour avoir accepté de rédiger la préface du livre.

L'intérêt qu'ils ont bien voulu témoigner à nos travaux nous a confortés dans notre volonté de développer des principes d'analyse et de construction des systèmes de contrôle qui s'efforcent de satisfaire à la fois les exigences de rigueur conceptuelle et de pertinence pratique.

Merci, enfin, à nos éditeurs, **Pascale Pernet** et **Pierre Morin** (**Pearson France**) pour la manière dont ils ont accueilli notre projet et assuré son bon aboutissement.

En tant qu'auteurs, nous restons bien entendu seuls responsables des idées développées dans cet ouvrage et de leurs limites.

Les auteurs

Table des matières

PARTIE III
L'INTÉGRATION DE LA DÉMARCHE

Chapitre 9

Chapitre 10

Chapitre 11

Préface

Les questions de la performance et de son pilotage ont pris une place centrale ces dernières années dans des groupes comme le nôtre. Le contrôle de gestion est de plus en plus important pour le travail des managers dans le cadre de la mise en œuvre de la stratégie, comme support à la prise de décision ou en ce qui concerne la motivation des équipes. De leur coté, les contrôleurs de gestion sont appelés à dépasser une éventuelle vision financière ou technique du contrôle de gestion pour devenir de véritables partenaires des opérationnels, leurs *Business Partners,* qui les assistent dans les choix, sans oublier toutefois l'importance du « contrôle », gage de sérieux et de cohérence pour les directions générales et les actionnaires. Cet ouvrage nous livre une vision du contrôle de gestion en phase avec ces évolutions en le considérant comme une démarche managériale qui s'appuie sur des priorités et non, comme on le pense trop souvent, comme une affaire de spécialistes. Destiné aussi bien aux managers qu'aux contrôleurs de gestion, en formation ou en poste, il place la question de la performance des organisations et des modalités de son déploiement au cœur de la problématique du contrôle de gestion.

J'ai particulièrement apprécié que les outils soient présentés par rapport à l'intention managériale, en mettant en relation les finalités et les principes qui les sous-tendent ainsi que les risques associés, avec un souci de précision dans les définitions. Cet effort de clarification est bienvenu dans un environnement qui évolue rapidement et dans lequel il est à la fois de plus en plus complexe mais de plus en plus important de comprendre et d'évaluer les nouveaux outils. Il permet d'ancrer les méthodes, grilles et exemples présentés dans un cadre favorisant une réelle appropriation, clé d'une mise en œuvre réussie. Or, mon expérience m'a appris que déployer et faire utiliser un nouvel instrument de gestion, notamment de pilotage, constitue un enjeu essentiel et délicat de la conduite du changement dans les organisations. Je conclurai en revenant sur le titre de cet ouvrage. Le terme « fondamental » doit être entendu de deux façons : il s'agit de donner des bases, mais aussi, en revenant aux principes structurants du pilotage de la performance, de permettre une meilleure compréhension des pratiques afin d'en envisager l'évolution. Je recommande donc cet ouvrage à la fois à des lecteurs découvrant le domaine, mais aussi à des managers souhaitant réfléchir sur leurs pratiques de contrôle de gestion. En ce qui concerne les premiers, particulièrement les étudiants, je les encourage dans cette découverte dont mon expérience montre qu'elle ouvre à des carrières intéressantes et variées en dépit de l'image que peut avoir ce domaine auprès d'eux.

Gervais Pellissier

France Télécom Orange
Directeur Général Adjoint
en charge des Finances et des Systèmes d'Information

Introduction générale

Cet ouvrage, intitulé *Les Fondamentaux du contrôle de gestion – Principes et outils*, a été conçu comme un support pédagogique pour des étudiants et managers abordant le contrôle de gestion dans un espace de temps limité. Cette contrainte nous a amenés à apprécier ce qui relevait du « fondamental » en la matière, question moins simple qu'il n'y paraît de prime abord.

En effet, de nombreux ouvrages d'introduction appréhendent « les bases » en décrivant les techniques élémentaires, ou contournent la difficulté en proposant une variété très large de thématiques, parfois dépourvue de perspective et de hiérarchisation. Cet ouvrage a choisi un positionnement différent, et ce pour plusieurs raisons.

Premièrement, le contrôle de gestion, ou pilotage de la performance, est à nos yeux une *démarche managériale* et non, comme on le pense trop souvent, une affaire de spécialistes : choisir les orientations d'une organisation et les déployer de façon pertinente au niveau des acteurs qui les mettent en œuvre au quotidien relèvent de la responsabilité des dirigeants d'une entreprise et de ses managers. Les outils du contrôle de gestion sont au service de cette démarche, ils visent à aider la prise de décision. C'est la raison pour laquelle cet ouvrage a été conçu avant tout pour des lecteurs managers (ou pour des étudiants qui visent à le devenir) en tant qu'acteurs principaux de la démarche, et se démarque de ce fait d'une vision trop techniciste des choses, qui serait inadaptée à ce lectorat.

Ensuite, aborder le contrôle de gestion exclusivement à partir des outils n'est pas sans danger. Certains auteurs ont en effet souligné une tendance de plus en plus forte et très dommageable à la « réification » des instruments de gestion, c'est-à-dire au fait de les considérer comme des réalités objectives et, de ce fait, non questionnables[1]. Ce faisant, le risque est de perdre de vue l'origine de ces instruments et notamment le cadre social dans lequel ils se sont développés, cadre rarement neutre et toujours fortement empreint de subjectivité. Par exemple, assimiler le contrôle de gestion à la maximisation de quelques grands ratios financiers – et certains débats dans la presse des dernières années attestent que cette vision n'est pas nécessairement éloignée de pratiques effectivement observables – est loin d'être neutre quant à la conception des finalités de la discipline et, de façon plus générale, quant à l'idéologie économique et sociale sous-jacente. L'usage « aveugle » de ces instruments conduit alors à renforcer ces cadres sociaux en les inscrivant dans les pratiques et à proroger leurs effets,

1. Bourguignon Annick, « Les instruments de gestion sont-ils éthiques ? Les enjeux de la réification », in Palpacuer Florence, Leroy Maya et Naro Gérald (sous la dir. de), *Management, mondialisation, écologie : regards critiques en sciences de gestion*, Paris, Hermès, 2010, p. 163-183.

y compris lorsqu'ils sont dommageables, posant alors un problème d'ordre éthique. Annick Bourguignon considère que l'enseignement de la gestion et *a fortiori* tous les supports qui y concourent portent une responsabilité importante en la matière[1]. Notre positionnement dans cet ouvrage s'inscrit dans cette optique d'un enseignement « responsable ».

Pour cela, notre premier choix est de replacer les outils de pilotage dans leur *usage managérial* (voir début de cette introduction) : ceci contribue au souci de non-réification en ouvrant des questions importantes, comme l'adaptation des outils à un contexte donné (contexte sectoriel, culturel, historique, etc.) et leur appropriation par les acteurs.

Cela permet également de placer ces outils dans une *intention managériale*, ce qui est essentiel à nos yeux. De fait, un instrument de gestion peut être appréhendé de plusieurs façons :

- la première consiste à le considérer au travers des **pratiques**, c'est-à-dire la façon dont il est mis en œuvre par des organisations variées, entreprises ou autres. Cette approche, qui a l'avantage d'être concrète (ce qui peut lui conférer un caractère quasi fascinant, notamment aux yeux de certains étudiants légitimement avides d'entrer enfin dans la « vraie vie » des entreprises), soulève de nombreux problèmes : comment évaluer ces pratiques ? Sont-elles transposables à d'autres contextes et, si oui, moyennant quelles adaptations aux particularités de ces nouveaux contextes ? Faut-il ne retenir que les « meilleures pratiques », c'est-à-dire celles des entreprises performantes, mais, dans ce cas, comment être sûr que cette performance est liée à l'usage de cet outil ? Ou que certains effets positifs ne sont pas compensés par d'autres plus négatifs ?
- une seconde approche consiste à s'intéresser aux **méthodes** de construction des outils, c'est-à-dire non pas aux instruments inscrits dans leur mise en pratique, mais aux règles opératoires qui ont permis de les construire. Ainsi, plutôt que de s'intéresser au tableau de bord du groupe *lambda*, on peut présenter différentes méthodes d'élaboration de cet instrument de gestion, par exemple le *balanced scorecard* proposé par Kaplan et Norton. Là encore, des écueils se présentent : dès lors qu'une méthodologie acquiert une certaine notoriété, elle est diffusée à large échelle, mais rarement telle quelle ; elle fait l'objet d'interprétations, d'ajustements, d'extensions, voire de déformations, y compris de la part de ses initiateurs eux-mêmes, qui la font souvent évoluer ; quelle version de la méthode convient-il alors de retenir ? Par ailleurs, les méthodes sont par définition axées sur le « comment » des choses : comment choisir les indicateurs de performance pertinents dans un tableau de bord ? Comment calculer des marges de division adéquates ? Comment analyser des résultats de façon utile à la prise de décision ? Ainsi par exemple, pour calculer la marge d'une division, la méthode du coût complet indique qu'il convient d'abord d'imputer les coûts directs, puis les coûts indirects, et donne des éléments permettant d'allouer ces coûts de façon satisfaisante (choix des critères d'imputation, ordre d'imputation, etc.). Or parfois, la focalisation sur le « comment » peut amener à faire oublier le « pourquoi » des choses, pourtant essentiel. Faut-il allouer des frais de siège aux divisions ? Qu'est-ce qui justifie cette règle ? La réponse à ces questions oblige à clarifier d'une part les *finalités* poursuivies, d'autre part les *principes* sur lesquels on s'appuie, les deux aspects étant intimement liés. Pour reprendre notre exemple, l'allocation des frais

1. Bourguignon Annick, « Enseigner le contrôle de gestion : un piège éthique ? », *La Place de la dimension européenne dans la comptabilité, le contrôle et l'audit*, Actes du 30e congrès de l'Association francophone de comptabilité (AFC), Strasbourg, mai 2009, http://www.iae.univ-poitiers.fr/afc09/PDF/p188.pdf.

de siège aux divisions peut permettre d'évaluer la profitabilité de cette division (finalité) et ce qui la justifie alors est le principe de causalité (voir chapitre 4) ;

- cette explicitation **des finalités et des principes** est d'autant plus importante que, nous en verrons de nombreux exemples dans cet ouvrage, un instrument de gestion répond souvent à plusieurs finalités, ce qui peut se traduire par des conséquences opérationnelles divergentes dans la façon de concevoir l'outil. Par exemple, si on considère un budget comme un instrument de motivation des managers (finalité 1), il est important que, sauf cas particulier, la cible reste inchangée pour conserver son caractère incitatif. Si on l'appréhende en revanche comme un outil de régulation (finalité 2), il est essentiel que les évolutions de l'environnement amènent à des ajustements rapides, par exemple pour l'engagement des ressources nécessaires. Par ailleurs, pour une finalité donnée, les principes peuvent être multiples et conflictuels, obligeant à des arbitrages ou compromis. Nous verrons par exemple que, dans une perspective d'évaluation des managers, le système de mesure de performance est tiraillé entre les principes de congruence et de contrôlabilité.

L'explicitation des finalités et des principes sur lesquels reposent, au moins implicitement, les pratiques et les méthodes nous semble un deuxième élément de réponse au risque de réification. Leur multiplicité oblige en effet tout d'abord à relativiser les aspects opérationnels : il n'y a pas « une » bonne façon de faire, mais « des » façons de faire plus ou moins cohérentes avec l'intention visée. Par ailleurs, tout principe est empreint d'une part de subjectivité, il représente la plupart du temps un « point de vue ». « L'entreprise » elle-même ne correspond à aucune autre « réalité » que l'ensemble des politiques et stratégies élaborées par ses cadres dirigeants. L'explicitation des finalités et des principes oblige alors à en présenter le bien-fondé, à dégager les arguments qui les soutiennent ou, au contraire, les mettent en question. Exposer ces arguments ne leur confère pas nécessairement une plus grande valeur, ni une plus grande neutralité, mais cela y contribue de façon indirecte : cela oblige à un effort de rationalisation d'une part et permet, d'autre part, au lecteur de s'en emparer, de se les approprier ou, au contraire, d'apporter un regard différent qui permettra *in fine* d'enrichir le corpus des principes. Cela permettra également à chacun d'assumer sa part de responsabilité dans l'usage qu'il fait des instruments.

Un dernier élément nous semble important pour lutter contre le risque de réification des outils : la définition des termes et concepts utilisés. La littérature managériale fourmille de controverses en tous genres et, à notre sens, nombre d'entre elles s'avèrent floues faute de savoir de quoi on parle exactement, voire constituent parfois de faux débats car les parties s'opposent sur des concepts hétérogènes. Par exemple, la question récurrente des limites de l'outil budgétaire, qui a fait couler beaucoup d'encre, s'est rarement appuyée sur l'explicitation claire de ce que l'on entendait par « budget ».

Or, l'analyse diffère selon que la critique s'adresse à un outil défini comme « une enveloppe de coûts à ne pas dépasser », « un chiffrage financier des plans d'action managériaux », « un outil de planification à court terme », pour ne citer que ces définitions courantes (et problématiques !). Définir les concepts ne signifie pas en prouver la véracité, car un concept est toujours une convention, mais cela permet de clarifier l'énoncé des principes utilisant ces concepts, donc de favoriser la plus grande lucidité appelée par Annick Bourguignon.

Ces quelques considérations introductives pourront faire craindre au lecteur que cet ouvrage adopte une posture très théorique, éloignée des « réalités » concrètes. Nous avons cherché au contraire à trouver un équilibre et un enrichissement mutuel entre un point de vue pratique et opérationnel d'une part et un point de vue théorique d'autre part :

- le point de vue pratique et opérationnel apparaîtra au travers des différentes méthodes, grilles et exemples concrets donnés tout au long de l'ouvrage ;
- le point de vue théorique viendra ancrer ces aspects opérationnels en dégageant les finalités, principes et concepts mobilisés, afin d'en asseoir la rationalité, mais également de mettre en évidence les limites de ces outils.

Pour résumer, notre positionnement s'appuie sur les choix suivants :

- le contrôle de gestion sera abordé non pas sous l'angle du métier de contrôleur de gestion, mais comme une démarche managériale à laquelle participent différents acteurs et, en premier chef, les managers eux-mêmes ;
- nous dégagerons les différentes dimensions et problématiques d'une démarche de pilotage, qui conduiront à mettre en perspective les principaux instruments de pilotage et à faire apparaître la multiplicité des regards que l'on peut porter aux outils ;
- nous attacherons une importance particulière à la clarification des finalités de ces outils ainsi qu'à l'exposé des principes sur lesquels repose leur élaboration. Cela nous permettra de présenter de façon plus étayée leurs méthodes d'élaboration et leurs caractéristiques opérationnelles ;
- nous discuterons autant que faire se peut la rationalité de ces principes, dont nous proposerons une synthèse courte et précise sous forme de « messages clés » à la fin de chaque chapitre.

Compte tenu de l'espace imparti à cet ouvrage, cette ambition peut sembler excessive. C'est la raison pour laquelle nous avons opté pour la réalisation non pas d'un, mais de deux ouvrages. Celui-ci est ainsi prolongé par *L'Art du contrôle de gestion – Enjeux et pratiques*. Cet espace élargi autorise des développements plus conséquents, mais nous ramène également à la question initiale : qu'est-ce qui est fondamental et doit être traité dès le premier ouvrage ? Pour rester dans l'esprit que nous venons d'évoquer, nous avons choisi de mettre l'accent sur les éléments suivants :

- **la structure et l'articulation d'ensemble de la démarche de contrôle de gestion :** nous avons choisi un plan d'ouvrage organisé non pas sur la présentation séquentielle des différents outils de pilotage, mais sur celle des problématiques de base de la démarche (voir ci-après le plan de l'ouvrage). Les outils de pilotage, considérés comme des réponses opérationnelles à ces problématiques, viennent s'insérer dans ce plan selon les problématiques qui les concernent, donc parfois à plusieurs endroits. Par exemple, le tableau de bord sera développé à la fois dans la partie I consacrée à la structuration des indicateurs de performance, mais également dans la partie II (« La dynamique de pilotage »), où nous analyserons par exemple son rôle dans le processus d'analyse des résultats ;
- **les outils de pilotage :** comme nous l'avons souligné précédemment, nous chercherons un équilibre entre des visions opérationnelle et critique (au sens positif du terme), mais surtout nous nous attacherons à articuler ces deux dimensions l'une par rapport à l'autre. Cela nous amènera, dans chaque chapitre, à dégager en premier lieu les finalités et principes fondamentaux d'élaboration des outils, ainsi que les concepts sur lesquels ils

reposent, puis en second lieu à aborder les méthodes d'élaboration. Le bien-fondé de ces principes sera discuté et des grilles de synthèse seront établies ;

- **les limites :** nous nous focaliserons ici sur les éléments les plus « classiques » et centraux du contrôle de gestion. L'ouvrage d'approfondissement complétera cette présentation en mettant en évidence des modalités de pilotage alternatives aux formes classiques (différents modes de contrôle, programmes de performance, pilotage transversal), des contextes particuliers d'application (secteur public, fonctions de support, contextes culturels variés), des prolongements relatifs aux outils (prix de cession internes, « faut-il tuer le budget ? », appropriation des outils de gestion).

Le chapitre 1 donnera une vision d'ensemble de la démarche de pilotage de la performance et de ses différentes dimensions, pour permettre au lecteur de positionner les différents thèmes traités dans l'ouvrage et, s'il le souhaite, de les aborder dans un ordre différent de celui que nous avons retenu.

La partie I développera une première problématique, celle de l'explicitation de la performance recherchée et sa traduction opérationnelle dans des systèmes de mesure pertinents. Elle dégage ce que recouvre la notion de performance sur un plan qualitatif, distingue les systèmes de mesure au niveau global de l'organisation (indicateurs financiers, tableaux de bord globaux) des systèmes de mesure au niveau local de ses entités (*responsibility accounting*, comptabilité de gestion, tableaux de bord locaux).

La partie II présentera les éléments de la dynamique de pilotage autour de cette structure d'indicateurs. Elle expose les objectifs et principes de la gestion prévisionnelle, qui fondent les outils de base que sont le budget, les plans opérationnel et stratégique. Elle explique les modalités d'analyse des résultats et ses facteurs de réussite.

La partie III enfin reprendra la question des acteurs du pilotage (complémentarité entre les rôles des managers et des contrôleurs de gestion) et proposera deux cas transversaux qui permettront d'illustrer les problématiques de l'ouvrage dans le cadre de situations extraites de cas réels d'entreprises : celui d'un équipementier automobile et celui d'un groupe de traitements des déchets.

Chapitre 1

Le contrôle de gestion : vue d'ensemble

Introduction

Ce premier chapitre introduit le contrôle de gestion en offrant une vision d'ensemble de ses objectifs, composantes, concepts et outils fondamentaux. Il a pour objectif de dégager l'articulation générale de la démarche, afin d'éclairer le lecteur sur les liens entre les différents thèmes qui seront abordés dans cet ouvrage.

Le contrôle de gestion sera défini de façon progressive. Dans la première section, nous nous placerons dans un contexte volontairement simplifié, celui d'une entité autonome (par exemple, une petite entreprise). Cela nous permettra d'appréhender les éléments de base de la démarche. Dans la seconde section, nous considérerons le contexte plus complexe d'une « organisation » composée de plusieurs « entités » (divisions opérationnelles, départements fonctionnels ou autres) et dégagerons les dimensions nouvelles induites par cette configuration plus large.

1. Les éléments de base de la démarche

1.1. Le processus de contrôle

Que recouvre le contrôle de gestion et quelles sont ses finalités ? Pour le comprendre, il convient de s'appuyer sur une conception large de l'idée de « contrôle », comme celle qui se dégage par exemple de la définition du dictionnaire *Larousse*, où « contrôler » signifie « *pouvoir diriger un phénomène, un processus, intervenir dans son évolution. Par exemple : contrôler sa respiration, contrôler la situation* ». Elle recouvre l'idée d'une intervention volontariste de la part d'un acteur, en vue de produire des effets désirés. Le contrôle s'oppose ainsi au hasard, mais également à une dépendance excessive à l'égard de facteurs externes. Il est proche des idées de maîtrise et de régulation.

Pour reprendre l'exemple du *Larousse*, dire qu'une personne contrôle sa respiration signifie à la fois qu'elle en est l'acteur (absence de respirateur artificiel), mais également qu'elle cherche à atteindre un effet donné (une respiration calme et régulière), en résistant à des facteurs externes (des émotions violentes, un manque d'oxygène) et en agissant pour réguler le rythme de son souffle (par exemple avec une pratique sportive régulière ou des exercices de relaxation).

Par analogie, le contrôle de gestion* est une démarche permettant à une entreprise de produire des résultats voulus (généralement exprimés en termes de « performance »), en agissant pour atteindre ces résultats et en gérant les risques induits à la fois par les difficultés externes (liées notamment au marché, aux concurrents, au contexte économique et politique) et internes à l'organisation. En d'autres termes, le contrôle de gestion se définit comme le fait pour une entreprise de se donner des objectifs de performance et d'en maîtriser au mieux la réalisation progressive. C'est une démarche de pilotage de la performance de l'entreprise.

Cette démarche s'inscrit dans le temps : on se place successivement avant l'action – c'est la phase de planification* – et après l'action – c'est la phase de suivi et d'analyse des résultats. Elle est donc progressive ; c'est pourquoi on parle d'un processus de contrôle*.

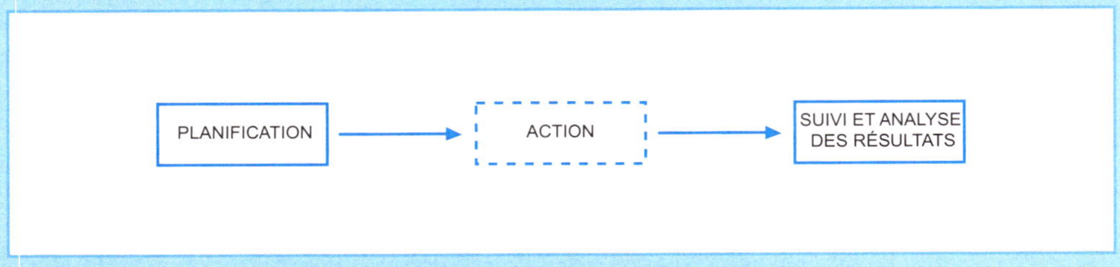

Figure 1.1 – Les deux grandes phases du processus de contrôle de gestion

Ainsi, contrôler ne saurait se réduire à un simple exercice de « vérification », car on se situerait alors « après coup », une fois la décision ou l'action engagée, et les possibilités de maîtrise seraient de ce fait limitées, de l'ordre de la réaction plus que de l'action pleinement effective. Pour tenter de maîtriser l'atteinte des résultats désirés, il est essentiel de préparer l'action, de l'organiser, de la simuler, d'en anticiper les conséquences. La phase de planification est donc essentielle.

1.1.1. La planification

La fonction générale de la planification, on l'a vu, est de préparer l'action. Sans entrer dans les détails, qui seront présentés au chapitre 7, on peut dégager ses principales composantes.

Premièrement, la planification recouvre la fixation d'objectifs*. Dans le langage courant, le terme « objectif » désigne deux notions différentes :

- **une « nature » de résultat attendu, un type de performance particulier.** L'entreprise cherche-t-elle à accroître sa rentabilité ? À augmenter son volume d'activité ? À se désendetter ? À poursuivre tous ces objectifs à la fois, d'autres types d'objectif ?
- **un « niveau » de performance attendu.** Si l'entreprise vise une performance en termes de rentabilité, celle-ci doit-elle s'élever à 10 % ? 20 % ? S'agit-il de « doubler » le volume d'activité pour devenir le leader sur le marché, de « maintenir » les parts de marché existantes ? De « réduire » les coûts de structure ?

Nous verrons dans cet ouvrage que chacun de ces aspects soulève des problématiques particulières ; c'est pourquoi il nous semble utile de les distinguer conceptuellement et, pour cela, d'utiliser des termes différents. Nous utiliserons le terme « objectif » pour désigner le type de performance visée et le terme « cible » pour le niveau de performance espéré. Bien évidemment, ces deux aspects sont intrinsèquement liés et, souvent, ils sont décidés conjointement, si bien que le premier rôle de la planification est en réalité de déterminer des objectifs ciblés (par exemple, une augmentation de 10 % du chiffre d'affaires).

Le second rôle de la planification est d'anticiper la façon dont l'entreprise va tenter d'atteindre ces objectifs. Il s'agit de mettre en place un dispositif cohérent avant de se lancer dans l'action à proprement parler. La planification comprend donc également une décision sur les moyens engagés, c'est-à-dire d'une part le choix des plans d'action qui vont être mis en œuvre, d'autre part la détermination et la mobilisation des ressources qui seront nécessaires à cet égard (ressources financières, humaines, matérielles, etc.).

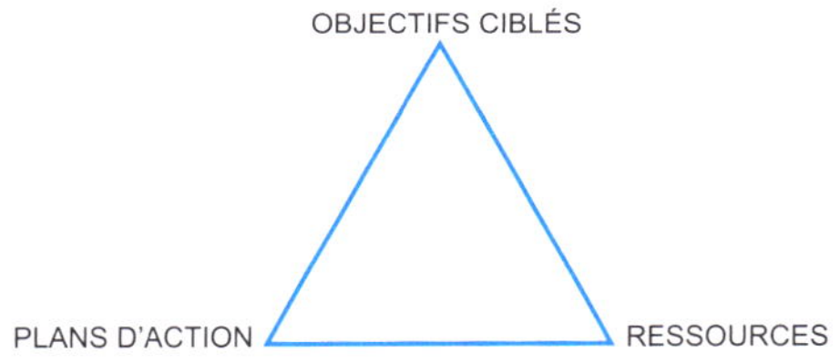

Figure 1.2 – Les dimensions fondamentales de la planification

Encadré 1.1

Exemple

L'entreprise Ordinatix, société de services informatiques, cherche à se développer sur le marché français et se fixe un objectif de part de marché de 20 %.

Pour développer son chiffre d'affaires, Ordinatix peut envisager des plans d'action de nature très variée : étendre son activité à de nouveaux segments de clientèle, accroître l'attractivité de ses prestations sur les marchés actuels (par exemple en réduisant les prix de ces dernières), créer de nouvelles prestations… Du choix des plans d'action, découleront des besoins en termes de ressources, qui devront être anticipés et organisés : nombre et type d'implantations, effectifs d'informaticiens, dépenses liées à leur formation, actions promotionnelles, ressources financières…

Plus l'horizon visé sera lointain, plus l'entreprise pourra anticiper et organiser son action. Mais *a contrario*, les risques seront également plus élevés du fait d'une plus grande incertitude. Un premier outil de planification, le plan stratégique, aura ainsi pour fonction de déterminer les objectifs « à long terme » de l'entreprise en trouvant un compromis entre ces deux considérations (anticipation/risque). Les plans stratégiques sont généralement établis à un horizon de l'ordre de cinq ans, mais celui-ci dépend en réalité très fortement du secteur d'activité dans lequel opère l'entreprise, ainsi que de l'ampleur des plans d'action envisagés.

Encadré 1.2

Exemples

Des entreprises comme ArcelorMittal ou Orange fonctionnent actuellement avec des plans stratégiques à l'horizon de cinq ans.

Cet horizon est parfois plus long : huit ans chez Axa (plan « Ambition 2012 » annoncé en 2004), dix ans chez EADS (plan « Vision 2020 » annoncé en 2010), douze ans au CNRS (« Horizon 2020 » annoncé en 2008), plusieurs décennies pour les groupes énergétiques.

Mais il peut parfois être plus court : ainsi, Dexia a fixé en 2010 ses objectifs de long terme à quatre ans.

Le « contrôle » de l'objectif suppose la création d'une trajectoire en direction du ou des buts visés. Il s'agit de baliser l'espace-temps qui sépare la situation présente de l'objectif à long terme, donc de décliner celui-ci à des horizons plus courts afin de fixer des étapes intermédiaires. Pour cela, le plan stratégique va être relayé par deux autres outils de planification :

- **le plan opérationnel**, qui décline les objectifs à un horizon moyen terme, généralement trois ans ;
- **le budget**, qui les traduit à un horizon encore plus court, généralement celui d'une année.

Comme son nom l'indique, le plan opérationnel « opérationnalise » le plan stratégique en fixant une étape intermédiaire dans la réalisation des objectifs finaux, et le budget poursuit ce processus de jalonnement des échéances à l'horizon annuel. Si l'objectif de l'entreprise est d'atteindre un objectif de part de marché de 20 % dans dix ans et que celle-ci s'élève actuellement à 5 %, la route vers cette ambition peut sembler à première vue longue, ardue, voire irréaliste. Pour se donner une chance d'y parvenir, l'entreprise pourra fixer dans le plan opérationnel un objectif de 10 % à un horizon de trois ans et dans le budget un objectif de 8 % pour l'année suivante. Les plans d'action et les ressources à long terme seront également déclinés à plus court terme.

Si elle est bien menée, la phase de planification constituera plus tard un guide précieux pour le suivi des résultats. Ceux-ci seront en effet appréhendés par « écart » avec les objectifs. Dès lors, si la planification est effectuée de façon superficielle ou trop limitée, il sera difficile de savoir si un écart traduit une mauvaise performance, pour laquelle il faut trouver des solutions, ou si elle résulte simplement d'une mauvaise planification et n'appelle pas de réaction particulière. En revanche, une planification sérieuse permettra au manager d'avoir une information fiable sur le niveau de performance obtenu et de pouvoir focaliser son attention sur les écarts défavorables : c'est ce que l'on appelle le principe de gestion par exception*.

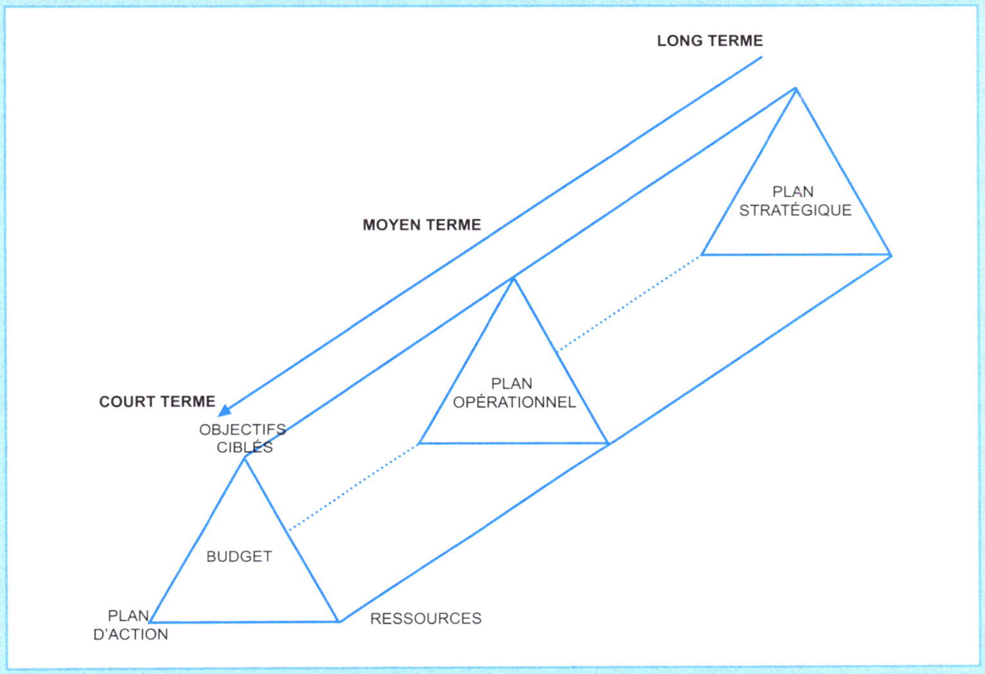

Figure 1.3 – Les différents horizons de la planification

1.1.2. Le suivi et l'analyse des résultats

La planification a pour but d'anticiper au maximum les difficultés dans la réalisation des objectifs, en fixant ceux-ci de façon adéquate, en élaborant des plans d'action cohérents et en planifiant les ressources nécessaires. Toutefois, les résultats peuvent ne pas être au rendez-vous, notamment si la mise en œuvre des plans d'action est insuffisante ou si des aléas surviennent. Ainsi, un suivi des résultats obtenus est nécessaire. C'est la phase aval du processus de contrôle.

Ce suivi des résultats n'a pas pour but de « constater » si les objectifs sont ou non atteints. Il s'inscrit dans la logique de maîtrise de ces objectifs : il n'est pas effectué au terme de l'objectif fixé, mais *pendant* la mise en œuvre des plans d'action, offrant au manager une opportunité de réagir « en cours de route » si le résultat final semble compromis. De ce fait, le « suivi » des résultats à proprement parler est précédé d'un suivi de l'avancement des résultats. Le pilotage de la trajectoire se fait de façon progressive, grâce à des points réguliers. Ainsi, si l'horizon de l'objectif budgétaire est annuel, le suivi budgétaire se fera la plupart du temps à un rythme mensuel. De même, le budget constituant la partie court terme du plan opérationnel, les résultats de fin d'année constituent des points d'avancement du plan triennal. Le processus de contrôle (planification, suivi des résultats) n'est donc pas un processus séquentiel, il fonctionne plutôt « en boucle » dans la mesure où l'entreprise intervient régulièrement pour valider la poursuite de sa trajectoire. On parle à ce niveau de « boucle de régulation* ».

Si un écart entre objectifs et résultats amène à revenir sur la mise en œuvre des plans d'action, il peut également conduire à réviser les objectifs eux-mêmes : certaines des hypothèses retenues lors de la fixation des objectifs peuvent être devenues caduques, des éléments nouveaux peuvent être apparus. Par exemple, la croissance de l'économie peut s'avérer plus faible que prévue, la parité des monnaies utilisées peut avoir évolué significativement, un partenaire économique peut avoir subi des difficultés irréversibles, un concurrent peut avoir réalisé une innovation commerciale importante, compromettant fortement la probabilité d'atteindre les objectifs initiaux… Il est alors important de savoir intégrer ces évolutions par le biais de reprévisions, afin de procéder rapidement à des réajustements des moyens engagés.

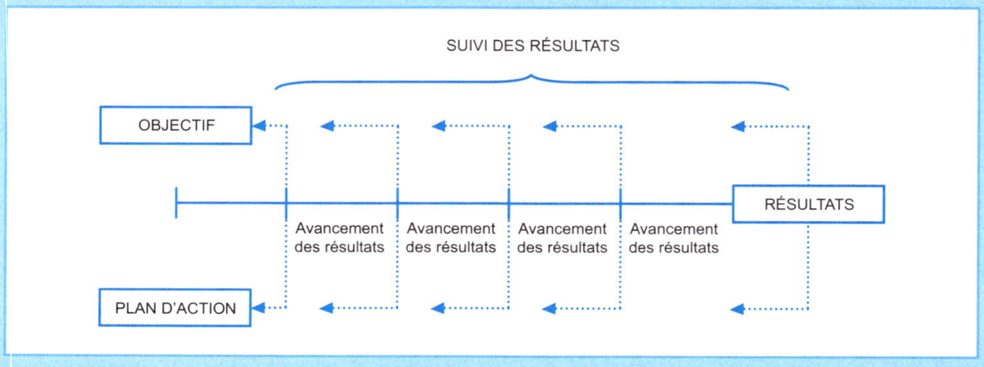

Figure 1.4 – La boucle de régulation

Les méthodes de suivi des résultats sont multiples. Fondées généralement sur l'identification d'écarts par rapport à l'objectif, elles décomposent ces écarts selon des schémas différents. Nous verrons au chapitre 8 que selon leur configuration, elles offrent au manager une base d'analyse plus ou moins riche et réactive de la performance obtenue et favorisent donc de façon inégale la prise de décisions correctives.

Encadré 1.3

Contrôle de gestion et comptabilité financière

Le contrôle de gestion est souvent perçu comme un domaine d'« expertise du chiffre », ce qui explique qu'il soit associé fréquemment dans les esprits à la comptabilité financière (aussi appelée « comptabilité générale »). Il existe pourtant des différences fondamentales entre ces deux systèmes[1]. La comptabilité financière remplit avant tout une fonction de communication externe sur la performance globale de l'entreprise, à des fins juridiques et fiscales, mais également pour les besoins des analyses financières par des tiers.

1. La distinction opérée ici est sans doute excessive au regard des liens réels qu'entretiennent le contrôle de gestion et la comptabilité financière, qui s'avèrent plus complexes que ce qui est présenté dans cet encadré. Elle a néanmoins une visée pédagogique forte, qui consiste à clarifier le cadre fondamental du contrôle de gestion en posant des définitions claires et en dégageant les finalités des systèmes, ce dont nous verrons à de multiples reprises dans cet ouvrage l'importance pour la configuration concrète des outils de mesure et de pilotage.

Elle répond à des normes standardisées de publication des résultats. Le contrôle de gestion quant à lui vise l'élaboration des objectifs stratégiques par les dirigeants de l'entreprise et le pilotage de leur réalisation. C'est donc principalement un processus interne à l'entreprise ; il s'attache moins à *mesurer* les résultats qu'à les *produire* et, au préalable, à les définir. Par ailleurs, les outils sur lesquels il s'appuie sont généralement adaptés aux spécificités de chaque entreprise (objectifs, stratégie, structure). Enfin, comme nous allons le voir, il n'est pas limité aux seules dimensions financières de la performance.

Exemple 1.3 (suite)

1.2. Les systèmes de mesure de la performance

1.2.1. Quelle performance ?

Les objectifs à court, moyen et long termes d'une entreprise peuvent être fixés sur la base de conceptions très variées du type de performance souhaitée : dans des entreprises nouvellement créées, la rentabilité des activités peut être momentanément mise au second rang au profit d'un objectif de croissance ; la trésorerie peut prendre le pas sur la profitabilité, pour ne citer que deux exemples.

Exemple

Dans le groupe Pernod-Ricard, les dernières années ont été marquées par une forte croissance externe, avec l'acquisition notamment des entreprises Irish Distillers (Jameson), d'une partie de Seagram, Allied Domecq, Vin&Spirit (Absolut Vodka). Pour 2010-2011, deux priorités ont été définies :

- la croissance organique interne, notamment par le développement des marques stratégiques du groupe ;
- le désendettement après la série de rachats.

Encadré 1.4

Mais si le contrôle de gestion s'est construit initialement sur une représentation de la performance exprimée exclusivement en des termes financiers, cette caractéristique ne lui est pas consubstantielle. Dans certains secteurs, l'objectif de performance ne se limite pas à la rentabilité économique, mais peut inclure par exemple une mission de service public ou des contraintes environnementales. Le contrôle de gestion tel que nous le définissons dans ce livre s'applique aussi à des secteurs comme des mairies, des hôpitaux, des associations humanitaires. Il n'est donc pas restreint, comme on le pense parfois, aux seules entreprises à but lucratif.

Nous verrons par ailleurs que dès lors que l'on passe de l'objectif final à des objectifs intermédiaires, la nature de la performance peut évoluer, car on passe alors des finalités à proprement parler aux leviers d'action permettant de les atteindre. Par exemple, une entreprise visant une performance en termes de rentabilité pourra se fixer un objectif intermédiaire de réduction des coûts. Une association humanitaire pourra estimer qu'un levier important pour mettre en œuvre son projet caritatif est d'avoir un certain niveau de notoriété et se fixer en conséquence des objectifs intermédiaires en termes de communication.

Ainsi, la performance n'est pas une notion universelle, c'est un « construit » qui est influencé par différents facteurs : le type d'organisation concerné, son secteur d'activité, sa stratégie, la configuration des parties prenantes, comme nous le développerons au chapitre 2. La variété de ces facteurs rend généralement la définition de la performance particulière à chaque organisation.

La mise en œuvre du processus de contrôle (planification, suivi des résultats) est donc impossible sans un travail préalable d'explicitation et de hiérarchisation des dimensions de la performance choisies pour l'entreprise, qui en constitue la structure : des objectifs devront être fixés et des résultats suivis sur toutes ces dimensions (figure 1.5).

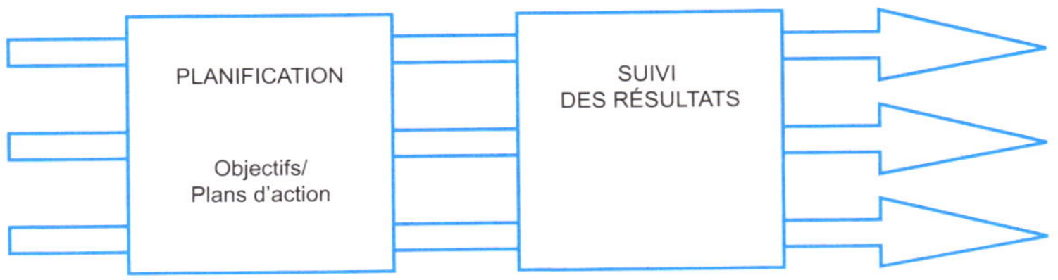

Figure 1.5 – Le rôle structurant des axes de performance

De même que le contrôle de gestion ne peut être systématiquement associé à un objectif de maximisation du profit, il ne peut pas être non plus assimilé à un objectif de réduction des coûts, comme on le pense parfois. Schématiquement, l'activité d'une entreprise génère d'une part des consommations (en matières, temps, énergie, etc.), qui se traduisent par des coûts, et, d'autre part, des performances plus positives qui la rendent attractive auprès de ses clients (qualité des produits, diversité des services, image). La performance ne saurait donc se résumer à la partie « négative » de la performance (les coûts), elle comprend également les éléments de création de valeur[1].

Encadré 1.5

Comptabilité de gestion et contrôle de gestion

La comptabilité de gestion, également appelée « comptabilité analytique », est focalisée sur la mesure des coûts générés par une entreprise. Elle recouvre différents concepts de coûts, qui peuvent correspondre à des stades de calcul (coût d'achat, coût de production, coût de revient), à des degrés d'incorporation des charges dans les coûts (coût complet, coût variable, coût direct), à des postures de calcul (coût standard, coût réel), pour citer les principales distinctions. Elle s'appuie sur des méthodes de calcul variées (méthode des centres d'analyse, méthode dite ABC[2], méthodes de valorisation des stocks, technique de l'imputation rationnelle des frais fixes, etc.).

1. Nous verrons au chapitre 2 que la notion de « création de valeur » est assez galvaudée et qu'elle peut recouvrir des significations différentes.
2. ABC : *activity-based costing*.

Encadré 1.5 (suite)

Le contrôle de gestion est plus large que la comptabilité de gestion dans la mesure où il se centre sur la notion de performance, qui ne se limite pas à la réduction des coûts. Par exemple, dans les industries du luxe, l'image du produit, sa qualité, son conditionnement sont des dimensions également très importantes de la performance ; dans le transport ferroviaire, la sécurité, le respect des horaires, la régularité du trafic constituent des dimensions importantes à intégrer au système de pilotage de la performance.

Par ailleurs, le contrôle de gestion recouvre toute la dynamique de pilotage de cette performance, il ne saurait se réduire à une « comptabilité » statique.

1.2.2. Le rôle des systèmes de mesure

Comme nous venons de le voir, à la base, les axes de performance se définissent de façon qualitative : on vise le profit, la qualité des produits, une image innovante ou autre. En revanche, pour fixer des objectifs chiffrés et suivre des résultats, ces dimensions qualitatives vont devoir être traduites en grandeurs mesurables ou indicateurs.

Par exemple, le profit pourra s'appréhender par un indicateur comme le résultat net comptable, ou la satisfaction des clients par le nombre de réclamations. Il sera alors possible de décider si l'objectif est un résultat net de 100 ou 200, un nombre de réclamations en diminution de 5 ou 10 %. Ces indicateurs pouvant être multiples, on parle en général de « système de mesure* ». Des objectifs devront être fixés sur chaque dimension, de même que chacune fera l'objet d'un suivi des résultats.

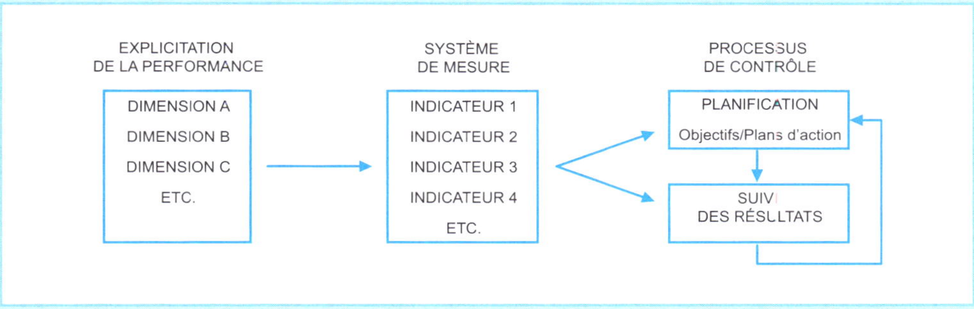

Figure 1.6 – La structure du processus de contrôle : les indicateurs de performance

Dès lors qu'ils constituent l'armature du processus de contrôle, les systèmes de mesure jouent un rôle très structurant, comme le souligne l'expression américaine « *What you measure is what you get* » ! On considère généralement que les objectifs ont plus de chances d'être contrôlés, maîtrisés, s'ils résultent d'un processus de gestion volontariste, inscrit dans les systèmes de gestion.

De fait, les systèmes de mesure présentent l'avantage de traduire la performance en des termes concrets, « objectifs ». Ils facilitent ainsi sa clarification et sa communication, ce qui est particulièrement important dans des organisations de grande taille dans lesquelles les acteurs doivent coordonner leurs actions (voir section 2).

Il ne faut toutefois pas perdre de vue que les systèmes de mesure sont avant tout des représentations et qu'à la base, la définition des axes de performance comporte une part de subjectivité importante, comme nous l'approfondirons dans les chapitres suivants. Nous verrons également que le recours aux systèmes de mesure présente des limites qui peuvent générer des effets pervers et qu'il convient donc d'utiliser ces systèmes avec discernement (voir notamment la conclusion de la partie I).

1.2.3. La construction des systèmes de mesure

Si les systèmes de mesure jouent un rôle central dans les dispositifs de pilotage de la performance, pour autant ils ne sont pas aisés à construire. Les buts qualitatifs poursuivis ne sont pas toujours très clairs. Ils peuvent être perçus différemment selon que l'on est un manager opérationnel ou un membre de la direction générale du groupe, qui a une vision plus stratégique des finalités et des enjeux de l'entreprise, mais une connaissance moins fine des spécificités de chaque segment de clientèle ; de même, un responsable commercial aura une vision sensiblement différente de celle d'un directeur d'usine ou d'un responsable des ressources humaines.

Il est essentiel, pour clarifier les termes de la performance, de faire converger les différentes représentations qu'en ont les acteurs de l'entreprise.

Par ailleurs, un phénomène qualitatif donné ne se laisse pas toujours appréhender facilement par un indicateur. Celui-ci n'est souvent qu'une approximation, un reflet plus ou moins fidèle de ce phénomène ; il repose par ailleurs souvent sur des conventions, dont la pertinence n'est pas toujours facilement démontrable. Par exemple, comment mesurer la satisfaction d'un client ? Celui-ci ne signale pas nécessairement son mécontentement de façon directe ni immédiate. Un indicateur comme le nombre de produits retournés physiquement par le client à l'entreprise néglige les cas de clients mécontents mais n'étant pas allés jusqu'à renvoyer le produit. Le nombre de réclamations téléphoniques est également imprécis. Une note résultant d'enquêtes de satisfaction menées auprès des clients dépendra des conditions d'échantillonnage des clients interrogés. Comment mesurer la marge dégagée par un produit ? Intègre-t-on les coûts de l'ensemble de la chaîne de fabrication, de l'achat des composants à la vente du produit ? Faut-il intégrer les coûts liés à la création de ce produit (coûts de conception, coût des prototypes, etc.), ou juste ceux engagés en « vitesse de croisière » ? Comment tenir compte des coûts de structure et comment les répartir de façon pertinente entre les produits ?

Encadré 1.6

Les propriétés d'une mesure

Sur un plan théorique, on distingue deux types de qualités requises pour une « bonne » mesure :

- **des qualités intrinsèques :**
  - *la fiabilité (ou fidélité)* : la mesure doit capter le phénomène à mesurer en limitant le « bruit » et avec une précision satisfaisante. Chez un transporteur, le temps de travail d'un conducteur est mesuré de la façon suivante : un chronotachygraphe mesure automatiquement le temps pendant lequel le véhicule roule. À ce temps de conduite,

Encadré 1.6 (suite)

il convient d'ajouter du temps de travail « physique » (chargement/déchargement des camions), du temps « à disposition » (temps d'attente divers), du temps de repos. Pour cela, le conducteur déclenche manuellement le chronotachygraphe pour qu'il enregistre le temps correspondant. Les pratiques des conducteurs en matière de saisie des temps sont assez disparates. Toutefois, en fin de semaine, avant que le système informatique ne déclenche automatiquement la paie, l'exploitant (lui-même ancien routier, donc rompu aux « biais » du système) contrôle les temps déclarés, ce qui permet d'améliorer leur fiabilité,

- *la validité :* la mesure doit correspondre au phénomène que l'on cherche à mesurer. Par exemple, la mesure de temps total travaillé par un conducteur, même contrôlée soigneusement par l'exploitant (pour autant que ce soit possible), n'est pas une mesure très valide si on cherche à appréhender la performance du conducteur. Certes, on attend de lui un certain nombre d'heures d'activité, mais d'autres éléments sont essentiels (sécurité, respect des vitesses, etc.) ;

• **des qualités d'adéquation à l'usage :**

- *la pertinence :* la mesure doit être convenablement choisie au regard du type de décision envisagé. Par exemple, le coût de production est plus pertinent que le coût de revient pour mesurer la performance d'une usine, car le coût de revient contient des coûts de commercialisation qui ne sont pas liés directement à l'activité de fabrication. Nous verrons également dans la première partie de cet ouvrage que l'on ne conçoit pas des mesures de la même façon selon que l'on s'adresse aux tiers ou aux managers, aux managers de « terrain » ou aux dirigeants de l'entreprise, selon que la mesure vise à évaluer des activités ou des managers en charge des activités, donc selon l'usage de la mesure envisagée,
- *le coût :* la production d'une mesure coûte, car elle nécessite de collecter des données, de les fiabiliser, de les traiter, de les interpréter, ce qui engendre des coûts en termes de temps passé et de systèmes informatiques ; l'information délivrée par la mesure doit être suffisamment utile pour justifier ces coûts,
- *le délai :* une information de qualité délivrée « trop tard » est de peu d'utilité. Ainsi, certains systèmes de mesure devront être rejetés en management pour leur lourdeur et leur lenteur excessive, parfois peu adaptées au contexte de décision rapide des managers,
- *la lisibilité :* une mesure est un instrument d'information, ce qui suppose que celle-ci puisse être comprise sans difficulté par son destinataire.

Des difficultés émergent également quant à la liste des indicateurs que l'on va retenir. La tendance naturelle est d'utiliser les mesures facilement disponibles, par exemple les indicateurs issus de la comptabilité financière (que les entreprises ont obligation légale de publier pour informer les tiers de l'entreprise, donc qui sont « disponibles » pour des besoins de gestion), les informations générées directement par les processus de production ou de commercialisation : prises de commandes des clients, volumes livrés, stocks, effectifs (qui sont nécessaires pour les besoins opérationnels de l'entreprise, donc que l'on peut également « récupérer » à des fins de gestion). Nous verrons que la construction des systèmes de mesure répond à des exigences plus fortes : toutes les données disponibles ne sont pas nécessairement pertinentes et il peut être nécessaire de construire des indicateurs spécifiquement pour les besoins du pilotage de la performance. Dans la partie I de cet ouvrage, nous proposerons des principes clairs guidant la construction de systèmes de mesure de la performance pertinents.

1.2.4. La boucle d'apprentissage

Les difficultés liées au choix d'un système de mesure confèrent toujours à ce dernier une part de fragilité, quel que soit le soin que l'on ait porté à son élaboration. La sélection « technique » des indicateurs et *a fortiori* la définition préalable des axes de performance reposent sur des choix, des représentations, des stratégies, des analyses de l'environnement de l'entreprise, des contraintes qu'il fait peser sur celle-ci ou des opportunités qu'il lui offre – ensemble de représentations qui constitue le modèle de performance sur la base duquel les systèmes de mesure vont être construits.

Du fait de cette part de subjectivité, le modèle de performance est intrinsèquement lié aux acteurs qui l'ont élaboré, à leur positionnement, à leurs compétences, au contexte politique de l'entreprise, et sa qualité dépendra de cette configuration organisationnelle dont il est issu. Le modèle de performance est également contingent sur un plan temporel, car il résulte des analyses et décisions d'un moment, qui sont susceptibles d'évoluer : la configuration des marchés et de la concurrence évolue sans cesse, les plans d'action ont par définition une durée de vie limitée, des aléas peuvent survenir au sein de l'entreprise, le modèle est donc toujours plus ou moins provisoire.

Il est par conséquent essentiel de rester vigilant et de revalider régulièrement la pertinence du modèle qui sous-tend les systèmes de pilotage de la performance. Les écarts entre les objectifs et les résultats peuvent ainsi constituer un symptôme de la faiblesse ou de l'obsolescence du modèle et donc alerter le manager sur la nécessité de le revoir. C'est ce que nous appelons une « boucle d'apprentissage* », qui vient compléter la boucle de régulation présentée précédemment. Dans la boucle de régulation, on tente de réduire un écart en intensifiant les plans d'action engagés ou en révisant les objectifs que l'on s'est fixés. Dans la boucle d'apprentissage, l'action corrective porte sur le modèle de performance qui sous-tend les objectifs et les plans d'action.

Encadré 1.7

Exemple

L'entreprise Sweet, spécialisée dans l'édition d'ouvrages de management de vulgarisation, a connu ces dernières années une croissance régulière de son chiffre d'affaires, quoique le marché soit devenu de plus en plus difficile. L'encombrement des linéaires sur ce type de segment, l'impact des effets de mode rendent la démarche commerciale toujours délicate et les prévisions de vente difficiles à établir. Toutefois, les dirigeants de Sweet ont décidé de faire face à ces difficultés en adoptant une posture active et ambitieuse. Pour les trois années à venir, ils se sont fixé un objectif de progression du chiffre d'affaires de 8 % par an et prévoient de maintenir le taux de marge par ventes. Pour cela, ils ont choisi d'intensifier l'action commerciale de l'entreprise auprès des surfaces de vente, en augmentant la fréquence des visites des représentants aux vendeurs permettant

Encadré 1.7 (suite)

de présenter les derniers titres publiés, de vérifier le positionnement des ouvrages sur les linéaires, de recueillir des informations précises sur les comportements des clients.

À la fin de la première année, les résultats sont toutefois très en deçà des prévisions de ventes. Quelles possibilités s'offrent à Sweet ?

- Intensifier ses plans d'action, par exemple en améliorant la qualité de la négociation commerciale (renforcement de l'argumentaire de vente, formation des commerciaux), en réaménageant les tournées, en supervisant plus étroitement les commerciaux ou en embauchant du personnel supplémentaire.
- Revoir ses objectifs à la baisse l'année 201n + 1 pour adopter un rythme de croissance plus progressif.

Ces deux premiers axes constituent la boucle de régulation.

- Les dirigeants peuvent également s'interroger plus profondément sur la pertinence de leur modèle de performance. Faut-il poursuivre la présence dans les librairies de quartier ? Comment évolue le marché du livre numérique et faut-il se positionner sur ce segment particulièrement incertain ? Faut-il envisager des partenariats institutionnels avec des établissements d'enseignement ?

Ce troisième axe correspond à la boucle d'apprentissage.

On entrevoit ainsi l'une des principales difficultés de la dynamique du contrôle : sans une organisation préalable de l'action (la planification, l'élaboration d'un modèle de performance traduit dans un système de mesure), la performance visée a peu de chances d'être atteinte ; cependant, dans un contexte instable et incertain, la pertinence de ce plan et de ce modèle est éphémère. Il faut donc à la fois donner des guides à l'action, leur imprimer une direction prédéfinie et rester vigilant sur les besoins d'évolution de ces cadres d'action, afin de rester apte au changement lorsqu'il est nécessaire. Un équilibre doit ainsi être trouvé entre ces deux risques opposés que sont l'incohérence et la rigidité.

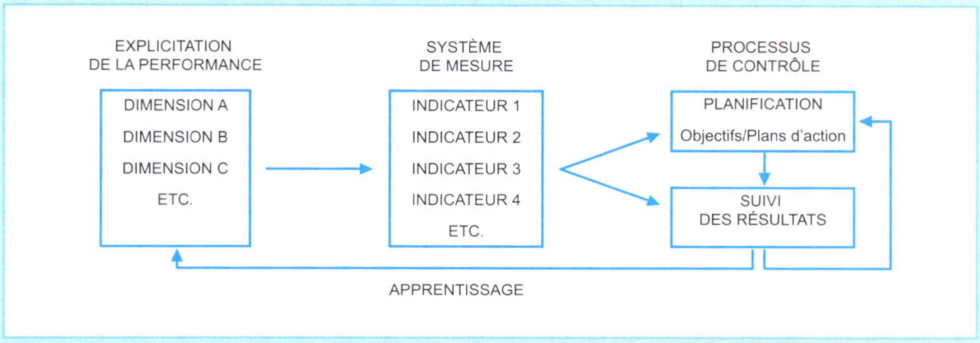

Figure 1.7 – La boucle d'apprentissage

1.3. Le rôle des contrôleurs de gestion dans la démarche de pilotage de la performance

Le contrôle de gestion est très naturellement associé à une fonction au sein de l'entreprise : les contrôleurs de gestion, qui peuvent être organisés en départements autonomes ou regroupés avec d'autres fonctions de l'entreprise.

Pourtant, la démarche de pilotage de la performance est loin de ne concerner que les contrôleurs de gestion. À la base, il s'agit d'une démarche qui relève des managers, qu'ils soient dirigeants de l'entreprise, responsables d'une *business unit*, en charge d'un département opérationnel (usine, service commercial) ou fonctionnel (marketing, finances, ressources humaines, etc.).

Dès lors qu'un manager est en charge d'un segment d'activité de l'entreprise, qu'il a l'autorité d'engager cette dernière à travers ses décisions opérationnelles, il est nécessaire qu'il n'opère pas en aveugle et qu'il puisse mettre en œuvre une dynamique de pilotage de la performance en accord avec ses responsabilités. Il doit ainsi clarifier les objectifs poursuivis et se projeter dans l'avenir de façon active, surveiller la convergence des résultats obtenus et prendre les décisions qui s'imposent lorsque ceux-ci ne sont pas au rendez-vous.

En revanche, le manque de temps comme le besoin d'expertise relatifs à certains outils prévus à cet effet l'amènent à déléguer une part de cette démarche à un tiers : le contrôleur de gestion. Celui-ci prend donc en charge une partie de la démarche de pilotage. Il joue un rôle essentiel dans la conception des dispositifs et outils (plans, budgets, tableaux de bord ou autres) et dans la mise en œuvre de ceux-ci, dans les analyses économiques qui en résultent, dans l'animation de la démarche. Il assure ainsi une fonction d'appui au manager.

Nous verrons au chapitre 9 que ce positionnement est loin d'être sans conséquence sur le profil requis des contrôleurs de gestion, sur leur positionnement au sein de l'entreprise et l'organisation de leur fonction ainsi que sur les conditions d'exercice de leur métier.

À ce stade, il est surtout essentiel de percevoir que la démarche de contrôle est mise en œuvre *conjointement* par les responsables opérationnels et les contrôleurs de gestion, que ce n'est pas une affaire de spécialistes, *a fortiori* d'experts du chiffre, mais une démarche plus large à laquelle participent de nombreux acteurs. Ces rôles sont profondément imbriqués et peuvent prendre une configuration différente selon les entreprises. Par exemple, dans les organisations où le contrôle de gestion est peu développé, comme dans les secteurs non marchands, les contrôleurs de gestion pourront avoir un rôle de sensibilisation, d'information et de formation important auprès des responsables opérationnels, au-delà de leurs responsabilités plus techniques. Les managers de certaines entreprises s'appuient très fortement sur leurs contrôleurs de gestion pour analyser les résultats de l'activité, quand d'autres assumeront eux-mêmes cette fonction.

2. Le contrôle de gestion au sein des groupes

La section 1 a présenté la démarche de base du contrôle de gestion en dégageant :

- d'une part, son organisation dynamique dans le temps (planification, suivi des résultats) ;
- d'autre part, sa structuration autour d'un système de mesure de la performance (ensemble d'indicateurs reposant sur un modèle de performance).

On observera que ce type de démarche peut s'exercer au sein d'entreprises de tailles très variées. L'idée selon laquelle le contrôle de gestion serait réservé aux grands groupes paraît peu fondée : un dirigeant de petite entreprise est confronté à l'incertitude potentielle dans son secteur d'activité, à la nécessité de se fixer un cap et d'organiser ses moyens d'action de façon cohérente avec cette ligne directrice ; il doit s'assurer que ses résultats convergent vers les ambitions qu'il s'est fixées. Son « besoin de contrôle » est donc réel[1].

Cependant, dans les organisations de plus grande taille, marquées par la multiplicité des acteurs et la complexité parfois importante des processus décisionnels, le contrôle de gestion doit faire face à des enjeux supplémentaires que nous allons présenter dans cette seconde section.

2.1. Un double niveau de pilotage

Les groupes de grande taille exigent une structuration claire du pouvoir de décision. Cette structure peut suivre des schémas variés et plus ou moins complexes : structures divisionnelles (qui peuvent être elles-mêmes organisées selon différents critères : zones géographiques, marchés, produits, etc.), fonctionnelles, matricielles, structures par projets, etc. Elle peut prévoir par ailleurs un degré de décentralisation plus ou moins marqué de la prise de décision.

En termes de contrôle de gestion, cela induit une difficulté nouvelle : dès lors que le pouvoir de décision est réparti entre de multiples acteurs ou, plus exactement, entre plusieurs entités[2] et, notamment, entre les différents niveaux hiérarchiques, à quel niveau le processus de contrôle doit-il être mené ? Nous avons vu en section 1 que les managers étaient directement impliqués dans la démarche de contrôle de gestion, mais comment les choses s'organisent-elles entre les différentes strates de managers ?

2.1.1. L'autocontrôle par les entités

Un premier élément de réponse est induit par les raisons mêmes qui justifient la délégation du pouvoir de décision le long de la ligne hiérarchique. Celle-ci répond en réalité à des préoccupations multiples : raccourcissement du processus de décision, plus grande proximité de la décision par rapport aux contingences locales, motivation accrue des personnes à qui on confère une plus grande marge de manœuvre, pour ne citer que les principales.

Pour que ces atouts de la décentralisation soient préservés, il est important que les managers « locaux »[3] puissent mettre en œuvre un processus d'autocontrôle* à leur propre niveau, et ce pour plusieurs raisons :

1. Dans les entreprises de petite taille, les dispositifs de pilotage pourront éventuellement être plus simples que ceux d'une grande entreprise, de même que la fonction de contrôleur de gestion pourra être regroupée avec d'autres fonctions proches pour tenir compte des moyens financiers plus limités. Pour autant, ceci n'élimine en rien le besoin de contrôle de gestion.
2. Nous préciserons cette notion d'entités dans la suite de ce chapitre et au chapitre 4. Notons à ce stade qu'il s'agit d'une subdivision du groupe : division, département, service ou autre.
3. Nous utilisons ici le terme de managers « locaux » par souci de simplification, pour désigner tout manager lié par un lien hiérarchique à un autre manager de rang supérieur, ce dernier étant donc plus « global ». Cette appellation ne préjuge en rien du degré de « localité » du manager, qui peut se situer à un niveau hiérarchique très élevé (direction d'une branche ou d'une division au sein d'un groupe par exemple, direction d'une fonction de support centrale) ou être positionné à un échelon intermédiaire dans la hiérarchie (responsable de département ou de service).

- si la fixation des objectifs de performance et le suivi des résultats étaient opérés uniquement par les dirigeants du groupe, les managers locaux seraient alors dépourvus de toute « visibilité » sur la marche de leur activité, ils navigueraient en aveugle. Il y aurait donc incohérence avec la décentralisation du pouvoir de décision ;
- par ailleurs, les dirigeants seraient surchargés d'informations de suivi détaillé des résultats, car les domaines d'activité d'un groupe sont généralement multiples.

À la base, le pilotage de la performance des différentes activités de l'entreprise relève donc de la responsabilité des managers à qui la gestion de ces activités a été déléguée. Les managers locaux doivent se projeter dans l'avenir et suivre leurs résultats, sur la base d'indicateurs de performance propres à leurs domaines d'activité, tout comme le feraient des dirigeants de PME. Ce sont donc ces managers qui sont les premiers utilisateurs des différents outils et dispositifs du contrôle de gestion.

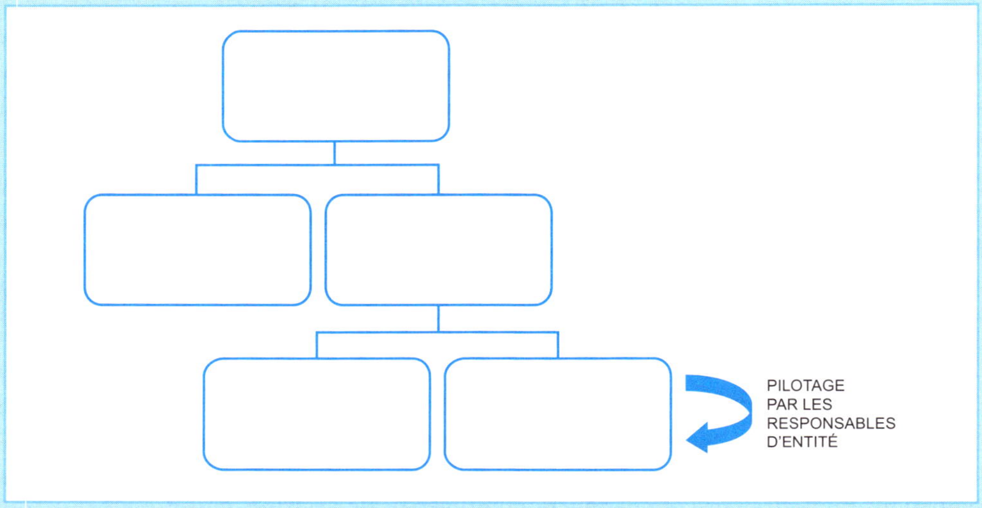

Figure 1.8 – La démarche de contrôle dans un groupe décentralisé : autocontrôle par les managers d'entité

Comme nous l'avons souligné, cela ne concerne pas que des managers en charge des grands domaines d'activité (directeurs de branche, de division, de projet, etc.). La logique peut être étendue à des niveaux de responsabilité plus fins au sein de l'entreprise (directeurs d'usine, directeurs des ventes, des achats, etc.) comme à des responsabilités de type fonctionnel (managers en charge du marketing, des ressources humaines, de la recherche et développement, etc.).

2.1.2. Le pilotage global par la hiérarchie

Si la décentralisation du pouvoir de décision induit un besoin d'autocontrôle par les managers concernés, pour autant celui-ci n'est pas suffisant, car un pilotage efficace de la performance de chaque entité de l'organisation ne garantit en rien que, sur un plan plus global, celle-ci maîtrise la réalisation de ses objectifs d'ensemble.

Un premier enjeu est d'assurer une bonne coordination verticale dans le pilotage de l'entreprise, tant dans le sens descendant qu'ascendant, que nous appelons « alignement stratégique ». En effet, les choix effectués au niveau global de l'organisation doivent constituer des lignes directrices pour chaque domaine d'activité. Par exemple, si un groupe a choisi un positionnement d'ensemble privilégiant une offre de services en complément de la délivrance physique de produits, il est important que cette orientation soit relayée dans les différents domaines d'activité au sein de l'organisation.

À l'inverse, les considérations « de terrain » liées à chaque domaine d'activité doivent également « remonter » pour être prises en compte lors de l'élaboration de la stratégie d'ensemble, pour que celle-ci soit à la fois éclairée et réaliste.

La coordination doit également être assurée de façon horizontale entre les différentes entités de l'organisation.

Encadré 1.8

Exemples

Si une entité de distribution prévoit une percée sur de nouveaux marchés, il est essentiel que l'information soit relayée au niveau des entités de production pour l'ajustement des capacités de production et l'élaboration de leurs propres plans d'action.

La conception de nouveaux produits doit mobiliser conjointement les expertises de départements opérationnels et fonctionnels, afin que les besoins des clients soient intégrés tout au long de la chaîne de valeur.

Des synergies gagnent à être trouvées entre des entités comparables, afin de bénéficier au maximum de l'intérêt d'appartenir à un même groupe.

Enfin, la décentralisation du pouvoir de décision induit un risque plus fondamental appelé « risque d'agence », lié à l'acte même de délégation. Ce risque se décline en deux axes :

- **qu'est-ce qui garantit que le pouvoir de décision est orienté vers les intérêts de l'entreprise ?** C'est un problème relatif à la « direction » dans laquelle les décisions locales sont prises ;
- **qu'est-ce qui garantit qu'il est activé de façon suffisamment intensive ?** C'est un problème lié à la « dynamisation » de l'action.

Le risque d'agence est trop souvent assimilé à des types de comportement extrême, comme le détournement du pouvoir de décision à des fins personnelles (problème de direction) ou la paresse de l'agent (problème de dynamisation). Cela génère parfois une confusion quant aux objectifs du contrôle de gestion, en laissant croire que l'objet du contrôle, ce sont les individus, les « agents ». La démarche aurait pour fonction de contrôler que les individus ne « dérapent » pas, elle aurait une fonction principalement disciplinaire[1]. Cette conception nous apparaît doublement excessive : d'une part, si la maîtrise du risque d'agence fait bien partie des dimensions du contrôle de gestion, elle n'en constitue pas l'axe exclusif.

1. On observera que, dans le langage courant, cette connotation disciplinaire du mot « contrôle » est assez prégnante, ce qui renforce le risque de confusion. En effet, dans certains cas, contrôler peut signifier « dominer », « asservir », « surveiller », « inspecter », induisant une idée de méfiance *a priori*. C'est l'idée qui prévaut par exemple dans une expression comme « le contrôle des papiers d'identité ».

D'autre part, le risque d'agence ne saurait se résumer à ces comportements extrêmes. Dès lors que l'action est répartie entre plusieurs acteurs (notamment sur le plan vertical), cela crée inévitablement des points de vue variés, une logique globale et des logiques locales, donc des risques de divergence entre ces logiques. Ainsi par exemple, lorsqu'une autonomie importante est donnée à un manager sur une zone de responsabilité, se profile toujours en contrepoint des bénéfices de ce choix un risque « d'excès d'autonomie », de cloisonnement, voire de « baronnies » qui peuvent s'avérer très néfastes aux synergies dont l'ensemble de l'entreprise a besoin. Nous en aurons une illustration particulièrement marquée dans le cas de Propreté et Environnement à la fin de cet ouvrage.

L'une des façons de gérer le risque d'agence est de mettre en place des dispositifs d'incitation des managers en charge des entités de l'organisation. Alors que les dispositifs de coordination visent à faire converger les représentations et les informations dont disposent les uns et les autres, les systèmes d'incitation visent à rapprocher les intérêts des différents acteurs, à « motiver » les managers locaux à la poursuite des objectifs communs.

Les dispositifs d'incitation concrets peuvent être assez formels et créer des enjeux forts, notamment si une part de la rémunération des managers est indexée sur les résultats obtenus, comme le préconise le modèle dominant du contrôle de gestion et comme on peut l'observer dans certaines pratiques d'entreprises. Mais la motivation des individus est un processus complexe, qui peut suggérer des systèmes d'incitation plus informels, ménageant une place plus importante au dialogue de gestion entre différents niveaux hiérarchiques, non limités à des processus d'évaluation verticaux, associés à des formes plus indirectes de « sanction/récompense » : approbation, blâme, évolution de carrière, etc.

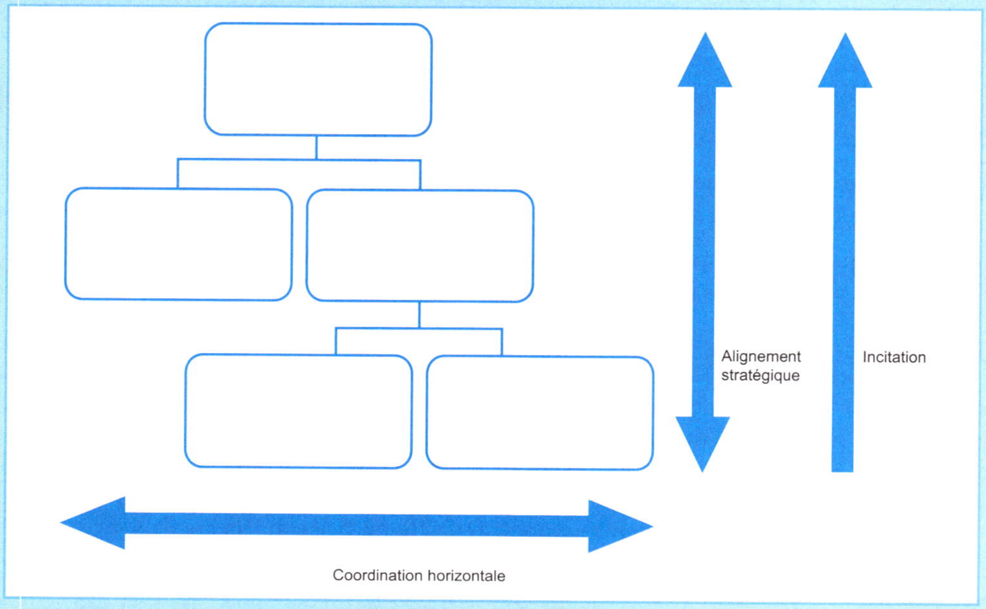

Figure 1.9 – La démarche de contrôle dans un groupe décentralisé : les différentes dimensions du pilotage global

Ces trois fonctions fondamentales du pilotage global* de la performance (alignement stratégique, coordination horizontale, incitation des acteurs) peuvent être résumées par l'idée que, dans une organisation décentralisée, le rôle de la hiérarchie dans la dynamique de contrôle de gestion est surtout un rôle d'orientation des comportements, de mise sous tension, et non seulement une contribution directe au pilotage de la performance.

Ces fonctions peuvent toutefois être assurées par des dispositifs concrets très différents, comme nous allons le développer ci-après.

2.2. Les centres de responsabilité et le contrôle par les résultats

L'un des dispositifs centraux permettant d'assurer cette triple fonction d'alignement stratégique, de coordination horizontale et d'incitation des managers est le concept de centre de responsabilité*, fortement lié à celui de contrôle par les résultats*.

2.2.1. Les concepts

Nous avons développé dans les paragraphes précédents l'idée de la responsabilité des managers en charge des entités constitutives d'une organisation de grande taille. Par responsabilité, il faut entendre en premier lieu l'existence d'une marge de manœuvre assez importante, d'un pouvoir de décision assez large, donc d'une certaine autonomie.

Selon le niveau auquel on se place au sein de l'organisation, l'étendue de ce pouvoir de décision est plus ou moins large :

- bien évidemment, un directeur de branche a des attributions plus larges que celles d'un directeur de division au sein de cette branche, qui lui-même a des responsabilités plus importantes qu'un responsable de département au sein de cette division, et le processus de rétrécissement se poursuit lorsque l'on « descend » dans l'organisation ;
- par ailleurs, la marge de manœuvre dépend du degré de décentralisation de l'organisation. Ainsi par exemple, les directeurs de division de deux entreprises différentes pourront avoir des degrés d'autonomie plus ou moins importants selon qu'ils disposent ou non de l'autorité relative aux décisions commerciales (choix de la stratégie commerciale, choix des marchés visés, fixation des tarifs, des remises, des conditions de paiement accordées, etc.), de production (choix de la gamme de produits et services offerts, latitude sur les choix opérationnels de production, sur les ressources humaines, matérielles, financières qu'ils engagent, etc.), de développement (bureau d'études, service de développement de nouveaux produits, etc.), d'investissement à court et moyen termes. Dans certains groupes, ces décisions sont totalement décentralisées ; dans d'autres, elles peuvent être considérées comme stratégiques et rester centralisées au niveau de la direction du groupe.

Le concept de centre de responsabilité correspond donc en premier lieu à une entité disposant d'un pouvoir de décision assez important. Il s'agira, comme nous l'avons vu, de branches, de divisions, de départements et services, mais il est rare que les entreprises constituent des centres de responsabilité en deçà de ces niveaux de responsabilité.

Au-delà de cette première idée, le terme « responsabilité » renvoie également, de façon plus stricte, à une « obligation de rendre compte », induite justement par la délégation du pouvoir de décision. Dès lors qu'un manager est amené à engager l'entreprise par ses décisions opérationnelles, il est essentiel que les conséquences de ces décisions puissent lui être imputées. Le but n'est pas de « désigner des coupables » (ou de bons managers), mais, comme nous venons de le voir, de favoriser la coordination et l'incitation des acteurs de l'entreprise, ce que nous résumerons par l'idée d'« orienter les comportements »[1].

Comment spécifier ce dont un manager doit rendre compte ? Dans la doctrine classique du contrôle de gestion, trois principes prévalent :

- **un principe de délimitation :** pour pouvoir fixer des objectifs de résultats aux managers, il faut au préalable délimiter le champ de ce dont ils sont amenés à rendre compte ; en d'autres termes, il faut avoir cerné les contours de la contribution qu'on leur demande d'apporter aux objectifs de performance globaux de l'organisation. Un manager local ne peut en effet porter qu'une partie de l'objectif global et c'est l'ampleur de cette contribution qu'il convient de clarifier ;
- **un principe d'anticipation :** comme nous l'avons évoqué au début de ce chapitre, il est important d'être proactif plus que réactif, de se placer le plus en amont possible si on veut « contrôler » au mieux les choses. On va donc indiquer *ex ante* au manager en charge de chaque entité ce sur quoi il « devra » rendre des comptes, ce qui est « attendu » de lui, donc en d'autres termes ses objectifs. La responsabilisation des managers fonctionne ainsi sur une base contractuelle.
- **un principe de contrôle par les résultats :** les objectifs dont on demande aux managers de rendre compte sont des objectifs de résultat, c'est-à-dire que les managers n'ont pas à rendre compte de l'ensemble des décisions détaillées qu'ils prennent ; les plans d'action qu'ils engagent pour atteindre les résultats relèvent de leur zone d'autonomie.

En synthèse, un centre de responsabilité se définit comme une entité de la structure[2], à qui les dirigeants ont délégué un certain pouvoir de décision et dont on a spécifié la nature et le niveau de contribution aux objectifs de performance globaux.

Encadré 1.9

Exemple

Dans un grand groupe, la gestion d'une ligne de produits peut être regroupée au sein d'une division « produits ». Pour que cette division puisse être considérée comme un centre de responsabilité, il faut clarifier le type de décision liée à cette ligne de produits qu'elle est habilitée à prendre : achats, fabrication, commercialisation, développement, investissements, etc. Mais il faut également clarifier la contribution aux objectifs qui est attendue d'elle (par exemple, accroître la profitabilité de cette ligne de produits).

---

1. Nous n'entrerons pas ici dans des débats trop longs sur les multiples significations du concept de « responsabilité » sur un plan général. Celui-ci est matière à controverse dans des champs aussi larges et variés que la philosophie, le droit, etc. On se souviendra pour s'en convaincre des débats qu'il a suscités lors de l'affaire dite du sang contaminé, où la question était de savoir si « être responsable » signifiait ou non « être coupable ». Nous soulignerons ici l'une des principales différences que l'on peut établir entre l'idée de recherche de coupables et celle que nous privilégions en l'occurrence, l'orientation des comportements : la première est tournée vers le passé, la seconde vers le futur.
2. Nous reviendrons sur cette notion d'entité au chapitre 4, où nous verrons qu'il en existe plusieurs types.

Les contours du centre de responsabilité auraient été différents si le pouvoir de décision au niveau de l'entité avait été plus restreint (par exemple, si les décisions d'investissement restaient centralisées au siège), ou si la responsabilité avait englobé deux lignes de produits différentes. De même, ces contours auraient également été différents si le type de contribution attendue avait été par exemple la croissance du volume d'activités ou le développement d'une image innovante.

Encadré 1.9 (suite)

Cette définition « classique » du concept de centre de responsabilité traduit toutefois une conception particulière de la responsabilité des managers, très marquée par les origines anglo-saxonnes du contrôle de gestion et encore très prégnante aujourd'hui :

- conception très formelle de la responsabilité, que l'on cherche à traduire dans un système de mesure afin de la rendre claire et lisible : une marge, un chiffre d'affaires, un indice de satisfaction des clients ou autre ;
- choix d'un mode particulier d'orientation des comportements : le contrôle par les résultats ;
- choix d'un mode de régulation particulier entre les acteurs : le contrat.

Or, ces caractéristiques ne sont pas nécessairement toujours pertinentes. Le contrôle par les résultats peut ménager une place plus importante au dialogue de gestion « autour » de la mesure, il existe d'autres modes d'orientation des comportements que le seul contrôle par les résultats (voir encadré 1.10), l'approche contractuelle n'est pas pertinente dans toutes les cultures.

Encadré 1.10

Les modes de contrôle alternatifs

Le contrôle par les résultats n'est pas le seul mode d'orientation des comportements. Parmi les autres « modes de contrôle », deux dominent[1] :

- **le contrôle direct des comportements :** il consiste à faire porter le contrôle sur les comportements eux-mêmes et non sur les résultats qui en découlent. Les règles et les normes mises en place dans l'entreprise, les autorisations/interdictions physiques ou administratives (restrictions d'accès, limitation du pouvoir de décision, séparation des tâches, etc.) appartiennent notamment à cette catégorie ;
- **le contrôle par la culture :** il s'attache à développer des formes de socialisation des individus au sein de l'organisation. Entrent dans cette catégorie les projets d'entreprise et les codes d'éthique, les rites internes à l'organisation, les codes vestimentaires et verbaux, etc.

Toutes les formes de contrôle présentent des atouts et des faiblesses, si bien qu'un système d'orientation des comportements pertinent exige plutôt une combinaison de ces différentes formes que le choix d'une forme exclusive.

---

1. Pour un développement de ces différents modes de contrôle, voir le chapitre « Les modes de contrôle », in GIRAUD Françoise, SAULPIC Olivier, DELMOND Marie-Hélène, BONNIER Carole, DE GEUSER Fabien, LAULUSA Léon, MENDOZA Carla, NAULLEAU Gérard et ZRIHEN Robert, *L'Art du contrôle de gestion – Enjeux et pratiques*, Paris, Gualino, 2009..

2.2.2. De la mesure de performance globale à la mesure de performance locale

Selon cette définition classique, un centre de responsabilité fonctionne d'une certaine façon comme une petite organisation qui doit piloter ses propres objectifs de performance, eux-mêmes définis comme une contribution aux objectifs globaux de l'organisation.

De la même façon qu'au niveau global de l'organisation, les systèmes de mesure jouent un rôle important pour clarifier les contours de ces objectifs. Dans l'exemple précédent, si la contribution de la division « produits » a été définie en termes de profitabilité de la ligne de produits, une mesure de performance cohérente pourra être par exemple le résultat d'exploitation du produit (et non de l'entreprise).

Dans un groupe décentralisé, il est donc nécessaire de construire des systèmes de mesure des performances à plusieurs niveaux de l'organisation et non pas uniquement au niveau global.

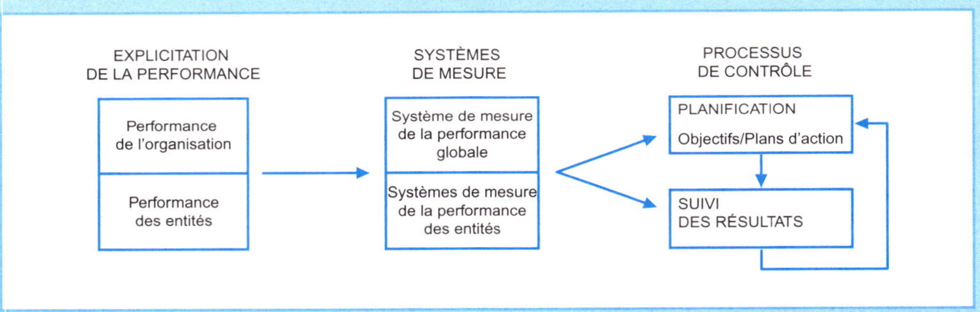

Figure 1.10 – Le contrôle de gestion dans un groupe décentralisé : des systèmes de mesure à des niveaux multiples

Nous verrons au chapitre 4 qu'il existe quatre grands types de centre de responsabilité : les centres de coût, les centres de revenu, les centres de profit et les centres d'investissement, qui se distinguent notamment par le système de mesure utilisé pour évaluer leur performance.

2.2.3. L'articulation autocontrôle/pilotage global

Les concepts de centre de responsabilité et de contrôle par les résultats ébauchés précédemment permettent d'affiner l'articulation entre autocontrôle par les entités et pilotage global par la hiérarchie.

Dès lors que les entités rendent compte de l'atteinte d'un objectif de résultat à leur hiérarchie, le choix des moyens permettant d'atteindre ces résultats relève de sa responsabilité. La hiérarchie n'aura besoin d'intervenir dans ce type de décision que si les résultats ne sont pas au rendez-vous des attentes, si les objectifs ne sont pas atteints. Cela permet donc tout à la fois de préserver l'autonomie des managers locaux et de ne pas surcharger la hiérarchie en termes de surveillance des activités déléguées. Cela constitue un autre aspect de la gestion par exception, évoquée en section 1, qui signifie donc la focalisation du suivi sur ce qui pose problème (écarts par rapport aux objectifs, au niveau global comme au niveau local).

Le pivot de cette articulation réside de ce fait dans les objectifs assignés aux entités. Cela complexifie quelque peu le schéma du processus de contrôle présenté en section 1 :

- d'une part, la planification (élaboration des objectifs, choix des plans d'action) s'exerce à plusieurs niveaux dans l'organisation, ce qui soulève la difficulté de la mise en cohérence de ces différents niveaux de plans. Nous verrons au chapitre 7 que des itérations entre niveau global et niveaux locaux sont nécessaires à l'élaboration d'un plan final ;
- d'autre part, le suivi des résultats s'opère également à plusieurs niveaux : des résultats et analyses doivent être menés pour les managers en charge des entités, mais également pour les besoins du contrôle global (voir chapitre 8). À ce second niveau, les résultats des entités devront « remonter » le long de la ligne hiérarchique, processus que l'on appelle le « *reporting* de gestion ».

Conclusion

Ce chapitre a permis de dégager de façon schématique l'articulation d'une démarche de contrôle de gestion, ses différentes dimensions, les concepts fondamentaux auxquels elle est associée.

Cette vision d'ensemble est nécessaire car elle permet de positionner le rôle des différents constituants de la démarche, donc d'éviter d'en avoir une vision partielle.

Cela est d'autant plus nécessaire que certaines de ces dimensions sont parfois conflictuelles, obligeant à des compromis dont on ne percevrait pas la nécessité avec une vision partielle. Par exemple, nous verrons que les fonctions de coordination et d'incitation des managers sont parfois délicates à combiner ; de même, le pilotage global par les dirigeants et le pilotage local par les managers d'entité, aussi articulés soient-ils en théorie, sont souvent sources de conflits dans la vie courante des entreprises.

Dans la suite de cet ouvrage, nous allons approfondir ces premiers éléments ébauchés. La première partie de l'ouvrage traitera plus spécifiquement de la question de la performance et des systèmes de mesure qui permettent d'en appréhender les différentes dimensions. La deuxième partie développera les deux grandes phases du processus de contrôle : la planification et le suivi des résultats. La troisième partie de l'ouvrage aura une fonction d'intégration : elle reprendra la question des différents acteurs du pilotage et proposera deux cas de synthèse articulant les différents éléments d'un dispositif de contrôle de gestion.

Ce qu'il faut retenir

Définitions et concepts

Autocontrôle : processus de pilotage de la performance mené localement par les responsables d'entité.

Boucle d'apprentissage : processus d'actualisation du modèle de performance.

Boucle de régulation : processus séquentiel, dans lequel la phase aval de suivi des résultats permet d'actualiser la phase amont de planification, soit par réactivation des plans d'action engagés, soit par ajustement des objectifs.

Centre de responsabilité : entité de la structure que les dirigeants d'un groupe ont placée sous l'autorité d'un manager, à qui ils ont délégué un pouvoir de décision et qui doit rendre compte d'un objectif de contribution aux résultats d'ensemble.

Contrôle de gestion : démarche de pilotage de la performance d'une entreprise.

Contrôle par les résultats : principe selon lequel un centre de responsabilité rend compte de l'atteinte de résultats au regard d'objectifs prédéfinis, en restant maître de la façon d'atteindre ces résultats.

Gestion par exception : principe selon lequel seuls les écarts défavorables entre les objectifs visés et les résultats obtenus font l'objet d'un suivi particulier. Par extension, principe selon lequel la hiérarchie n'intervient dans les décisions opérationnelles d'une entité que si les objectifs de résultat de cette dernière sont menacés.

Objectif : type de performance visée, traduit dans une mesure.

Pilotage global : processus de pilotage de la performance mené globalement par les dirigeants d'une organisation.

Planification : projection de l'entreprise dans le futur, recouvrant la fixation d'objectifs de performance à différents horizons et le choix de plans d'action permettant d'atteindre ces objectifs.

Processus de contrôle : dynamique de pilotage composée de deux grandes phases : d'une part, la planification et, d'autre part, le suivi et l'analyse des résultats.

Système de mesure : ensemble de mesures/indicateurs permettant d'appréhender de façon quantifiée une performance.

Messages clés

- Le contrôle de gestion est un processus dynamique composé de deux grandes phases : la planification et l'analyse des résultats.
- Pour structurer le processus de contrôle, un travail préalable de clarification de la performance recherchée est nécessaire, à un double niveau : le niveau global de la performance de l'organisation et le niveau local de la contribution des entités à cette performance d'ensemble.

- Les systèmes de mesure jouent un rôle important et structurant dans la clarification de la performance de l'entreprise et des contributions des entités.
- Une démarche de contrôle relève des responsables opérationnels et dépasse donc les seules attributions du contrôleur de gestion, dont le rôle est d'en assurer la cohérence.
- Dans les organisations de grande taille, la démarche de contrôle de gestion est mise en œuvre à la fois à un niveau central (pilotage global) et à des niveaux décentralisés (autocontrôle par les entités).
- Le processus de contrôle remplit plusieurs fonctions : la régulation, l'apprentissage, la coordination et l'incitation des managers.
- La fonction du contrôle de gestion n'est pas uniquement la surveillance des personnes. Mais certaines conceptions et pratiques tendent à privilégier cette fonction.
- La démarche de contrôle de gestion n'est pas réservée aux organisations de grande taille, ni aux entreprises orientées vers un objectif de profit.
- Le contrôle de gestion se démarque de la comptabilité de gestion par le fait qu'il est axé sur la performance d'ensemble de l'entreprise, alors que la comptabilité de gestion se focalise sur une dimension particulière de cette performance : les coûts.
- Le contrôle par les résultats n'est pas le seul mode d'orientation des comportements.

Activités

Quiz

- Le contrôle de gestion consiste-t-il à surveiller les résultats financiers d'une entreprise ?
- Quel est le sens de l'expression : « Le contrôle de gestion vise à orienter les comportements dans l'entreprise ? »
- Pourquoi le *reporting* ne constitue-t-il qu'une partie du contrôle de gestion ?
- Les contrôleurs de gestion ont-ils des responsabilités opérationnelles ?
- Peut-on dire que, dans une organisation décentralisée, il y a un transfert de responsabilité vers les managers en charge des entités ?
- Peut-on concevoir un système de contrôle de gestion standardisé ?

Exercice 1.1

Le tableau suivant propose une liste d'expressions courantes utilisant le mot « contrôle » et une liste de termes plus ou moins synonymes du verbe « contrôler ».

Indiquez pour chaque expression le synonyme le plus adapté.

Indiquez les synonymes qui vous semblent les plus proches des objectifs du contrôle de gestion et expliquez pourquoi les autres peuvent générer des effets pervers dans la compréhension de ces objectifs.

Expressions	Synonymes
Contrôle des billets dans un train	Inspecter
Contrôle des connaissances dans un cours	Surveiller
Tour de contrôle	Vérifier
Contrôle des mers par une nation	Guider
Contrôle d'un feu	Dominer
Contrôle fiscal	Réduire
Contrôle de soi	Comparer à une norme
Contrôle des naissances	Réguler
Test de contrôle dans un laboratoire	Maîtriser
Contrôle parental	Avoir de l'autorité sur

PARTIE I

Appréhender la performance

Dans le chapitre 1, nous avons présenté les grandes phases de la dynamique de pilotage (planification, suivi et analyse des résultats), les différentes dimensions de la performance auxquelles elle s'applique et le rôle structurant des systèmes de mesure de cette performance.

Dans cette première partie de l'ouvrage, nous allons approfondir cette question de l'inscription de la performance dans des systèmes de mesure. Le chapitre 2 reprendra la question de la définition de la performance sur un plan qualitatif, l'explicitation de ses différentes dimensions et les critères qui permettent de l'appréhender de façon pertinente. Les chapitres suivants structureront la problématique de construction de systèmes de mesure de performance autour de deux distinctions fondamentales :

- une première distinction sera opérée entre systèmes de mesure « financiers » et systèmes de mesure non exclusivement financiers ou tableaux de bord. Cette distinction pointe une évolution notable dans la conception des systèmes de mesure destinés au pilotage de la performance des entreprises, initialement très marqués par leur caractéristique financière, puis élargis à de nouvelles dimensions depuis la fin des années 1980. Un certain nombre d'outils de pilotage actuels portant encore la trace de ces origines financières, cet axe permettra donc un premier niveau de positionnement entre différents outils de pilotage ;
- nous distinguerons également les systèmes de mesure appréhendant la performance « globale » de l'organisation, c'est-à-dire n'entrant pas dans le détail des sous-ensembles constitutifs de cette organisation (divisions, filiales, départements, etc.), et les systèmes de mesure de la performance « locale », qui se placent au contraire au niveau de chacun de ces sous-ensembles. Comme nous l'avons annoncé dans le chapitre 1, nous verrons que ces niveaux de mesure diffèrent tant dans leur contenu que dans leurs principes d'élaboration1. Cela nous amènera à compléter les éléments de définition qualitative de la performance, abordés au chapitre 2 pour l'organisation prise globalement, par des considérations sur la performance locale des entités de l'organisation (voir chapitre 4).

1. En ce qui concerne les tableaux de bord, un certain nombre de principes et d'éléments méthodologiques s'appliquent à la fois pour le niveau global et le niveau local. Ils sont traités au chapitre 5. Le chapitre 6 est plus spécifiquement dédié à la question de l'articulation des tableaux de bord de différents niveaux hiérarchiques.

La progression de la première partie sera ainsi la suivante :

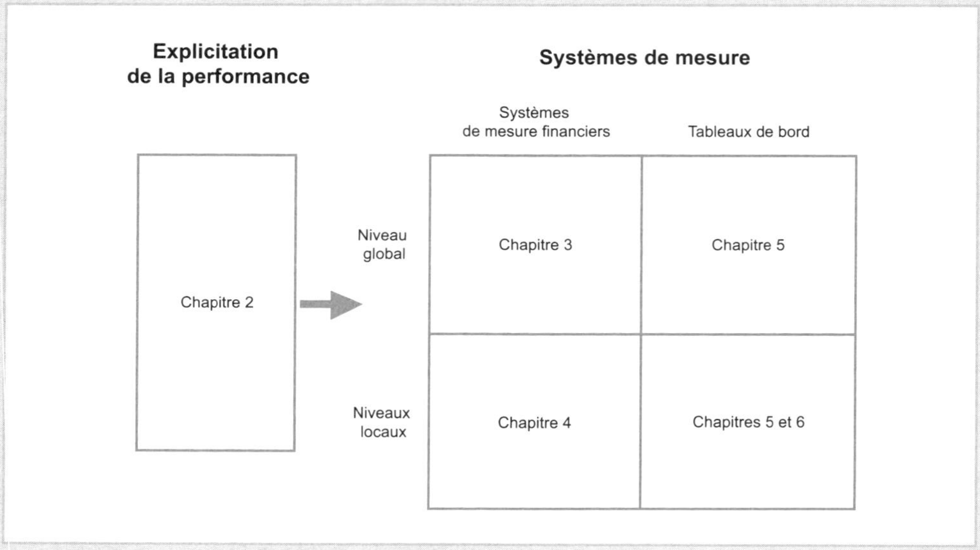

Figure I.1 – Différenciation des systèmes de mesure de la performance

Chapitre 2

Expliciter la performance de l'organisation

Introduction

Dans le chapitre précédent, nous avons souligné que les objectifs* de performance* d'une entreprise ou d'une organisation peuvent s'exprimer de manière très différente en fonction de l'horizon temporel considéré et que les représentations de la performance peuvent comporter différentes dimensions, financières et non financières. Définir la performance d'une organisation n'est pas immédiat, mais il s'agit d'une étape indispensable pour pouvoir prendre des décisions de gestion et piloter une organisation : fixer des priorités, les décliner et définir les actions à entreprendre, suivre des réalisations, adapter ce qui doit l'être. Définir la performance permet de savoir où l'on veut aller, d'imaginer comment y aller, de contrôler ce que l'on fait chemin faisant. Confronter les réalisations aux objectifs est aussi une occasion d'apprentissage sur la manière dont se forme la performance de l'organisation et donc sur les moyens d'améliorer cette performance.

Dans ce chapitre, nous allons approfondir cette question de la performance de l'organisation. Tout d'abord, nous préciserons ce que nous entendons par ce terme de « performance ». Nous verrons ensuite que la performance se définit en relation avec l'identification des parties prenantes* (*stakeholders*) qui comptent pour l'organisation et de leurs propres attentes ou objectifs. Elle est donc une affaire de points de vue qui peuvent parfois être contradictoires et que les dirigeants de l'organisation doivent s'efforcer d'intégrer, de concilier ou, du moins, de reconnaître dans les décisions qu'ils sont amenés à prendre.

1. Qu'est-ce que la performance de l'organisation ?

Nous présenterons et discuterons dans un premier temps les définitions de la performance, puis les éléments du modèle de la performance qui permettent d'opérationnaliser cette notion de performance organisationnelle.

1.1. Les définitions de la performance

Une définition classique approche la performance organisationnelle par rapport à un couple valeur/coût d'une part et aux finalités* de l'organisation d'autre part. Par exemple, « *est performance dans l'entreprise tout ce qui, et seulement ce qui, contribue à améliorer le couple valeur/coût [… ou] contribue à atteindre les objectifs stratégiques* » (Lorino, 2003, p. 9).

La référence aux objectifs stratégiques dans la définition qui précède indique que la performance d'une organisation est orientée vers la réalisation de quelque chose. Nous reprendrons cette idée générale pour proposer notre propre définition de la performance. Selon nous, la performance d'une organisation correspond à ce que les dirigeants de cette organisation cherchent à atteindre, donc aux finalités de l'organisation. Les objectifs stratégiques sont eux-mêmes définis par rapport aux finalités, mais n'entrent pas en tant que tels dans la définition de la performance. Les finalités ont un caractère plus général. Elles s'expriment de manière qualitative, alors que les objectifs sont des grandeurs, donc quantifiables et mesurables.

Par exemple, les finalités d'un établissement d'enseignement supérieur universitaire sont de contribuer au développement et à la diffusion des connaissances par les activités de recherche et de formation. La finalité des entreprises du secteur privé s'exprime souvent en termes financiers : profitabilité, rentabilité ou création de valeur pour les actionnaires (voir chapitre 3). Ce sont par rapport à ces finalités que sont ensuite définis les objectifs de long terme, souvent appelés « objectifs stratégiques », des organisations. Pour une entreprise du secteur privé, il peut s'agir, par exemple, d'un objectif chiffré de rentabilité, ou de croissance régulière et selon un taux cible des résultats.

L'« amélioration du couple valeur/coût » dans la définition qui précède renvoie quant à elle à l'idée qu'il s'agit d'optimiser les ressources consommées par l'organisation pour la réalisation d'une activité présentant une valeur économique et/ou sociale. Le principe consistant à mettre en regard des réalisations avec une consommation de ressources, ou les activités d'une organisation avec les moyens mobilisés pour les réaliser, est fondamental pour comprendre ce qui caractérise une logique de performance. Cette logique de performance s'est diffusée aujourd'hui dans de nombreux secteurs d'activité d'où elle avait longtemps été absente. Elle se distingue, par exemple, d'une logique budgétaire dans laquelle l'organisation a pour objectif de ne pas consommer plus que son budget, mais de consommer l'intégralité de celui-ci, quels que soient ses besoins réels et les activités effectivement réalisées. Elle diffère également d'une logique d'activité dans laquelle seuls importent les volumes réalisés, indépendamment des ressources consommées.

Cependant, pour séduisante qu'elle soit, la référence à un couple valeur/coût soulève à son tour de nombreuses questions, en particulier en termes de mesure. En effet, définir et calculer les coûts n'est pas un processus simple. Peuvent se poser notamment des questions d'allocation de coûts indirects, de répartition des coûts fixes sur des volumes d'activité[1]. Ces questions sont amplifiées lorsqu'il s'agit de définir et de déterminer une valeur, la valeur étant elle-même relative à un point de vue. Pour appréhender cette valeur, faut-il considérer, par exemple, la valeur pour le client, la valeur économique ou actionnariale, la valeur sociétale des activités d'une organisation[2] ? Ensuite, comment faire pour mesurer cette valeur et la mettre en regard des coûts associés aux activités réalisées par l'organisation ? Enfin, le couple valeur/coût qu'il s'agirait d'optimiser ne s'impose pas en tant que tel aux dirigeants des organisations. Définir la valeur conduit à s'interroger sur les finalités de l'organisation,

1. Nous proposerons une présentation sommaire des principes de la comptabilité de gestion dans le chapitre 4 de cet ouvrage. Pour une présentation plus approfondie, voir par exemple l'ouvrage de Mendoza *et al.* (2009).
2. Dans la plupart des manuels de contrôle de gestion, la valeur dont il est question est la valeur client qui pose, elle aussi, de nombreux problèmes de définition et de mesure. Pour une analyse critique de la gestion du couple coût-valeur client, voir Malleret (2009).

lesquelles sont le plus souvent multidimensionnelles et le fruit d'une démarche volontariste : les dirigeants sont souvent à même d'intervenir dans le choix des finalités de l'organisation ; au minimum, ils sont en mesure d'influencer le choix des finalités et de gérer les priorités entre finalités.

Par conséquent, nous préférons proposer une définition plus générale de la performance organisationnelle, mais, comme nous le verrons dans la sous-section suivante, qui nous semble poser moins de problèmes en termes d'opérationnalisation. Nous dirons que la performance organisationnelle se définit par les actions qui concourent aux finalités de l'organisation, rapportées aux moyens mis en œuvre dans ce processus. Cette définition étant posée, comment rendre opérationnelle la notion de performance organisationnelle ? Cette opérationnalisation passe par l'élaboration du modèle de performance* de l'organisation.

1.2. Le modèle de performance de l'organisation

Définir la performance de l'organisation consiste, comme nous l'avons vu, à clarifier dans un premier temps les finalités de l'organisation. Les finalités sont la première dimension d'un modèle de performance. Dans un deuxième temps, il s'agit d'identifier les axes d'action* choisis pour atteindre ces finalités. Enfin, il convient d'articuler les axes d'action aux finalités par des relations de cause à effet.[1]

Encadré 2.1

Le modèle de performance de Pôle Emploi

Pôle Emploi a été créé en 2008 par la fusion de deux organismes publics intervenant dans la prise en charge des chômeurs en France : l'Agence nationale pour l'emploi (ANPE) et les Associations pour l'emploi dans l'industrie et le commerce (ASSEDIC ; organisme chargé de la gestion de l'indemnisation des chômeurs et de la collecte des cotisations au titre de l'assurance chômage).

La finalité de Pôle Emploi est de contribuer à la fluidité du marché de l'emploi et donc à la maîtrise du chômage. Le site institutionnel de cet organisme présente Pôle Emploi comme « *l'acteur majeur du retour à l'emploi*[1] ».

Ce même site présente les missions de Pôle Emploi qui permettent de préciser les finalités de cet organisme :

- l'accueil et l'inscription des demandeurs d'emploi ;
- le versement des allocations des demandeurs d'emploi indemnisés ;
- l'accompagnement de chaque demandeur d'emploi dans sa recherche d'emploi jusqu'au placement ;
- la prospection du marché du travail en allant au-devant des entreprises ;
- l'aide aux entreprises dans leurs recrutements ;
- l'analyse du marché du travail.

1. http://www.pole-emploi.org, consulté en décembre 2010.

Encadré 2.1 (suite)

Enfin, ce site fait état du développement d'une nouvelle offre de services que l'on peut analyser comme les axes d'action qui ont été identifiés pour réaliser les finalités de Pôle Emploi. Il s'agit notamment de :

- personnaliser le service aux demandeurs d'emploi ;
- simplifier les démarches pour les demandeurs d'emploi ;
- développer les services aux entreprises ;
- travailler en complémentarité avec les acteurs locaux et les partenaires.

Il est possible d'identifier des relations de cause à effet entre les finalités et les axes d'action retenus ; par exemple :

- simplifier les démarches pour les demandeurs d'emploi à travers l'instauration d'un rendez-vous unique pour l'inscription et l'indemnisation, la mise en place d'un site Internet et d'un numéro d'appel unique, ce qui permet d'améliorer l'information, le suivi administratif et l'accompagnement des demandeurs d'emploi. Notamment, la mise en place des différents canaux de communication avec les demandeurs d'emploi permet d'optimiser les interactions entre les conseillers de Pôle Emploi et les personnes à la recherche d'un emploi ;
- développer les services aux entreprises à travers l'analyse de leurs besoins, la présélection des candidatures, l'organisation de forums, ce qui participe à la prospection du marché du travail et à l'aide des entreprises.

L'exemple de Pôle Emploi que nous avons choisi ici n'a pas pour objet de mettre en avant un modèle de performance, ni de formuler un jugement sur la performance effectivement réalisée. Cet exemple illustre l'intérêt d'expliciter le modèle de performance d'une organisation, en particulier lorsque les finalités possibles sont multiples et que leur réalisation est complexe. Le modèle de performance conduit à identifier et clarifier les finalités de l'organisation et à définir des grandes priorités opérationnelles – donc à déterminer également ce sur quoi l'on peut et l'on choisit d'agir prioritairement pour réaliser les finalités de l'organisation. Les priorités opérationnelles permettent d'orienter l'action sur un horizon de temps qui peut être pluriannuel, ce qui implique que le modèle de performance devra être réexaminé périodiquement. Par ailleurs, expliciter le modèle de performance est d'autant plus important que, comme nous allons le voir dans la section suivante, les parties prenantes sont nombreuses – ce qui est aussi le cas pour Pôle Emploi.

2. La performance de l'organisation et les attentes des parties prenantes

La performance organisationnelle est définie en relation avec les attentes et objectifs de parties prenantes à l'organisation. La notion de « parties prenantes », ou *stakeholders*, s'appuie souvent sur la définition désormais classique proposée par Freeman (1984), que nous reprendrons en la reformulant légèrement : une partie prenante est un groupe ou un individu susceptible d'exercer un impact sur ou d'être impacté par la réalisation des finalités de l'organisation[1]. Par exemple, les collaborateurs d'une entreprise, à travers les activités qui sont les leurs dans l'organisation et la manière dont ils les prennent en charge, exercent un impact sur la réalisation des objectifs de cette dernière. Le comportement et le savoir-faire des commerciaux ont un impact sur la satisfaction de la clientèle et sur les ventes. Eux-mêmes, en tant que personnes au travail, sont susceptibles d'être impactés par la réalisation des objectifs de l'organisation, qui peuvent supposer de leur part l'acquisition de nouvelles compétences linguistiques, la maîtrise de nouvelles technologies, ou encore la réalisation de déplacements professionnels plus nombreux et plus lointains, les éloignant de leur environnement social et familial. Les fournisseurs peuvent contribuer à la réalisation des objectifs de l'organisation à travers le respect de critères de prix, de qualité, de fiabilité des approvisionnements ou d'innovation. Ils peuvent être impactés si la réalisation des objectifs de leur client suppose de leur part une diminution importante des coûts couplée à plus de réactivité, ou s'ils doivent eux-mêmes délocaliser une partie de leurs activités pour suivre la politique de délocalisation de ce client important pour eux.

Toutes les parties prenantes à l'organisation n'ont pas la même importance. Certaines détiennent des ressources critiques qui imposent aux dirigeants de les prendre en compte ; pour d'autres, c'est la capacité d'action dont elles disposent vis-à-vis des dirigeants ou d'autres parties prenantes qui détermine leur influence. Par exemple, dans les clubs de football professionnels, les supporters ont une grande influence sur les décisions des dirigeants : lorsque les résultats de l'équipe qu'ils supportent sont mauvais, ils ont la possibilité d'exprimer leur mécontentement de manière très explicite pendant les matchs et face aux médias. L'influence des supporters, en tant que partie prenante et compte tenu de leur capacité d'action, est souvent plus grande que celle des joueurs eux-mêmes[2].

2.1. Gérer l'équilibre entre parties prenantes

Les parties prenantes importantes pour l'entreprise ou l'organisation dépendent du secteur dans lequel l'organisation exerce ses activités, de l'équilibre entre les parties prenantes à un moment donné, donc du contexte institutionnel général dans lequel les entreprises exercent leurs activités, mais aussi d'un choix managérial. En effet, identifier les parties prenantes et évaluer leur importance relative n'est pas toujours évident : les parties prenantes peuvent être d'une grande diversité dans leur nature, dans leurs attentes et objectifs comme dans les relations qu'elles entretiennent ou peuvent entretenir avec l'entreprise ou l'organisation.

Il incombe alors aux dirigeants de l'organisation de gérer l'équilibre entre parties prenantes, en fonction de l'analyse qu'ils font de l'importance relative des unes et des autres, des possibilités de concilier les priorités, le cas échéant, ainsi que des intérêts de l'organisation. La gestion de cet équilibre est parfois difficile lorsque certaines attentes sont difficilement conciliables, ou lorsqu'elles semblent imprécises ou ambiguës. Enfin, l'équilibre trouvé est susceptible d'être remis en cause si l'environnement de l'entreprise et donc l'importance

1. « *[A stakeholder is] any group or individual who can affect or is affected by the achievement of the organization's objectives* » (Freeman, 1984, p. 46). Par souci de cohérence, nous avons substitué dans la définition originale la notion de finalités à celle d'objectifs.

2. Pour l'analyse de cet exemple, voir Senaux (2008).

relative des parties prenantes se trouvent modifiés (voir encadré 2.2). Les dirigeants doivent alors gérer cet équilibre de manière dynamique.

Encadré 2.2

L'évolution générale des rapports de force entre parties prenantes – Le cas des grandes entreprises aux États-Unis

Depuis le début du xxe siècle, l'équilibre entre parties prenantes pour les grandes entreprises aux États-Unis a connu de nombreuses évolutions.

Les grandes entreprises aux États-Unis se sont constituées à la fin du xixe et au début xxe siècles dans le cadre de vastes mouvements de concentration entre entreprises de taille initialement plus petite. Dans ces entreprises nouvellement créées, certains groupes ou coalitions d'actionnaires se sont imposés comme partie prenante dominante. Le développement d'une hiérarchie managériale, disposant de compétences spécifiques pour la gestion de grandes entreprises, répondait au souci d'organiser ces nouveaux ensembles au mieux des intérêts de ces investisseurs. La dominante financière des outils de pilotage trouve son origine dans ce contexte historique.

Dans la période postérieure à la Seconde Guerre mondiale et jusqu'aux années 1970, les parties prenantes dominantes dans les grandes entreprises ont été les dirigeants des entreprises eux-mêmes et les employés de ces entreprises. Les dirigeants des entreprises appartenaient à ce qui a pu être caractérisé comme une classe de managers professionnels. Pour des raisons institutionnelles (séparation entre la détention du capital et la gestion, fragmentation de l'actionnariat des entreprises), les actionnaires ne disposaient que de peu d'influence sur les dirigeants auxquels s'opposaient cependant des employés très fortement syndiqués. Les conditions de rémunération des employés et la progression de leur pouvoir d'achat constituaient un enjeu central de gestion pour les grandes entreprises. Pendant toute cette période, les systèmes de mesure financiers sont restés prépondérants dans les grandes entreprises.

La fin des années 1970 et les années 1980 ont été marquées par les difficultés de l'industrie américaine, face, notamment, aux succès de l'industrie japonaise auprès des consommateurs de biens de consommation et d'équipement des ménages. Les clients sont alors devenus des *stakeholders* prioritaires pour les entreprises cherchant à restaurer leur compétitivité. Les entreprises se sont engagées dans des démarches de qualité totale, de développement de la valeur client, d'innovation. Cette période a vu le développement de systèmes de mesure plus variés et plus proches des processus opérationnels (voir les travaux du Consortium for Advanced Management-International [CAM-I] autour de la comptabilité à base d'activités ou le développement à la fin de cette période du « tableau de bord équilibré » [*balanced scorecard*, BSC] par Kaplan et Norton[1]).

Au cours des années 1990, l'environnement institutionnel des grandes entreprises américaines a été marqué par la montée en puissance des fonds d'investissement : fonds de pension et fonds de placement investis en actions (*mutual funds*). Le développement de cette industrie de la gestion d'actifs financiers a conduit les dirigeants des entreprises

1. Nous présenterons le BSC dans le chapitre 5 de cet ouvrage ; voir également le chapitre 4 pour une présentation de l'évolution de la comptabilité de gestion.

Encadré 2.2 (suite)

à prendre en compte les attentes exprimées en termes de création de valeur actionnariale pour ces actionnaires minoritaires devenus des interlocuteurs influents, dans un contexte de globalisation et de financiarisation de l'économie. Les systèmes de mesure financiers, orientés en particulier autour de la notion de création de valeur actionnariale, se sont diffusés dans les grandes entreprises.

D'autres changements étaient à l'œuvre à la fin de la première décennie du XXIe siècle. Avec le développement de la thématique de la responsabilité sociale ou sociétale des entreprises (RSE), les entreprises sont appelées à considérer l'impact de leurs activités sur leur environnement naturel, social et sociétal, en plus ou au-delà de considérations exclusivement économiques et financières. Ce mouvement révèle la montée en puissance de nouvelles parties prenantes : collectivités, associations de citoyens constitués en groupes de pression, organisations internationales gouvernementales ou non gouvernementales. Les systèmes de mesure mis en œuvre dans les entreprises intègrent graduellement ces nouvelles dimensions non financières de la performance.

La crise financière et économique de 2008-2009 transforme davantage les équilibres entre parties prenantes, avec une intervention accrue des pouvoirs publics dans la régulation de l'activité économique et la gouvernance des grandes entreprises. Au début de la deuxième décennie du XXIe siècle, dans un contexte qui reste marqué par une grande incertitude, ces changements institutionnels ne sont pas stabilisés, mais la situation antérieure marquée par la primauté de l'industrie de la gestion d'actifs financiers semble être remise en cause. Dans un tel contexte, les grandes entreprises pourraient être appelées à réexaminer les modèles antérieurs de performance, ou à prendre davantage en compte encore de nouvelles dimensions de la performance.

2.2. Gérer une performance organisationnelle multidimensionnelle

La performance s'exprime de manière différente selon les parties prenantes concernées. Par exemple :

- pour les actionnaires d'une entreprise, la performance s'exprime en termes financiers ;
- pour les clients, elle porte sur le respect et la réduction des délais de livraison des biens ou de réalisation des services, sur le rapport qualité perçue/prix, sur les services associés à la vente (financement, garantie, formation…) ;
- pour les collaborateurs, la performance concerne la satisfaction au travail, les possibilités de progression de carrière et/ou de développement des compétences, la rémunération ;
- pour la société, d'autres dimensions de la performance telles que le respect de l'environnement, l'emploi, l'intégration seront privilégiées.

Les points de vue des parties prenantes sur l'organisation sont parfois conflictuels, en totalité ou en partie, lorsqu'ils s'expriment sur des dimensions de performance intrinsèquement

1. Nous présenterons les principaux indicateurs de création de valeur et leurs conditions de mise en œuvre dans le chapitre 3.

divergentes (voir encadré 2.3). Privilégier un point de vue conduit alors à poursuivre prioritairement l'une des dimensions de performance organisationnelle au détriment des autres. Ces autres dimensions de la performance ne sont pas pour autant négligées, mais l'objectif consiste souvent à atteindre un niveau de performance satisfaisant, sans chercher à réaliser la meilleure performance possible. Ces choix peuvent être faits soit de manière ponctuelle, pour une décision à prendre face à une situation donnée, soit de manière plus systématique dans le cadre d'une politique générale définie au niveau de l'entreprise ou de l'organisation.

Par ailleurs, les dimensions de performance peuvent être conflictuelles ou multiples, y compris en l'absence de multiples parties prenantes. Par exemple, les dirigeants d'une entreprise privée peuvent avoir besoin de combiner ponctuellement profitabilité, croissance et désendettement.

Encadré 2.3

Des dimensions de la performance difficilement conciliables

Prenons l'exemple de la division chargée, dans une grande entreprise ferroviaire, des activités d'entretien du réseau ferré. Le réseau ferré lui-même n'appartient pas à l'entreprise ferroviaire. Elle réalise ces activités de maintenance pour le compte de l'entreprise publique propriétaire du réseau. Dans cette division, trois dimensions de la performance ont été identifiées : la sécurité, la régularité et les coûts.

La **sécurité** est celle des personnes transportées et du personnel de bord, mais aussi celle des personnels amenés à réaliser des travaux de maintenance sur les voies. Les interventions sur le réseau sur lequel des trains peuvent circuler exposent le personnel de chantier à un risque d'accident qui doit absolument être maîtrisé. La sécurité constitue donc un impératif pour cette division. Les parties prenantes intéressées sont par conséquent les collaborateurs de l'entreprise (personnel roulant, agents de maintenance) et les passagers.

La **régularité** renvoie au respect des horaires et des temps de transport. Le bon entretien du réseau est une condition indispensable pour la régularité du trafic. Il permet de réduire la probabilité que surviennent certaines pannes ou incidents (rupture de rail, de caténaire, etc.) et doit permettre aux trains de circuler à leur vitesse optimale sur l'ensemble du réseau. Garantir la régularité est important pour la satisfaction des clients de l'entreprise ferroviaire (transport de passagers et fret).

Les **coûts** sont ceux des travaux de maintenance proprement dits : coût de surveillance du réseau, d'entretien ou de remplacement de rails, traverses, équipements électriques, etc. Cette dimension économique de la performance est fondamentale pour l'équilibre de gestion de la division comme pour la poursuite de ses activités avec l'entreprise publique propriétaire du réseau, qui pourrait se tourner vers d'autres fournisseurs. Les parties prenantes concernées sont donc les collaborateurs de l'entreprise, intéressés à la pérennité des activités de cette dernière, l'entreprise publique propriétaire du réseau, agissant en tant que client des activités de maintenance, et les actionnaires de l'entreprise ferroviaire elle-même.

La diversité des parties prenantes intéressées rend complexe la définition de la performance de l'organisation. L'élaboration du modèle de performance l'est d'autant plus

Encadré 2.3 (suite)

que finalités et axes d'action sont en partie conflictuels. Par exemple, en raison des impératifs de sécurité, le trafic doit nécessairement être interrompu sur les voies pour la réalisation de certains travaux d'entretien. Pour préserver la régularité et la continuité du service, les opérations de maintenance peuvent être programmées la nuit, lorsque les voies ne sont pas utilisées. Ce choix augmente les coûts des opérations de maintenance : les chantiers doivent être réalisés de manière fractionnée, ce qui allonge la durée des interventions et augmente les coûts de personnel, par ailleurs plus élevés en travail de nuit. Maximiser conjointement les objectifs de régularité et de réduction des coûts s'avère intrinsèquement impossible ; il est nécessaire d'arbitrer entre ces deux dimensions de la performance.

Les conflits entre dimensions de la performance peuvent également se produire en raison des différences dans l'horizon temporel considéré pour envisager la performance (voir encadré 2.4). La difficulté consiste alors pour les dirigeants de l'organisation à éviter de compromettre la performance de long terme par des choix centrés sur la réalisation d'une performance à court terme.

Encadré 2.4

Les horizons temporels de la performance organisationnelle

Pour un grand constructeur automobile coté en Bourse, la performance sera définie de manière différente selon que l'on se place à un horizon de long, de moyen ou de court terme, et les parties prenantes intéressées sont également dissemblables.

À long terme, pour une grande entreprise cotée, la performance consiste à créer de manière durable de la valeur pour les actionnaires.

À moyen terme, la performance revient à satisfaire les clients de l'entreprise en proposant des produits innovants ou positionnés de manière optimale en termes de rapport qualité perçue/prix de vente des véhicules et des services associés.

À court terme, en particulier en 2008-2009 lors du déclenchement de la crise financière et économique, la performance consistait à consolider la trésorerie de l'entreprise pour éviter une crise de liquidité. De nombreuses parties prenantes sont intéressées à la réalisation de cette performance à court terme : les collaborateurs de l'entreprise en premier lieu, mais aussi l'État et les collectivités locales concernés par la poursuite des activités d'un employeur important et, à un moindre degré, les anciens clients du constructeur bénéficiant de contrats de garantie sur les véhicules achetés.

L'enjeu pour les dirigeants de l'entreprise est de faire en sorte que l'entreprise traverse la crise de liquidité, tout en conservant, voire en développant, ses capacités d'innovation et ses savoir-faire de manière à pouvoir assurer le renouvellement de son portefeuille de modèles et consolider ses positions sur le marché automobile. Enfin, il s'agit de convaincre investisseurs et actionnaires de long terme que les actions mises en œuvre à court et moyen termes concourent à l'objectif de création de valeur actionnariale. La nécessité de gérer ces différents horizons simultanément crée des situations de conflits entre les différentes dimensions de performance et requiert un arbitrage des dirigeants de l'entreprise.

Conclusion

Piloter les activités d'une organisation, quelle qu'elle soit, suppose d'en avoir défini la performance. Nous avons vu dans ce chapitre que définir cette performance organisationnelle n'est pas un exercice aisé.

Il convient d'abord de préciser cette notion de performance organisationnelle elle-même. Nous avons proposé de la définir par rapport à un couple valeur/coût ou, préférablement, activités/moyens, et aux finalités de l'organisation. Construire le modèle de performance de l'organisation conduit à en préciser les finalités, les axes d'action et les relations de cause à effet entre axes d'action et finalités.

Définir ensuite la performance d'une organisation donnée suppose d'identifier les parties prenantes à cette organisation. Ces parties prenantes peuvent être d'une grande diversité. La configuration de l'environnement institutionnel, le secteur dans lequel l'organisation exerce ces activités, mais aussi les choix effectués par les dirigeants de l'entreprise ou de l'organisation définissent l'équilibre des parties prenantes pour l'organisation. Les changements institutionnels modifient les termes de cet équilibre qui doit donc être réexaminé et géré de manière dynamique par les dirigeants de l'organisation.

Chaque partie prenante dispose d'un point de vue particulier sur la performance de l'organisation. Celle-ci s'exprime ainsi selon plusieurs dimensions et plusieurs horizons de temps que les dirigeants de l'organisation doivent s'efforcer de concilier.

Les deux chapitres qui suivent nous conduiront à approfondir la dimension financière de la performance, d'abord au niveau global de l'organisation (chapitre 3) puis au niveau local (chapitre 4).

Nous reviendrons dans le chapitre 5 sur les méthodes qui permettent d'identifier et de construire le modèle de performance d'une entreprise ou d'une organisation et sur les outils de gestion de cette performance au niveau global (chapitre 5) puis local (chapitre 6).

Bibliographie

Freeman R. Edward, *Strategic Management: A Stakeholder Approach*, Boston, Pitman, 1984.

Lorino Philippe, *Méthodes et pratiques de la performance*, 3e édition, Paris, Éditions d'Organisation, 2003.

Malleret Véronique, « Peut-on gérer le couple coûts-valeur ? », *Comptabilité, contrôle, audit*, vol. 15, n° 1, 2009, p. 7-34.

Mendoza Carla, Cauvin Éric, Delmond Marie-Hélène, Dobler Philippe, Malleret Véronique et Zilberberg Emmanuel, *Coûts et Décisions*, 3e édition, Paris, Gualino, 2009.

Senaux Benoît, « A Stakeholder Approach to Football Club Governance », *International Journal of Sports Management and Marketing*, vol. 1, n° 4, 2008, p. 4-17.

Ce qu'il faut retenir

Définitions et concepts

Axes d'action : grandes dimensions opérationnelles sur lesquelles on peut agir et qui concourent aux finalités de l'organisation.

Finalités : missions que les dirigeants de l'organisation cherchent à réaliser ; elles sont définies de manière qualitative.

Modèle de performance : articule axes d'action et finalités par des relations de cause à effet.

Objectifs : définis à partir des finalités qu'ils précisent, ils correspondent à des grandeurs et sont donc quantifiables et mesurables.

Partie prenante (ou *stakeholder*) : groupe ou individu susceptible d'exercer un impact sur ou d'être impacté par la réalisation des finalités de l'organisation (d'après Freeman, 1984).

Performance : actions qui concourent aux finalités de l'organisation, rapportées aux moyens mis en œuvre dans ce processus.

Messages clés

- Expliciter la performance de l'organisation suppose d'identifier les parties prenantes qui comptent pour l'organisation, puis les attentes de ces parties prenantes.
- Les parties prenantes dépendent du type d'organisation (entreprise privée, établissement public, association…), du contexte institutionnel et du ou des secteurs dans lequel l'organisation exerce ses activités.
- Identifier les parties prenantes importantes pour l'organisation n'est pas simple : celles-ci sont multiples, leurs attentes parfois ambiguës ou contradictoires, leur importance relative difficile à évaluer de manière précise.
- Les finalités d'une organisation sont définies par rapport aux attentes de ses parties prenantes pertinentes.
- Les finalités sont souvent multidimensionnelles et les dimensions peuvent être conflictuelles soit intrinsèquement, soit parce qu'elles correspondent à des horizons temporels différents. Par conséquent, définir les finalités et choisir des axes d'action sont des décisions de management.

Activités

Quiz

- Pourquoi est-il important de définir la performance d'une organisation ?
- Quelle différence peut-on faire entre les finalités d'une organisation et ses objectifs ?
- Les parties prenantes d'une organisation sont multiples et leurs attentes peuvent être contradictoires. Illustrez cette proposition à partir d'un exemple de votre choix.
- Expliciter les finalités et le modèle de performance d'une organisation est une décision de management. Expliquez pourquoi.
- Quel rapport peut-on établir entre profit et performance d'une entreprise ?

Exercice 2.1

Identifiez les parties prenantes et leurs attentes pour les organisations suivantes, puis explicitez les dimensions de la performance pour ces mêmes organisations :

- une entreprise de la grande distribution alimentaire ;
- un grand opérateur de télécommunications ;
- une école de formation au management ;
- le bureau des élèves dans cette école ;
- un hôpital public ;
- une entreprise de presse publiant un quotidien national généraliste ;
- une petite entreprise artisanale spécialisée dans les travaux de peinture et de décoration.

Exercice 2.2

Une publicité du constructeur automobile Renault a été publiée dans le numéro du 20 novembre 2010 de l'hebdomadaire *The Economist*. Nous vous en proposons une possible traduction :

Conduire le changement, c'est faire des voitures avec conscience. C'est pourquoi Renault montre la voie en matière de responsabilité sociale et environnementale.

Selon l'agence de notation oekom research, Renault est l'entreprise la plus responsable parmi les quinze plus grands constructeurs automobiles mondiaux sur les questions environnementales et sociales[1].

---

1. Étude internationale de notation d'entreprises conduite en 2009 dans le secteur automobile par oekom research. Pour plus d'informations, consultez le site www.oekom-research.com.

En matière d'environnement, Renault a intensifié ses efforts pour le recyclage de ses produits et pour réduire les émissions de dioxyde de carbone des véhicules signés Renault Eco², signature déjà attribuée à vingt modèles de la gamme[1]. Renault s'est également engagé sur le long terme à promouvoir la mobilité durable pour tous[2], en particulier avec le lancement entre aujourd'hui et fin 2012 d'une gamme de quatre véhicules électriques. Sur le plan humain, Renault a établi en 2004 la « Déclaration des droits sociaux fondamentaux » en mettant en œuvre partout dans le monde plus d'une centaine d'actions chaque année : depuis la formation de quatre-vingts personnes handicapées sur des postes d'opérateur de machines à Renault Brésil jusqu'à différentes campagnes d'éducation sanitaire, telles qu'un programme d'information sur le VIH en Afrique du Sud ou la fourniture de soins médicaux spécifiques au Chili.

À partir de cette publicité, commentez l'évolution du modèle de performance du constructeur en identifiant les finalités de son modèle de performance et les facteurs qui ont pu conduire à choisir ces finalités.

1. Les véhicules Renault Eco² sont produits dans des usines répondant à la norme ISO14001. À l'utilisation, ces véhicules émettent moins de 140 g de CO_2/km. En termes de recyclage, ils contiennent au moins 5 % de plastique recyclé dans leur production et 95 % de leur volume total doit pouvoir être récupéré à la fin de leur cycle de vie.
2. « Mobilité durable pour tous » : voir www.renault.com.

Chapitre 3

Mesurer la performance de l'organisation : les indicateurs financiers

Introduction

Les systèmes de contrôle de gestion se sont d'abord construits à partir de systèmes de mesure de type financier et la performance globale des entreprises reste aujourd'hui encore souvent mesurée à partir d'indicateurs financiers*. Ces indicateurs ont pour objet de qualifier et de quantifier la performance financière des entreprises en répondant à des questions simples, telles que : cette entreprise est-elle profitable ? Est-elle plus ou moins rentable que ses principaux concurrents dans son secteur d'activité ? Ou encore comment sa rentabilité a-t-elle évolué suite aux investissements qu'elle a réalisés au cours des dernières années ? Apporte-t-elle une rémunération satisfaisante à ses actionnaires, compte tenu du risque associé à leur investissement dans cette entreprise ? L'entreprise crée-t-elle de la valeur pour ses actionnaires ? Ces questions intéressent les dirigeants des entreprises, mais aussi d'autres parties prenantes : les analystes financiers, les banquiers et les investisseurs, les concurrents, les collaborateurs de l'entreprise ou leurs représentants, ainsi que les pouvoirs publics, notamment pour les entreprises opérant dans des secteurs d'activité régulés.

Dans ce chapitre, nous verrons quels indicateurs permettent de répondre à ces différentes questions, ce qui nous conduira ce faisant à préciser la définition de certaines des notions sur lesquelles ces questions reposent : que sont la profitabilité*, la rentabilité, la création de valeur pour les actionnaires d'une entreprise ? Nous verrons comment et en quoi ces notions et les indicateurs associés permettent d'approcher la performance financière globale de l'entreprise et analyserons, de façon plus générale, leurs avantages et leurs inconvénients comme mesures de la performance d'une organisation.

1. Les principaux indicateurs financiers

Avant de présenter les principaux indicateurs financiers usuellement employés pour mesurer la performance financière globale, précisons la définition générale de ce qu'est, pour nous, un indicateur financier. Dans cet ouvrage, nous considérons qu'un indicateur financier propose une mesure de la performance financière d'une entreprise ou de certains de ses sous-ensembles, à partir de données puisées dans le système d'information comptable de l'entreprise, souvent appelé aujourd'hui « système de *reporting* financier ». Comme nous le verrons, ces informations issues du système de *reporting* peuvent ensuite être retraitées et la construction des indicateurs peut aussi intégrer des informations de nature économique et financière que l'on ne trouve pas dans la base d'information comptable. Toutefois, celle-ci reste la source d'information partagée pour alimenter le calcul des indicateurs financiers.

1.1. Les indicateurs de profitabilité

On appelle profitabilité d'une entreprise sa capacité d'engendrer un résultat positif ou profit. À travers cette notion, on cherche à savoir si l'entreprise a « gagné de l'argent » au cours d'une période, donc si les revenus tirés de son activité ont été supérieurs aux ressources qu'elle a consommées pour engendrer ces revenus.

On peut faire un parallèle entre cette notion de résultat et le résultat net* en comptabilité financière, qui s'obtient par la différence entre la totalité des produits et des charges d'une période. En effet, le résultat net que l'on peut lire dans le compte de résultat publié par l'entreprise selon les normes comptables qu'elle doit respecter constitue un premier indicateur de profitabilité, simple à comprendre et facile à obtenir puisque toutes les entreprises sont tenues de publier un compte de résultat. Il s'agit d'un indicateur fiable et qui présente une certaine objectivité, dans la mesure où la plupart des entreprises sont soumises à des obligations de contrôle légal de leurs comptes : les auditeurs s'engagent sur le respect par l'entreprise du référentiel comptable comme sur la qualité du système de production de l'information comptable lui-même. Autre avantage du résultat net : il donne une vision très synthétique de la performance sur une période donnée.

Cependant, cette dernière qualité peut aussi constituer un défaut. En tant que tel, le résultat net ne renseigne pas sur la manière dont le profit ou les pertes se sont formés. Par exemple, une cession avec plus-value importante d'un élément d'actif peut masquer des pertes sur le cœur de l'activité de l'entreprise. Symétriquement, des intérêts financiers élevés peuvent peser sur le résultat d'une entreprise, alors que son activité est profitable.

Il est donc utile d'essayer d'isoler, dans la formation des résultats, ce qui relève de l'activité proprement dite de l'entreprise, l'impact des éléments exceptionnels et l'impact du financement. Pour cela, de nombreux indicateurs de marge et de résultat peuvent être utilisés. L'encadré 3.1 présente un exemple de décomposition du résultat selon un format fréquemment rencontré aujourd'hui.

Encadré 1.1

Exemple de décomposition du résultat net

Ventes (*sales*)
– Coût des ventes (*cost of sales*)
= Marge brute (*gross margin*)
– Frais de commercialisation et d'administration (S, G & A : *selling, general and administrative expenses*)
= Résultat opérationnel* (*operating income*)
– Éléments exceptionnels (*extraordinary items*)
= Résultat avant impôt et intérêts d'emprunt (EBIT* : *earnings before interests and taxes*)
– Intérêts d'emprunt (*interest expense*)
– Impôt sur le résultat (*income taxes*)
= Résultat net (*net income*)

Le résultat opérationnel constitue un indicateur de profitabilité des activités de l'entreprise, hors impact des éléments exceptionnels, du financement et de la fiscalité. Il sert souvent de base au calcul d'un autre indicateur de résultat : le NOPAT* (*net operating profit after tax*, ou résultat opérationnel après impôt). Le NOPAT déduit du résultat opérationnel un impôt théorique : celui que l'entreprise aurait à payer si elle était financée intégralement par fonds propres et en neutralisant les retraitements d'ordre fiscal (réintégrations, déductions) qui aboutissent à l'impôt réel :

$$\text{NOPAT} = (1 - \text{taux d'impôt sur les résultats de l'entreprise}) \times \text{résultat opérationnel.}$$

Cet indicateur permet de mesurer la profitabilité des entreprises indépendamment de leurs choix de financement, tout en tenant compte de l'impôt dû sur le résultat opérationnel. Pour cette raison, il est très utilisé pour servir de base à la réalisation de comparaisons entre entreprises ou entre sous-ensembles d'activités au sein d'une même entreprise, afin d'évaluer la performance liée à l'exploitation proprement dite.

En amont du résultat opérationnel, un autre indicateur souvent utilisé est l'EBITDA* (*earnings before interests, taxes, depreciation and amortization*), qui est un donc un niveau de résultat avant intérêts d'emprunt, impôt sur le résultat, dotations aux amortissements et aux provisions sur immobilisations. Il permet d'évaluer la capacité d'une entreprise d'engendrer des *cash flows*, dotations aux amortissements et aux provisions sur immobilisations constituant des charges calculées qui ne donneront pas lieu à décaissement.

Le signe et l'évolution des différents indicateurs de résultat permettent d'évaluer la performance de l'entreprise ; ils doivent être interprétés en relation avec la situation de l'environnement concurrentiel et économique de l'entreprise, la position qu'elle occupe sur ses marchés, la maturité de ses activités. Par exemple, on peut s'attendre à ce qu'une entreprise de création récente, ou qui a connu une grave crise de la demande sur ses marchés, présente pendant plusieurs périodes des résultats opérationnels négatifs. Dirigeants, banquiers et actionnaires seront alors attentifs à l'évolution des résultats plutôt qu'à leur niveau.

De manière générale, en l'absence de toute autre référence, une mesure de résultat est en elle-même une comparaison : celle des coûts et des prix de vente, en tenant compte des volumes vendus. À travers la notion de bénéfice ou de perte, on apprécie donc si la logique de marché, qui aboutit à un prix de vente et à des quantités vendues, est cohérente avec la logique de production, qui se traduit par des coûts à supporter.

Cependant, la performance économique et financière d'une entreprise est parfois difficile à interpréter à partir d'un niveau de résultat en tant que tel. Par exemple, l'entreprise est-elle plus profitable que ses concurrents ? Sa profitabilité a-t-elle tendance à s'améliorer ou, au contraire, à diminuer ? Pour répondre à ces questions, il faut pouvoir disposer des résultats sur plusieurs périodes, ou bien des résultats à la même période d'un échantillon d'entreprises comparables. Cependant, les résultats en valeur, pour pouvoir être comparés, doivent être rapportés à la taille des entreprises concernées. C'est pourquoi les différents niveaux de résultat sont souvent présentés sous la forme de ratios de marge par rapport au chiffre d'affaires. Ces ratios permettent de réaliser des comparaisons beaucoup plus parlantes dans le temps pour une même entreprise, entre entreprises de caractéristiques comparables, ou entre sous-ensembles d'activités au sein d'une même entreprise.

Parmi les ratios de marge les plus fréquemment utilisés, citons le taux de marge opérationnelle* et le taux de marge nette*.

Le taux de marge opérationnelle constitue une mesure de la performance des activités de l'entreprise, en faisant abstraction donc de la manière dont l'entreprise est financée. Il permet de savoir, sur 100 € de chiffre d'affaires réalisés au cours d'une période, combien restent disponibles pour payer les intérêts d'emprunt, payer les impôts sur le résultat, rémunérer les actionnaires :

taux de marge opérationnelle = résultat opérationnel / chiffre d'affaires hors taxes.

Une variante du taux de marge opérationnel est le taux de marge opérationnelle nette qui se calcule, au numérateur, à partir du résultat opérationnel après impôt théorique ou NOPAT :

taux de marge opérationnelle nette = NOPAT / chiffre d'affaires hors taxes.

Le taux de marge nette rapporte le résultat net obtenu par une entreprise au cours d'une période au chiffre d'affaires hors taxes réalisé sur la même période. C'est le ratio de profitabilité pour les actionnaires de l'entreprise. Il permet d'effectuer des comparaisons entre entreprises en incluant cette fois l'impact du financement. Il indique, sur 100 € de chiffre d'affaires réalisés au cours d'une période, combien restent finalement disponibles pour rémunérer les actionnaires ou augmenter les fonds propres de l'entreprise par mise en réserve des résultats non distribués :

taux de marge nette = résultat net / chiffre d'affaires hors taxes.

Niveaux de résultat et taux de marge constituent des indicateurs intéressants pour approcher la performance opérationnelle et financière globale d'une entreprise. Tous peuvent être calculés facilement à partir de l'information contenue dans le compte de résultat de l'entreprise. Leur principale limite est qu'ils n'intègrent pas le montant des capitaux que l'entreprise a utilisés pour engendrer marges et résultats. Or, toutes choses égales par ailleurs, plus les capitaux investis sont importants, plus les niveaux de résultat attendus seront élevés. C'est pourquoi il est utile de compléter la mesure des résultats et des taux de marge par une mesure de la rentabilité.

1.2. Les indicateurs de rentabilité

Les indicateurs de rentabilité rapportent le résultat réalisé au cours d'une période au montant du capital utilisé pour engendrer ce résultat. Là encore, il est possible de définir et de calculer de nombreux ratios de rentabilité, à condition de veiller à la cohérence entre numérateur et dénominateur. Il suffit pour cela de se poser une question simple : quel capital a été utilisé pour engendrer le résultat considéré ?

En pratique, deux catégories seulement de ratios de rentabilité sont fréquemment identifiées : les ratios de rentabilité des fonds propres, d'une part ; les ratios de rentabilité opérationnelle, d'autre part. Ces ratios sont parfois désignés respectivement sous l'appellation de ratios de rentabilité financière et ratios de rentabilité économique.

1.2.1. La rentabilité des fonds propres

Il s'agit de la rentabilité de l'entreprise du point de vue des actionnaires. Le ratio de rentabilité des fonds propres le plus fréquemment rencontré rapporte le résultat net engendré par les activités d'une entreprise au montant des fonds propres de celle-ci. Ce ratio est souvent dénommé ROE* (*return on equity*) :

ROE = résultat net / fonds propres.

Le ROE constitue une mesure très synthétique de la performance financière globale de l'entreprise. Il est utile pour évaluer les performances relatives d'entreprises en se plaçant du point de vue d'un investisseur susceptible, par exemple, de prendre une participation au capital ou qui souhaite comparer différentes opportunités d'investissement. Toutefois, il présente l'inconvénient d'évoluer en fonction de la politique financière de l'entreprise. Il est donc utile de compléter ce calcul par un calcul de la rentabilité opérationnelle.

1.2.2. La rentabilité opérationnelle

Les ratios de rentabilité opérationnelle cherchent à mesurer la rentabilité des activités de l'entreprise avant impact du financement. Le point de vue sur la rentabilité est donc celui du manager. Un ratio très souvent utilisé est le ROCE* (*return on capital employed*), qui rapporte le résultat opérationnel après impôt au capital investi* dans les activités de l'entreprise pour engendrer ce résultat :

ROCE = NOPAT / *capital employed*.

Une variante de ce ratio consiste à prendre au numérateur le résultat opérationnel, donc avant impôt, au lieu du NOPAT.

Au dénominateur, le capital investi, ou *capital employed*, est calculé indifféremment à partir des financements ou des sommes engagées dans l'activité sous forme d'immobilisations et de besoin en fonds de roulement (BFR). Ce principe est illustré à la figure 3.1. Dans cette représentation simplifiée du bilan, l'entreprise est financée par fonds propres et par dettes financières[1] :

- les fonds propres représentent le capital social de l'entreprise, augmenté des primes d'émission et des réserves ;
- l'endettement financier est calculé déduction faite des actifs de trésorerie ;
- les immobilisations nettes sont les actifs immobilisés et utilisés pour l'exploitation des activités de l'entreprise, déduction faite des dotations aux amortissements et aux provisions cumulées ;
- le BFR représente le besoin de financement du cycle d'exploitation. Il est calculé à partir des stocks (le cas échéant et selon l'activité de l'entreprise, de matières, composants, marchandises, ainsi que de produits finis et en cours de production) et des créances liées à l'exploitation, diminué des dettes fournisseurs et autres dettes liées à l'exploitation.

1. Nous dénommerons « bilan financier » cette représentation simplifiée du bilan, afin de la différencier du bilan comptable.

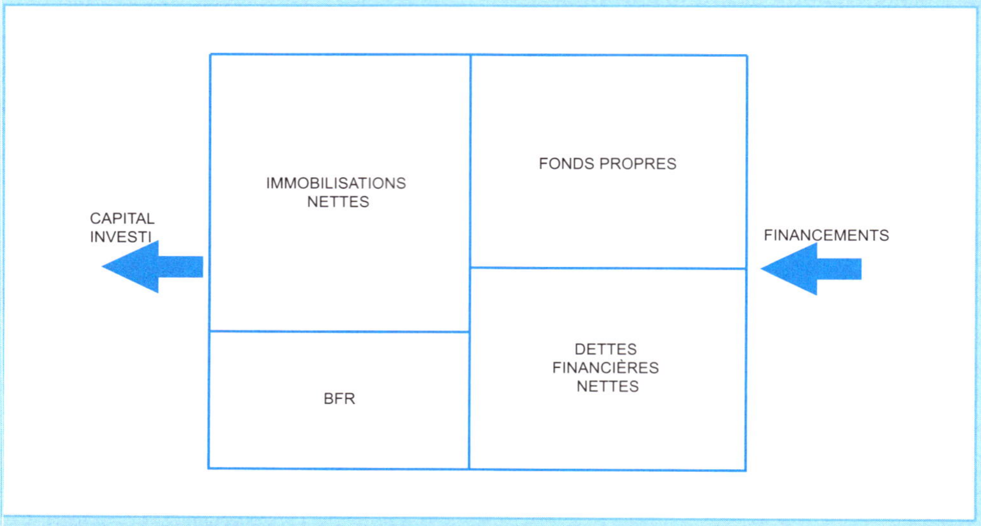

Figure 3.1 – Le bilan financier

1.2.3. La formule de « Du Pont » et le modèle économique de l'entreprise

La formule dite de « Du Pont de Nemours » (figure 3.2) permet de décomposer la rentabilité opérationnelle de l'entreprise à partir du taux de marge opérationnelle et du ratio de rotation du capital investi (*asset turnover ratio*). Cette décomposition permet d'illustrer qu'il est utile de croiser l'analyse des marges avec une mesure de l'importance des capitaux engagés dans l'activité.

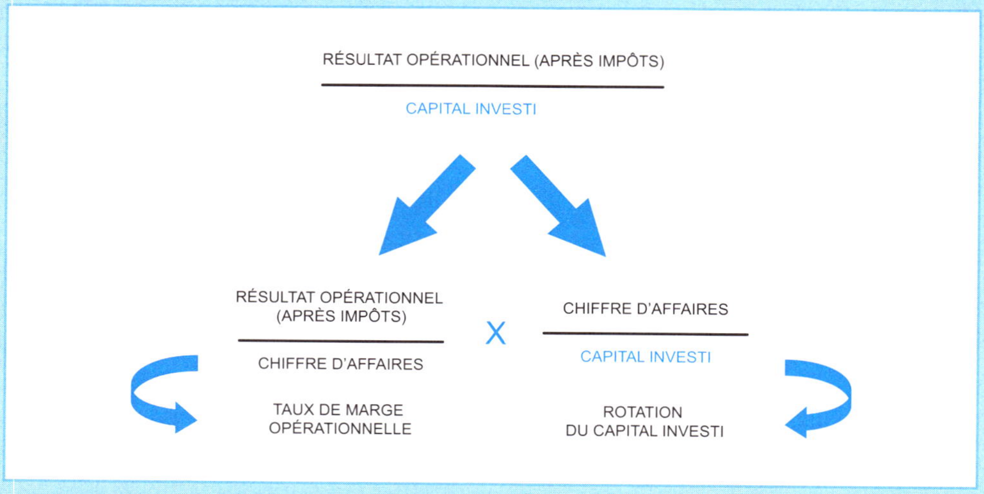

Figure 3.2 – La formule de Du Pont de Nemours

En effet, deux entreprises peuvent présenter la même rentabilité avec des activités très différentes par les marges engendrées comme par les capitaux nécessaires pour l'exploitation. Une illustration de ce phénomène est proposée à la figure 3.3. L'entreprise A présente un taux de marge opérationnelle modeste, mais a besoin de peu de capitaux pour opérer : son ratio de rotation du capital investi est égal à 2,5, ce qui signifie que chaque euro investi dans les activités de l'entreprise permet en moyenne d'engendrer 2,50 € de ventes. L'entreprise B présente un taux de marge opérationnelle beaucoup plus élevé que celui de l'entreprise A : 20 % contre 6 %. En revanche, cette entreprise consomme beaucoup de capitaux : 1 € investi dans les actifs d'exploitation ne permet d'engendrer que 0,75 € de ventes en moyenne. Les entreprises A et B présentent donc des modèles économiques très différents : faibles marges couplées à une rotation rapide du capital investi pour l'une ; marges élevées couplées à une faible rotation du capital investi pour l'autre. Cependant, ces deux modèles conduisent finalement au même niveau de rentabilité opérationnelle, soit 15 % dans cet exemple.

Tableau 3.1 – Modèles économiques et rentabilité opérationnelle

	Entreprise A	**Entreprise B**
Taux de marge opérationnelle	6 %	20 %
Rotation du capital investi	2,5	0,75
Rentabilité opérationnelle	15 %	15 %

1.2.4. Les limites des indicateurs de rentabilité

S'ils permettent une mesure plus complète de la performance, combinant chiffre d'affaires, résultats et capitaux, les ratios de rentabilité présentent toutefois des limites et difficultés d'utilisation.

Tout d'abord, les capitaux pris en compte au dénominateur des différents ratios sont évalués à partir des données comptables et peuvent de ce fait constituer une évaluation biaisée des capitaux effectivement utilisés pour engendrer le résultat qui figure au numérateur du ratio. Par exemple, en fonction du référentiel utilisé par l'entreprise pour la publication de ses comptes et des choix qu'elle a faits en matière de politique comptable et fiscale, certains actifs immobilisés vont être évalués à leur juste valeur, d'autres au coût historique. Constater une dépréciation sur un actif en raison de la diminution de sa valeur de marché, par application des principes de l'évaluation à la juste valeur des actifs, conduit, toutes choses égales par ailleurs, à diminuer le capital investi et fait donc apparaître une amélioration apparente du taux de rentabilité.

Symétriquement, des actifs anciens évalués au coût historique diminué des dotations aux amortissements cumulés vont être intégrés au capital investi pour une valeur très éloignée de leur coût de remplacement. La rentabilité apparente du capital investi s'en trouve probablement surestimée et les dirigeants de l'entreprise, s'ils évaluent l'impact de leurs décisions sur la rentabilité, ne sont pas incités à investir pour renouveler leurs actifs.

De la même manière, le cumul des dotations aux amortissements minore progressivement le montant du capital investi, toutes choses égales par ailleurs. La rentabilité opérationnelle va donc évoluer au fil du temps, en fonction de la progression de l'entreprise dans son cycle d'investissement et de renouvellement des actifs, même si les conditions de son activité et ses résultats sont inchangés.

De plus, si les objectifs de performance conduisent à des cibles de rentabilité à court terme exprimées à partir d'un ratio de rentabilité opérationnelle, les dirigeants ont tout intérêt à diminuer le capital investi. Cela peut conduire à des décisions de cessions d'actifs ou d'externalisation de certaines parties de l'activité, susceptibles de compromettre la réactivité de l'entreprise ou le contrôle dont elle dispose sur la qualité de ses processus opérationnels. Ou encore, les dirigeants peuvent être amenés à privilégier des investissements moins coûteux, mais de moindre qualité ou qui engendrent des coûts de fonctionnement plus élevés. À court terme, de telles décisions auront un impact positif sur le niveau du ratio de rentabilité opérationnelle, mais peuvent compromettre la performance économique de l'entreprise à moyen et long termes.

Une limite supplémentaire des ratios de rentabilité apparaît si l'on cherche à mesurer la performance de l'entreprise en se plaçant du point de vue d'un investisseur susceptible de prendre une participation au capital de l'entreprise. En effet, un investisseur ne s'intéresse pas seulement à la rentabilité relative engendrée par différents actifs, mais croise cette rentabilité avec le niveau de risque associé à la détention de chacun de ces actifs. Par conséquent, en reprenant l'exemple du tableau 3.1, les deux entreprises affichent une rentabilité identique, mais présentent-elles le même niveau de risque ?

Si l'entreprise B est considérée comme plus risquée que l'entreprise A, alors c'est cette dernière qui devrait être préférée par un investisseur cherchant à optimiser le couple rentabilité/risque des investissements qu'il réalise. En tant que telle, la rentabilité n'est donc pas suffisante pour évaluer la performance d'une entreprise.

Ces différentes limites des ratios de rentabilité pour mesurer la performance économique et financière d'une entreprise conduisent à examiner une dernière catégorie d'indicateurs que sont les indicateurs de création de valeur.

1.3. Les indicateurs de création de valeur

Les indicateurs dits de « création de valeur économique ou actionnariale » et, plus généralement, la thématique de la valeur actionnariale se sont diffusés dans l'environnement des entreprises au cours des deux dernières décennies du XXe siècle, d'abord aux États-Unis puis en Europe et dans d'autres pays, en particulier auprès des grandes entreprises faisant appel à l'épargne publique.

Au cours des années 1980 et 1990, plusieurs sociétés de conseil ont cherché à promouvoir différents indicateurs proposant des manières alternatives de mesurer la performance des entreprises, par rapport aux indicateurs de profitabilité ou de rentabilité fréquemment utilisés jusque-là. La nécessité de recourir à de nouvelles mesures de performance était motivée, selon les promoteurs de ces approches, tant par les limites des indicateurs traditionnels que par la supériorité théorique des nouveaux indicateurs proposés. En effet, ces nouveaux indicateurs sont censés être plus congruents à l'objectif de création de valeur pour les actionnaires, présenté comme le but que les dirigeants de l'entreprise doivent chercher à atteindre et qui doit donc guider l'ensemble de leurs décisions. Les actionnaires souhaitant eux-mêmes minimiser leurs risques pour un niveau de rentabilité donné, il s'agit de construire des indicateurs de création de valeur intégrant une référence au risque, matérialisé par le coût d'opportunité des capitaux engagés par les investisseurs dans les activités de l'entreprise.

La diffusion de ces idées autour de la valeur actionnariale peut être mise en relation avec la montée en puissance des fonds d'investissement dans l'actionnariat des grandes entreprises cotées au cours de ces mêmes deux dernières décennies du XXe siècle. Gérés par des, ou pour le compte de, fonds d'épargne retraite ou sociétés de gestion d'actifs de compagnies d'assurance ou de banques, ces fonds voient leurs propres objectifs de gestion exprimés en termes de rentabilité et de risque. L'industrie de la gestion d'actifs est ainsi devenue une partie prenante de premier plan pour les dirigeants des grandes entreprises et l'objectif de création de valeur actionnariale a acquis une importance accrue.

Nous présentons ici quelques-uns des indicateurs de création de valeur les plus connus : les indicateurs EVA* (*economic value added*) et MVA* (*market value added*), proposés par la société de conseil Stern Stewart & Co[1], et le TSR* (*total shareholder return*), utilisé notamment par le Boston Consulting Group. De manière générale, les indicateurs de création de valeur peuvent être classés en deux catégories : indicateurs externes et indicateurs internes. Les premiers (MVA, TSR) proposent une mesure de la performance d'un point de vue externe à l'entreprise. Ce sont des indicateurs souvent utilisés par les analystes financiers et investisseurs pour disposer d'une mesure globale de la performance. Comme nous le verrons, ils intègrent dans leur construction une référence à des valeurs de marché, observées ou théoriques. Les indicateurs internes, tels que l'EVA, peuvent être calculés au niveau de l'entreprise dans son ensemble comme à celui de divisions opérationnelles et sont censés permettre de déployer dans l'entreprise l'objectif de création de valeur actionnariale. Leur calcul repose pour l'essentiel sur les informations comptables, pour lesquelles différents retraitements et ajustements sont toutefois proposés.

1.3.1. Les indicateurs externes de création de valeur

La MVA

La *market value added* (MVA) s'obtient par différence entre la valeur de marché de l'entreprise et le montant du capital investi dans ses activités :

$$\text{MVA} = \text{valeur de marché de l'entreprise} - \text{capital investi.}$$

Il convient toutefois de noter que le capital investi n'est, dans cette approche, pas directement obtenu à partir de l'information figurant au bilan de l'entreprise. Différents ajustements et retraitements sont préconisés, de manière à se rapprocher d'une mesure plus pertinente des capitaux effectivement utilisés par l'entreprise au cours d'une période.

Par exemple, les dépréciations d'actifs enregistrées par application du principe de la juste valeur peuvent être réintégrées au capital investi, de manière à éviter la sous-évaluation de ce dernier. De même, certains frais de recherche et développement, enregistrés en charges de la période sont, selon cette approche, assimilés à des investissements. Les montants correspondants sont donc retranchés au total des charges de la période et ajoutés au capital

1. L'EVA est une marque déposée de la société de conseil Stern Stewart & Co.

investi au niveau des immobilisations incorporelles de l'entreprise. Simultanément, une dotation aux amortissements est calculée sur ces immobilisations.

La figure 3.3 présente une illustration graphique du calcul de la MVA. En supposant que la valeur des dettes financières telles qu'elles figurent au bilan de l'entreprise est peu différente de leur valeur de marché[1], la MVA revient aux actionnaires de l'entreprise. La MVA s'obtient donc également par différence entre la valeur de marché des actions de l'entreprise – soit sa capitalisation boursière si l'entreprise est cotée en Bourse – et le montant de ses fonds propres, exprimés après retraitements et ajustements :

MVA = valeur de marché des actions de l'entreprise – fonds propres de l'entreprise.

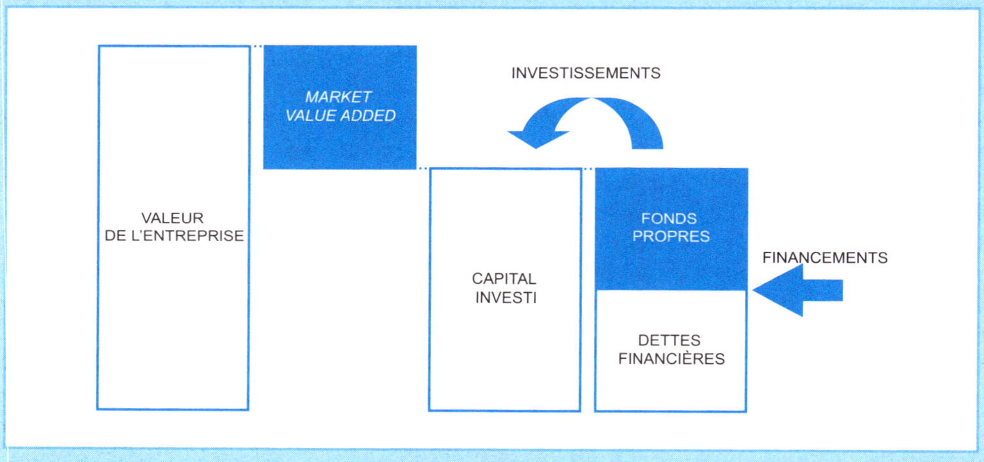

Figure 3.3 – La MVA

La MVA illustre la fonction de l'entreprise en tant qu'entité économique dans une économie de marché : l'épargne disponible est apportée directement ou indirectement aux entreprises par les actionnaires ou les prêteurs. Ces sommes sont censées pouvoir être investies par l'entreprise dans des projets et activités susceptibles de créer de la valeur. Pour les actionnaires, la prise de risque est plus importante que celle des prêteurs : ils sont les créanciers résiduels en cas de faillite de l'entreprise et leur rémunération n'est pas garantie. En contrepartie, c'est à eux qu'échoit la valeur créée par l'entreprise, le cas échéant.

Une entreprise dont la MVA est positive a donc créé de la valeur pour ses actionnaires.

1. La valeur comptable de la dette, enregistrée pour le montant du capital emprunté déduction faite des remboursements effectués, peut s'écarter de la valeur de marché. Par exemple, si l'entreprise a contracté un emprunt à taux fixe au taux de 3,5 % et qu'elle devrait aujourd'hui proposer une rémunération de 5 % pour pouvoir emprunter avec les mêmes caractéristiques, alors la valeur de marché de la dette est supérieure au montant du capital emprunté : l'entreprise a profité d'un gain d'opportunité. Si les intérêts de la dette sont calculés avec un taux variable et/ou si la dette est exprimée à sa juste valeur telle que définie dans le référentiel d'information financière IFRS, alors la valeur de marché de la dette est peu différente de sa valeur comptable.

Cet indicateur constitue une mesure globale et très synthétique de la performance. Cet avantage est toutefois contrebalancé par plusieurs limites :

- la MVA est très sensible à la manière dont a été évalué le capital investi ; même si des ajustements et retraitements ont été effectués, il est parfois difficile de trouver une mesure fiable du capital effectivement utilisé par une entreprise pour ses activités. Par construction, cet indicateur a tendance à surestimer la performance des entreprises disposant d'actifs immatériels non enregistrés au bilan de l'entreprise (médias par exemple), par rapport à celles ayant besoin d'actifs corporels importants pour réaliser leurs activités ;
- la MVA est également sensible à l'estimation de la valeur de marché de l'entreprise (nous reviendrons plus en détail sur ce point dans la suite de nos développements) ;
- la valeur créée que cet indicateur est censé mesurer est définie de manière très globale : la valeur de marché est comparée à tous les apports de capitaux à l'entreprise, dont on fait la somme quelle que soit leur ancienneté. On compare donc des investissements non actualisés, cumulés au sein du capital investi, à une valeur de marché dont l'estimation repose quant à elle sur le calcul actuariel. Cela pose un problème de cohérence et ne permet pas de savoir comment a évolué la capacité de l'entreprise de créer de la valeur.

Les première et troisième limites notées ci-avant doivent être corrigées si l'on s'intéresse à l'évolution de la MVA entre deux dates, plutôt qu'à son niveau. Une grande partie des biais qui affectent l'évaluation du capital investi disparaissent lorsque l'on s'intéresse à la variation de ce dernier. La variation de MVA renseigne sur l'évolution de la performance de l'entreprise en termes de création de valeur, information plus utile pour les dirigeants de l'entreprise, les analystes ou les investisseurs.

Le TSR

Le *total shareholder return* (TSR) est une autre manière d'approcher la création de valeur. Il s'agit fondamentalement d'un calcul de taux de rentabilité interne pour un investissement en actions entre deux dates, pour un actionnaire théorique qui détiendrait l'ensemble des actions d'une entreprise. Si l'entreprise est cotée en Bourse, la valeur d'entrée pour le calcul du TSR est égale à la capitalisation boursière de l'entreprise l'année x : on suppose pour les besoins de ce calcul que l'actionnaire a acheté en Bourse la totalité des actions de l'entreprise.

La valeur de sortie est égale à la capitalisation boursière l'année $x + n$: l'actionnaire est censé revendre la totalité de ses actions à cette date. Entre ces deux dates, l'entreprise a pu distribuer des dividendes à ses actionnaires, racheter ses propres actions ou augmenter son capital. Ces échanges entre l'entreprise et ses actionnaires constituent les flux intermédiaires pour le calcul du TSR (voir encadré 3.2).

Encadré 3.2

Le calcul des flux intermédiaires pour le TSR

Flux intermédiaires pour le calcul du TSR

= Flux encaissés par les actionnaires (dividendes versés, rachats d'actions)

– Flux décaissés par les actionnaires (augmentations de capital encaissées par l'entreprise)

Le TSR constitue donc une mesure de la rentabilité moyenne annuelle du placement effectué par notre actionnaire théorique entre les dates x et $x + n$. Il peut être comparé au taux de rentabilité minimum attendu par les actionnaires compte tenu du risque associé à leur investissement. Une entreprise aura donc créé de la valeur pour ses actionnaires si elle leur a apporté une rentabilité supérieure à la rémunération de leur risque. Cette rémunération est généralement appelée « coût d'opportunité » : c'est la rentabilité que les investisseurs pourraient en principe obtenir d'un placement de risque équivalent à celui des actions de l'entreprise.

Ces deux indicateurs, MVA et TSR, diffèrent fondamentalement des indicateurs de profitabilité et de rentabilité par les références qu'ils introduisent à des valeurs de marché. La référence à des valeurs de marché est cohérente avec le souci de mesurer la performance de l'entreprise du point de vue des actionnaires. Il convient toutefois de souligner que ces mesures de performance changent de nature par rapport aux indicateurs directement calculés à partir des données comptables :

- la valeur de marché des actions d'une entreprise est censée refléter les anticipations des investisseurs concernant les performances futures de l'entreprise ;
- les cours sur les marchés sont censés refléter la juste valeur des actions de l'entreprise.

La formation des prix sur les marchés boursiers peut, en fonction de la conjoncture économique, mettre en défaut ces deux principes.

Par exemple, les anticipations des investisseurs peuvent être assez différentes de celles des dirigeants des entreprises. Il est bien sûr de la responsabilité de ces derniers de faire évoluer les anticipations des investisseurs de manière à limiter l'écart entre les estimations internes et externes de la performance. C'est pourquoi les dirigeants des grandes entreprises consacrent aujourd'hui une part importante de leur temps à communiquer avec les intervenants sur les marchés financiers, avec l'appui de leur direction financière et des services spécifiquement chargés des relations avec les investisseurs.

Toutefois, en dépit d'une communication financière efficace et transparente, un écart important peut se créer entre la valeur des actions de l'entreprise et leur cours sur les marchés boursiers. En fonction des anticipations plus générales des gérants de fonds d'investissement sur les évolutions macroéconomiques ou sectorielles ou sur l'intérêt relatif de différents secteurs d'activité, voire de phénomènes d'engouement ponctuels pour certaines entreprises ou certains secteurs, les actions de certaines entreprises peuvent se trouver délaissées, quand d'autres, au contraire, sont recherchées. Les cours des actions des entreprises sont susceptibles de varier parfois de manière brusque en fonction de l'évolution des anticipations générales des investisseurs. Par exemple, avec le déclenchement de la crise financière et économique en 2008, les marchés d'actions ont été délaissés au profit d'autres actifs, tels que certaines matières premières.

La formation des prix sur les marchés financiers répond donc à des logiques multiples et complexes. Nombre d'entre elles ne sont pas contrôlables par les dirigeants des entreprises et ne reflètent pas l'évolution des « fondamentaux » de l'entreprise, c'est-à-dire les déterminants de sa performance. Les indicateurs faisant référence à des valeurs de marché doivent donc être interprétés avec prudence.

1.3.2. Les indicateurs internes de création de valeur : l'exemple de l'EVA

L'*economic value added* (EVA) propose une mesure de la création de valeur sans référence directe à des valeurs de marché, mais prend en compte le coût d'opportunité des capitaux utilisés par l'entreprise. En effet, le principe consiste à déduire du résultat opérationnel après impôt (NOPAT) la rémunération théorique du capital investi utilisé par l'entreprise au cours de la période pour engendrer ce résultat :

$$\text{EVA} = \text{NOPAT} - k \times \textit{capital employed}.$$

Dans cette formule :

- k est le coût d'opportunité des capitaux investis. Ce coût, également appelé « coût du capital* », correspond à la moyenne pondérée des rentabilités attendues par les investisseurs pour chaque catégorie de financement (en anglais, *weighted average cost of capital* ou WACC). Un exemple de calcul de ce coût est présenté dans le tableau 3.2. Si l'entreprise est financée par des fonds propres d'une part et par des dettes financières d'autre part, le coût du capital est obtenu à partir du coût des fonds propres, du coût des dettes financières et des parts de chacune de ces deux catégories de financement dans le financement total de l'entreprise. Notons qu'en pourcentage, le coût des fonds propres est plus élevé que celui de la dette, les actions constituant des actifs financiers plus risqués que les dettes financières du point de vue des investisseurs. De plus, le coût de la dette pour l'entreprise s'exprime après impôt sur les sociétés, les intérêts d'emprunt étant fiscalement déductibles ;
- résultat opérationnel après impôt (NOPAT) et capital investi (*capital employed*) sont exprimés après ajustements et retraitements, comme nous l'avons déjà évoqué à propos de la MVA. Par exemple, des dépenses importantes de communication en début de cycle de vie d'un produit ou lors de la création d'une marque peuvent être considérées comme ayant une nature d'investissement et non de charge. Le retraitement correspondant consistera à retrancher ces dépenses du montant du résultat opérationnel, à calculer un plan d'amortissement (par exemple sur trois ou cinq ans), à réintégrer dans le résultat la dotation annuelle correspondante et à augmenter le capital investi du montant total des dépenses, net des dotations aux amortissements calculées.

Tableau 3.2 – Exemple de calcul du coût du capital

Coût des fonds propres = 8 %		
60 % de fonds propres		k
40 % de dette financière	→	= 0,6 × 8 % + 0,4 × 3,25 %
Coût des dettes financières après impôt		= 4,8 % + 1,3 %
= (1 – 35 %) × 5 % = 3,25 %		= 6,1 %

Le message de l'EVA est donc que le niveau de résultat engendré par les activités d'une entreprise doit être suffisant pour rémunérer l'ensemble des apporteurs de capitaux, banquiers ou autres porteurs de dette financière et actionnaires, compte tenu du risque qu'ils supportent. Le résultat doit par conséquent permettre la rémunération du risque des capitaux utilisés par l'entreprise. Une entreprise crée de la valeur sur une période si elle présente une EVA positive.

Nous présentons ci-après les apports et limites principaux de cet indicateur.

Apports de l'EVA

- **Une relation entre création de valeur interne et externe :** il est possible de montrer qu'une relation algébrique existe entre MVA et EVA. En effet, la MVA d'une entreprise est égale à la somme des EVA futures actualisées que l'entreprise est censée engendrer. Cette relation est intéressante, car toute amélioration de l'EVA devrait aboutir à une augmentation de la MVA, donc à une création de valeur pour les actionnaires.
- **Par rapport à la MVA, une mise en évidence des axes de création de valeur :** toutes choses égales par ailleurs, créer de la valeur passe par une augmentation des volumes et/ou une augmentation des marges opérationnelles ; une diminution du capital investi ; une optimisation du coût des ressources utilisées par une politique financière et de communication efficace auprès des investisseurs ; les composantes de l'EVA sont autant d'axes d'action sur la MVA.
- **Un accent mis sur le coût du capital comme seuil de performance financier :** ce calcul simple met bien en évidence que les capitaux utilisés ont un coût – en particulier, que les actionnaires attendent un certain niveau de rémunération pour leur investissement. Par exemple, augmenter le chiffre d'affaires n'est pas un objectif en soi ; encore faut-il que les capitaux qu'il est nécessaire d'engager pour développer les ventes permettent d'engendrer un résultat opérationnel suffisant pour rémunérer les investisseurs à leur coût d'opportunité. À défaut, cette augmentation du chiffre d'affaires sera destructrice de valeur pour l'entreprise et ses actionnaires. De manière symétrique, un projet dont la rentabilité est inférieure à celle des activités déjà existantes, tout en restant supérieure au coût du capital, crée de la valeur pour les actionnaires. L'EVA présente en cela un avantage sur les ratios de rentabilité de type ROCE, dont l'expression sous forme de pourcentage peut induire des comparaisons et des décisions manquant de pertinence d'un point de vue économique.

Limites de l'EVA

- **Une corrélation non établie entre EVA et MVA, ou entre EVA et performance boursière :** les nombreuses études ayant cherché à mettre en évidence ces relations à partir d'analyses statistiques n'ont pas abouti à des résultats probants. Deux raisons principales peuvent expliquer cette situation. Comme nous l'avons évoqué précédemment, la MVA est calculée à partir de la valeur de marché des entreprises cotées et les cours des actions se forment selon des logiques complexes dans lesquelles la performance attendue de l'entreprise elle-même n'est qu'une composante. La valeur de marché constatée à une date donnée reflète donc d'autres éléments que les seuls fondamentaux de l'entreprise. De plus, la MVA est censée refléter les anticipations concernant la performance future, alors que les EVA sont souvent calculés à partir des informations comptables disponibles et reflètent donc davantage la performance passée. En pratique, il est donc difficile d'avancer qu'une amélioration de l'EVA va se traduire par une augmentation simultanée de la MVA.

- **Un indicateur de performance reposant sur des conventions :** l'EVA ne constitue pas un indicateur de mesure de la performance exempt de biais. Par construction, il est davantage adapté à des situations dans lesquelles les investissements que l'entreprise doit réaliser peuvent être fractionnés ou étalés dans le temps et produisent rapidement les résultats attendus, et où les investissements de renouvellement des actifs existants sont peu différents des dotations aux amortissements. Ces biais peuvent bien sûr être corrigés, mais en raison des retraitements qu'il faut alors opérer, ces indicateurs perdent en lisibilité.
- **Des retraitements et ajustements présentant une certaine subjectivité sur le résultat opérationnel et le capital investi :** ces opérations destinées à corriger les biais imputés aux normes comptables peuvent sembler elles aussi arbitraires. En reprenant notre exemple des dépenses de communication « amorties » ou réparties de manière extracomptable sur plusieurs périodes, comment choisir la durée d'amortissement ? Faut-il calculer un amortissement linéaire ou un amortissement accéléré ? Ces questions admettent rarement une réponse univoque et rendent plus difficile la réalisation de comparaisons entre entreprises.

Par conséquent, l'EVA, en dépit de l'intérêt qu'il présente, n'est pas exempt de certaines des limites déjà identifiées pour les ratios de rentabilité. En outre, l'on peut noter que construire un indicateur intégrant directement le coût des ressources dans sa définition n'est pas indispensable pour prendre en compte ce coût dans l'évaluation des performances : en pratique, il est aisé de comparer le ROCE au coût du capital, ou le ROE au coût des fonds propres. Cette comparaison est d'ailleurs suggérée si l'on réarrange l'expression de l'EVA elle-même (voir encadré 3.3).

Encadré 3.3

EVA et ROCE

Comme nous l'avons vu, l'EVA se calcule par différence entre NOPAT et rémunération du capital investi :

$$\text{EVA} = \text{NOPAT} - k \times \textit{capital employed}$$

Soit en factorisant le capital investi dans le membre de droite de cette expression :

$$\text{EVA} = (\text{NOPAT} / \textit{capital employed} - k) \times \textit{capital employed}$$

Ou :

$$\text{EVA} = (\text{ROCE} - k) \times \textit{capital employed}$$

1.3.3. Les *cash flows*

Bien qu'ils ne constituent pas à proprement parler des indicateurs de création de valeur, les *cash flows* sont à la base de tout calcul de valeur. En effet, d'un point de vue financier, la valeur d'un actif est égale à la somme des *cash flows* futurs que cet actif est censé engendrer, actualisés à un taux égal au coût d'opportunité associé à la détention de l'actif en question pour un investisseur.

Dans le calcul du TSR que nous avons présenté précédemment, les actifs considérés sont les actions de l'entreprise. Les *cash flows* correspondants sont donc les flux encaissés par les actionnaires (dividendes versés ou rachats d'action) diminués des flux décaissés (augmentations de capital par apport en numéraire). Comme nous l'avons vu, il est intéressant pour les actionnaires d'effectuer ce calcul de *cash flows*. Notamment, rétrospectivement, le TSR permet d'évaluer la performance d'un placement financier et de la comparer à celle de placements similaires. Cependant, ces *cash flows* ont un caractère résiduel : les dividendes versés, qui représentent les principaux flux encaissés par les actionnaires, renseignent peu en tant que tels sur la performance opérationnelle de l'entreprise. En effet, les dividendes constituent une répartition du résultat net, lequel intègre les conséquences des décisions de financement. Le niveau des dividendes est lui-même le fruit d'une décision de politique financière de l'entreprise.

Par conséquent, pour apprécier la performance opérationnelle de l'entreprise, investisseurs, analystes financiers ou dirigeants préfèrent suivre les *cash flows* engendrés par les opérations de l'entreprise, une fois les besoins de financement de l'activité couverts (voir encadré 3.4). Ces *cash flows*, appelés « *cash flows* nets* » ou « *cash flows* libres » (*free cash flows*), sont les flux qui figurent au numérateur des calculs de valeur actualisée pour le calcul de la valeur d'une entreprise, ou encore du calcul de la valeur actuelle nette d'un investissement.

Encadré 3.4

Le calcul des *cash flows* nets à partir du NOPAT

NOPAT

+ Dotations aux amortissements

– Variation BFR

– Investissements nets

= *Cash flow* net (CFN)

Les *cash flows* nets sont calculés à partir du NOPAT. Les dotations aux amortissements sont ensuite rajoutées au NOPAT, puisqu'il s'agit de charges non décaissables. Le cumul du NOPAT et des dotations aux amortissements permet d'évaluer la capacité de l'entreprise d'autofinancer la croissance de ses activités. Ce niveau de *cash flow* intermédiaire, parfois dénommé « *cash flow* brut », est ensuite diminué de la variation des BFR et des investissements nets[1].

Le *cash flow* net constitue donc le flux disponible après financement de la croissance. Lorsqu'il est positif, ce flux peut servir à verser des dividendes, payer les intérêts des emprunts, rembourser les dettes financières, ou bien encore à augmenter la trésorerie de l'entreprise afin d'accroître ses capacités d'investissement futures et sa flexibilité stratégique.

1. Les investissements nets correspondent au montant des immobilisations acquises au cours de la période, diminué de la valeur nette comptable des immobilisations cédées au cours de la période.

Des *cash flows* nets négatifs signifient que les activités de l'entreprise sont consommatrices nettes de ressources financières. Les besoins de financement correspondants sont couverts par les actionnaires (augmentation de capital), les prêteurs (augmentation des dettes financières) ou, le cas échéant, par une diminution des actifs de trésorerie de l'entreprise (voir encadré 3.5).

Des *cash flows* nets à la trésorerie

Encadré 3.5

CFN

+ Augmentations de capital

– Dividendes versés

+ Nouveaux emprunts

– Remboursements dettes financières

– Intérêts financiers nets

= Variation de trésorerie de la période

+ Trésorerie initiale

= Trésorerie finale

Sur le cycle de vie d'un projet, on s'attend à ce que les *cash flows* nets, fortement négatifs au cours des premières périodes de réalisation du projet en raison des investissements à réaliser et/ou de la croissance des BFR, soient compensés *in fine* par des *cash flows* positifs (figure 3.4). Les montants à investir pour démarrer un projet ou une activité sont très variables d'un secteur à l'autre. Par exemple, dans l'industrie lourde, les montants à investir dans les unités de production sont très élevés, alors que la grande distribution alimentaire a pu se développer en finançant sa croissance par des BFR négatifs : les clients payent pour l'essentiel au comptant, alors que les fournisseurs accordent des délais de paiement d'autant plus importants que le distributeur dispose d'une large surface d'achat.

Au niveau d'une entreprise, investir dans des projets rentables diminue les *cash flows* d'aujourd'hui en vue d'augmenter les *cash flows* de demain et de permettre la poursuite du développement des activités. Le niveau des *cash flows* nets et leur évolution sont donc interprétés par rapport au secteur d'activité de l'entreprise, à ses développements passés et à ses projets d'investissement futurs. Ils renseignent à la fois sur la performance économique des activités existantes d'une entreprise, sur son mode de développement, sur ses modalités de financement. Pour ces raisons, les *cash flows* nets constituent des indicateurs financiers suivis de manière étroite et approfondie par l'ensemble des parties intéressées par l'analyse des performances des entreprises.

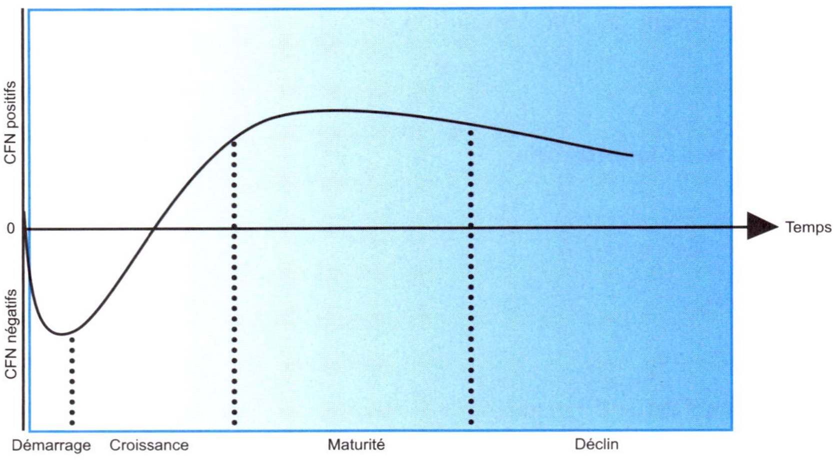

Figure 3.4 – Les *cash flows* nets et le cycle de vie d'un projet/d'une activité

2. Les apports et limites des indicateurs financiers

Dans cette section, nous présentons successivement les apports et les limites des indicateurs financiers pour la mesure de la performance de l'entreprise.

2.1. Les apports des indicateurs financiers

Les indicateurs financiers constituent des mesures de la performance incontournables pour les entreprises :

- ils permettent une mesure très synthétique de la performance globale. Un indicateur unique, ou un petit nombre d'indicateurs, permet de formuler un jugement d'ensemble sur la performance de l'entreprise au cours d'une période ;
- exprimés en valeurs monétaires ou sous forme de ratios et lorsqu'ils sont fondés sur des normes de calcul homogènes, ils peuvent aisément faire l'objet de comparaisons entre entreprises ou dans le temps ;
- ces indicateurs ont l'avantage d'être simples à calculer, en particulier lorsqu'il s'agit d'indicateurs de profitabilité ou de rentabilité : il suffit en effet de rapprocher deux ou trois grandeurs ;
- leur coût d'obtention est limité, les informations comptables étant déjà disponibles pour les besoins de *reporting* et de communication financière de l'entreprise ;

- ils présentent enfin de bonnes qualités en termes d'objectivité et de fiabilité : les entreprises ont l'obligation légale de faire vérifier tant les informations financières qu'elles publient (respect d'un référentiel) que le processus d'élaboration de ces informations (qualité du système de *reporting*). Objectivité et fiabilité renforcent la possibilité de comparer la performance des entreprises sur la base de ces indicateurs.

2.2. Les limites des indicateurs financiers

En dépit de leurs avantages, les indicateurs financiers présentent également un certain nombre de limites pour la mesure des performances, en plus de celles déjà identifiées pour chacune des catégories d'indicateurs étudiées dans ce chapitre.

2.2.1. Des indicateurs qui portent sur l'une des dimensions de la performance seulement

Nous avons vu au chapitre 2 que les dimensions de la performance d'une organisation sont souvent plurielles.

Pour les entreprises privées, la dimension financière de la performance, si elle est souvent première, n'est pas pour autant nécessairement exclusive d'autres dimensions non financières de la performance, telles que le respect de l'environnement naturel.

Pour d'autres types d'organisation (associations, établissements ou entreprises publiques), la dimension financière de la performance reste importante, mais elle ne constitue alors qu'une des dimensions de la performance parmi d'autres.

Par nature, quelles que soient les organisations concernées, les indicateurs financiers laissent de côté l'ensemble des dimensions non financières de la performance et constituent de ce fait des mesures partielles de la performance organisationnelle.

2.2.2. Une portée explicative limitée

Les indicateurs financiers étudiés dans ce chapitre proposent une mesure globale et synthétique de la performance, ce qui représente un avantage mais aussi une limite. Nous avons rappelé précédemment qu'il est indispensable de savoir, au cours d'une période donnée, si la rentabilité d'une entreprise a progressé ou a diminué, si sa profitabilité s'est améliorée ou détériorée. Toutefois, les ratios de rentabilité et de profitabilité correspondants permettent rarement de comprendre ce qui s'est concrètement passé au cours de la période en question.

Par exemple, pour une enseigne de confection textile, la progression de la profitabilité est-elle due à une augmentation des volumes vendus, ayant permis une meilleure absorption des coûts fixes, ou à une diminution de certains coûts de commercialisation ? L'augmentation des ventes, le cas échéant, est-elle elle-même le résultat d'un meilleur positionnement de l'offre de produits de l'entreprise sur ses marchés, d'une consolidation de son image de marque, ou d'une amélioration de l'organisation logistique qui a permis un réassortiment plus réactif des points de vente ?

Les indicateurs financiers sont essentiellement des indicateurs de résultat. Ils renseignent sur le niveau et l'évolution de la performance financière de l'entreprise, mais permettent rarement de remonter avec précision aux causes de cette performance.

Il convient de nuancer aussitôt cette proposition. En effet, l'analyse détaillée d'un ou plusieurs indicateurs peut permettre d'identifier un premier niveau de facteurs ayant conduit à la performance constatée et de formuler de la sorte un premier diagnostic ou, en tout cas, d'affiner les questions qu'il convient de se poser pour comprendre la formation de la performance financière de l'entreprise. Cependant, l'analyse des indicateurs financiers et des facteurs de performance sous-jacents permet rarement de remonter jusqu'à l'origine des causes. Il est pourtant indispensable de les identifier pour pouvoir agir et prendre les décisions correctrices nécessaires (voir encadré 3.6).

Encadré 3.6

Comprendre les facteurs de la performance – L'exemple de l'EVA

En analysant de manière approfondie l'évolution de l'EVA entre deux périodes, il sera possible de comprendre si une dégradation de l'EVA est due à une augmentation du capital investi non compensée par une augmentation du résultat opérationnel. L'analyse du capital investi peut, elle aussi, être approfondie pour détecter une progression anormale du BFR, elle-même due à un allongement des délais de paiement des clients, par exemple. Une première analyse de l'évolution est donc possible.

Cependant, cet allongement des délais de paiement est-il dû à une mauvaise gestion des encaissements au niveau des services administratifs et financiers de l'entreprise, à une dérive dans les pratiques de commercialisation conduisant à accorder des délais de paiement plus longs pour emporter des ventes, ou encore à des défauts de paiement proprement dits ? Pour chacune des causes, les réponses qu'il faudra apporter seront très différentes. Dans le premier cas, il s'agit de réorganiser le système administratif de suivi des créances clients, au besoin en l'externalisant. Dans le deuxième, il faut sensibiliser les commerciaux aux coûts de financement des créances clients et mettre en place des règles strictes au niveau de la politique commerciale. Dans le dernier, il est question de gérer de manière interne ou externe le risque client en mettant en place des dispositifs de *scoring* et d'assurance, par exemple.

2.2.3. Une focalisation sur la performance à court terme

Cette critique est souvent entendue à propos des indicateurs financiers : mesurer la performance à partir des indicateurs financiers conduirait dirigeants et managers à se focaliser sur les conséquences à court terme des choix qu'ils sont susceptibles de faire et à négliger les conséquences à moyen et long termes de ces choix.

Par exemple, développer un produit nouveau conduit souvent à détériorer le ROCE : des investissements sont nécessaires, il faut mettre en place des stocks, ce qui alourdit le capital investi, alors qu'au numérateur, le résultat est impacté par les dépenses de promotion que ne compense pas encore la marge réalisée sur les volumes vendus. Pourtant, innover et renouveler le portefeuille de produits de l'entreprise sont indispensables pour sa compétitivité à moyen et long termes. Les effets sur la performance financière sont donc attendus, mais à un horizon temporel qui dépasse celui de l'année à venir.

2.2.4. Des indicateurs peu prédictifs de la performance future

Une autre limite des indicateurs financiers est qu'ils mesurent les résultats sans renseigner sur la performance future. En reprenant l'exemple qui précède, pour savoir si l'entreprise est sur la bonne trajectoire, il n'est pas possible d'attendre que les investissements consentis produisent tous les effets attendus. Le caractère peu prédictif des indicateurs financiers renforcerait le court-termisme dans la gestion de l'entreprise. La mesure de la performance à partir d'indicateurs financiers doit être complétée par d'autres indicateurs qui seront plus prédictifs de la performance future de l'entreprise (par exemple, le taux de progression des ventes pour le nouveau produit, le taux de pénétration du marché, le taux de notoriété du produit auprès de la clientèle cible, etc.).

Nous reviendrons sur la modélisation de la performance dans le chapitre 5 de cet ouvrage. Il convient de souligner ici que les indicateurs financiers ne conduisent pas par nature à une focalisation de l'attention des dirigeants sur l'horizon du court terme. C'est davantage le mode d'usage de ces indicateurs dans les systèmes de contrôle de gestion qu'il convient d'examiner, en vérifiant qu'il existe bien une analyse de la performance globale sur un horizon pluriannuel, intégrant des indicateurs financiers comme des indicateurs non financiers plus prédictifs de la performance future.

2.2.5. Des indicateurs peu compréhensibles et plus ou moins fiables

Comme nous l'avons vu, il est possible de construire des indicateurs financiers composés de plusieurs variables de manière à permettre une mesure plus valide de la performance financière globale de l'entreprise. Un indicateur tel que l'EVA, par exemple, propose une mesure de la performance beaucoup plus élaborée qu'un simple indicateur de résultat.

Cependant, la sophistication accrue des indicateurs rend leur interprétation plus complexe et leur compréhension plus difficile pour les collaborateurs et dirigeants de l'entreprise qui ne disposeraient pas d'une forte culture financière. De plus, les gains obtenus en termes de validité de la mesure sont parfois contrebalancés par une moindre fiabilité de ces indicateurs. L'EVA, par exemple, suppose que l'on ait effectué de nombreux retraitements et ajustements sur le capital investi et le résultat opérationnel ; ces opérations sont en partie subjectives, voire arbitraires. De plus, calculer le coût moyen des capitaux utilisés par une entreprise suppose en pratique de résoudre de nombreuses difficultés techniques et nombre des choix qu'il convient de faire pour cela présentent eux aussi une part de subjectivité. Subjectivité, conventions et approximations ont pour conséquence une moindre fiabilité des indicateurs composites tels que les indicateurs de création de valeur, par rapport à des indicateurs sans doute moins valides, mais plus fiables, directement issus du compte de résultat de l'entreprise.

Conclusion

Dans ce chapitre, nous avons présenté les principaux indicateurs employés pour mesurer la performance financière globale des entreprises : niveaux de résultat et ratios de profitabilité, ratios de rentabilité, indicateurs de création de valeur. Dans cet ordre, ces indicateurs proposent une mesure de plus en plus exhaustive de la performance financière : les ratios de rentabilité complètent les mesures de résultats et de profitabilité en rapportant le résultat au capital utilisé au cours d'une période pour engendrer ce résultat. Les indicateurs de création de valeur ajoutent un facteur supplémentaire : la rémunération du capital utilisé.

Indispensables pour le suivi de la performance financière des entreprises, certains de ces indicateurs peuvent également servir à mesurer la performance de sous-ensembles de l'entreprise. La question de la mesure de la performance locale à partir d'indicateurs financiers sera étudiée dans le chapitre 4.

Enfin, nous avons vu que les indicateurs financiers, en dépit de leur intérêt, présentent également des limites pour la mesure des performances et le pilotage des activités et qu'ils doivent être complétés par le suivi d'indicateurs non financiers. Nous reviendrons sur ces questions dans le chapitre 5.

Bibliographie

Boston Consulting Group, *The 2010 Value Creators Report*, 2010, http://www.bcg.com/documents/file59590.pdf.

Koller Tim, Goedhart Marc et Wessels David (McKinsey and Company), *Valuation: Measuring and Managing the Value of Companies*, 5e édition, Hoboken, John Wiley & Sons, 2010.

Young S. David et O'Byrne Stephen, *EVA and Value-Based Management: A Practical Guide to Implementation*, New York, McGraw-Hill, 2000.

Ce qu'il faut retenir

Définitions et concepts

Capitaux investis dans l'entreprise (*capital employed*) : cumul des immobilisations nettes et du BFR, ou des fonds propres et des dettes financières nettes.

***Cash flow* net :** *cash flow* disponible engendré par les activités de l'entreprise, après financement de la croissance.

Coût du capital : moyenne pondérée des rentabilités attendues par les investisseurs pour chaque catégorie de financement de l'entreprise (en anglais, *weighted average cost of capital* ou WACC).

EBIT (*earnings before interest and taxes*) : résultat avant impôt et intérêts d'emprunt.

EBITDA (*earnings before interest, taxes, depreciation and amortization*) : résultat avant impôt, intérêts d'emprunt, dotations aux amortissements et dépréciation des éléments d'actif.

EVA (*economic value added*) : NOPAT diminué de la rémunération moyenne du capital investi.

Indicateur financier : mesure de la performance financière de l'entreprise à partir de données puisées dans le système de *reporting* financier de l'entreprise.

MVA (*market value added*) : différence entre la valeur de marché de l'entreprise et le capital investi.

NOPAT (*net operating profit after tax*) : résultat opérationnel diminué de l'impôt théorique calculé sur ce résultat.

Profitabilité : capacité d'une entreprise d'engendrer un résultat positif ou profit.

Résultat net : résultat comptable de la période obtenu par différence entre le total des produits et le total des charges du compte de résultat.

Résultat opérationnel : résultat engendré par les activités de l'entreprise, avant prise en compte des éléments exceptionnels, des éléments financiers et de la fiscalité.

ROCE (*return on capital employed*) : ratio de rentabilité opérationnelle rapportant le NOPAT aux capitaux investis (*capital employed*).

ROE (*return on equity*) : ratio de rentabilité des fonds propres rapportant le résultat net aux fonds propres.

Taux de marge nette : résultat net rapporté au chiffre d'affaires.

Taux de marge opérationnelle nette : NOPAT rapporté au chiffre d'affaires.

Taux de marge opérationnelle : résultat opérationnel rapporté au chiffre d'affaires.

TSR (*total sharehodler return*) : taux interne de rentabilité mesurant la performance d'un placement dans les actions d'une entreprise.

Messages clés

- Les indicateurs financiers ont pour objet de qualifier et de quantifier la performance financière de l'entreprise.
- Il existe plusieurs catégories d'indicateurs financiers, correspondant à différents aspects de la performance financière :
  - les indicateurs de profitabilité renseignent sur la capacité des activités de l'entreprise de dégager des revenus supérieurs aux ressources consommées ;
  - les indicateurs de rentabilité rapportent les résultats aux capitaux utilisés pour engendrer ces résultats ;
  - les indicateurs de création de valeur permettent d'approcher la capacité de l'entreprise de créer de la valeur, c'est-à-dire à proposer aux investisseurs une rémunération supérieure au coût d'opportunité de leurs apports à l'entreprise.
- Les indicateurs de profitabilité sont simples à calculer et à obtenir ; les indicateurs de création de valeur présentent une plus grande pertinence si l'on cherche à mesurer la performance de l'entreprise pour ses actionnaires, mais ils posent aussi davantage de problèmes de mise en œuvre et d'interprétation. Il s'agit donc souvent de réaliser un compromis entre pertinence et fiabilité des indicateurs.
- Les nombreux apports des indicateurs financiers en font des mesures incontournables de la performance des entreprises : il s'agit d'indicateurs synthétiques, qui facilitent la réalisation de comparaisons, souvent simples à calculer, dont le coût d'obtention est faible et qui présentent certaines qualités d'objectivité et de fiabilité.
- Les indicateurs financiers ne permettent pas à eux seuls de mesurer et de piloter de manière exhaustive la performance des entreprises ou des organisations :
  - par construction, ils occultent les dimensions non financières de la performance ;
  - il s'agit d'indicateurs de résultat dont la portée explicative sur les causes de la performance est limitée ;
  - la manière dont ils sont utilisés peut conduire à une focalisation sur la performance à court terme, au détriment de la performance à moyen et long termes ;
  - ils sont peu prédictifs de la performance future.

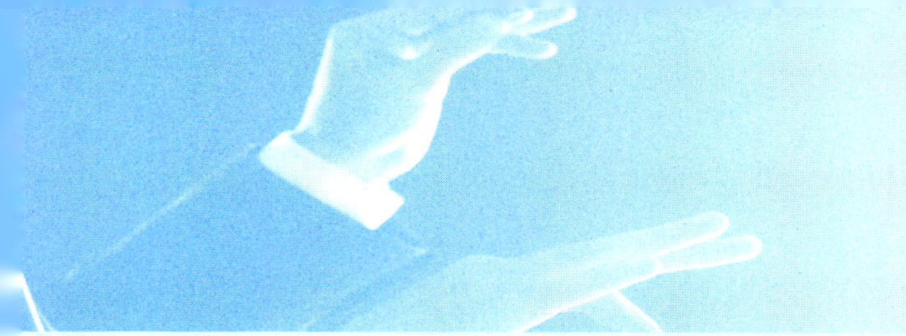

Activités

Quiz

- L'entreprise E est plus profitable que l'entreprise F. Est-elle nécessairement plus rentable ?
- Une entreprise rentable peut-elle « détruire de la valeur » pour ses actionnaires ?
- « Un projet d'investissement susceptible de faire baisser le ROCE d'une entreprise ne devrait pas être réalisé. » Êtes-vous d'accord avec cette proposition ?
- L'EVA calculé pour une entreprise à partir des résultats de la période écoulée est négatif alors que sa MVA a progressé. Quels éléments peuvent expliquer cette situation ?
- L'EVA permet-il de comprendre ce sur quoi il est possible d'agir afin de créer de la valeur pour les actionnaires ?
- Peut-on gérer une entreprise à partir d'un seul indicateur financier ?

Exercice 3.1

La division « produits liquides » (DPL) et la division « produits solides » (DPS) sont deux divisions d'un groupe international.

Comparez les performances des deux divisions en utilisant les mesures de performance financières suivantes :

- indicateurs d'activité : chiffre d'affaires, taux de croissance ;
- indicateurs de profitabilité : résultat net, résultat d'exploitation (en valeur absolue et en valeur relative), NOPAT (en valeur absolue et en valeur relative) ;
- indicateurs de rentabilité : ROE, ROCE, EVA.

N.B. : Le taux d'impôt théorique est estimé à 40 % et la rémunération attendue des actionnaires à 12 % de leur apport.

Tableau 3.3 – DPL – Compte de résultat 201*n* (en millions d'euros)

	201*n*	**201*n* – 1**
Produits d'exploitation	2 760	2 495
Charges externes	654	
Charges de personnel	1 035	
Dotations aux amortissements et provisions	548	
Impôts et taxes	318	
Résultat d'exploitation	205	
Charges financières	14	
Charges exceptionnelles	20	
IS	82	
Résultat net	89	

Tableau 3.4 – DPL – Bilan au 31 décembre 201*n* (en millions d'euros)

Immobilisations (net)	952
Stocks	251
Créances	292
Trésorerie	12
Total actif	**1 507**
Capital	350
Réserves	723
Emprunt	150
Dettes CT	284
Total Passif	**1 507**

Tableau 3.5 – DPS – Compte de résultat (en millions d'euros)

	201*n*	**201*n* – 1**
Produits d'exploitation	1 245	1 168
Charges externes	265	
Charges de personnel	421	
Dotations aux amortissements et provisions	254	
Impôts et taxes	163	
Résultat d'exploitation	142	
Charges financières	20	
Charges exceptionnelles	30	
IS	45	
Résultat net	47	

Tableau 3.6 – DPS – Bilan au 31 décembre 201*n* (en millions d'euros)

Immobilisations (net)	519
Stocks	237
Créances	290
Trésorerie	9
Total actif	**1 055**
Capital	200
Réserves	304
Emprunt	381
Dettes CT	170
Total passif	**1 055**

Exercice 3.2

Les dirigeants d'une entreprise envisagent de réaliser un investissement qui conduirait au développement de leurs activités et cherchent à analyser l'impact de cet investissement sur la performance financière de leur entreprise.

Les informations dont ils disposent sont les suivantes :

- le résultat opérationnel après impôt (NOPAT) de l'entreprise est supposé stationnaire à partir de l'année n et est égal à 100 millions d'euros ;
- le capital investi dans les activités existantes de l'entreprise s'élève à 800 millions d'euros au début de l'année n ;
- le projet d'investissement envisagé suppose que soient réalisés trois investissements fractionnés au début des années $n + 1$, $n + 2$ et $n + 3$, pour des montants de 150, 100 et 50 millions d'euros respectivement ;
- les NOPAT attendus suite à la réalisation du projet s'élèvent à 17 millions d'euros en $n + 2$, 28 millions d'euros en $n + 3$ et 35 millions d'euros en $n + 4$; en $n + 5$ et au-delà, il est prévu que les résultats du projet restent égaux à 35 millions d'euros.

Calculez les ROCE de l'entreprise pour les années n à n + 4, avec et sans le projet.

Calculez la valeur actuelle nette du projet, puis la valeur de l'entreprise, avec et sans le projet, à la fin de l'année n.

Calculez les EVA de l'entreprise pour les années n à n + 4, avec et sans le projet, ainsi que la MVA fin n, avec et sans le projet.

Commentez les résultats de ces différents calculs.

Si le capital investi de l'entreprise avant la réalisation du projet a été sous-évalué de 15 %, quel serait l'impact sur l'analyse de la performance à partir des indicateurs calculés précédemment ?

Hypothèses et conventions

- Des investissements de maintien sont réalisés chaque année pour renouveler les actifs existants au fur et à mesure de leur amortissement. Par simplification, ces investissements sont supposés égaux aux dotations aux amortissements de cette même année.
- Le coût moyen pondéré du capital de l'entreprise s'élève à 11 %.
- Les calculs faisant intervenir le capital investi seront effectués avec le capital investi en début d'année.

Chapitre 4

Mesurer la performance des entités de l'organisation : approches financières

Introduction

Dans une organisation décentralisée, les systèmes de mesure de la performance doivent être construits à la fois au niveau global de l'organisation et au niveau local des entités qui composent cette organisation, qu'il s'agisse d'entités très larges comme des branches ou des divisions, ou de sous-ensembles plus étroits comme des départements, des services opérationnels ou fonctionnels (voir chapitre 1). Le chapitre 3 s'est attaché à la problématique de la mesure de performance de niveau global, nous développons ici celle de la construction de « systèmes de mesure de performance locale ». Nous allons voir que de nouvelles problématiques émergent à ce niveau : les mesures de performance doivent-elles être similaires à celles de l'organisation ? Comment articuler les différents niveaux les uns avec les autres ?

À ce stade, nous restons encore focalisés sur les systèmes de mesure de type « financier », qui furent les premiers systèmes élaborés en contrôle de gestion pour mesurer la performance des entités d'une organisation. La présentation de ces systèmes sera l'occasion de dégager les principes généraux sur lesquels repose leur élaboration et qui nous seront utiles lorsque nous aborderons au chapitre 6 les systèmes de mesure non exclusivement financiers, c'est-à-dire les tableaux de bord des entités.

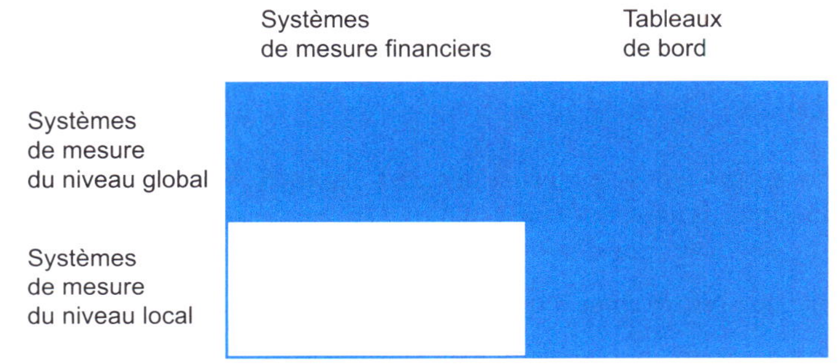

Figure 4.1 – Les différents types de systèmes de mesure de la performance

L'objectif principal de ce chapitre est de montrer que l'on ne peut construire concrètement une mesure de performance locale si on ne perçoit pas la pluralité des perspectives dans lesquelles cette mesure peut s'insérer.

Partons d'une question concrète : si on veut calculer les coûts d'une division « produits » française au sein d'un grand groupe allemand, faut-il inclure dans ces coûts les frais liés à une centrale d'achat située en Allemagne ? Certains répondront par l'affirmative, en arguant que les coûts d'achat ne peuvent être exclus du coût du produit. D'autres les rejoindront dans la solution, mais la justifieront par l'idée qu'il y aurait un risque fiscal à ne pas le faire, car la base imposable dans chaque pays serait faussée. D'autres soutiendront au contraire que cette imputation est problématique, car elle pénalise la division française en polluant sa performance avec des facteurs externes ; d'autres enfin considéreront que c'est un faux débat, car le manager en charge de cette division a besoin d'indicateurs beaucoup plus détaillés que le coût global du produit qu'il gère.

Qui a raison ? Tous et aucun à la fois, car ces réponses se placent dans des perspectives qui ne sont pas les mêmes et qui induisent des réponses différentes au problème. Or, ces perspectives sont souvent confondues ou, pour le moins, mal distinguées, tant en théorie qu'en pratique.

Nous commencerons donc par distinguer les différents usages de la mesure de performance locale (section 1), puis présenterons les principes d'élaboration de la mesure propres à chacun d'eux, qui orientent le mode de construction opérationnel de ces mesures (section 2).

Nous différencierons notamment les systèmes de mesure propres au contrôle de gestion et les systèmes de mesure de nature comptable : ces derniers s'attachent à produire les « comptes » des entités (filiales ou autre), alors que les systèmes de contrôle élaborent des systèmes de mesure à des fins de pilotage. Ceux-ci sont eux-mêmes multiples, selon qu'ils sont destinés aux managers en charge des entités (indicateurs pour le pilotage décentralisé) ou à leur hiérarchie (indicateurs de *reporting*) et, à ce second niveau, selon qu'ils sont destinés à évaluer les activités de l'entreprise (coûts, marges) ou les managers qui les pilotent (contribution*).

Cela nous permettra de mieux apprécier les points de divergence entre ces systèmes de mesure et les enjeux qui en résultent pour leur mise en œuvre.

1. Les différentes fonctions de la mesure de performance des entités

La pluralité des systèmes de mesure des performances « locales » est induite par la multiplicité des fonctions assignées à ces systèmes. On peut distinguer quatre usages principaux de la mesure de performance des entités, qui s'organisent autour de trois distinctions :

- la mesure de performance à usage externe et la mesure de performance à usage interne ;
- la mesure de performance à usage local et la mesure de performance destinée à l'évaluation par la hiérarchie ;
- la mesure destinée à l'évaluation des activités et celle destinée à l'évaluation des managers en charge des entités.

1.1. L'information externe et le pilotage interne

Au chapitre 1, nous avons souligné une différence d'orientation importante entre la comptabilité financière et le contrôle de gestion, à savoir que la première vise l'information des tiers, alors que le second correspond au pilotage de la performance de l'entreprise ; l'une est à vocation externe quand l'autre est dirigé principalement vers la prise de décision interne. Les systèmes de mesure produits par l'une et l'autre ne sont donc, à la base, pas destinés aux mêmes utilisateurs : il s'agit des tiers de l'entreprise dans un cas, de ses dirigeants et managers dans l'autre[1].

Si cette distinction est valable au niveau global de l'organisation, elle l'est également au niveau local des entités qui la composent, puisque, pour l'information externe comme pour les besoins du pilotage managérial, des mesures sont produites aux deux niveaux[2] :

- en comptabilité financière (information externe), un groupe est amené à publier ses comptes de façon globale, ce sont les états financiers consolidés. Mais les entités qui composent ce groupe ont également obligation de publier leurs propres comptes pour les tiers, ce sont les comptes sociaux des entités ou états financiers individuels. Il y a donc bien une mesure de performance globale et des mesures de performance locales ;
- en contrôle de gestion (pilotage managérial), nous aurons de même un système de mesure de la performance d'ensemble du groupe ou de l'entreprise, comme cela a été développé au chapitre 3, et des systèmes de mesure de la performance des entités qui composent l'entreprise.

Cette distinction permet de dégager un premier type de mesure de performance « locale », celui qui correspond à la publication des comptes sociaux des entités au sein d'un groupe. Comme nous l'avons déjà souligné, à la base, la comptabilité financière ne fait pas partie du système de contrôle de gestion et ne devrait en conséquence pas avoir sa place dans cet ouvrage. Toutefois, dans la mesure où ce système de mesure coexiste avec ceux du contrôle de gestion, voire sont parfois confondus avec ces derniers, il nous semble indispensable d'en dresser les principales caractéristiques pour mieux positionner ces systèmes les uns par rapport aux autres et appréhender de façon plus précise leurs liens et leurs différences. Ce sera l'objet de la première partie de la section 2.

En comptabilité financière, le niveau global et les niveaux locaux sont bien évidemment articulés, puisque c'est par agrégation des états financiers individuels que sont produits les états financiers consolidés. Nous n'entrerons pas ici dans les méthodes qui permettent cette agrégation et qui relèvent de la technique de consolidation comptable, et renvoyons le lecteur intéressé à des ouvrages spécialisés sur le sujet. En revanche, nous signalons le processus par lequel cette consolidation s'opère : les comptes des entités, une fois produits au niveau individuel (local), sont « remontés » vers la maison mère pour consolidation. Ce

1. Cette distinction mériterait d'être nuancée, car bien évidemment les managers intègrent certaines informations de comptabilité financière dans leurs analyses managériales, de même que des analyses plus poussées issues du système de pilotage peuvent contribuer à enrichir la communication externe. Cependant, pour des raisons de clarté du discours, nous maintiendrons ici cette différence de finalité des deux systèmes.
2. En réalité, il n'existe pas deux, mais plusieurs niveaux, car, comme nous l'avons indiqué précédemment, le niveau local se subdivise lui-même en plusieurs niveaux d'entités : les branches, les divisions, les services, etc. Par souci de simplification de la lecture, nous regroupons ici ces différents niveaux locaux sous l'appellation « niveau local ».

processus est appelé « *reporting* comptable* », parfois également « *reporting* financier » ou « *reporting* légal »[1], que nous distinguerons dans les paragraphes suivants du *reporting* de gestion*.

Cette perspective comptable étant posée, les paragraphes suivants vont se centrer sur les fonctions de la mesure de performance locale plus spécifiques au contrôle de gestion.

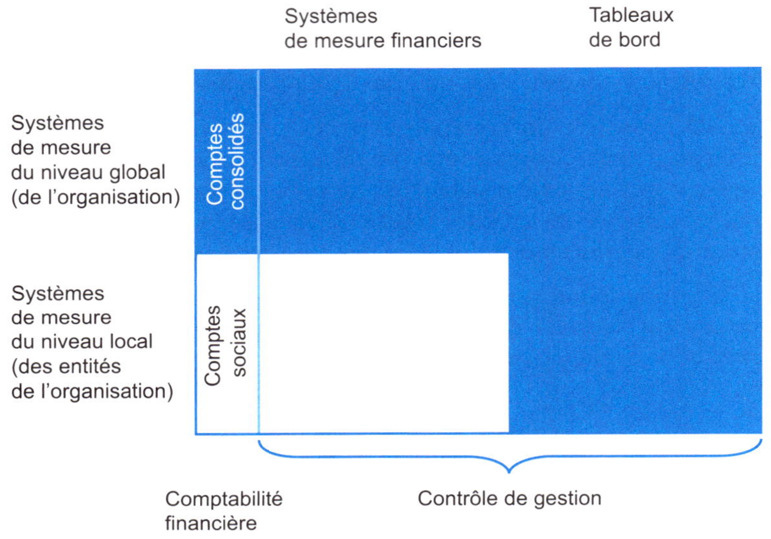

Figure 4.2 – Les mesures locales à des fins d'information externe et les mesures locales à des fins de pilotage

1.2. Le pilotage global et le pilotage décentralisé

Au sein de la fonction de pilotage (voir chapitre 1), nous pouvons distinguer là encore plusieurs usages de la mesure de performance des entités. En particulier, nous avons mis en évidence au chapitre 1 que, dans une grande organisation, le pilotage de la performance devait s'exercer à la fois au niveau global et au niveau local et que l'articulation entre ces deux niveaux de contrôle s'organisait en grande partie autour des objectifs assignés à chaque entité, eux-mêmes traduits dans des systèmes de mesure locaux.

1. Parmi les nombreux abus de langage, on notera que le terme « *reporting* comptable » (ou ses équivalents) est souvent utilisé pour désigner, au-delà du processus interne de consolidation, la communication des comptes sociaux vers l'extérieur de l'entreprise, bien qu'il ne s'agisse alors pas d'un « *reporting* » à proprement parler, sauf à l'égard des actionnaires.

La mesure de performance des entités à des fins de pilotage est donc elle-même destinée à deux types d'utilisateur :

- les managers en charge des entités, pour leurs besoins de pilotage décentralisé ;
- leurs supérieurs hiérarchiques, pour mettre sous tension (négocier des objectifs) et suivre la performance des activités déléguées[1].

Elle est donc destinée à la fois à « rester » au niveau de l'entité et à « remonter » le long de la ligne hiérarchique, puisque c'est par elle que s'articulent les deux niveaux de pilotage. Ce processus de remontée de l'information à des fins de pilotage est appelé « *reporting* de gestion ». Nous verrons dans les paragraphes suivants qu'il sert lui-même deux types de fonction.

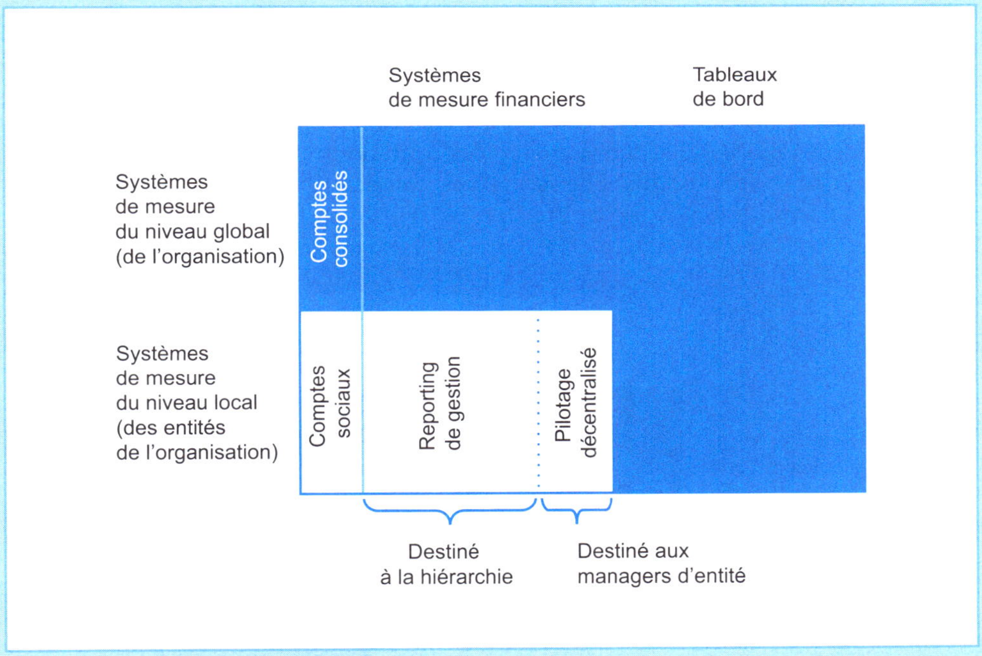

Figure 4.3 – Les mesures locales à des fins de *reporting* de gestion et les mesures locales à des fins de pilotage décentralisé

En réalité, le *reporting* de gestion est progressif, du fait des multiples niveaux qui constituent l'organisation. Ainsi, les mesures de performance de départements vont être utiles aux responsables de département et au niveau supérieur, par exemple le manager en charge de la division à laquelle ces départements appartiennent. De même, les mesures de performance

1. On notera que les responsables hiérarchiques sont donc intéressés à la fois par des mesures de performance locales, qui leur permettent d'agir sur chaque sous-ensemble de l'entreprise et par des mesures de performance globales, qui correspondent à leur propre niveau de responsabilité et sont eux-mêmes en grande partie la résultante des systèmes de mesure locaux.

des divisions vont servir aux managers de division, mais également au niveau supérieur, par exemple les managers de branche, etc.

Nous verrons que cette distinction par « niveau d'usage » managérial est utile, car la hiérarchie n'a pas le même besoin d'information sur les entités que les managers locaux.

1.3. Le pilotage des activités et la responsabilisation des managers

Enfin, une troisième et dernière distinction est nécessaire au sein même du *reporting* de gestion. En effet, un supérieur hiérarchique peut être amené à utiliser la mesure de performance d'une entité dans deux perspectives distinctes, selon qu'il regarde cette entité comme un sous-ensemble de l'activité globale ou comme un domaine de responsabilité :

- dans le premier cas, la mesure de performance locale permet au dirigeant d'apprécier la performance d'une activité exercée par l'entreprise (par exemple, une ligne de produits), ce qui est nécessaire par exemple pour les décisions de gestion de portefeuille. Faut-il ou non allouer des ressources à cette activité ? Faut-il la supprimer ?
- dans le second cas, la mesure de performance locale lui permet d'évaluer la performance des managers à qui il a délégué la charge des opérations et, en amont de cette évaluation, de leur fixer des objectifs. Elle sert la fonction de responsabilisation des managers « locaux » et d'incitation (voir chapitre 1).

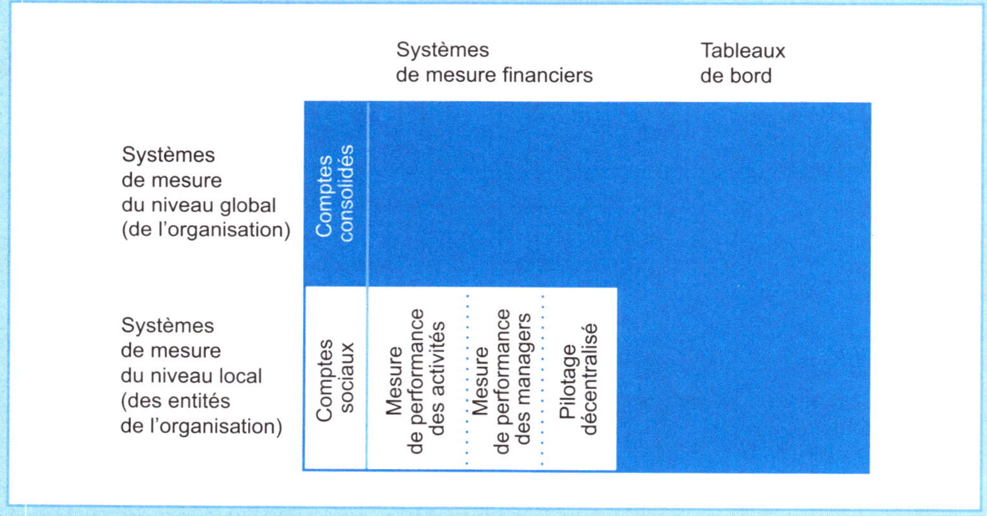

Figure 4.4 – Les mesures de performance des activités/des managers

Les trois distinctions opérées dans cette première section permettent donc de dégager quatre situations distinctes de mesure des performances des entités, que nous développerons successivement dans la section 2 :

- la production des comptes de l'entité destinés aux tiers et au *reporting* comptable ;

- la mesure de performance permettant à la hiérarchie de piloter les activités (premier axe du *reporting* de gestion) ;
- la mesure de performance permettant la responsabilisation des managers d'entité (deuxième axe du *reporting* de gestion) ;
- le système de mesure destiné aux managers d'entité pour le pilotage local.

2. Les approches financières de la mesure de performance locale

Dans cette section, nous allons reprendre successivement chacune des quatre perspectives de mesure de la performance locale que nous avons exposées en section 1. Nous allons voir que chacune d'elles est caractérisée par :

- un **système de mesure** spécifique ;
- un regard particulier sur le **type d'entité** dont il convient de mesurer la performance ;
- des **principes de construction** de la mesure de performance propres.

Au fur et à mesure de l'avancement, nous dégagerons les différences entre ces systèmes de mesure, puis une synthèse générale sera proposée sous forme de tableau en fin de chapitre.

Nous tenterons d'illustrer concrètement notre propos grâce à un exemple transversal, celui d'une multinationale dans le secteur de l'audit et du conseil. Nous imaginerons pour les besoins de l'illustration une organisation fictive que nous appellerons A&C et qui viendra momentanément faire concurrence aux réels « *big four*[1] » qui dominent le secteur.

2.1. La mesure de performance des entités à des fins d'information externe

La première perspective pour laquelle une « mesure de performance » des entités d'un groupe est produite est l'information comptable à destination externe : nous avons vu qu'elle ne relevait pas intrinsèquement du contrôle de gestion, mais qu'il était utile de la présenter suffisamment pour démarquer les systèmes de mesure à des fins de pilotage.

Le système de mesure dédié à cette fonction est la comptabilité financière. Appliquée au niveau des entités de l'organisation, elle a une double fonction :

- produire les états financiers individuels de chaque entité ;
- préparer l'élaboration des états financiers consolidés du groupe sur un plan plus global, *via* le *reporting* comptable.

1. Par ordre alphabétique : DTT (Deloitte Touche Tohmatsu), E&Y (Ernst and Young), KPMG et PwC (PricewaterhouseCoopers).

2.1.1. Les entités concernées

La comptabilité financière ne produit pas des comptes pour tous types d'entité au sein d'un groupe. Elle s'applique aux entités comptables*.

Celles-ci sont de deux types :

- certaines entités ont une obligation légale de produire des comptes. Ce sont celles-ci que l'on désigne principalement par le terme « entité comptable » ;
- mais rien n'empêche un groupe de produire des états financiers, ou une partie de ces états, pour des entités non soumises à cette obligation légale. Cela peut notamment être utile pour préparer l'élaboration des comptes de l'entité plus large, par exemple en préparant au niveau des établissements les comptes d'une filiale.

En ce qui concerne l'obligation légale, la notion d'entité comptable n'est pas définie de façon très précise.

Le Code de commerce (article L. 123-12) stipule que « *toute personne physique ou morale ayant la qualité de commerçant doit procéder à l'enregistrement comptable des mouvements affectant le patrimoine de son entreprise.* [...] *Elle doit établir des comptes annuels à la clôture de l'exercice au vu des enregistrements comptables et de l'inventaire. Ces comptes annuels comprennent le bilan, le compte de résultat et une annexe, qui forment un tout indissociable* ».

Dans les groupes, on peut circonscrire le périmètre des entités comptables en se référant aux éléments constitutifs des comptes d'un groupe : selon la norme internationale IAS-27[1], les états financiers consolidés sont censés s'appuyer sur les états financiers individuels des filiales de la société mère, ainsi que sur ceux des entités contrôlées conjointement et des entreprises associées. Le critère de délimitation et de distinction des entités est alors lié au degré de contrôle[2] exercé par la maison mère : contrôle, contrôle conjoint, influence notable.

L'intérêt de cette approche est de montrer la proximité de la notion d'entité comptable avec celle d'entité juridique, même si les deux notions ne se recouvrent pas totalement.

Ainsi, les succursales ou les agences, qui ne constituent pas des entités juridiques distinctes et correspondent simplement à des services délocalisés, n'ont pas l'obligation de produire des comptes.

Toutefois, ce critère de l'autonomie juridique est en débat, notamment si on s'en réfère au projet de cadre conceptuel international de l'International Accounting Standards Board (IASB). Celui-ci propose de définir une entité comptable comme « *un ensemble circonscrit d'activités économiques, dont l'information financière est susceptible d'être utile aux*

1. IAS 27 : « États financiers consolidés et individuels ».
2. Le terme « contrôle » est utilisé ici en un sens très différent de celui qui nous a permis de définir le contrôle de gestion (voir chapitre 1). Dans cette norme, il correspond au « pouvoir de diriger l'exploitation et le financement d'une entreprise de façon à en retirer des avantages ». Il est proche de l'idée de détention d'un certain degré de participation financière. Contrairement au Financial Accounting Standards Board (FASB américain), l'International Accounting Standards Board (IASB) considère que la détention de la majorité des droits de vote à l'assemblée n'est pas nécessaire. Le contrôle peut en effet résulter :
   - d'une disposition des statuts ou d'un accord avec d'autres actionnaires ;
   - du pouvoir de nommer ou de révoquer la majorité des administrateurs ;
   - ou de la détention de la majorité des votes au conseil d'administration.

investisseurs en capitaux propres, aux prêteurs et aux autres créanciers actuels et potentiels qui ne peuvent obtenir directement l'information dont ils ont besoin pour prendre des décisions sur la fourniture de ressources à l'entité et pour évaluer si la direction et le conseil d'administration de cette entité ont utilisé avec efficience et efficacité les ressources fournies ». Cette approche semble distancier la notion d'entité comptable de celle d'entité juridique pour se rapprocher de la considération d'activités économiques circonscrites[1].

Nous n'entrerons pas plus avant dans ces débats de définition comptable, qui sont hors du propos de cet ouvrage. Nous retiendrons pour simplifier que, dans tous les cas, la notion d'entité comptable présente une « coloration juridique » forte.

Encadré 4.1

Exemple

Dans le réseau A&C, le niveau le plus « global » de production des comptes est le niveau mondial. Mais des états financiers sont également produits au niveau des entités comptables du réseau, qui correspondent essentiellement aux cabinets nationaux. En effet, le résultat comptable servant de base au calcul de la base imposable des sociétés et la perspective fiscale suivant principalement une logique territoriale, la comptabilité suit elle-même par conséquent une logique territoriale.

De fait, le cabinet français est constitué en société anonyme, il correspond à une entité juridique autonome. Bien que membre du réseau mondial, il représente également un certain niveau de mesure de la performance globale et, pour simplifier, c'est ce niveau que nous considérerons dans notre exemple comme le niveau global. Notre point de départ est donc les comptes d'A&C France.

A&C France résulte historiquement de nombreux mouvements d'acquisitions, fusions, cessions et, aujourd'hui, la structure juridique des dernières acquisitions perdure. Il existe donc des entités comptables plus fines au sein d'A&C France :

- FidaFrance, la structure principale ;
- Fiscaplus, un cabinet parisien spécialisé dans le conseil fiscal, récemment acquis ;
- Comptadis, cabinet bordelais couvrant l'ensemble des services offerts par A&C, dont le fondateur, M. Estèphe, expert-comptable, est récemment parti à la retraite ;
- Consultance, structure de conseil (conseil juridique, conseil en management, etc.) de taille moyenne, également acquise récemment et bien implantée dans la région PACA.

1. Le projet de définition suggère ainsi que pour définir une entité comptable, « *l'existence d'une entité juridique n'est ni nécessaire, ni suffisante. Une entité comptable peut comprendre plusieurs entités juridiques ou être une partie d'une entité juridique. Une entité juridique qui exerce des activités économiques et ne contrôle aucune autre entité constitue probablement une entité comptable. La plupart des entités juridiques, sinon toutes, sont des entités comptables potentielles. Cependant, il peut arriver qu'une entité juridique ne puisse pas être considérée comme une entité comptable lorsque, par exemple, ses activités économiques sont entremêlées avec celles d'une autre entité et qu'il n'est pas possible de distinguer objectivement les activités des deux entités* ».

Encadré 4.1 (suite)

Le cabinet français, qui regroupe plus de 5 000 collaborateurs, est présent sur l'ensemble du territoire, grâce à de nombreux bureaux régionaux et locaux, mais ces implantations ne sont pas autonomes sur le plan juridique, elles n'ont pas d'obligation légale de publier des comptes.

Sur le plan comptable, A&C France se subdivise donc en quatre entités ayant l'obligation de publier leurs comptes.

2.1.2. Les principes de construction de la mesure

Au niveau des entités comptables, la comptabilité financière élabore un type de mesure de performance particulier : les états financiers. Quels sont, de façon synthétique, les grandes caractéristiques de ces systèmes et les principes sur lesquels repose leur élaboration ?

Une première caractéristique est que les états financiers appréhendent la performance de l'entité comptable en des termes exclusivement monétaires : charges, revenus, actifs, passifs. Cela permet notamment d'agréger facilement ces données : on peut additionner des charges de nature différente, les résultats nets de deux filiales, soustraire le passif de l'actif, etc.

Par ailleurs, les opérations qui donnent lieu à une comptabilisation sont des transactions entre l'entité comptable et son environnement (par exemple, les ventes de l'entité comptable), mais les états financiers n'indiquent pas le détail des opérations internes à l'entité (les ventes détaillées par produit, par commercial, par client, etc.).

À ce sujet, nous soulignerons là encore la forte coloration juridique de l'approche :

- les transactions qui sont intégrées aux comptes correspondent à des transactions juridiques entre cette entité et son environnement, fondées sur des contrats : des ventes (transaction juridique avec des clients), des achats (transaction entité/fournisseurs), des salaires (transaction entité/employés), des emprunts (transaction entité/banques), etc. ;
- le fait générateur des enregistrements comptables est théoriquement le transfert de propriété entre l'entité et le tiers, même si on l'assimile par souci de simplicité à des critères plus opérationnels, comme la livraison du bien, la réception de la marchandise ou du service, etc. ;
- enfin, les entreprises ne sont pas libres de produire les états financiers qu'elles souhaitent, elles doivent s'inscrire dans un référentiel légal.

Bien évidemment, les transactions doivent être enregistrées de façon exhaustive.

En ce qui concerne les principes, nous soulignerons le caractère fortement normé de l'approche comptable. Les entreprises doivent se conformer à des référentiels comptables. Cela signifie d'une part que ce système de mesure est très standardisé, afin notamment de permettre la comparabilité : cela a un sens de comparer les résultats nets de deux entreprises, car ces résultats ont généralement été produits avec les mêmes normes, au moins pour deux entreprises adossées au même référentiel.

Mais cela signifie d'autre part que ce système de mesure n'est pas neutre, car l'usage pour lequel il est conçu lui confère des caractéristiques particulières. Les référentiels comptables sont multiples et nous n'entrerons pas dans leurs spécificités. Nous rappellerons néanmoins certains principes comptables fondamentaux :

- **le principe de comptabilité d'engagement :** il signifie que le « moment » de la mesure est celui où la transaction est réalisée, et non lorsqu'a lieu le mouvement de trésorerie associé ;
- **le principe de continuité d'exploitation**, qui amène à valoriser les transactions avec l'hypothèse de la poursuite des activités dans un avenir prévisible, et non sur la base de valeurs liquidatives ;
- **le principe des coûts historiques ou de la juste valeur**, selon les référentiels et les opérations concernées. Le premier enregistre une transaction à sa valeur d'origine, le second à sa valeur réévaluée à la date de clôture des comptes ;
- **le principe de permanence des méthodes**, qui oblige, pour des raisons de comparabilité par rapport au passé, à utiliser des méthodes identiques d'une année sur l'autre, par exemple pour l'amortissement des éléments d'actif ou leurs modalités de dépréciation, la valorisation des stocks, etc. ;
- **le principe de prudence**, qui vise à éviter que les actifs et les revenus ne soient surévalués et que les passifs et charges ne soient sous-évalués.

Sur la base de ces principes, le compte de résultat mesure le résultat net dégagé par chaque entité comptable, qui correspond à l'ensemble des revenus dont on déduit l'ensemble des charges.

Ces grandes caractéristiques de la mesure comptable étant brossées, nous allons dans les paragraphes suivants nous attacher plus longuement aux mesures de performance propres au contrôle de gestion, dont nous apprécierons les points communs et les différences.

2.2. Les systèmes de mesure de la performance des activités pour le *reporting* de gestion

Dans cette deuxième perspective, la mesure de performance des entités est utilisée :

- pour les besoins du pilotage interne de la performance (et non externe) ;
- par la hiérarchie (par distinction avec le pilotage décentralisé) ;
- pour l'évaluation de la performance des activités (par distinction avec la responsabilisation des managers d'entité) ;
- par ailleurs, le plan retenu pour la première partie de l'ouvrage nous amène à rester à ce stade sur des systèmes de mesure de type « financier »[1].

Elle oriente principalement les décisions de gestion du portefeuille d'activités : abandon/développement de certaines activités, allocation de ressources, etc.

1. Nous verrons toutefois au chapitre 6 que l'évaluation de la performance des activités peut également être effectuée avec des tableaux de bord, qui élargissent alors la mesure en incluant des indicateurs diversifiés sur l'activité de l'entité.

Dans cette perspective particulière, le système de mesure le plus adapté est la comptabilité de gestion, que nous avons définie au chapitre 1 comme un système de mesure des coûts et des marges générés dans une entreprise. Ces mesures de comptabilité de gestion peuvent également être combinées et produire des mesures de performance des activités plus composites, comme par exemple des ratios.

La variété des modes de calcul des coûts empêche de traiter cette question de façon approfondie au sein de cet ouvrage dédié au contrôle de gestion, car cela entraînerait un volume trop important. Nous l'appréhenderons ici de façon synthétique, en nous attachant aux principes généraux plus qu'aux modalités techniques particulières[1].

2.2.1. Les entités concernées

Pour prendre des décisions relatives au portefeuille d'activités de l'organisation, la hiérarchie s'intéresse à un autre type d'entité que les entités comptables : les segments d'activité* (en anglais, *lines of business*). Par exemple, dans une entreprise industrielle, on analysera comment la marge globale se répartit entre les grandes lignes de produits.

Comment définir les segments d'activité pertinents ? Il s'agit là de l'une des questions fondamentales en comptabilité de gestion : quel est l'« objet de coût » pertinent, c'est-à-dire le périmètre de décomposition pertinent du résultat global ? Historiquement, la comptabilité de gestion s'est attachée plus fortement à la mesure de performance des différents produits (ou services) entrant dans le portefeuille de l'entreprise. Mais d'autres axes peuvent être également intéressants : les zones géographiques, les segments de clientèle, des regroupements de tâches transversales aux produits comme les processus (processus de conception de nouveaux produits, processus de fabrication de tel composant, processus de formation du personnel, etc.)[2].

Dans cette perspective, la mesure de performance locale ne porte donc pas sur la même logique de décomposition de la performance globale que pour les besoins comptables d'information externe. En effet :

- les différentes entités comptables d'un groupe peuvent avoir des activités communes, auquel cas les résultats par filiales ne permettent pas d'appréhender la performance d'ensemble de chaque activité ;
- le périmètre des segments d'activité peut être plus large que celui des entités comptables, par exemple lorsqu'une activité est assurée dans plusieurs pays relevant chacun d'une entité comptable propre ;
- cela peut être l'inverse, par exemple si les filiales ont des activités dédiées spécifiques mais multiples : dans ce cas, mesurer la performance au niveau de la filiale ne permet pas d'appréhender de façon assez fine la performance de chacune de ses activités.

Très souvent donc, les entités comptables et les segments d'activité ne se recouvrent pas parfaitement.

---

1. Pour entrer dans le détail des concepts et techniques de comptabilité de gestion, nous suggérons l'ouvrage plus spécialisé de Mendoza *et al.* (2009).
2. Cette focalisation sur les processus a été l'un des arguments avancés en faveur de la méthode dite ABC (*activity-based costing*) qui, mesurant à la base le coût d'« activités » élémentaires (par exemple, fabriquer, régler les machines, contrôler la qualité des produits fabriqués en fin de chaîne, négocier avec les fournisseurs, etc.), permet alors de calculer le coût de processus définis comme des regroupements de certaines de ces activités élémentaires.

Mais le périmètre des segments d'activité ne recouvre pas non plus le schéma de l'organisation, c'est-à-dire des domaines de responsabilité, point qui sera abordé dans la section 2.3[1].

Encadré 4.2

Exemple

Reprenons notre cas du cabinet A&C, limité à sa partie française. Dans cette organisation, quels sont les segments d'activité pertinents ? Plusieurs axes d'analyse sont intéressants :

- **l'axe « métiers » :** quelles sont les performances respectives des activités d'audit, d'expertise comptable, de conseil managérial, de conseil fiscal, etc. ? Cet axe correspond à l'axe « produits » d'une activité industrielle ;
- **l'axe « segment de clientèle » :** les grands cabinets ont des spécialisations plus ou moins marquées sur certains segments de clientèle : quels sont les résultats obtenus dans le secteur bancaire, l'industrie pharmaceutique, l'aéronautique ? Cet axe peut également dissocier les clients grands comptes et la cible des PME/TPE, le secteur privé et le secteur public/parapublic, etc. ;
- **l'axe géographique :** il permet de repérer si le réseau est correctement représenté dans les différentes régions, si le démarrage de l'activité dans une nouvelle implantation locale porte ses fruits, etc. ;
- **l'axe processus** a également un sens : par exemple, il pourrait être intéressant de prêter attention à un processus comme la publication d'études (normes comptables, etc.) ou le développement de l'axe commercial des grands comptes. Cette subdivision des résultats d'ensemble croise sans doute les axes précédents, car la négociation avec un client grand compte peut concerner :
  - plusieurs axes métiers (le cabinet peut proposer des prestations de services variées à un même client important),
  - plusieurs segments de clientèle (si le cabinet cherche à être référencé comme commissaire aux comptes de l'ensemble du groupe du client et que ce groupe est présent sur plusieurs secteurs),
  - plusieurs zones géographiques (si le client est lui-même implanté dans toute la France, voire à l'international) ;
- **le processus « formation des collaborateurs »** constitue un autre exemple d'axe d'analyse transversal dont il peut être utile d'isoler le coût spécifique.

On voit donc que le nombre de segments d'activité dont on peut souhaiter mesurer la marge est beaucoup plus important que les quatre entités comptables définies précédemment et que les décompositions du résultat du cabinet français ne se recouvrent pas.

Par ailleurs, contrairement à la comptabilité financière, les contours des segments d'activité à évaluer ne sont pas imposés. Alors que la première est contrainte par la réalité de

1. Ainsi, la question n'est pas ici de déterminer sur quel critère l'entreprise doit être organisée, c'est-à-dire comment elle doit répartir le pouvoir de décision et les responsabilités. Il s'agit plutôt, sur la base d'un schéma d'organisation existant, de définir les segmentations pertinentes d'analyse de l'activité.

la structure juridique du groupe, la comptabilité de gestion s'attachera à identifier les segments d'activité pertinents, ce sera un choix de l'entreprise.

Enfin, comme le montre l'exemple du cabinet A&C, il est souhaitable de retenir non pas un, mais plusieurs axes d'analyse, donc plusieurs types de segment d'activité. Plus les regards sur l'activité sont nombreux et diversifiés, plus l'information des dirigeants sera riche et, par conséquent, leurs décisions éclairées. La seule limite en ce sens est le coût du système d'information et un risque de surcharge d'information des dirigeants. Comme nous le développerons dans la sous-section suivante, un équilibre entre la richesse de l'information et le coût d'obtention et de traitement de cette information doit être trouvé.

2.2.2. Les principes de construction de la mesure

Une fois les segments d'activité identifiés, quels sont les principes de mesure qui guident l'élaboration d'une bonne comptabilité de gestion ?

De façon simplifiée, un coût peut se définir comme une somme de charges. On pourrait donc penser que la comptabilité de gestion consiste simplement à produire des « résultats comptables » par segments d'activité. De fait, la comptabilité de gestion produit une mesure de performance en termes de coûts et de « marges ». Toutefois, nous allons voir dans cette sous-section que les principes qui régissent le calcul de ces marges peuvent différer des modalités de calcul d'un résultat comptable.

Quatre principes se dégagent :

- le principe de pertinence* ;
- le principe de valorisation économique* ;
- le principe de causalité* ;
- le principe de juste précision*.

Principe de pertinence

La grande variété des concepts de coûts peut désarçonner un utilisateur non averti : coût direct, coût variable, coût de production, coût de revient, coût marginal, coût standard, coût moyen pondéré, pour ne citer que certains d'entre eux. Cette variété répond à la multiplicité des situations managériales pour lesquelles une analyse des coûts est nécessaire. La première préoccupation en comptabilité de gestion est de ce fait la pertinence de la mesure de performance, définie comme l'adéquation du concept de coût au type de décision managériale envisagé.

Encadré 4.3

Exemples

- Si un manager s'interroge sur l'opportunité d'abandonner un produit particulier, le coût complet de ce produit, qui comprend des coûts directs et des coûts indirects, n'est pas le concept le plus pertinent, au moins à court terme : un produit dont le coût complet est supérieur à son prix de vente (qu'il peut donc être tentant de supprimer pour profitabilité insuffisante) peut contribuer à couvrir des coûts de structure communs à plusieurs produits. Sa suppression réduirait alors cette couverture et les résultats d'ensemble baisseraient.

Encadré 4.3 (suite)

- Le coût complet n'est pas non plus adapté à l'élaboration de prévisions budgétaires. La prévision des coûts futurs en fonction de nouveaux volumes d'activité prévisionnels exige de distinguer les coûts dont le montant total est affecté par une variation de volume (coûts variables), de ceux qui ne le sont pas (coûts fixes), alors que le coût complet amalgame ces deux types de coûts.
- Le coût réel d'un produit peut induire des biais pour certains types de décision (voir un exemple dans la sous-section ci-après « Le principe de contrôlabilité, ses difficultés d'application et ses limites »).

Ce principe de pertinence n'est pas spécifique au *reporting* de gestion, il s'étend également à des situations de pilotage local :

- le coût de revient, qui désigne un stade de calcul des coûts (le coût après commercialisation du produit)[1], n'est pas adapté à une décision de sous-traitance de la production. Il contient en effet des coûts de distribution, alors que ceux-ci seront supportés par l'entreprise quelle que soit la décision retenue. Il est donc plus pertinent de comparer le coût d'achat au sous-traitant au coût de production si l'entreprise fabrique elle-même, concept qui ne tient pas compte des coûts de commercialisation.

On soulignera ainsi deux premières différences avec la façon dont la comptabilité financière mesure les résultats.

D'une part, en comptabilité de gestion, on peut être amené à exclure certaines charges du calcul des coûts et marges, alors qu'en comptabilité financière, le résultat net de l'entité comptable doit incorporer *tous* les revenus et charges engagés ;

- lorsque le coût complet n'est pas pertinent, on peut donc être amené à utiliser des coûts dits partiels (coût variable, coût direct), qui excluent certaines charges (respectivement les charges fixes ou les charges indirectes) ;
- lorsque le coût de revient n'est pas pertinent et qu'on utilise un coût à un stade intermédiaire (coût d'achat, coût de production), certaines charges situées en aval de ce stade de mesure sont exclues.

D'autre part, la comptabilité de gestion peut mesurer des coûts standard, des coûts d'opportunité, des coûts prévisionnels. Elle ne mesure donc pas nécessairement des coûts engagés, c'est-à-dire réels et passés, comme c'est le cas en comptabilité financière.

Principe de valorisation économique

Le montant même des charges incorporées aux coûts peut exiger des retraitements par rapport aux valeurs enregistrées en comptabilité financière.

Les retraitements éventuellement opérés sur les charges de la comptabilité financière pour les besoins de la comptabilité de gestion aboutissent à des écarts d'incorporation qui permettent de passer d'une vision comptable à une vision plus économique des charges.

1. Le coût de revient ne doit pas être confondu avec le coût complet, qui ne désigne pas un stade de calcul du coût, mais un choix dans le type de charges incorporées au coût (charges directes et indirectes).

Encadré 4.4

Exemples

- Si une machine a été enregistrée à l'actif du bilan pour sa valeur d'origine (principe des coûts historiques) et que sa valeur actuelle est supérieure, le montant de la dotation comptable aux amortissements est sous-évalué par rapport au coût d'usage du bien. Il peut être intéressant en comptabilité de gestion de calculer l'amortissement sur la valeur de remplacement.
- Il peut également être utile de s'extraire des méthodes et durées d'amortissement utilisées en comptabilité, pour se rapprocher au plus près des durées de vie et des rythmes d'utilisation effectifs des biens. Un amortissement dégressif par exemple ne correspond pas nécessairement au rythme de consommation effectif d'une machine et peut être remplacé par un amortissement corrélé aux volumes de fabrication. Une méthode FIFO[1] peut conduire à sous-évaluer la valeur des consommations intégrées aux coûts en période d'augmentation des prix, et être avantageusement remplacée par une méthode LIFO[2], plus proche des dernières valeurs constatées.
- Les principales charges financières concernent la rémunération des emprunts. Le coût des capitaux propres n'est pas assimilé à une charge financière sur le plan comptable, alors qu'il est souvent utile de le prendre en compte pour appréhender le coût financier des capitaux nécessaires à l'activité. On peut donc ajouter des charges en comptabilité de gestion qui n'existent pas en comptabilité financière, ce sont des charges « supplétives ».
- À l'inverse, certaines charges enregistrées en comptabilité financière peuvent fausser le calcul des coûts et des marges. C'est le cas par exemple des charges exceptionnelles. On les exclura alors de la comptabilité de gestion, ce sont des charges « non incorporables ».

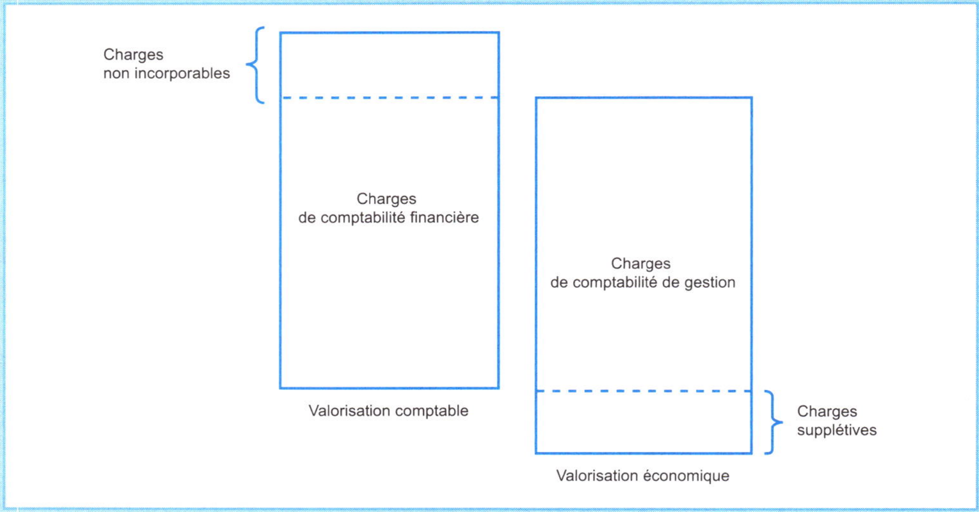

Figure 4.5 – D'une valorisation comptable à une valorisation économique des charges

1. FIFO : *first in, first out* (premier entré, premier sorti).
2. LIFO : *last in, first out* (dernier entré, premier sorti).

Principe de causalité

Pour les décisions de gestion de portefeuille, les managers ont besoin de connaître les marges dégagées par chaque segment d'activité, ce qui suppose d'affecter correctement les charges et revenus à chacun d'eux. Pour cela, il s'agit de comprendre les charges que le segment « consomme ». Le rattachement des charges/revenus sera donc pertinent si ceux-ci sont liés aux segments d'activité par des liens de cause à effet (principe de causalité). Si on cherche par exemple à calculer des coûts de produits, on imputera à chaque produit les charges/revenus qu'il « cause », soit par son existence même (par exemple, des coûts publicitaires engagés spécifiquement pour ce produit), soit par son processus de production (les coûts engendrés par sa fabrication, sa vente, son développement, etc.).

Deux enjeux se dessinent derrière ce principe de causalité :

- **un enjeu en termes de précision d'information**. Il s'agit de donner aux managers une information fiable sur le montant des coûts et des marges dégagés par les produits, afin de ne pas biaiser les décisions qui en découlent. Si le calcul est trop grossier, les managers risquent de prendre des décisions de gestion du portefeuille erronées, par exemple en arrêtant une ligne de produits qui apparaîtrait insuffisamment rentable ;
- pour le pilotage décentralisé, il y aura également **un enjeu en termes de modélisation**. Si on s'intéresse aux causes de consommation des charges, ce n'est pas uniquement pour calculer correctement les coûts des produits, mais surtout pour permettre au manager de comprendre d'où viennent ces coûts, leurs causes, car ce sont autant de leviers sur lesquels il peut agir pour tenter de réduire ces coûts.

Or, en pratique, les systèmes de calcul des coûts ne respectent pas toujours ce principe de causalité. On observe souvent des systèmes d'allocation des charges/revenus aux segments d'activité très approximatifs, fondés sur une logique d'imputation, où les charges sont « réparties » sur les segments selon des modalités très éloignées des relations de causalité.

Comment imputer au coût d'un segment d'activité les charges et revenus causés par ce segment ? On distingue pour cela deux types de charges :

- **les charges directes** sont celles qui sont liées au segment d'activité sans ambiguïté. L'identification du lien de causalité est donc simple. Les consommations de matières premières sont un exemple de charge directe, car on peut identifier sans difficulté la part consommée par chaque produit, en se référant aux mouvements de stock réels de ces matières dans les ateliers de fabrication ou en utilisant les nomenclatures indiquant les consommations théoriques nécessaires à la fabrication du produit.

Toutes les charges spécifiques à un produit sont par définition directes (cela peut être le cas pour les amortissements de machines dédiées à la fabrication d'un produit, les salaires des ouvriers fabriquant le produit, des frais de publicité spécifiques, etc.) ;

- **les charges indirectes** sont communes à plusieurs segments d'activité. L'identification du lien de causalité est donc plus délicate. Des exemples de charges indirectes sont les coûts de structure communs (loyer d'une usine, coûts des services de support, charges de direction générale, etc.).

Plus les charges indirectes sont traitées globalement, plus il est difficile d'établir des liens de causalité, notamment si les charges indirectes ont un contenu hétérogène. Par exemple, si les coûts de structure comprennent à la fois des coûts d'encadrement et des coûts immobiliers, il est clair que les segments d'activité ne consomment pas ces charges selon les mêmes lois de causalité. Ainsi :

- **les méthodes simples**, qui allouent l'ensemble des charges indirectes en fonction d'un petit nombre d'indicateurs (méthode des coefficients, méthode des équivalences, etc.[1]), donc de façon très globale, respectent en général peu le principe de causalité ;
- **la méthode traditionnelle de calcul des coûts complets**, en France, dite « méthode des centres d'analyse », décompose les charges indirectes en sous-ensembles plus homogènes[2] qui sont imputés aux segments d'activité selon des critères distincts ;
- **la méthode ABC**[3] suggère de décomposer les charges indirectes à un niveau encore plus fin, les « activités » de l'entreprise, et d'imputer le coût de chaque activité selon un critère propre.

Par ailleurs, les critères d'allocation des charges indirectes aux segments d'activité doivent être choisis avec précaution. Une méthode ABC qui allouerait les charges indirectes de façon très fine, mais avec des critères très peu représentatifs de relations de causalité, aboutirait à des résultats très inexacts. Selon les méthodes, les critères d'allocation des charges indirectes portent des noms différents, qui traduisent des volontés plus ou moins marquées de se caler sur le principe de causalité :

- **dans les méthodes simples**, on utilise des « clés de répartition », terme qui désigne souvent un manque de fondement objectif dans le choix du critère. On est dans une logique de répartition, et non dans la compréhension des lois concrètes de consommation des coûts ;
- **dans la méthode des centres d'analyse**, le critère d'imputation des charges indirectes de chaque centre aux segments est appelé « unité d'œuvre ». On est alors plus proche du principe de causalité, car le centre est considéré comme un prestataire de services (d'œuvre) aux segments qui consomment ce service. Par exemple, des coûts liés à un service central de ressources humaines peuvent être regroupés au sein d'un même centre d'analyse et imputés aux segments d'activité selon une unité d'œuvre « effectifs », ce qui reflète que la cause d'existence de ces coûts (gestion de la paie, formation, etc.) est liée au personnel de l'entreprise. Toutefois, on soulignera que le terme « unité d'œuvre » tend à renforcer la confusion fréquente entre centres d'analyse et départements de l'entreprise, puisqu'il suppose une « prestation ». Or, dans la méthode *stricto sensu*, un centre d'analyse est défini comme un regroupement de charges homogènes et non comme les charges d'un même service, car celles-ci peuvent être hétérogènes et donc consommées par les segments d'activité selon des lois variées. Cette confusion s'explique également par le fait que cette assimilation des centres d'analyse aux départements est très pratique pour d'autres usages que le seul calcul des coûts, notamment pour la gestion budgétaire par départements (voir chapitre 7). Ainsi, si en théorie la méthode des centres d'analyse

1. Voir Mendoza *et al.* (2009) pour une présentation détaillée de ces méthodes.
2. La méthode s'appelait d'ailleurs initialement la méthode des « sections homogènes ».
3. ABC : *activity-based costing.*

tente de s'appuyer sur le principe de causalité dans l'affectation des charges indirectes aux segments, en pratique ce n'est pas toujours le cas ;

- **dans la méthode ABC**, le critère d'imputation des charges indirectes est appelé « inducteur de coût » et il s'applique donc pour les coûts de chacune des activités identifiées. Concrètement, la méthode ne consiste, comme dans les méthodes précédentes, qu'en un système de répartition entre les segments d'activité, c'est-à-dire un exercice de règle de trois[1]. En revanche et indépendamment du fait que cette répartition s'opère sur la base de sous-ensembles de charges beaucoup plus fins, le terme utilisé indique très clairement cette recherche de causalité nécessaire à un calcul des coûts pertinent.

Il s'agit d'identifier ce qui cause le coût de chaque activité : il peut s'agir du temps de fabrication pour la part purement opératoire de la phase de fabrication, mais du nombre de lancements en production pour l'activité amont de réglage des machines, du nombre de composants pour l'activité d'achat, du nombre de nouveaux modèles sur le produit pour l'activité de promotion, etc.

Le principe de causalité peut amener à exclure des charges du coût des segments d'activité, et ce même dans une approche en coût complet. En effet, on pourrait soutenir dans une première approche que les charges d'une entreprise sont *toujours* causées par ses différents segments d'activité, de façon plus ou moins indirecte. Si on prend l'exemple des frais de direction générale, on peut estimer que si l'entreprise ne produisait rien, elle n'aurait pas besoin de coûts d'encadrement ; ceux-ci sont donc bien causés par l'existence des segments d'activité. Mais la relation de causalité est tellement lointaine qu'il est parfois difficile d'identifier un critère objectif reflétant la nature de ce lien. Certaines entreprises préfèrent alors ne pas allouer ces coûts et les considérer comme des coûts communs « à couvrir ». C'est par exemple souvent le cas pour les frais d'administration générale ou les dépenses de recherche[2].

Principe de juste précision

Plus les charges indirectes sont imputées finement et selon des critères respectant le principe de causalité, plus le calcul des coûts et des marges est précis. Nous ne tenterons pas de chiffrer l'impact des variations que le choix d'une méthode peut avoir sur le montant final du coût d'un segment, car les arguments chiffrés spectaculaires (du type « le coût peut varier du simple au double selon le choix de la méthode ») sont généralement utilisés à des fins commerciales et ne sont pas toujours fondés sur des hypothèses suffisamment explicites pour en apprécier la pertinence. Nous nous contenterons de dire que l'enjeu est fort, c'est-à-dire qu'une comptabilité de gestion mal construite peut aboutir à des montants de coûts et de marges très contestables, à des « subventions croisées » entre les segments d'activité.

---

1. Ce rappel permet de relativiser le caractère « révolutionnaire » que certains discours ont prêté à la méthode lors de son apparition, du moins dans son volet de calcul des coûts.
2. Cette part des coûts indirects non imputée porte parfois, par abus de langage, le nom de « coûts de période ». Cette notion de comptabilité financière désigne la part des charges indirectes non admise dans la valorisation des stocks à l'actif du bilan et qui restent donc dans les charges de la période où elles sont engagées. C'est le cas par exemple des coûts liés à la sous-activité constatée sur un exercice comptable donné. Cette non-incorporation de charges à la valeur des stocks en comptabilité financière répond aux principes comptables de prudence et de spécialisation des exercices. En revanche, en comptabilité de gestion, la non-incorporation éventuelle de certaines charges indirectes repose quant à elle, comme nous l'avons vu, sur la difficulté à identifier des relations de cause à effet satisfaisantes. Les principes de référence sont donc différents dans les deux cas.

Il est toutefois utile de relativiser ce souci de précision par deux remarques. En premier lieu, la précision totale n'existe pas, un coût n'est jamais « exact », il est toujours « plus ou moins précis ». Par exemple, selon que l'on applique la méthode ABC en retenant 10, 50 ou 300 activités, le résultat n'aura pas le même degré de précision.

En second lieu, la précision a une limite, car plus une méthode est précise, plus elle est coûteuse. En effet, plus on utilise un nombre important de critères d'imputation, qu'on les appelle clés de répartition, unités d'œuvre ou inducteurs de coût, plus il faudra collecter et fiabiliser un nombre important de données (les heures travaillées, le nombre de lancements en production, etc.).

Il s'agit donc de trouver un juste équilibre entre la précision du calcul de coût et la limitation du coût du système. Or, selon les contextes, l'arbitrage ne se fera pas nécessairement de la même façon, car le besoin de précision n'est pas le même. Quelques critères permettent d'éclairer cet arbitrage :

- **le poids des charges indirectes :** plus le montant des charges indirectes est important, plus le risque de distorsion du coût lors de leur imputation est fort, ce qui amène à privilégier une méthode de calcul précise. En revanche, on pourra se contenter d'une méthode d'allocation plus simple, voire frustre, si le poids des charges indirectes n'est pas significatif, car l'erreur n'entraînera pas de biais d'information important ;
- **le degré d'homogénéité des charges indirectes :** plus ces charges sont hétérogènes, plus il est nécessaire d'utiliser une méthode fine, qui capte mieux les différences de comportement des coûts. On limite alors les phénomènes de subvention croisées entre les segments d'activité, par exemple entre des produits fabriqués en grande et en petite série (qui consomment de façon inégale des coûts de lancement en production), entre anciens et nouveaux produits (qui causent des coûts de développement de façon différente), entre produits simples et produits complexes, etc. En revanche, dans des contextes de production assez homogènes, une méthode plus fine sera plus coûteuse, mais n'apportera pas un supplément d'information significatif par rapport à une méthode plus globale ;
- **le contexte d'utilisation des coûts :** dans certains cas, le calcul des coûts est destiné à une prise de décision ponctuelle et stratégique, par exemple lorsqu'une entreprise veut remettre à plat son portefeuille d'activités (posture de diagnostic). Dans ce cas, il est important d'avoir une information fiable, et le coût du système ne sera pas forcément rédhibitoire car il sera engagé ponctuellement. En revanche, un contexte fort différent serait l'alimentation d'un indicateur de suivi des coûts hebdomadaire ou mensuel (posture de pilotage), car le caractère récurrent du calcul place un enjeu plus fort sur le coût du système ;
- **la stratégie :** dans une stratégie de domination par les coûts, le résultat de l'entreprise s'obtient généralement avec des volumes importants et de faibles marges, par différence avec une stratégie de différenciation, dans laquelle le même objectif de résultat s'obtiendrait avec des marges unitaires plus importantes, mais des volumes plus restreints. Dans le premier cas, l'enjeu en termes de précision est plus fort, car une erreur sur les coûts est plus sensible lorsque les marges sont limitées et parce que la maîtrise des coûts est un facteur clé de succès dans ce type de stratégie.

Encadré 4.5

Exemple

Chez A&C, si on veut calculer la marge dégagée par chaque client, il faut imputer à chacun des clients les coûts qu'il génère. Parmi les charges directes, on trouvera principalement le salaire des collaborateurs affectés à une mission chez ce client, qui peuvent appartenir à des services différents (conseil fiscal, conseil en management, etc.). Certes, ces collaborateurs ne travaillent pas exclusivement pour ce client, mais l'existence de feuilles de temps permet de connaître avec une relative fiabilité la part de leur salaire qui peut être affectée à chaque client.

Les charges directes comprendront également des coûts de transport engagés pour se déplacer chez le client, des frais d'hébergement et de restauration, etc.

Si on s'arrête à ce stade d'incorporation des coûts, on peut dégager la marge intermédiaire dégagée par chaque client, qui contribuera à couvrir les coûts de structure : coûts d'administration générale, coûts de formation, coût du service d'appui technique aux équipes, loyer du cabinet, etc. On peut également évoluer vers un coût plus complet en allouant ces coûts indirects selon l'une ou l'autre des méthodes présentées précédemment.

Pour résumer cette deuxième perspective de mesure de la performance locale, la comptabilité de gestion construit des mesures de coûts et de marges des segments d'activité de l'entreprise en reflétant au mieux la réalité économique des consommations par ces segments. On observera que, contrairement à la comptabilité financière qui est normée, de nombreux choix sont nécessaires en comptabilité de gestion :

- choix du concept de coût adapté à la décision à prendre ;
- appréciation de la valeur « économique » des charges et revenus pris en compte ;
- choix de la frontière opérée entre charges directes et indirectes ;
- choix du degré d'incorporation des charges indirectes ;
- choix de la méthode d'allocation des charges indirectes ;
- choix du degré de détail de cette méthode.

Cette liste est loin d'être exhaustive et d'autres choix seraient également apparus si nous avions abordé la question du calcul des coûts de façon plus technique : méthode de valorisation des sorties de stock, degré d'imputation de certains coûts fixes, modes de détermination des activités, etc.

Notre intention ici est de souligner la part de subjectivité qui existe dans un calcul de coût, qui permet d'adapter au mieux les modalités de calcul des mesures de performance au contexte particulier de chaque entreprise et aux besoins de décision de leurs managers. La comptabilité de gestion présente donc, contrairement à la comptabilité financière, un caractère sur mesure, non normé. Sa pertinence réside dans sa capacité de refléter correctement les consommations liées aux modes de production particuliers de l'entreprise.

Encadré 4.6

Les référentiels de gestion

Le caractère sur mesure des comptabilités de gestion, qui s'étend à l'ensemble des systèmes de pilotage interne de la performance (tableaux de bord, gestion budgétaire, etc.), amène certaines entreprises à établir des « référentiels de gestion » internes. Ces référentiels n'ont pas valeur d'obligation légale comme les référentiels comptables, ils sont propres à un groupe et ne sont pas obligatoires. Ils visent à assurer une certaine homogénéité du langage et des choix effectués par les différentes entités du groupe. Cela facilite le *reporting* de gestion, car les informations de gestion produites sur les entités sont alors plus comparables, plus agrégeables, plus compréhensibles. Le chapitre 10 donne un exemple de référentiel au sein du groupe CostKill : le MAF.

2.2.3. Les enjeux

Nous venons de souligner un certain nombre de distinctions entre les façons de mesurer la performance locale en comptabilité financière et en comptabilité de gestion :

- l'une mesure les résultats dégagés par les entités juridiques, l'autre les marges des segments d'activité. Il peut y avoir recouvrement de ces deux périmètres dans certaines entreprises, comme ils peuvent diverger dans d'autres cas ;
- la comptabilité financière incorpore à la mesure du résultat tous les revenus et toutes les charges et revenus engagés par l'entité juridique (principe de comptabilité d'engagement), alors que la comptabilité de gestion pourra, dans certaines situations de décision, retenir une approche en coûts partiels qui exclut certains types de charges (principe de pertinence) ;
- la comptabilité financière valorise les revenus et les charges selon les règles comptables, qui peuvent les éloigner de la valeur économique qui prévaut en comptabilité de gestion ;
- enfin, la comptabilité financière est tenue de suivre les normes du référentiel légal de l'entité, alors que la comptabilité de gestion veillera à ajuster les modes de calcul des marges aux caractéristiques spécifiques de l'entreprise et, notamment, au niveau de précision requis (principe de juste précision).

Comment gérer ces différences ? Une première façon est de nier ou sous-estimer ces différences en construisant un système de mesure unique calé sur les principes de l'une des deux perspectives. En pratique, ce sont alors les principes de la comptabilité financière qui prévalent, du fait de son caractère légal. Mais alors, l'information de gestion délivrée aux managers sur les coûts et les marges des activités est à la fois incomplète et biaisée, risquant d'aboutir à des décisions inadéquates. C'est la raison pour laquelle la comptabilité de gestion est la plupart du temps dissociée de la comptabilité financière dans les entreprises.

2.3. Les systèmes de mesure pour la responsabilisation des managers d'entité

Dans cette troisième perspective, la mesure de la performance des entités est utilisée :

- pour les besoins du pilotage interne de la performance, comme dans la sous-section précédente ;

- par la hiérarchie (par distinction avec le pilotage décentralisé) ;
- pour responsabiliser les managers « locaux », c'est-à-dire les managers à qui la gestion des activités a été confiée. C'est sur cet axe que cette perspective se distingue de la précédente (évaluation de la performance des activités). Nous sommes ainsi sur le second axe du *reporting* de gestion ; il s'agit de délimiter le champ d'intervention des managers au sein des objectifs globaux de l'organisation, donc de clarifier l'étendue de leur contribution à cette performance d'ensemble. Dans un système de contrôle par les résultats formels, cette contribution est traduite dans un système de mesure, qui sert en amont à fixer des objectifs aux managers (des cibles à atteindre), en aval à évaluer les résultats obtenus (leur performance « réelle ») ;
- avec une approche encore financière à ce stade, puisque les systèmes non financiers seront évoqués dans les chapitres suivants.

L'outil de mesure adapté à cette perspective est appelé le « *responsibility accounting** », le terme anglais n'ayant pas fait l'objet d'une traduction spécifique en français[1]. Théorisé dans les années 1960 en concomitance avec les théories de la décentralisation, cet outil reste marqué jusque dans le terme par le caractère financier des systèmes de mesure de l'époque. Ainsi, il s'agit de mesurer, comme en comptabilité de gestion, des coûts et des marges, mais dans une optique différente de la sous-section précédente, celle de la responsabilisation des managers ; c'est la raison pour laquelle on utilise plutôt le terme « contribution »[2].

Ces systèmes d'évaluation des managers sont en général couplés avec des systèmes d'incitation plus ou moins formels : bonus, promotions, appréciations plus qualitatives (élection du meilleur manager de l'année), dans le but d'inciter les managers à atteindre leurs objectifs[3].

Comme précédemment, nous allons dégager les spécificités de ce système en termes d'entités concernées par la mesure et de principes de construction de cette dernière. Ceux-ci seront repris au chapitre 6 lorsque nous évoquerons les tableaux de bord des entités, c'est-à-dire les systèmes de mesure non exclusivement financiers.

2.3.1. Les entités concernées

Puisque l'objectif est de responsabiliser les managers, il s'agit de suivre le découpage des responsabilités au sein de l'organisation. Les entités correspondent donc ici aux différents « centres de responsabilité » (voir chapitre 1).

Il n'y a pas nécessairement adéquation entre les frontières des centres de responsabilité et ceux des segments d'activité. Pour cela, il faudrait que chaque segment d'activité ait été confié à un manager différent et à un seul. Or, ce n'est pas toujours le cas.

---

1. Cette absence de terme particulier traduit à nos yeux la confusion fréquente effectuée entre les différents systèmes de mesure présentés dans ce chapitre, tant en théorie qu'en pratique.
2. Celui-ci doit toutefois être utilisé avec précaution, car il est parfois associé à des calculs de marges sans souci direct d'apprécier la performance d'un manager.
3. Nous serons amenés à relativiser cette logique à la fin du chapitre.

Encadré 4.7

Exemple

Dans le cabinet A&C, les compétences sont fortement dépendantes de plusieurs facteurs :

- **le secteur d'activité des clients :** en effet, l'audit d'une entreprise du secteur bancaire est par exemple très différent de la révision des comptes dans le secteur industriel, car le « produit » comme la structure des comptes de ces entreprises sont très différents. De même, le secteur privé et le secteur public offrent des problématiques comptables différentes ;
- **la taille des clients :** l'approche des clients n'est pas la même selon que l'on s'adresse à un grand compte ou à une entreprise de petite, voire de très petite taille, car les cultures de management, les problématiques et les implantations géographiques sont généralement assez dissemblables ;
- **le domaine d'expertise :** les compétences techniques requises pour le conseil fiscal sont sensiblement différentes de celles nécessaires au conseil en management ou à la révision des comptes.

Dans le cabinet A&C, on a donc organisé les centres de responsabilité de la façon suivante :

- **une branche « audit »**, elle-même subdivisée en divisions sectorielles : banque, industrie, services, distribution, autres ;
- **une branche « conseil »**, elle-même subdivisée en quatre divisions : conseil fiscal, conseil en management grands comptes, conseil PME/TPE, conseil secteur public.

Comme le montre cet exemple, les axes « entités juridiques », « segments d'activité » et « centres de responsabilité » ne sont pas nécessairement alignés : ils peuvent se recouvrir partiellement, s'emboîter, se croiser. On ne peut donc construire un système de mesure de performances locales indépendamment de la perspective dans laquelle on se place, puisque le périmètre même des entités sur lesquelles une mesure doit être produite diffère selon les cas. Comme généralement toutes les perspectives sont légitimes, cette différence de périmètre d'entités milite *a priori* en faveur de systèmes de mesure distincts.

2.3.2. Les principes de construction de la mesure

Quatre principes fondamentaux

Pour construire une mesure de performance qui traduise objectivement la contribution attendue d'un centre de responsabilité, quatre principes prévalent :

- **le principe contractuel***, que nous avons brièvement présenté au chapitre 1, selon lequel un manager doit être évalué par comparaison avec les objectifs qui ont été préalablement négociés ; c'est donc une mesure d'écart, et non une grandeur en valeur absolue ;
- **le principe de congruence***, selon lequel la mesure de performance du centre de responsabilité doit être cohérente avec la mesure de performance globale de l'organisation, afin d'assurer une bonne coordination verticale ;

- **le principe de contrôlabilité***, qui prescrit que la mesure de performance d'un manager ne doit intégrer que les éléments de charges et revenus sur lesquels celui-ci dispose d'un certain degré de contrôle ; il répond principalement à un souci d'équité dans l'évaluation des managers, afin de préserver leur motivation ;
- **le principe de simplicité***, selon lequel la mesure de performance doit rester facilement lisible par les acteurs concernés, faute de quoi elle perdrait son caractère incitatif.

Avant d'entrer plus avant dans le développement de ces principes, de leurs difficultés d'application et de leurs limites, nous présenterons leur traduction concrète dans la typologie classique des centres de responsabilité.

Différents types de centre de responsabilité

Il est d'usage de différencier quatre types de centre de responsabilité :

- les centres de coût* ;
- les centres de revenu* ;
- les centres de profit* ;
- les centres d'investissement*.

Les quatre types de centre se distinguent par les mesures de performance qui leur sont associées, elles-mêmes liées au degré de contrôle dont disposent les centres de responsabilité.

À la base, la typologie repose sur le postulat que la performance globale de l'entreprise est convenablement mesurée par les états financiers produits par la comptabilité financière. Mais si l'on suit le principe de contrôlabilité, tous les centres de responsabilité n'ont pas la même influence sur les résultats financiers d'ensemble, ils y contribuent de façon plus ou moins importante :

- certaines entités ne peuvent agir que sur des coûts de l'entreprise, elles ne génèrent pas de chiffre d'affaires. C'est le cas notamment des usines, des services de support (marketing, ressources humaines, etc.). Elles sont alors qualifiées de **centres de coût** et la mesure de performance type sera un indicateur de coût[1]. Responsabiliser le manager en charge de cette entité sur une mesure de profit ne serait pas cohérent avec le pouvoir de décision plus limité qui lui a été accordé ;
- à l'opposé, d'autres entités peuvent agir principalement sur le chiffre d'affaires, mais peu sur les coûts des produits ou services vendus. C'est le cas des entités commerciales n'ayant pas d'activité de production. Elles sont qualifiées de **centres de revenu** et une mesure de performance type est le chiffre d'affaires. Là encore, une responsabilité de profit serait trop large par rapport aux leviers dont dispose l'entité ;
- les entités pouvant agir à la fois sur les coûts et sur le chiffre d'affaires sont qualifiées de **centres de profit**. Ce sont par exemple des divisions opérationnelles ayant la maîtrise de l'ensemble de la chaîne de production. Leur mesure de performance est alors un indicateur de marge, par exemple le résultat opérationnel ou le résultat net de l'entité. Cette

1. Nous commençons volontairement par une présentation grossière des concepts de centre de responsabilité, que nous allons progressivement nuancer et compléter dans les paragraphes suivants.

mesure reste une « contribution » à la performance globale de l'entreprise dans la mesure où elle s'applique au seul périmètre de l'entité ;

- enfin, certaines entités peuvent agir non seulement sur les coûts et les revenus générés par leur activité, mais également sur les éléments d'actif engagés pour produire ces résultats, qu'il s'agisse d'actifs à long terme (investissements) ou à plus court terme (besoin en fonds de roulement). Ce sont donc des centres de profit bénéficiant d'une délégation de responsabilité plus étendue. Elles sont alors qualifiées de **centres d'investissement** et on appréhende leur performance à travers des mesures rapportant le niveau de résultat aux capitaux engagés pour engendrer ce résultat, par exemple le ROCE[1] de leur entité.

On observera que, dans les quatre cas, la mesure de performance locale est très proche de la mesure de performance globale de l'entreprise : qu'il s'agisse d'indicateurs de coût, de revenus, de profit ou de rentabilité, ces mesures attirent l'attention des managers sur des aspects financiers de la performance. Cela répond théoriquement au principe de congruence. Effectivement, lorsque le concept de centre de profit a été développé dans les années 1950-1960, la préoccupation principale était alors de trouver une façon efficace de décentraliser les décisions de gestion dans les entreprises, c'est-à-dire que les collaborateurs « de terrain » soient moins des exécutants et plus des responsables à part entière. Cela supposait le développement de compétences managériales chez ces collaborateurs, mais également des modes d'organisation nouveaux : transfert du pouvoir de décision d'une part et, d'autre part, prise en charge d'une partie du risque économique lié à l'activité, afin de développer un esprit plus entrepreneurial et de réduire en conséquence l'écart de posture entre les dirigeants du groupe et ceux en charge des activités locales.

Par ailleurs, ces mesures restent relativement simples, puisque l'on reste dans le cadre de grandeurs comptables classiques et peu élaborées.

Enfin, ces mesures distinctes par type de centre sont généralement comparées à l'objectif budgétaire pour l'évaluation de la performance du centre ; elles sont la plupart du temps appréciées en valeur relative et non en valeur absolue, selon la recommandation du principe contractuel.

On voit donc que cette typologie des centres de responsabilité s'appuie sur les quatre principes de base énoncés : de congruence, de contrôlabilité, de simplicité et contractuel.

Cependant, dans les discours managériaux comme dans les pratiques d'entreprises, ces notions de base sont souvent déviées de leur définition stricte, entraînant des confusions regrettables (voir encadré 4.8).

Par ailleurs, la réalité est souvent plus complexe que ce schéma de base. Un approfondissement des principes va permettre d'en apprécier certaines difficultés.

1. ROCE : *return on capital employed* (voir chapitre 3).

Encadré 4.8

Les faux centres de profit

Le concept de centre de profit est assez galvaudé. Parmi les principales confusions, un centre de profit n'est pas une entité au niveau de laquelle on « peut mesurer » un profit, mais une entité qui a un degré de contrôle important sur ce profit. Ainsi, un service informatique situé au siège social d'un groupe et qui refacture ses prestations aux divisions opérationnelles de ce groupe génère en quelque sorte un « chiffre d'affaires », mais dès lors qu'il ne contrôle ni la demande de service consommé, ni le prix de refacturation, il ne contrôle pas ce chiffre d'affaires interne ; ce n'est donc pas un centre de profit, mais un centre de coût. De la même façon, lorsqu'une division opérationnelle « cède » un produit à une division du même groupe, cette cession est généralement facturée à un « prix de cession interne » et génère ainsi un chiffre d'affaires au niveau de la division vendeuse. Pour autant, celle-ci n'est pas nécessairement un centre de profit, car il faut pour cela qu'elle ait une véritable marge de manœuvre sur ce chiffre d'affaires interne, ce qui suppose théoriquement qu'elle ait la liberté d'arbitrer entre cette vente interne et une vente sur le marché externe et qu'elle ait « la main » sur le prix de facturation. Or, dans les groupes très intégrés, la vente interne peut être « forcée », c'est-à-dire imposée, de même qu'il n'y a pas de contrôle sur la vente s'il n'existe pas de marché externe pour le produit en question. Dans ces cas, on peut mesurer un profit au niveau de la division vendeuse, elle ne constitue cependant pas un centre de profit[1].

On constate également des usages abusifs du terme « centre de profit » dans la pratique des entreprises :

- la notion de centre d'investissement est la plupart du temps désignée par le terme « centre de profit » dans les pratiques ;
- certaines entités sont qualifiées de centre de profit sans nécessairement avoir les conditions d'autonomie requises sur les coûts et le chiffre d'affaires, du fait de la centralisation de certaines décisions à des niveaux hiérarchiques supérieurs ;
- de la même façon, les entités désignées comme centres de profit ne disposent pas toujours d'une indépendance suffisante entre elles : or, plus les activités sont liées les unes aux autres, moins le concept de centre de profit s'applique, car le résultat dégagé par une entité peut résulter de décisions prises par une autre entité. C'est le cas par exemple lorsque le service commercial d'une division « produits » vend de façon groupée plusieurs produits auprès d'un client, générant du chiffre d'affaires connexe pour une autre division.

Le principe de contrôlabilité, ses difficultés d'application et ses limites

Le principe de contrôlabilité amène à neutraliser les charges/revenus non contrôlables par le centre de responsabilité pour mesurer sa performance. Le mode de neutralisation le plus efficace consiste à ne pas imputer ces charges/revenus au calcul de contribution de l'entité.

1. Pour un approfondissement de la question des cessions internes, voir Giraud *et al.* (2009), chapitre 4.

Encadré 4.9

Exemple

Faut-il allouer des frais de siège aux divisions opérationnelles d'un groupe ? Si ces frais de siège correspondent principalement à des coûts de structure générale, comme par exemple le loyer des bâtiments du siège social et les salaires du personnel du siège, très souvent ces coûts ne sont pas contrôlables par les responsables de division ; ils ne devraient donc pas être imputés à celles-ci pour l'évaluation de leurs managers.

Ce principe peut s'avérer conflictuel avec le principe de causalité de la comptabilité de gestion (voir sous-section précédente). En effet, s'il s'agit de mesurer la performance de la division en tant que « segment d'activité », on peut considérer que les frais de siège, bien qu'indirects par rapport à l'activité opérationnelle, sont causés par l'existence de ces activités et, par conséquent, qu'ils doivent être imputés au coût de cette activité dans une approche en coût complet. En revanche, pour l'évaluation du manager de la division, s'agissant *a priori* de coûts non contrôlables, ces frais de siège ne doivent pas être imputés.

Certains considèrent que ne pas attribuer certains coûts aux centres de responsabilité est problématique, car cela signifie que ces coûts « ne sont pas gérés ». Cette opinion n'est pas fondée, car ce n'est pas parce que ces coûts ne sont pas imputés aux divisions opérationnelles qu'ils ne sont imputés à personne : le principe de contrôlabilité prescrit de les affecter au centre de responsabilité qui les contrôle « le plus ». Dans notre exemple, le siège social peut être considéré lui aussi comme un centre de responsabilité à part entière (centre de coût), dont la performance sera mesurée par un indicateur de coût comprenant les frais de siège.

Encadré 4.10

Exemple

Chez A&C, la notoriété de la marque est fortement soutenue par des actions de communication dans la presse et des actions de *sponsorship* de manifestations à forte visibilité (tournois sportifs par exemple). Ces dépenses de communication doivent-elles être allouées aux mesures de performance locales ? Pour évaluer la performance des centres de responsabilité, il est plus logique de ne pas les imputer, car elles relèvent de la gestion générale du cabinet français. En revanche, elles doivent bien être prises en compte pour apprécier la performance des segments d'activité, soit par imputation d'une partie de ces coûts à chaque segment, soit comme une charge globale « à couvrir » par les marges dégagées par les segments.

L'application du principe de contrôlabilité, on le voit, suppose d'entrer dans le détail des différents types de coûts/revenus pour en apprécier la contrôlabilité par les entités. Or, cela offre une palette de situations beaucoup plus étendue que ne l'autorise la typologie des centres de responsabilité :

- ainsi, certains coûts peuvent apparaître contrôlables et d'autres non. Ce sera le cas par exemple lorsqu'une usine fabrique des produits à partir de matières premières achetées par un service « achats » centralisé. Le coût d'achat n'est pas totalement contrôlable par le directeur d'usine (la consommation de matières l'est, mais pas le prix d'achat). Un centre de coût ne maîtrise donc pas nécessairement tous les coûts ;
- si, par ailleurs, ce directeur d'usine dispose de la possibilité de gérer ses stocks, il contrôle un élément d'actif qui le rapproche du statut de centre d'investissement, sans pour autant qu'il contrôle ni les revenus, ni tous les actifs. Le centre de responsabilité a alors un statut hybride empruntant à la fois aux concepts de centre de coût et d'investissement ;
- de même, un centre de revenu peut ne pas maîtriser l'ensemble du chiffre d'affaires : il peut par exemple avoir la main sur les quantités, mais pas sur le prix. Par ailleurs, il peut avoir le contrôle de certains coûts au-delà du contrôle du chiffre d'affaires. Par exemple, une entité de distribution qui commercialiserait les produits fabriqués en amont par une usine du groupe est un centre de revenu, elle ne contrôle pas le coût de production du produit ; en revanche, elle a la main sur les coûts de commercialisation. Elle est donc plus qu'un centre de revenu, sans être pour autant totalement un centre de profit.

Les exemples pourraient être multipliés à l'infini pour montrer que, dans la réalité, un centre de responsabilité est rarement « purement » l'un des quatre types de centre, mais le plus souvent une forme hybride de plusieurs d'entre eux. Le contrôleur de gestion doit donc entrer dans le détail des charges et revenus pour en apprécier la contrôlabilité en détail, et ce d'autant plus que cette appréciation est souvent particulière à chaque cas d'entreprise, elle ne peut être standardisée.

Même avec une approche détaillée, il est parfois difficile de statuer sur le caractère contrôlable ou non d'une charge ou d'un revenu, par exemple lorsque l'organisation du pouvoir de décision dans l'entreprise n'est pas claire ou qu'elle est complexe, comme dans le cas des organisations matricielles. Ainsi, les contrôleurs de gestion doivent souvent amener les managers à préciser leurs choix d'organisation pour clarifier les attributions respectives.

Il existe également de nombreux cas de responsabilités conjointes :

- dans le cas des coûts d'achat, la responsabilité incombe-t-elle au service « achats » qui a négocié les tarifs avec les fournisseurs, ou à l'usine qui consomme les quantités de matières premières nécessaires en production ?
- pour les coûts liés à des services de support centraux (service informatique, département de gestion des ressources humaines, service juridique, etc.), la responsabilité relève-t-elle de ces services qui prennent les décisions génératrices de coûts (recrutement, investissement), ou des divisions opérationnelles qui consomment les prestations de ces services (demande de consultation juridique, demandes de formation, etc.) ?

Dans ces exemples de responsabilités conjointes, on recourt parfois à un système de refacturation en coûts standard pour résoudre le problème (voir encadré 4.11).

Encadré 4.11

La refacturation en coûts standard

Reprenons le cas du service « achats », qui négocie les tarifs avec les fournisseurs à partir des quantités de matières premières commandées par une usine. Les deux entités constituent des centres de coût. Selon le principe contractuel, toutes deux sont évaluées par comparaison de leurs résultats (ici, un niveau de coût) par rapport à leur objectif budgétaire.

Si le service « achats » s'est engagé lors du budget à acheter à un coût de 100 € l'unité de matières premières et que l'usine s'est engagée à acheter 3 tonnes de cette matière (1,5 kg par produit et volume de production de 2 000 unités), le coût d'achat budgété est donc de 300 000 €.

Le coût réel est de 336 000 €, correspondant au volume de production prévu, à une consommation unitaire de 1,6 kg de matières et à un coût unitaire de 105 €.

L'écart de 36 000 € est lié à la fois aux coûts plus importants que prévus dans le service « achats » et à une surconsommation de matières par l'usine. La responsabilité est donc conjointe.

On peut prévoir dès la phase budgétaire que, bien qu'étant un centre de coût, le service « achats » refacturera ses achats à l'usine au coût standard, correspondant ici au coût budgété. Ce coût standard sera également utilisé pour refacturer les quantités réellement consommées par la suite.

Tableau 4.1 – exemple de refacturation en coût standard

	Budget	Réel
Service « achats »	Coûts : 3 000 kg × 100 € = 300 000 € Refacturation : 3 000 kg × 100 € = 300 000 € Objectif : équilibre des coûts et des revenus	Coûts : 3 200 kg × 105 € = 336 000 € Refacturation : 3 200 kg × 100 € = 320 000 € Résultat : surcoût de 16 000 €, correspondant à 5 € par kg
Usine	Achats : 3 000 kg × 100 € = 300 000 €	Achats : 3 200 kg × 100 € = 320 000 € Variation/objectif : surcoût de 20 000 €, correspondant à la valeur de la surconsommation de 200 kg de matières

Cette solution permet donc de dissocier les performances respectives du service « achats » et de l'usine. Elle est également valable lorsqu'un service de support fournit des prestations aux divisions opérationnelles et que le service est quantifiable selon un critère objectif. Par exemple, un service informatique central, dont l'activité consiste en des développements pour le compte des divisions, peut facturer des heures de développement à celles-ci sur la base d'un coût horaire standard. Si le coût du service est plus important que prévu, le dérapage lié à la variation du coût horaire est imputé au service central, alors que la surconsommation en heures est imputée à la division bénéficiaire.

Enfin, dans les groupes dont les différentes activités sont liées, les transactions internes entre les entités soulèvent une nouvelle difficulté. Comment valoriser ces transactions : sur la base d'un coût ? Faut-il ajouter une marge et, si oui, comment la calculer ? Le prix de cession interne choisi a un impact fort sur la mesure de performance de chacune des entités.

Encadré 4.12

Exemple

Alpha est un groupe industriel comprenant deux divisions :

- la première division fabrique des composants électroniques ;
- la seconde fabrique des téléviseurs utilisant ces composants.

Selon le prix auquel est facturée la « vente » des composants de la première à la seconde division, les résultats des deux divisions apparaissent très différents. Pour les déterminer, il faut analyser le statut de chacune d'elles au sein de la typologie des centres de responsabilité. Sont-elles des centres de profit autonomes, ce qui signifierait que la division amont puisse avoir un réel contrôle sur les ventes, par exemple en étant autorisée à vendre à d'autres clients que la division « téléviseur », et symétriquement que la division aval ait de réelles marges de manœuvre sur ses achats ? La division amont ne constitue-t-elle pas plutôt un centre de coût dont l'activité « commerciale » est totalement dépendante des achats de la seconde ?

Ces cas de cession interne sont généralement complexes. C'est la raison pour laquelle nous ne traiterons pas la problématique dans cet ouvrage fondamental[1].

On le voit, le principe de contrôlabilité peut entrer en conflit avec le principe de simplicité.

Le principe de contrôlabilité a des limites. Dans sa logique fondamentale, il aboutit à un schéma de répartition des responsabilités clair. Mais il génère à l'inverse un risque de créer des effets de silo, si les responsabilités sont définies de façon trop exclusive. L'attention des managers risque d'être excessivement focalisée sur la mesure de performance de sa propre entité ; le système d'incitation ne les conduit pas à étendre leur champ d'action au-delà de ce champ restreint.

Dans les environnements où les entités ont des liens opérationnels forts, où les besoins de synergie sont forts, le principe de contrôlabilité peut donc générer des cloisonnements excessifs s'il est appliqué de façon trop stricte[2].

Le principe contractuel, ses difficultés d'application et ses limites

Le principe contractuel consiste à ne pas évaluer un centre de responsabilité en valeur absolue, mais par comparaison avec son budget, vu comme un « contrat » passé en début d'année entre le centre et sa hiérarchie (voir chapitre 7).

1. Le sujet est traité de façon approfondie dans Giraud *et al.* (2009), chapitre 4 : « Les prix de cession internes », où nous montrons que plusieurs choix d'organisation et plusieurs modalités de fixation des prix de cession interne existent, et où nous proposons une grille d'analyse précise et structurée.
2. À ce sujet, voir Giraud *et al.* (2009), chapitre 5 : « Le pilotage transversal ».

La performance d'un centre, on l'a vu, peut ne pas dépendre uniquement des décisions du manager qui en a la charge (charges non contrôlables). Or, même si toutes les charges relatives à l'activité de l'entité étaient contrôlables par son manager, ce qui peut être le cas dans les groupes très décentralisés, où les divisions opérationnelles ont des pouvoirs très larges, il resterait problématique d'évaluer les managers sur les résultats de l'activité. En effet, de même que ces résultats peuvent dépendre de décisions prises par d'autres acteurs au sein du groupe, ils sont également affectés par un certain nombre de facteurs externes : degré de maturité du secteur, actions des concurrents, contexte économique et politique, aléas divers. Par exemple, dans le cas d'un produit en phase de lancement, les marges peuvent être faibles sans que le manager ait pour autant démérité. De même, certains secteurs d'activité sont intrinsèquement moins profitables que d'autres, ou plus concurrentiels, si bien que les performances de leurs managers peuvent difficilement être comparées entre elles directement sur la base de la performance de leurs activités.

Le principe contractuel permet d'atténuer ce problème. Théoriquement, les conditions externes dans lesquelles s'exerce l'activité ont été prises en compte lors de l'élaboration du budget, ce qui permet d'estimer un niveau de performance « raisonnablement atteignable ». Comparer les performances réelles à cette cible contextualisée devient alors plus pertinent que de l'évaluer en valeur absolue. Le manager sera performant s'il est capable de « remplir son contrat », c'est-à-dire d'atteindre les objectifs fixés en début d'année.

La difficulté de ce principe réside bien sûr dans la qualité de l'objectif de référence. Si celui-ci est peu ambitieux, la cible est alors facile à atteindre sans qu'il y ait nécessairement de véritable performance de la part du manager. À l'inverse, si les objectifs ont été imposés par le supérieur hiérarchique sans aucune concertation ou de façon trop grossière par rapport aux possibilités « du terrain », le manager percevra comme injuste d'être évalué sur cette base. Comment fixer des objectifs « équitables » à des managers en charge d'activités très variées ? Comme nous le verrons au chapitre 7, le mode d'élaboration du budget jouera un rôle déterminant dans son degré de réalisme et donc dans sa capacité de constituer une jauge valable pour l'évaluation des managers.

Nous avons également souligné au chapitre 1 que le principe contractuel était accepté différemment selon les contextes culturels. Très bien intégré dans les cultures anglo-saxonnes, il s'applique avec plus de difficultés dans des cultures à dominante plus collective ou dans lesquelles le besoin de formalisme est moins important.

Le principe de congruence, ses difficultés d'application et ses limites

Le principe de congruence vise à assurer la convergence des mesures de performance locale avec l'objectif de performance globale de l'organisation.

On observera que les notions de centre de coût et centre de revenu présentent des faiblesses au regard du principe de congruence. En effet, ils reposent sur le postulat que l'on peut séparer les responsabilités de coûts et de revenus. Or, dans la réalité, ce n'est pas parce qu'une usine n'a pas d'activité commerciale qu'elle n'a aucune incidence sur le chiffre d'affaires, ne serait-ce que par la qualité des produits qu'elle fabrique. De même, un service commercial ne maîtrise certes pas les coûts de ce qu'il vend, mais les affecte indirectement par certaines de ses décisions (par exemple, par les délais de livraison qu'il accorde à ses clients, qui peuvent générer des surcoûts de fabrication). Le degré d'influence de ces centres va au-delà du contrôle strict des coûts et des revenus.

On pourrait arguer que la congruence sera maximale si on « duplique » la mesure de performance de l'organisation au niveau des entités : si l'entreprise poursuit un objectif de marge, les centres de responsabilité doivent être responsabilisés eux-mêmes sur une marge.

Une telle pratique entrerait toutefois en conflit avec le principe de contrôlabilité dès lors que le centre ne dispose pas d'une latitude d'action suffisante pour être qualifié de centre de profit.

Les principes de congruence et de contrôlabilité sont donc structurellement conflictuels.

Encadré 4.13

Exemple

Reprenons l'exemple des coûts d'un service informatique central (voir encadré 4.12). Si ces coûts correspondent non plus à des actions de développement mais à des coûts de maintenance, l'allocation des coûts au prorata d'une unité de consommation claire est difficilement applicable. En effet, des pannes de matériel ou de réseau peuvent être imputables à des négligences locales ou à des problèmes plus structurels de qualité des matériels. Si on décide de ne pas affecter ces coûts aux divisions opérationnelles, le principe de contrôlabilité est respecté pour ces divisions, mais on néglige alors la part d'influence que leurs managers peuvent exercer sur cette charge. Le système d'évaluation n'incitera pas les centres de responsabilité à agir de leur mieux sur ces coûts induits ; le système sera donc un peu moins « congruent ». À l'inverse, les leur imputer pourra être vécu comme injuste et démotivant par les divisions, surtout si les coûts sont importants.

C'est également ce conflit entre congruence et contrôlabilité qui a initié certains débats sur la pertinence de l'EVA comme mesure de performance des divisions (Larmande et Ponssard, 2007).

Plus on arbitre ce conflit en faveur du principe de congruence, plus cela conduit à diluer les responsabilités respectives des uns et des autres : en effet, si on pousse le raisonnement à l'extrême, il faudrait non seulement évaluer toutes les entités sur la base d'une mesure globale (marge, EVA, etc.), mais également calculer ces mesures au niveau de l'organisation (la marge globale de l'entreprise et non celle de l'entité). Dans cette configuration, la congruence serait parfaite, mais tout le monde serait responsable de tout, ce qui génèrerait le risque de « comportements clandestins », où finalement personne ne se sent responsable de rien.

En conclusion, les principes du *responsibility accounting* sont multiples et parfois délicats à appliquer ; ils sont par ailleurs à la fois complémentaires et conflictuels, ce qui exige des compromis dans leur mise en œuvre concrète.

2.3.3. Les enjeux

De même que nous avions dégagé précédemment les différences entre comptabilité financière et comptabilité de gestion, nous avons dans cette sous-section établi des différences entre cette dernière et le *responsibility accounting* (RA) :

- la comptabilité de gestion mesure la performance des segments d'activité, le RA celle des centres de responsabilité, périmètres qui peuvent se recouvrir comme se croiser ;
- la comptabilité de gestion impute les revenus et les charges aux segments qui les causent (principe de causalité), alors que le RA les impute selon les principes de congruence et de contrôlabilité. Les décisions d'imputation peuvent donc être contraires ;
- un calcul de marge en valeur absolue a un sens en comptabilité de gestion, car il renseigne sur le degré de profitabilité de l'activité, alors que seule une évaluation par comparaison à l'objectif est possible en RA (principe contractuel).

Là encore, comment gérer ces différences ? On peut tenter de trouver des combinaisons de ces systèmes, notamment lorsque les périmètres des activités et des centres de responsabilité sont les mêmes : on peut alors calculer un premier niveau de marge après prise en compte des éléments contrôlables pour les besoins du RA, puis un second niveau de marge après prise en compte de tous les coûts pour les besoins de la comptabilité de gestion[1].

À cette pratique près, il est rare que la comptabilité de gestion et le RA soient dissociés dans les systèmes des entreprises, au moins tant que l'on reste dans les systèmes de mesure de type financier. À notre sens, cela témoigne d'une conscience insuffisante des logiques et principes spécifiques à chacune d'elles. Mais cet amalgame a un coût. N'utiliser qu'un seul système, par exemple la comptabilité de gestion, risque d'aboutir à une démotivation des managers lorsque le poids des éléments non contrôlables est trop fort. Le coût de cette démotivation est certes difficile à apprécier, mais tout manager sait qu'il est bien réel et que ses conséquences se font sentir tôt ou tard.

Dissocier ces systèmes semble donc une solution intéressante, car le coût opérationnel de cette option n'est pas nécessairement plus lourd que ce coût caché induit par des comportements managériaux inadéquats.

2.4. Les systèmes de mesure pour le pilotage décentralisé

La dernière perspective de mesure de performance des entités, le pilotage local par les managers en charge des entités, sera peu développée ici. En effet, tant que l'on reste dans le cadre des systèmes de mesure de type financier, ces indicateurs restent très limités pour cet usage. Ils indiquent aux managers locaux si leurs résultats sont atteints ou non, mais restent trop globaux et synthétiques pour permettre un véritable pilotage de ces objectifs. Nous verrons au chapitre 6 que les tableaux de bord, en intégrant des indicateurs plus opérationnels, seront de ce point de vue bien plus efficaces.

Conclusion

Au terme de ce chapitre, la multiplicité des perspectives de mesure de la performance « locale » des entités d'une organisation apparaît plus clairement. Selon que l'on s'attache à mesurer la performance à des fins externes ou internes, pour les besoins d'information des managers en charge des entités ou de leur hiérarchie, pour évaluer la performance des

1. On observera toutefois que cette solution n'est pertinente que pour les centres de profit.

activités de l'entreprise ou des managers à qui la gestion de ces activités a été confiée, les principes de mesure de la performance varient.

Ceci permet de distinguer trois niveaux de difficultés dans cette mesure de performance locale :

- les difficultés d'application de chacun des principes évoqués : nous avons vu par exemple que le principe de contrôlabilité n'était pas toujours simple à appliquer, notamment dans certains cas de responsabilités diffuses. Il en est de même pour chacun des principes développés dans ce chapitre : principe de précision, principe contractuel, principe de congruence, etc.
- les difficultés liées aux conflits des principes au sein d'une même perspective de mesure de performance : par exemple, nous avons vu les tensions qui pouvaient exister entre les principes de congruence et de contrôlabilité au sein du *responsibility accounting*.
- Enfin, les difficultés induites par les conflits de principes entre les différentes perspectives elles-mêmes : on ne procédera pas aux mêmes choix opérationnels selon que l'on cherche à mesurer la performance des activités ou des managers, que l'on cherche à respecter les principes d'information externe ou de mesure à des fins de pilotage, etc.

La problématique de mesure de performance des entités mérite donc d'être appréhendée avec précision et nuance. Les grilles proposées dans ce chapitre éclaireront également les modalités de construction des tableaux de bord des entités et la dynamique de pilotage, comme nous le verrons dans la suite de l'ouvrage.

Bibliographie

Ardoin Jean-Loup, « L'abus des centres de profit peut être dangereux pour la santé des entreprises », *Échanges*, n° 110, mars 1995.

Dearden John, « Measuring Profit Center Managers », *Harvard Business Review*, septembre-octobre 1987, p. 84-88.

Giraud Françoise, Saulpic Olivier, Delmond Marie-Hélène, Bonnier Carole, de Geuser Fabien, Laulusa Léon, Mendoza Carla, Naulleau Gérard et Zrihen Robert, *L'Art du contrôle de gestion – Enjeux et pratiques*, Paris, Gualino, 2009.

Larmande François et Ponssard Jean-Pierre, « The Lack of Controllability of EVA® Explains its Decline: A Field Study », *Cahier de recherche 2007-19*, Laboratoire d'économétrie, École polytechnique, 2007.

Mendoza Carla, Cauvin Éric, Delmond Marie-Hélène, Dobler Philippe, Malleret Véronique et Zilberberg Emmanuel, *Coûts et Décisions*, 3e édition, Paris, Gualino, 2009.

Merchant Kenneth, *Rewarding Results: Motivating Profit Center Managers*, Boston, Harvard Business School Press, 1989.

Vancil Richard, *Decentralization: Managerial Ambiguity by Design*, Homewood, Dow Jones-Irwin, 1978.

Ce qu'il faut retenir

Définitions et concepts

Centre de coût : centre de responsabilité pouvant agir sur des coûts, mais ni sur des revenus, ni sur des éléments d'actif.

Centre de profit : centre de responsabilité pouvant agir sur des coûts et des revenus, mais pas sur des éléments d'actif.

Centre de revenu : centre de revenu pouvant agir sur des revenus, mais ni sur des éléments de coût, ni sur des actifs.

Centre d'investissement : centre de responsabilité pouvant agir sur des coûts, des revenus et des éléments d'actif.

Contribution : mesure de performance locale servant à fixer des objectifs aux centres de responsabilité et à évaluer leurs performances réelles.

Entité comptable : sous-ensemble de l'organisation ayant obligation de publier des comptes sociaux.

Principe de causalité : principe selon lequel une charge ou un revenu sera incorporé au calcul du coût ou de la marge d'un segment d'activité si une relation de cause à effet peut être identifiée avec ce segment.

Principe de congruence : principe selon lequel la mesure de performance d'un centre de responsabilité doit être cohérente avec la performance globale poursuivie par l'organisation.

Principe contractuel : principe selon lequel le manager en charge d'un centre de responsabilité ne peut être évalué sur la base d'une mesure appréciée en valeur absolue, mais par comparaison avec un objectif négocié ayant valeur de « contrat ».

Principe de contrôlabilité : principe selon lequel seuls les charges et revenus sur lesquels un centre de responsabilité ne peut agir doivent être exclus du calcul de sa contribution.

Principe de juste précision : principe selon lequel l'affectation des charges indirectes au calcul du coût complet d'un segment d'activité doit demeurer dans des limites de coût raisonnables et adaptées au contexte.

Principe de pertinence : principe selon lequel le choix d'un concept de coût est fortement lié au type de décision envisagé.

Principe de simplicité : principe selon lequel une mesure de contribution d'un centre de responsabilité doit rester lisible et compréhensible par le manager en charge de ce centre.

Principe de valorisation économique : principe selon lequel une charge doit se rapprocher au mieux de sa valeur réelle en comptabilité de gestion.

***Reporting* comptable :** système de mesure comptable permettant à un groupe de préparer ses états financiers consolidés à partir des états financiers individuels des entités comptables.

***Reporting* de gestion :** système de mesure servant à informer la hiérarchie des performances des entités qu'elle dirige à des fins de pilotage.

***Responsibility accounting* :** système de mesure de la performance permettant de fixer des objectifs aux centres de responsabilité et d'évaluer leurs résultats *ex post*.

Segment d'activité : subdivision de l'activité globale de l'entreprise.

Messages clés

- Il existe plusieurs perspectives dans lesquelles une mesure de performance des entités d'une organisation peut être produite à des fins de pilotage : le pilotage décentralisé par les managers d'entité, le *reporting* de gestion destiné à la hiérarchie, qui permet selon les cas d'évaluer les activités de l'entreprise ou de responsabiliser ses managers. Ces perspectives se distinguent de la perspective comptable de production des comptes sociaux des entités comptables (comptabilité financière).
- Pour évaluer la performance des activités de l'entreprise, le système de mesure financier le plus adapté est la comptabilité de gestion. Elle se focalise sur les segments d'activité de l'entreprise, dont elle mesure des coûts et des marges. Elle est régie par les principes de pertinence, de causalité, de valorisation économique et de juste précision, qui peuvent aboutir à des modes de calcul des marges très différents de ceux de la comptabilité financière.
- Pour évaluer la performance des managers, le système de mesure financier le plus adapté est le *responsibility accounting*. Il se focalise sur les centres de responsabilité, dont il mesure la contribution aux objectifs globaux. Il est régi par le principe contractuel et les principes de congruence, de contrôlabilité, de simplicité. Il peut aboutir à des calculs de contribution très différents des marges de comptabilité de gestion ou des résultats nets de comptabilité financière.
- La typologie des centres de responsabilité (centres de coût, de revenu, de profit, d'investissement) est généralement trop grossière pour s'adapter aux nuances des modes d'organisation effectifs du pouvoir de décision dans les entreprises. Par ailleurs, elle est souvent détournée de son utilisation pour des besoins d'évaluation des managers. Enfin, elle présente des limites théoriques.
- Les systèmes de mesure financiers présentent des limites importantes pour le pilotage décentralisé. Ils sont très synthétiques et focalisés principalement sur les résultats obtenus, ce qui ne permet pas un pilotage fin de la performance.
- Lorsque les divergences entre les principes des quatre perspectives de mesure de performance locale sont fortes, l'entreprise a intérêt à dissocier les systèmes de mesure des unes et des autres, sous peine de générer des risques en termes de qualité des décisions de gestion ou de motivation des managers.

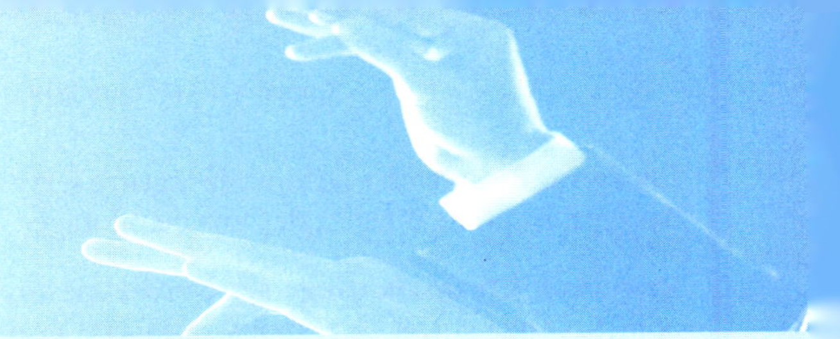

Activités

Quiz

– Pour évaluer la performance du manager d'une division « produits » (qui fabrique et vend ses produits), le résultat opérationnel de cette ligne de produits est-il une mesure plus congruente que son chiffre d'affaires ?

– Toutes considérations non économiques mises à part, peut-on décider de stopper la production d'un produit dès lors que son résultat analytique (chiffre d'affaires – coût complet) est négatif ? Est-il pertinent d'évaluer une division opérationnelle sur la base d'un EVA ?

– Dans un grand groupe de distribution, est-il pertinent d'évaluer la performance des responsables de division « hypermarchés » et « magasins de proximité » sur la base de leurs résultats nets ?

– Lorsque, dans un groupe, le siège social refacture aux divisions opérationnelles le coût de son service « immobilier », peut-on dire qu'il constitue un centre d'investissement ?

Exercice 4.1

M. Dupond, directeur d'une école de management bien connue, s'interroge sur la performance de son service interne de reprographie. Celui-ci est chargé de la reproduction des documents pédagogiques et administratifs utilisés par les professeurs et par le personnel administratif de l'école au sein des différentes divisions d'enseignement (école, mastères spécialisés, MBA, formation permanente, etc.). Son contrôleur de gestion lui donne les éléments suivants :

Tableau 4.2 – Budget du service reprographie

Achats (papier)	25 000 € *(12 500 boîtes × 2 €)*
Frais de personnel	44 000 €
Amortissements (machines)	16 500 €
Coûts de maintenance	2 000 €
Total coûts	**87 500 €**
Revenus (ventes aux divisions internes)	96 250 € *(12 500 boîtes × 7,70 €)*
Résultat budgété	**8 750 €**

La demande a été supérieure à celle qui avait été budgétée (13 500 boîtes), mais les stocks de papier ont été suffisants pour assurer la livraison des demandes internes.

Tableau 4.3 – Résultats de l'année

Achats (papier)	28 350 €
Frais de personnel	45 000 €
Amortissements (machines)	16 200 €
Coûts de maintenance	2 650 €
Total coûts	**92 200 €**
Revenus (ventes aux divisions internes)	102 600 €
Résultat	**10 400 €**

M. Dupond, constatant que le budget a été dépassé et que la marge réelle est supérieure de 1 650 à ce qui avait été prévu, prévoit de féliciter le manager en charge du service de reprographie et de lui attribuer une prime de fin d'année substantielle.

Donnez votre avis sur la question.

Exercice 4.2 : Cas «Concession du Sud-Ouest »

Il y a une dizaine d'années, M. Pollux s'est installé dans une petite ville du Sud-Ouest de la France, où il a racheté les droits exclusifs de concession d'une célèbre marque de voiture automobile européenne d'envergure mondiale.

Ce constructeur, au niveau international, a clarifié les grandes orientations de sa stratégie globale pour les prochaines années autour de trois axes principaux :

- accélérer le développement international de ses ventes, en mettant l'accent sur les zones Asie et Amérique latine ;
- conforter son image de constructeur innovant et soucieux de l'environnement, en se positionnant notamment comme le leader dans les véhicules « propres ». Des investissements importants ont été engagés en ce sens pour développer de nouveaux modèles qui soient à la fois attractifs en termes de design et performants en termes de niveau d'émission de CO_2 ;
- poursuivre l'amélioration continue de l'efficacité et de l'efficience de ses processus internes.

À son niveau, M. Pollux constate que la marque qu'il représente ne détient qu'une faible part du marché local en volume (3 %, alors qu'elle est de 6 % en moyenne en France). Le responsable du réseau chez le constructeur, insatisfait des prestations de la concession de M. Pollux, lui a donné comme objectif à trois ans l'obtention d'une part de marché en volume de 5 %, sous peine de se voir retirer la concession.

Après une analyse approfondie de la situation, M. Pollux décide de mettre en œuvre une stratégie marketing plus offensive que celle qu'il avait développée jusqu'à présent. Alors que son centre de ventes de véhicules neufs avait mis l'accent sur la qualité de la relation avec les clients de la marque, il décide d'essayer de toucher une clientèle plus large et notamment les clients de constructeurs concurrents, en développant des actions promotionnelles adaptées. Il s'agit donc de compléter l'action traditionnelle de fidélisation des clients existants par une action plus marquée de conquête de nouveaux clients.

M. Pollux a également décidé d'une modification de la structure organisationnelle de façon à mieux relever les défis qui se posent à la concession. Cinq centres de responsabilité ont été constitués :

- **un centre de vente de voitures neuves :** six vendeurs et une secrétaire y sont employés à temps plein, l'un des vendeurs ayant également la responsabilité de l'ensemble du centre et portant le titre de directeur commercial. Il est en charge de l'animation de l'équipe. Les prix de vente des véhicules sont fixés à la base par le constructeur (prix conseillé). Toutefois, plusieurs possibilités de réduction de ce prix existent. Le directeur de la concession, M. Pollux, peut négocier avec le constructeur un prix préférentiel, notamment en cas de vente à un client grand compte qui achète des volumes importants de véhicules. Dans ce cas, la remise est à la charge du constructeur. Ensuite, M. Pollux lui-même peut, en tant que directeur de la concession, accorder une remise particulière à un client. Les vendeurs enfin disposent d'un volant de remise dans la limite de 3 % du prix de vente. En cas de reprise de l'ancien véhicule du client, le prix de reprise peut également être considéré comme une remise déguisée accordée au client. Ce prix est fixé par le responsable du centre en charge des voitures d'occasion. Les vendeurs sont embauchés par M. Pollux, qui détermine leur rémunération initiale, constituée d'un fixe et d'une rémunération variable perçue sous la forme de commissions par véhicules vendus. C'est également lui qui décide des augmentations, après discussion avec le directeur commercial.

Pour atteindre l'ambitieux objectif de parts de marché de la concession, on estime que chaque vendeur devrait vendre en moyenne vingt véhicules par mois. L'organisation du hall d'exposition des véhicules a son importance pour un accueil efficace des clients. Les vendeurs peuvent également amener le client à prendre le véhicule en main et à l'essayer. Ils jouent aussi un rôle de conseil important, en particulier pour informer les clients des possibilités de financement offertes par le constructeur. Ils disposent d'un volant de remise possible sur le prix de vente (voir ci-avant), mais peuvent également proposer au client un contrat de maintenance lui garantissant un entretien régulier de son véhicule (extension de garantie). Le dosage entre ces différents leviers est délicat ; il relève de la compétence commerciale des vendeurs, qui doit être sans cesse affinée, notamment grâce à des contacts rapprochés avec la direction et des actions de formation tant aux innovations du constructeur qu'aux techniques de négociation commerciale.

Un suivi actif du fichier des clients existants est important, afin de rester vigilant sur les besoins de ces derniers, leur proposer régulièrement des modèles plus récents et leur offrir des conditions favorables de reprise de leur véhicule actuel.

Pour attirer de nouveaux clients, le responsable du centre doit gérer et enrichir un fichier de prospects, mais aussi organiser des actions de promotion percutantes (journées portes ouvertes, expositions itinérantes, publicité, etc.). Jusqu'à présent, le directeur commercial avait été assez prudent en la matière, compte tenu du coût de ces actions. En effet, celles-ci influent directement sur la marge finale de l'activité, que M. Pollux souhaitait maintenir à 15 % du chiffre d'affaires. Les orientations stratégiques en termes de conquête de nouveaux clients ont cependant amené M. Pollux à assouplir ses exigences en la matière, en ramenant le taux de marge finale visé à 12 % ;

- **un centre en charge des voitures d'occasion :** ce centre est réduit à une personne. Son responsable intervient pour toute reprise de véhicule lors de l'achat d'une voiture neuve[1].

1. Par mesure de simplicité, on fera l'hypothèse qu'il n'y a pas de reprises de véhicule autres que dans le cas d'un achat de véhicule neuf.

Il négocie conjointement avec le centre de vente de véhicules neufs le prix de reprise au client. Après négociation du montant de la remise en état du véhicule avec le responsable du centre réparations, il fixe le prix de revente de la voiture reprise. Le centre dispose d'un espace de 1 200 m^2 pour stocker les véhicules d'occasion dans l'attente de leur revente et a la charge de l'organiser et de veiller à son entretien. Comme pour le centre de vente de véhicules neufs, la rémunération du responsable est fixée par M. Pollux ;

- **un centre en charge des réparations :** ce centre, qui comprend dix ouvriers spécialisés (mécaniciens, tôliers, peintres, etc.) sous la direction d'un chef d'atelier, s'adresse prioritairement aux clients externes possédant un véhicule de la marque. Accessoirement, il remet en état les véhicules dans le cas d'une reprise par le centre de véhicules d'occasion. Des devis de réparation prévoyant le temps et les pièces nécessaires sont établis et valorisés sur la base d'un tarif horaire et d'un prix des pièces préétablis, correspondant au coût standard majoré d'une marge. En cas de dépassement nécessaire du devis, l'atelier appelle le client pour obtenir son autorisation d'effectuer les travaux requis, ce qui permet de lui facturer les coûts supplémentaires. En ce qui concerne les réparations réalisées en interne, un prix est également négocié avec le centre de vente de véhicules d'occasion, qui constitue donc un client comme un autre. Les mécaniciens sont embauchés par le responsable de l'atelier après accord de M. Pollux. En outre, comme pour les centres de vente, c'est également lui qui fixe leur rémunération ;
- **un centre de pièces détachées :** ce centre, qui occupe deux personnes, est en charge de la gestion des stocks de pièces et d'accessoires. Ceux-ci sont soit achetés directement au comptoir par des détenteurs de véhicules de la marque, soit utilisés par l'atelier de réparation. Le constructeur livre en général les pièces commandées dans les vingt-quatre heures. Les prix de vente sont fixés par le constructeur. Le centre dispose d'un présentoir permettant de mettre en valeur certains accessoires (autoradios, kits de sécurité, etc.) aux yeux des clients. Les deux personnes employées par ce centre ont des rémunérations fixes, dont l'évolution est décidée par M. Pollux ;
- **un centre d'administration :** une équipe de cinq personnes est en charge du suivi de commandes, de la gestion financière et comptable, de la gestion des ressources humaines, sous la supervision directe de M. Pollux. Ce dernier assure l'interface avec le fabricant pour l'ensemble des commandes de véhicules auprès de la maison mère.

Pour chacun des quatre premiers centres :

- **Définissez son statut le plus adéquat au sein de la typologie traditionnelle des centres de responsabilité : centre de coût, centre de revenu, centre de profit, centre d'investissement (une seule réponse possible). Justifiez votre choix.**
- **Quels biais de comportement concrets peuvent être générés au sein du centre si on utilise de façon stricte la mesure de performance correspondant au type choisi ?**
- **Compte tenu de l'organisation des responsabilités au sein de la concession, en quoi le statut que vous avez choisi à la question 1 doit-il être nuancé ?**
- **Proposez un système de mesure adapté dans une optique d'évaluation des performances des responsables des centres, qui permettrait de limiter les biais de comportement évoqués en question 2.**

Chapitre 5
Les tableaux de bord

Introduction

Les chapitres précédents ont présenté les modalités d'élaboration des systèmes de mesure de la performance basés sur des indicateurs de type financier. Ce sont en grande partie les limites de ces indicateurs qui ont donné lieu au développement d'indicateurs non financiers et au regroupement de l'ensemble des KPI (*key performance indicators*) au sein de tableaux de bord*.

Dans ce chapitre, nous allons nous intéresser aux tableaux de bord au niveau global de l'organisation, mais leurs principes d'élaboration peuvent s'appliquer de façon plus générale à toute entité de l'organisation prise isolément. Pour autant, cela ne signifie pas que l'on procède aux mêmes choix d'indicateurs à tous les niveaux de l'organisation : les tableaux de bord globaux et locaux devront être à la fois différenciés et coordonnés. Le chapitre 6 traitera plus spécifiquement cette question de l'articulation des différents tableaux de bord les uns par rapport aux autres, c'est-à-dire celle de l'élaboration d'un système cohérent de tableaux de bord.

Plusieurs méthodes de construction des tableaux de bord existent, dont les plus connues sont le *balanced scorecard** (BSC) et la méthode OVAR*. Malheureusement, elles comportent une part de flou importante qui les rend délicates à appliquer telles quelles et exige des précisions et aménagements.

La première section du chapitre tente de clarifier les objectifs et principes généraux d'élaboration des tableaux de bord. Elle présente les arguments qui ont été généralement avancés en faveur de leur développement, en distinguant les objectifs qui leur sont assignés et les principes de construction associés. Une analyse de ces orientations générales nous permettra de mettre en évidence des zones d'imprécision, voire de contradiction, ainsi que deux finalités implicites : la mise sous contrôle de l'organisation et la mise sous tension autour de priorités ciblées. Ces deux finalités suggérant des principes d'élaboration des tableaux de bord sensiblement différents, nous proposerons de distinguer deux types d'outil : le tableau de bord panoramique* et le tableau de bord de pilotage*.

Dans la deuxième section, nous proposons des méthodes de construction d'un tableau de bord de pilotage s'inspirant des méthodes BSC et OVAR[1]. La troisième section propose quant à elle une méthode de construction d'un tableau de bord panoramique.

1. Les descriptions existantes de ces méthodes n'étant ni suffisamment conceptualisées, ni suffisamment détaillées, toute référence à l'une ou l'autre en constitue de fait une interprétation.

La dernière section porte sur des questions d'approfondissement : lien avec la stratégie, précision des méthodes, indicateurs de contexte, impact de la représentation en indicateurs sur les acteurs.

1. Les objectifs et principes généraux des tableaux de bord

Comme nous l'avons vu dans l'introduction générale de ce livre, les ouvrages présentant des outils de gestion ont souvent une approche descriptive et focalisée sur la façon de construire ces outils, ils s'attachent au « comment » et présentent des méthodes d'élaboration. Or, cela occulte trop fréquemment la question du « pourquoi », c'est-à-dire l'explicitation des objectifs et des principes qui guident le choix des solutions opérationnelles. Nous allons tenter de clarifier ici ces fondements.

1.1. Les objectifs et principes généralement assignés aux tableaux de bord

1.1.1. Les objectifs

Un tableau de bord se définit à la base comme un ensemble d'indicateurs à caractère non exclusivement financier (KPI). Il peut prendre des formes très variées, mais se présente de façon générique sous la forme d'une liste d'indicateurs avec différentes valeurs prises par ces indicateurs (voir tableau 5.1 et exemples à la fin du chapitre).

Tableau 5.1 – Exemple générique de tableau de bord

Indicateur	Réel *n* – 1	Prévu	Réel *n*	Écart/*n* – 1	Écart/prévu
Volume d'activité					
Délai de réponse					
Indice de qualité					
Indice de satisfaction des clients					
Turnover					
Etc.					

Il est difficile de dater l'origine de cet outil, car la réponse varie selon que l'on s'intéresse aux pratiques des entreprises ou aux discours plus normatifs sur leurs principes d'élaboration. Ces derniers se sont développés à partir des années 1980 en réponse à deux types de critique :

- une critique d'ordre théorique soulignant les limites des indicateurs financiers en termes de pertinence[1] (Johnson et Kaplan, 1987) : orientation vers le court terme, focalisation sur la seule performance pour les actionnaires, faible caractère explicatif de ces indicateurs (voir chapitre 3) ;

1. La pertinence d'un système de mesure peut se définir comme le fait d'apporter au manager une information de gestion cohérente avec les exigences du pilotage de son activité.

- un constat d'insuffisance des pratiques de tableaux de bord dans les entreprises, mettant l'accent sur d'autres problèmes de pertinence, le tableau de bord apparaissant comme un outil souvent surchargé, lent, peu lisible et donc peu utile pour les managers.

Améliorer la pertinence de la mesure dessinait donc trois objectifs d'ensemble pour l'élaboration de « bons » tableaux de bord :

- ne pas se limiter à une seule dimension de la performance, mais en offrir une représentation plus « équilibrée » (objectif 1) ;
- orienter la mesure vers une représentation à plus long terme de la performance (objectif 2) ;
- faciliter la prise de décision des managers (objectif 3)[1].

1.1.2. Les principes

Ces objectifs se traduisent par un ensemble de principes communément admis pour l'élaboration de tableaux de bord « pertinents » :

- les KPI doivent couvrir l'intégralité des objectifs et des finalités de l'organisation ;
- ils doivent porter à la fois sur les résultats et sur des leviers d'action permettant d'atteindre ces résultats ;
- ils doivent comporter des indicateurs financiers et non financiers ;
- ils doivent être sélectionnés de façon cohérente avec la stratégie de l'organisation ;
- ils doivent être en nombre réduit ;
- ils doivent être délivrés rapidement ;
- ils doivent être présentés de façon lisible et parlante.

Couvrir l'intégralité des objectifs de l'organisation

Nous avons vu au chapitre 2 que la performance d'une organisation était généralement multidimensionnelle, car elle peut être définie au regard de plusieurs *stakeholders* aux attentes différentes : soit les finalités de l'organisation sont intrinsèquement multiples, comme c'est le cas par exemple dans un hôpital public, soit la performance finale est monodimensionnelle, mais sa poursuite requiert de satisfaire à plus court terme d'autres parties prenantes.

Pour qu'un tableau de bord soit « équilibré » (objectif 1), une première exigence sera donc que l'ensemble des indicateurs qu'il contient prenne en compte la diversité des objectifs de l'organisation.

Des indicateurs portant à la fois sur les résultats visés et les leviers d'action

Les indicateurs financiers, nous l'avons vu, sont non seulement focalisés sur une seule dimension de la performance, mais également sur les résultats souhaités. Par leur caractère synthétique, ils résument de nombreuses composantes de nature comptable (différents types de charges, revenus, actifs, passifs) pour les « ramasser » en un indicateur final, qui peut être selon les cas le résultat net, le résultat opérationnel, le taux de profitabilité, etc.

1. Nous verrons dans la conclusion de la première partie en fin de chapitre 6 que les tableaux de bord qui résultent de l'application de ces objectifs ont leurs limites propres par rapport aux systèmes de mesure financiers.

Utilisés de façon prospective, ils peuvent donc caractériser les « buts financiers » visés par l'entreprise, les résultats qu'elle attend.

Or, si la mesure de performance ne porte que sur les résultats visés, nous avons vu au chapitre 3 qu'elle génère un risque de « biais court terme » : on peut avoir pris des décisions contraires à l'amélioration de la profitabilité d'une entreprise (par exemple, en fabriquant des produits de faible qualité), sans que les conséquences de ces décisions n'aient encore produit leurs résultats sur le plan financier. À l'inverse, des décisions bénéfiques peuvent se traduire à court terme par une dégradation du résultat financier, leurs effets ne portant pleinement sur le résultat qu'à plus long terme et de façon diffuse ; c'est le cas par exemple des dépenses de formation ou des décisions d'investissement.

Compléter les indicateurs de résultat par des mesures portant sur les « déterminants » de ces résultats, c'est-à-dire sur les leviers d'action qui permettent d'atteindre ces résultats, permet donc d'allonger de fait l'horizon de la performance (objectif 2). Dans nos exemples, on peut envisager des indicateurs portant sur la qualité des produits fabriqués (par exemple, le nombre de pièces défectueuses sur une ligne de fabrication), l'effort de formation (par exemple, le nombre d'heures de formation annuel moyen par employé), le niveau d'investissement (par exemple, le niveau de CAPEX[1]).

Il s'agit d'un deuxième type d'équilibre recherché dans un tableau de bord (objectif 1) : l'équilibre entre mesures de résultat et mesures portant sur les leviers d'action.

Ce principe améliore également la prise de décision par les managers (objectif 3) : la diversité des leviers d'action offre aux managers une vision plus riche de la performance, qui permet de produire un diagnostic de meilleure qualité, une vision plus opérationnelle également : un manager pourra savoir, en cas de mauvais résultats, si le problème se situe plutôt au niveau de la qualité des produits ou de leur délai de production ; ces indicateurs lui permettront par ailleurs de cibler son action de façon plus efficace sur les causes du problème, car un résultat financier n'est pas directement « actionnable ».

Des indicateurs non exclusivement financiers

Cette préconisation est parfois intégrée à la définition même d'un tableau de bord, tellement le besoin de rééquilibrer les indicateurs financiers a été souligné. En réalité, il s'agit d'un principe d'élaboration, qui résulte des deux premiers : dès lors qu'on ne se focalise pas exclusivement sur la performance pour les actionnaires, les indicateurs peuvent perdre leur caractère financier (par exemple, si on mesure la satisfaction clients par le nombre de plaintes) ; dès lors qu'on porte par ailleurs son attention sur les leviers d'action et non plus uniquement sur les résultats, là aussi la dimension financière peut disparaître (comme le montre notre exemple du nombre de produits défectueux).

Pour autant, ce principe vient également compléter ces deux premiers principes. En effet, on peut imaginer, même si ce cas de figure est peu réaliste, que l'on puisse mesurer la performance de différentes parties prenantes avec des indicateurs exclusivement financiers : par exemple, le taux de profitabilité pour la performance à l'égard des actionnaires, le niveau des ventes ou le montant des coûts de marketing pour la performance à l'égard des clients, le salaire moyen pour la performance vis-à-vis des employés. De la même façon, un indicateur de levier d'action

1. CAPEX : *capital expenditure.*

peut être de nature financière ; c'est le cas par exemple du chiffre d'affaires export lorsqu'une entreprise a choisi cette voie d'action pour augmenter son chiffre d'affaires d'ensemble.

Cela amène donc à distinguer deux sens du mot « financier » : un indicateur peut être financier parce qu'il reflète le « point de vue financier », ou financier parce qu'il est exprimé par des grandeurs comptables. Le principe qui consiste à intégrer des indicateurs non financiers dans un tableau de bord vise à équilibrer les différents points de vue, mais également à renforcer la vision à long terme. Si on reprend l'exemple du chiffre d'affaires export, il s'agit certes d'un levier d'accroissement du chiffre d'affaires global, mais qui reste encore très large. Si on s'interroge sur les leviers qui permettent d'agir sur ce chiffre d'affaires export, on peut envisager d'augmenter par exemple les effectifs de vendeurs à l'étranger. L'indicateur correspondant perdra son caractère financier. Ainsi, plus on remonte en amont dans la chaîne de causalité, plus les indicateurs deviennent non financiers, et plus la performance est également captée à long terme selon le principe précédent.

Le caractère non financier des indicateurs est également intéressant, car il découple la mesure de performance de la mesure comptable, qui exige toujours quelque délai pour sa production. Certains indicateurs non financiers seront donc plus rapides à obtenir, contribuant ainsi à l'objectif 3.

Des indicateurs cohérents avec la stratégie

Toutes les méthodes soulignent l'importance de la stratégie dans la construction des tableaux de bord. Nous verrons que, dans la méthode BSC, la stratégie est située, avec la vision de l'entreprise, au centre des différentes mesures de performance ; elle est également sous-jacente dans la méthode OVAR.

De fait, une entreprise qui choisirait une stratégie à faibles coûts aura des indicateurs de performance sensiblement différents de ceux d'une entreprise ayant opté pour une stratégie de différenciation, car leurs leviers d'action sont très différents ou, pour le moins, l'importance relative de chacun d'eux sera différente dans les deux cas.

Nous verrons toutefois plus loin que ce concept de stratégie peut recouvrir des idées différentes qu'il convient de distinguer, car leur portée est inégale.

Un nombre limité d'indicateurs

Ce principe, communément admis, a deux origines. Comme nous l'avons souligné précédemment, l'observation des tableaux de bord existant dans les entreprises aboutissait souvent au diagnostic d'un nombre trop grand d'indicateurs. Par ailleurs, sur un plan plus théorique, les méthodes d'analyse des résultats fondées sur des modèles comptables et financiers (voir chapitre 8) et qui dominaient les pratiques d'entreprises à une époque trouvaient une part de leur légitimité dans leur recherche d'exhaustivité : ainsi, lorsqu'un écart sur le résultat budgétaire ne fait pas apparaître de différence significative, il est néanmoins préconisé de calculer « quand même » les sous-écarts, afin de valider qu'il n'y a pas de phénomènes de compensation. Les analyses d'écarts de type financier peuvent ainsi vite devenir volumineuses.

Ce constat de systèmes de suivi volumineux, mis en regard avec les contraintes de temps et les limites cognitives des managers, a ainsi donné lieu à ce principe qu'un bon tableau de bord se doit de ne contenir qu'un nombre restreint d'indicateurs.

Nous verrons toutefois que ce principe est discutable, notamment dès lors que l'on sort de l'idée que les indicateurs sont tous suivis en direct par les managers, mais également et surtout selon l'usage managérial auquel est destiné le tableau de bord.

Disposer des résultats rapidement

On insiste souvent sur le fait qu'un manager a besoin d'informations rapidement, alors que les indicateurs financiers, qui sont liés à la production des chiffres comptables, parviennent en général trop tardivement.

Les tableaux de bord ont donc un objectif de sortie rapide. Dans les entreprises, on établit ainsi des « flashs », tableaux de bord qui, par leur caractère très concentré, sont produits dans les tout premiers jours suivant la fin d'un mois donné, bien avant les résultats comptables.

Présenter les indicateurs de façon lisible et parlante

Si le nombre d'indicateurs peut freiner la rapidité d'analyse et de décision d'un manager, le mode de présentation des tableaux de bord est également important. Des tableaux de chiffres, aussi pertinents soient-ils dans leur contenu, ont parfois un abord abscons qui ne facilite pas la compréhension des résultats.

En revanche, les mêmes résultats présentés sous forme graphique, avec des codes couleur permettant de visualiser immédiatement les zones positives et les zones problématiques, seront plus directement « parlants ». La forme des tableaux de bord facilite donc plus ou moins la prise de décision managériale (objectif 3).

Le tableau 5.2 résume l'articulation entre objectifs et principes généralement assignés au tableau de bord.

Tableau 5.2 – Objectifs et principes généralement assignés au tableau de bord

	Offrir une représentation équilibrée de la performance	**Orienter vers une représentation à plus long terme de la performance**	**Faciliter la prise de décision des managers**
Couvrir l'intégralité des finalités et des objectifs de l'organisation	×		
Porter sur des résultats *et* des leviers d'action	×	×	×
Comporter des indicateurs financiers *et* non financiers	×	×	×
Comporter des indicateurs cohérents avec la stratégie		×	×
Limiter le nombre d'indicateurs			×
Disposer des résultats rapidement			×
Être présenté de façon lisible et parlante			×

1.2. L'analyse de ces objectifs et principes

Ces principes constituent un premier niveau d'explicitation de la façon de construire un bon tableau de bord. Ils présentent cependant des limites.

1.2.1. Une contradiction entre multiplication et limitation du nombre d'indicateurs

L'analyse des principes révèle une contradiction entre une incitation au développement du nombre d'indicateurs et une recommandation de limitation de ce nombre :

- certains principes (couverture de l'intégralité des finalités, combinaison d'indicateurs portant sur les résultats et les variables d'action, combinaison d'indicateurs financiers et non financiers) militent en faveur d'une diversification des indicateurs, qui amène *a priori* mécaniquement à en multiplier le nombre. L'idée implicite derrière ces principes est que « tout doit être sous contrôle » et le risque souligné est celui de l'oubli, du « trou », de la non-exhaustivité, du caractère partiel des indicateurs. Comme il est sans doute difficile de formuler un objectif en termes d'« exhaustivité », on le formule de façon plus légère en termes d'« être équilibré »[1]. Mais fondamentalement, le risque que l'on cherche à combler est celui d'omissions sérieuses (par exemple, en ne se focalisant que sur la dimension financière) ;
- d'autres principes (limitation du nombre d'indicateurs, cohérence avec la stratégie) militent au contraire en faveur d'une certaine focalisation du tableau de bord sur des orientations particulières, des priorités. Il s'agit de sélectionner certains indicateurs plus pertinents que d'autres. Nous verrons dans la sous-section suivante que le terme de « stratégie » est flou et qu'il y a plusieurs types d'« orientation particulière ».

Ces deux séries de principes révèlent à notre sens deux finalités distinctes assignées au tableau de bord -permettre une « mise sous contrôle » des paramètres de l'activité et une « mise sous tension » de l'organisation autour de certaines priorités - aux conséquences contradictoires ; il semble en effet difficile de mettre sous contrôle une entité en ne suivant qu'une vingtaine d'indicateurs, comme certaines méthodes (notamment la méthode BSC, voir ci-après) le recommandent[2].

La littérature empirique montre d'ailleurs que la mise en pratique des principes n'est pas triviale :

- le nombre d'informations non financières reste très élevé dans les tableaux de bord des entreprises (Mendoza et Bescos, 2000). Ce constat est cohérent avec les difficultés rencontrées par les contrôleurs de gestion lorsqu'ils tentent d'appliquer la consigne de redéfinir des tableaux de bord en réduisant le nombre d'indicateurs. Ils constatent bien que si la limitation à une vingtaine d'indicateurs permet de focaliser fortement l'attention des managers, elle s'accompagne aussi du risque de perdre le contrôle sur des paramètres clés ;
- on constate en pratique que les revues de gestion, même fondées sur l'utilisation de tableaux de bord incluant des indicateurs non financiers, peinent à déboucher sur des décisions.

---

1. Le terme « *balanced scorecard* » a d'ailleurs été parfois traduit par « tableau de bord équilibré ».
2. Sauf à retomber dans les limites des mesures uniquement financières de la performance et notamment le fait qu'on ne contrôle que le résultat final.

1.2.2. Un concept de stratégie flou

Les priorités sur lesquelles doit être focalisé le tableau de bord sont censées correspondre à la « stratégie de l'entreprise ». En réalité, une entreprise peut avoir des « orientations particulières » pour des raisons variées et hétérogènes :

- certaines peuvent être liées au choix des finalités pour cette organisation (qui peuvent être différentes de celles d'une autre organisation, donc particulières) : deux entreprises d'activité similaire peuvent avoir un poids différent des parties prenantes, conduisant à des finalités différentes (par exemple, deux entreprises de production et de vente de champagne organisées l'une sous forme de société anonyme, l'autre de coopérative, ou une clinique privée et un hôpital public) ;
- d'autres particularités correspondent à des facteurs clés de succès (FCS) liés au secteur, donc au modèle d'activité, aux leviers génériques de performance dans un métier donné et ce quel que soit le positionnement stratégique de l'entreprise. Par exemple, un FCS lié au modèle d'activité du métier de conseil est le taux d'activité des consultants. Ce levier de performance est indépendant de la stratégie spécifique de telle ou telle société de conseil ;
- les orientations peuvent résulter du choix d'un positionnement stratégique. Les stratégies génériques sont un exemple de positionnement : domination par les coûts, différentiation, ou encore les stratégies types définies par Kaplan et Norton (voir section 4.1) – intimité client, excellence opérationnelle, supériorité du produit. Le positionnement stratégique d'une organisation oriente les leviers d'action prioritaires et pondère leur importance relative. Ainsi, la maîtrise des coûts a plus d'enjeu dans une stratégie de prix bas (« *low cost* ») que dans une stratégie de différentiation par l'innovation. Il peut y avoir des positionnements stratégiques différents selon les niveaux de l'entreprise, y compris au sein d'une *strategic business unit* (SBU), pour tenir compte d'un marché spécifique par exemple. Ainsi, les positionnements stratégiques de différentes entités géographiques peuvent être partiellement différents pour tenir compte d'un environnement concurrentiel spécifique ou d'attentes des clients différentes dans divers pays ;
- enfin, les orientations peuvent résulter de priorités plus conjoncturelles, sans rapport direct avec le modèle d'activité, ni le positionnement stratégique actuel. Elles peuvent être liées à :
  - des changements dans le positionnement stratégique : l'entreprise est alors momentanément focalisée sur une transition à réussir,
  - des éléments conjoncturels spécifiques : ainsi, dans certaines périodes, les marchés financiers sont particulièrement attentifs à la structure financière, ce qui peut conduire à mettre l'accent sur le désendettement. Ou bien des événements sur le marché de certaines matières premières peuvent nécessiter une diversification des fournisseurs,
  - des difficultés internes spécifiques : ainsi, si on observe une dégradation de la qualité, on peut vouloir focaliser l'organisation sur son redressement,
  - des ambitions particulièrement fortes sur certains objectifs : c'est la cible et non la nature de l'objectif qui donne alors un caractère conjoncturel à la priorité[1]. Ainsi, la réduction

1. Voir la définition des termes « objectif », « cible » et « objectif ciblé » au chapitre 1.

des délais de mise sur le marché des nouveaux produits peut être une priorité de nature récurrente définie par le positionnement stratégique, mais si la cible est de diviser par deux ce délai et que cette cible est jugée particulièrement ambitieuse, cela peut devenir une priorité conjoncturelle.

Or, les différents types d'orientation ne présentent pas le même degré de stabilité. Certaines d'entre elles sont assez stables (finalités, modèle d'activité, positionnement stratégique) ; elles caractérisent les dimensions assez récurrentes de la performance de l'organisation. D'autres, au contraire, correspondent à des phases de crises, de transitions, d'évolutions ; elles constituent des dimensions plus éphémères de la performance, mais également des points de vigilance plus exacerbés.

1.2.3. Un sous-dimensionnement du mode d'utilisation des mesures

Les objectifs et les principes présentés précédemment ne concernent que le choix des indicateurs et laissent donc de côté la question du processus d'utilisation de ces mesures :

- si le but ultime est la décision, celle-ci ne découle pas directement de la mesure. La décision suit un processus comprenant plusieurs étapes : constat d'un problème, analyse, discussion, décision. Or, on n'a pas forcément besoin des mêmes informations à ces différents stades. En particulier, le stade de la discussion, dans la mesure où il réunit plusieurs interlocuteurs aux emplois du temps chargés dans un espace de temps particulièrement court (celui des revues de gestion mensuelles), constitue un moment particulièrement dense qui oblige à sélectionner de façon importante les sujets traités. En revanche, cette sélectivité ne s'applique pas nécessairement à la phase de préparation de ces revues de gestion ou à d'autres moments ou lieux d'analyse ;
- la mesure peut être mobilisée par différents acteurs : contrôleur de gestion, manager de l'entité, manager opérationnel au sein de l'entité ou à d'autres niveaux dans l'organisation. Tous n'ont pas le même rôle et n'interviennent pas nécessairement aux mêmes stades du processus de décision.

La question de l'utilisation de la mesure a été abordée par Robert Simons (1995), qui distingue une utilisation diagnostique et une utilisation interactive (voir ci-après). Il intègre dans sa typologie la question des utilisateurs de la mesure, mais pas les deux autres points que nous mentionnons. Surtout, il considère qu'il n'y a pas de lien entre la construction de la mesure et la façon dont elle est utilisée. Selon lui, tout système de mesure peut être utilisé de façon diagnostique ou interactive.

Nous considérons au contraire que la mesure ne peut pas être construite de la même manière selon l'utilisation qui en est faite, comme nous le précisons dans la suite de ce chapitre.

1.2.4. Conclusion

Cette discussion permet de faire apparaître le fait que la mesure et donc les tableaux de bord ont deux finalités différentes et complémentaires :

- focaliser et dynamiser l'organisation autour de quelques priorités. Cette finalité peut être reliée à un objectif de « mise sous tension » de l'organisation ;
- assister les managers dans la mise sous contrôle de l'activité.

Ces deux finalités ne conduisent pas aux mêmes principes de construction des tableaux de bord – la définition d'un indicateur pertinent sera différente selon les finalités –, ni aux mêmes modalités d'utilisation. Nous proposons en conséquence de distinguer deux types de tableau de bord que nous désignons « tableau de bord de pilotage » et « tableau de bord panoramique ».

1.3. Les deux types de tableau de bord : tableaux de bord de pilotage et tableaux de bord panoramiques

À gros trait, il est possible de distinguer ces deux types de tableau de bord de la façon suivante :

- **les tableaux de bord de pilotage** servent de support pour focaliser l'attention des dirigeants et des managers sur « quelques » priorités associées à la stratégie ou plus conjoncturelles. Ils structurent les représentations de ces priorités et favorisent la convergence de ces représentations entre les différents membres d'une équipe de direction. Ils sont donc construits de façon collective et sont revus assez fréquemment car les priorités évoluent. Le but de leur construction est de se mettre d'accord sur les priorités ainsi que sur les objectifs ciblés associés et cette construction peut aller jusqu'à la définition de plans d'action. Le suivi de ces priorités est systématique et porte à la fois sur la capacité d'atteindre les cibles et, le cas échéant, sur la mise en œuvre des plans d'action ;
- **les tableaux de bord panoramiques** reposent sur une modélisation « complète » de la formation de la performance dans l'organisation, balayant les leviers récurrents importants, afin de les mettre sous contrôle. Le choix des indicateurs sera orienté par les finalités de l'organisation, son positionnement stratégique et son modèle de performance. La construction du tableau de bord passe par l'identification des parties prenantes les plus importantes (qui ne sont pas seulement les actionnaires et les clients) et leurs objectifs. Le suivi se fait par exception, lorsqu'un écart ou une dérive importante sont identifiés.

Nous détaillons dans la suite ces deux types de tableau de bord ainsi que les modalités d'utilisation associées.

1.3.1. Le tableau de bord de pilotage

Le tableau de bord de pilotage vise à dynamiser une entité autour de quelques priorités. Pour cela, le comité de direction doit s'impliquer dans les décisions et l'animation de l'action autour de ces priorités, qui doivent donc être examinées de façon régulière dans les « revues de gestion » mensuelles[1]. C'est ce qui explique que le nombre de sujets traités (et donc *in fine* le nombre d'indicateurs) doive être limité[2].

En effet, si ces revues sont consacrées à la fois à des sujets ou objectifs prioritaires et à l'examen des principaux écarts sur les indicateurs portant sur des éléments plus récurrents de la stratégie ou du modèle d'activité (voir ci-après), on peut imaginer qu'il soit possible de passer en revue quatre à six sujets prioritaires par comité. Compte tenu du fait que la plupart de

1. Parfois appelées « revues de performance ». D'autres dénominations sont possibles selon les organisations.
2. Et non, comme on le lit parfois, les capacités d'analyse des dirigeants.

ces sujets ne nécessitent pas un suivi mensuel, le nombre d'objectifs suivis de la sorte peut être d'une quinzaine et le nombre d'indicateurs correspondant d'une trentaine.

Compte tenu de cette contrainte, le choix des objectifs doit être très sélectif et donc porter non pas sur l'ensemble de la stratégie, mais sur des priorités conjoncturelles telles que nous les avons définies à la section 1.2.2. : changement de positionnement stratégique, priorités liées à des éléments conjoncturels, difficultés internes spécifiques, éléments particulièrement ambitieux du positionnement stratégique. Une fois ces objectifs choisis, la direction s'impliquera régulièrement dans leur suivi au moment des revues de gestion.

Le tableau de bord de pilotage est donc un support à deux niveaux :

- la détermination des priorités au moment de sa construction : les priorités changeant fréquemment, le tableau de bord de pilotage doit être modifié de façon significative chaque année ;
- pour suivre l'atteinte des objectifs sur ces priorités lors des revues de gestion mensuelles.

La construction du tableau de bord et des objectifs, qui vise la détermination des priorités, doit être menée collectivement par le comité de direction dans le but d'accroître la mobilisation des différents acteurs et de garantir une bonne coordination. Le choix des indicateurs permettant de suivre l'atteinte des objectifs peut toutefois être délégué.

Puisque les objectifs sont prioritaires, leur suivi, celui des indicateurs et des plans d'action associés doivent être systématiques et ne pas dépendre de l'atteinte ou non de cibles préétablies. Il est donc possible de déterminer à l'avance l'ordre du jour des revues de gestion en fonction de la fréquence et des horizons jugés pertinents pour chaque objectif.

Le suivi de chaque objectif peut être assigné à un membre du comité de direction. Il lui reviendra de préparer la discussion en revue de gestion en soumettant des propositions de décision au comité de direction. L'objectif de la revue de gestion est alors bien de prendre les décisions correspondantes.

Notons qu'avec ces modalités de suivi et de pilotage, la détermination d'une cible à atteindre pour chaque objectif n'est pas fondamentale, puisque ce n'est pas la comparaison à cette cible qui déclenche une réflexion (contrairement au tableau de bord panoramique, voir ci-après). Dans certains cas, il n'est même pas nécessaire de disposer d'indicateurs pour suivre l'avancée de plans d'action, le simple fait de faire porter l'attention du comité de direction sur un sujet induisant la mise en œuvre de plans d'action.

Compte tenu du caractère temporaire des priorités, il n'est pas toujours nécessaire d'intégrer les indicateurs dans le système d'information pour qu'ils soient produits de façon automatique ; cela dépend du coût correspondant et de celui de produire manuellement un indicateur pendant une période temporaire.

1.3.2. Le tableau de bord panoramique

Dans le cas du tableau de bord panoramique, l'objectif est de mettre sous contrôle les paramètres clés de la performance. Le nombre d'objectifs est moins limité, car le traitement des sujets se fera par exception.

Les indicateurs doivent permettre de couvrir l'ensemble des finalités de l'organisation ainsi que les facteurs clés de succès induits par le positionnement stratégique choisi par l'organisation et le modèle d'activité. La construction de ces indicateurs comporte moins de choix et peut donc être pilotée par le contrôleur de gestion avec une validation par le comité de direction. L'implication du manager en charge de l'entité se fera lors du choix initial des indicateurs et lors de la fixation des cibles sur certains indicateurs.

Un des facteurs permettant de limiter le nombre d'indicateurs à un niveau donné est de déléguer le suivi au contrôleur de gestion d'une entité d'un niveau inférieur. Nous reviendrons sur ce point au chapitre 6.

L'analyse des écarts entre les cibles et les résultats est préparée par le contrôleur de gestion, afin de décharger le manager opérationnel qui ne dispose pas du temps suffisant pour étudier un nombre important de données dans un délai court. Sur la base de cette analyse, le contrôleur de gestion propose les sujets à mettre à l'ordre du jour de la revue de gestion. Pour cela, deux démarches sont possibles :

- analyser les tendances des indicateurs et s'intéresser aux ruptures majeures (hausse soudaine d'un indicateur historiquement stable, par exemple) ;
- analyser les écarts par rapport à une cible ou un standard et sélectionner les écarts les plus significatifs.

Ces sujets peuvent être traités à la suite de ceux du tableau de bord de pilotage. La principale différence est liée au fait que la préparation de la revue est moindre, puisque, par construction, les sujets proposés correspondant à des écarts, l'ordre du jour n'est pas connu à l'avance.

L'objet de la réunion est dès lors différent. Il s'agit de déterminer en commun si l'écart justifie de mettre en œuvre un plan d'action. Compte tenu de la fréquence mensuelle des réunions, il peut arriver qu'un plan d'action ait déjà été mis en œuvre. Dans ce cas, la revue de gestion ne sert qu'à informer de ce plan d'action. Dans le cas contraire, soit il est possible de déterminer un plan d'action en réunion, soit on décide l'organisation d'une réunion *ad hoc* entre les personnes concernées pour discuter d'un tel plan d'action. En raison du caractère imprévu des sujets traités et du faible temps de préparation, ce second cas est le plus fréquent.

L'objectif de la revue de gestion est donc d'établir un diagnostic en repérant les problèmes significatifs non résolus ; le nombre de sujets traités peut être plus important que ceux traités dans le cadre du tableau de bord de pilotage. En outre, les sujets traités en réunions sont un extrait des sujets suivis dans le tableau de bord, qui peut de ce fait contenir un nombre d'indicateurs plus élevé que le tableau de bord de pilotage. Toutefois, en l'absence d'études empiriques sur ce sujet[1], il est difficile de déterminer le nombre d'indicateurs pouvant être suivis selon ces modalités et conduisant à un nombre de sujets pertinents à traiter en revue de gestion. Pour limiter le nombre de sujets potentiels, il est possible de distinguer les indicateurs qui doivent faire l'objet d'une analyse mensuelle de ceux pour lesquels la fréquence pertinente est moindre.

---

1. La littérature s'est en fait concentrée sur la question du nombre d'indicateurs pouvant être suivis par un manager opérationnel, donc dans le cadre de ce que nous avons dénommé « tableau de bord de pilotage ».

Dans un tableau de bord panoramique, les cibles ont un rôle essentiel, puisqu'une partie de l'analyse sera fondée sur l'écart par rapport à celles-ci. En revanche, compte tenu du fait que les paramètres clés de la performance n'évoluent pas de façon significative d'une année sur l'autre, il n'est pas nécessaire de changer les indicateurs correspondants de façon aussi fréquente que dans le cas du tableau de bord panoramique.

1.3.3. Synthèse

Les principales caractéristiques des deux types de tableau de bord sont synthétisées dans le tableau 5.3.

Tableau 5.3 – Caractéristiques distinctives entre tableau de bord de pilotage et tableau de bord panoramique

	Tableau de bord panoramique	Tableau de bord de pilotage
Objectif	Mise sous contrôle de l'ensemble des paramètres clés de la performance	Dynamisation autour de priorités
Structure des indicateurs	Équilibrée, prenant en compte les différentes finalités et objectifs de l'organisation	Sélective, focalisée sur des priorités conjoncturelles et sur les plans d'action associés
	Cohérents avec les FCS induits par le modèle d'activité (*business model*)	
	Cohérents avec les FCS induits par le positionnement stratégique choisi par l'organisation	
Acteurs de la construction des indicateurs	Le contrôleur de gestion pilote la construction des indicateurs. Le comité de direction les valide.	Le comité de direction détermine de façon collective les objectifs. Le choix des indicateurs correspondants peut être délégué.
Production des indicateurs	Automatique par le système d'information	Éventuellement manuelle
Appréciation des résultats	Comparaison par rapport à des cibles préétablies, ou analyse de tendances	Appréciation systématique de l'atteinte de l'objectif et de l'avancement des plans d'action
Processus et acteurs du suivi	Mise à l'ordre du jour des revues de gestion uniquement des écarts ou ruptures significatives	Toutes les priorités sont à l'ordre du jour des revues de gestion (avec une fréquence qui peut ne pas être mensuelle).
	Rôle clé des contrôleurs de gestion pour mettre en évidence les écarts significatifs	Préparation des revues de gestion par les opérationnels en charge des plans d'action Forte implication du manager en charge de l'entité (fonction de mobilisation)
	Rôle de la revue de gestion : diagnostic de la gravité des écarts, décision quant à l'opportunité d'une action corrective	Rôle de la revue de gestion : discussion entre manager et responsables opérationnels de l'équipe autour de l'ensemble des objectifs et des plans d'action ; prise de décision

	Tableau de bord panoramique	Tableau de bord de pilotage
Nombre d'indicateurs	Assez important, afin d'assurer une surveillance équilibrée de l'activité	Réduit, afin de focaliser l'attention des managers sur les priorités du moment
Fréquence de mesure	Régulière, la fréquence pouvant différer selon la nature des indicateurs	*Ad hoc* selon l'horizon des plans d'action
Évolutivité des indicateurs	Faible (selon l'évolutivité des activités et du positionnement stratégique)	Forte

Dans les deux cas, l'objectif est bien *in fine* de prendre des décisions pertinentes. Mais le lieu et les modalités de prise de décision diffèrent, ce qui conduit à deux types d'indicateur qu'il nous semble pertinent de regrouper en deux tableaux de bord différents.

Cette typologie n'a pas été validée de façon académique. Elle présente une certaine proximité avec la typologie de Simons (1995) qui, sur la base d'une étude empirique de l'utilisation des systèmes de mesure de la performance par les managers dans des contextes de changement stratégique important, distingue deux modes d'utilisation des systèmes de mesure de la performance : une utilisation « diagnostique », pour reprendre ses propres termes, et une autre qu'il qualifie d'« interactive ». .

Certains éléments de sa typologie sont communs avec la typologie que nous venons de présenter, notamment le rôle respectif des managers et des contrôleurs de gestion et le caractère systématique ou non du suivi des indicateurs. Toutefois, le tableau de bord de pilotage ne peut pas, selon nous, être assimilé à une utilisation interactive d'un tableau de bord telle que définie par Simons. En effet, l'utilisation interactive ne vise pas à mobiliser autour de priorités dans une optique de dynamisation, mais à créer un dialogue le long de la ligne hiérarchique autour d'une incertitude stratégique clé dans une optique d'apprentissage. Simons illustre ce type de dialogue par le fait qu'un directeur général peut appeler directement un opérationnel situé à plusieurs niveaux hiérarchiques d'écart, pour lui demander des explications sur une évolution (par exemple, un responsable de vente, pour lui demander son analyse de l'évolution dans sa zone de la vente d'un produit à un type de client si l'incertitude porte sur l'évolution d'un marché spécifique). D'ailleurs, Simons précise que n'importe quel système de pilotage peut être utilisé de façon interactive. La contrainte de temps des managers n'est pas prise en compte par la limitation du nombre d'objectifs et d'indicateurs (pour qu'un directeur puisse appeler un opérationnel au sujet d'un chiffre le concernant, il faut qu'il dispose des informations avec le niveau de détail correspondant), mais par le fait de ne retenir qu'un seul sujet correspondant à l'incertitude stratégique majeure. Contrairement au tableau de bord de pilotage, le choix des priorités ne se fait pas aux différents niveaux et de façon collective, mais l'incertitude clé est déterminée pour la totalité de l'entité par le directeur général. Cela résulte dans l'échange d'informations détaillées sur un sujet le long de l'ensemble de la hiérarchie, alors que, dans le cas du tableau de bord de pilotage, les objectifs et les indicateurs correspondants se transforment lorsque l'on change de niveau (voir chapitre 6).

Aussi, selon nous, l'utilisation interactive d'un tableau de bord conduit à un troisième type de tableau de bord : le tableau de bord interactif*. Puisqu'il s'agit d'une utilisation qui n'a pas d'influence sur la construction du tableau de bord, qui constitue le cœur de ce chapitre, nous ne développons pas plus avant ce type de tableau de bord[1].

1. Nous reviendrons toutefois brièvement sur ce type de tableau dans le chapitre 6.

Encadré 5.1

Tableau de bord panoramique et système d'information

L'objectif assigné au tableau de bord panoramique correspond-il au suivi de l'ensemble des indicateurs présents dans les bases de données des systèmes d'information de gestion ? Autrement dit, est-il utile de construire un tableau de bord panoramique, ou suffit-il de donner l'accès à la base de données au contrôleur de gestion pour en faire l'analyse ?

En l'absence de littérature empirique sur ce sujet, nous proposons les éléments de réflexion suivants :

- les informations contenues dans les bases de données ont des usages et des utilisateurs multiples. Il y a donc un risque de foisonnement d'information face auquel l'analyste peut se trouver démuni lorsqu'il s'agit de préparer une revue de gestion ;
- le fait même de sélectionner les informations pour construire un tableau de bord panoramique constitue un exercice utile pour aligner les représentations des différents acteurs de l'entité sur ses finalités, la traduction opérationnelle de son positionnement stratégique et les éléments clés de son modèle de performance.

Il nous semble donc préférable de construire un tableau de bord panoramique pour assurer la mise sous contrôle des paramètres clés, ce qui n'empêche pas d'utiliser les bases de données pour faire des analyses spécifiques.

1.4. Des principes aux méthodes

Les deux principales méthodes de construction de tableaux de bord sont la méthode BSC (pour *balanced scorecard*) et la méthode OVAR (pour objectifs, variables d'action, responsables)[1].

Si celles-ci ont fait l'objet de publications[2], pour autant, elles ne sont pas définies de manière très précise et peuvent faire l'objet d'interprétations, y compris de leurs concepteurs, qui en outre donnent très peu d'éléments empiriques sur leur utilisation. Celle que nous proposons est fondée sur ces publications, sur une observation de quelques pratiques et sur la distinction tableau de bord de pilotage/tableau de bord panoramique que nous venons de présenter. Elle repose sur les analyses suivantes[3] :

- **la méthode BSC** conduit à l'identification d'une quinzaine d'objectifs. Cette limite est induite par le fait que, dans cette méthode, les objectifs sont représentés sous forme de « carte stratégique ». Compte tenu de ce nombre réduit d'objectifs, la méthode BSC ne peut pas être un support pour la construction d'un tableau de bord panoramique. Par ailleurs, ses auteurs mettent bien en avant la nécessité de se focaliser sur quelques priorités. Elle est donc selon nous adaptée à la construction de tableaux de bord de pilotage.

1. Il existe d'autres méthodes dans le champ de la qualité notamment, mais elles ne se placent pas dans l'optique de la mesure de l'ensemble des dimensions de la performance.
2. Kaplan et Norton (1996, 2000, 2004) pour le BSC ; Fiol *et al.* (2004) pour OVAR.
3. Ce préambule s'adresse principalement aux lecteurs ayant déjà une représentation de ces méthodes. Pour les autres, nous conseillons de passer à la description des méthodes et de ne revenir à cette introduction que si l'association entre méthode et type de tableau de bord leur semble problématique.

Cela n'est pas contradictoire avec une autre recommandation de la méthode, à savoir l'organisation des objectifs en quatre perspectives (voir ci-après). En effet, le tableau de bord de pilotage, en focalisant l'attention sur certains leviers d'action, amène à prendre des distances par rapport à une mesure purement financière de la performance. L'idée de définir les objectifs selon quatre perspectives, qui n'est qu'un élément de la méthode BSC, peut également éclairer la construction du tableau de bord panoramique (voir ci-après) ;

- **la méthode OVAR** peut être utilisée pour la construction de tableaux de bord de pilotage comme pour celle de tableaux de bord panoramiques. Toutefois, cela conduit à des définitions des éléments constitutifs de cette méthode (objectifs et variables d'action) et des règles concernant leur sélection très différentes. Pour éviter les confusions, nous conservons ici le terme OVAR pour la construction de tableaux de bord de pilotage et reprendrons des éléments de la méthode en les adaptant pour la construction de tableaux de bord panoramiques.

Dans la suite de ce chapitre, nous présentons donc l'application des méthodes BSC et OVAR pour la construction de tableaux de bord de pilotage et une méthode de construction de tableaux de bord panoramiques, que nous nommons « ORAA »*, qui sera le fruit d'emprunts et d'adaptations des méthodes BSC et OVAR.

2. La construction des tableaux de bord de pilotage[1]

Conformément à ce qui précède, nous présentons ici notre interprétation des méthodes BSC et OVAR.

2.1. L'application de la méthode BSC à la construction des tableaux de bord de pilotage

La méthode BSC conceptualisée par Robert Kaplan et David Norton repose sur la construction d'une carte stratégique représentant les objectifs clés de l'entreprise. Ceux-ci s'organisent en quatre perspectives, reliées entre elles par des liens de causalité. Les objectifs sont traduits en indicateurs. Nous examinons successivement la construction de la carte stratégique et la détermination des indicateurs.

2.1.1. Les règles de construction de la carte stratégique

Les principales règles d'élaboration de la carte stratégique énoncées par Kaplan et Norton sont les suivantes :

- déterminer les objectifs selon quatre perspectives : financière, client, processus internes, apprentissage ;
- choisir les objectifs en cohérence avec la stratégie ;
- relier les objectifs entre eux par des liens de causalité.

1. Rappelons que, dans ce chapitre, nous nous limitons à la construction de tableaux de bord pour une entité, sans nous interroger sur l'articulation des tableaux de bord de différents niveaux hiérarchiques entre eux. Cette question sera traitée au chapitre 6.

Nous présentons ici les quatre perspectives, la détermination des objectifs et la construction de la carte stratégique. Nous reviendrons dans la troisième section sur la question de la cohérence avec la stratégie.

Quatre perspectives

Détaillons les quatre perspectives, les objectifs et les types d'indicateur correspondants :

- **la perspective financière** regroupe les objectifs liés aux attentes des actionnaires de l'entreprise. Traditionnellement, ces attentes s'expriment en termes de croissance, de rentabilité et de financement et se traduisent par des indicateurs de mesure de la performance financière, comme la croissance du chiffre d'affaires, le ROCE, l'EBITDA ou les ratios d'équilibre financier ;
- la deuxième perspective se focalise sur **les attentes des clients**. Pour formuler les objectifs, on se place du point de vue du client en identifiant ses souhaits relatifs au produit ou au service, à la relation client et à la marque (par exemple, « Je veux que les avions soient ponctuels » ou « Je veux une marque associée à une réputation de fiabilité »). Les indicateurs correspondants portent soit sur les produits et services eux-mêmes, soit sur leur perception par les clients. Les indicateurs concernant les résultats commerciaux, comme la part de marché ou le taux de rétention des clients, ne représentent pas des attentes des clients. Ils relèvent plus d'objectifs de la perspective financière ;
- la troisième perspective correspond aux **objectifs d'amélioration des processus internes**. On choisit les processus internes clés permettant d'atteindre les objectifs des perspectives « client » et financière : processus de production, processus de développement de nouveaux produits, processus logistiques, etc. On y trouve des indicateurs de qualité ou de productivité (par exemple, des indicateurs de coûts), de délai, etc. Pour déterminer ces objectifs, on peut s'appuyer sur une représentation de la chaîne de valeur de l'entité et identifier les objectifs clés de chaque maillon de cette chaîne[1] ;
- **la perspective « apprentissage »** porte sur les ressources clés nécessaires pour atteindre les objectifs des trois autres perspectives. Selon Kaplan et Norton, ces ressources peuvent être classées selon trois axes : capital humain (compétences, formation, connaissances), capital d'information (systèmes, bases de données, réseaux), capital organisationnel (culture, leadership, travail en équipe…). Kaplan et Norton proposent aussi une autre classification : motivation, information et formation du personnel ; compétences stratégiques ; technologies stratégiques ; climat propice à l'action. On trouve donc dans cette perspective des indicateurs comme le *turnover* des employés, le nombre de suggestions émises par les employés, les heures de formation, la disponibilité des informations, etc.

Soulignons que cette représentation en quatre perspectives peut être adaptée par l'entreprise, soit en ajoutant des perspectives complémentaires (par exemple, une perspective relative à la performance environnementale), soit en modifiant les perspectives pour tenir compte de la nature des parties prenantes de l'organisation. La perspective financière peut être élargie à la partie prenante à qui il faut rendre des comptes. Ainsi, pour une municipalité, on peut remplacer la perspective financière par une perspective correspondant à la question « Comment être perçus par nos électeurs ? ». La perspective « client » pourra être

1. Soulignons que Kaplan et Norton proposent des représentations génériques de la chaîne de valeur.

remplacée par une perspective permettant de prendre en compte les contraintes en termes de ressources financières auxquelles la municipalité doit faire face[1].

Carte stratégique

La méthode BSC repose sur une représentation des liens de causalité entre les objectifs des différentes perspectives dénommée « carte stratégique ». La figure 5.1 en donne une représentation générique.

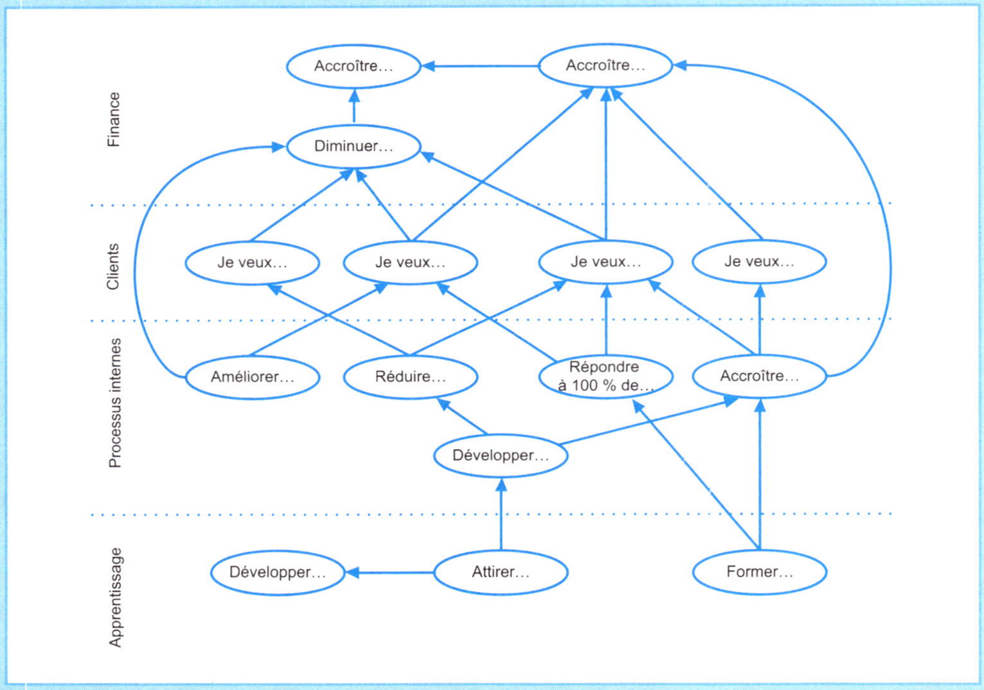

Figure 5.1 – La représentation générique d'une carte stratégique

La carte stratégique est à la fois un support permettant de présenter de façon structurée les priorités stratégiques d'une entité, mais c'est aussi un support méthodologique pour faire un choix entre différentes priorités. C'est en effet la réflexion sur les liens de causalité qui permet d'assurer la pertinence des objectifs : lorsque l'on envisage un objectif dans une perspective, il faut se poser la question des objectifs des autres perspectives auxquels il contribue.

La représentation de la carte stratégique est un enjeu, car il faut faire un arbitrage entre la nécessité de représenter un nombre important de flèches, pour permettre de bien comprendre le modèle, mais qui peut rendre la lecture difficile, et un objectif de communication qui

1. Cette perspective aurait un caractère financier puisque portant sur les ressources financières, mais pas au sens classique de la perspective financière du BSC.

nécessite de simplifier, parfois jusqu'à éliminer les flèches. Il arrive d'ailleurs en pratique que les entreprises construisent plusieurs représentations de la même carte stratégique en fonction des destinataires et des objectifs.

Formulation des objectifs : dynamique et précision

Les objectifs doivent être exprimés en utilisant un verbe, pour traduire la dynamique inhérente au tableau de bord de pilotage. Par exemple, l'objectif peut être : « réduire les coûts de structure », ou « accroître les parts de marché ». Il est recommandé d'éviter les verbes « optimiser » ou « maintenir » (sauf dans le cas où il est clair que maintenir la performance au niveau actuel est clairement un objectif ambitieux).

Les objectifs doivent par ailleurs être formulés de façon précise, afin d'être compris par tous de façon homogène. Il s'agit en effet de faciliter la compréhension des priorités stratégiques et donc de permettre l'alignement des différents acteurs concernés par la construction de la carte stratégique, en général les membres du comité de direction. L'expérience montre en effet que, sans définition détaillée, les sujets de débats sont gommés et l'accord sur les priorités reste superficiel.

La nécessité d'avoir une formulation très précise oblige souvent à avoir deux versions des objectifs : une version longue qui permet la précision, mais ne peut pas figurer dans la carte stratégique pour des raisons de place et de lisibilité et une version courte, le titre de l'objectif, qui sera utilisée pour la présentation de la carte stratégique.

Encadré 5.2

Exemple

Dans une entreprise de services informatiques, la formulation courte d'un objectif pour les clients grands comptes et entreprises (perspective « client ») peut être la suivante : « Je veux réduire mes coûts, la complexité de mes SI et mon risque ». À ce titre d'objectif, peut être associée la définition détaillée suivante : « Je veux un fournisseur de SI qui m'aide à augmenter mes résultats financiers, qui garantisse un retour sur investissement rapide et réduise à la fois mes coûts opérationnels et mes coûts informatiques. Je veux un fournisseur qui assure des solutions *end-to-end* et mises en place rapidement, qui conduisent à une réduction de la complexité de mes SI et de mes risques, afin de me permettre de me concentrer sur mon cœur de métier. »

Encadré 5.3

Exemple de carte stratégique

La figure suivante donne un exemple fictif de carte stratégique pour une compagnie aérienne d'un pays issu du bloc soviétique[1]. Les différents types de trait visent à faciliter la lecture de la carte en faisant apparaître des sous-ensembles cohérents.

1. Cet exemple a été développé par la société Nexance, spécialisée dans la mise en place de *balanced scorecards* pour des besoins de communication, et est utilisé ici avec son autorisation.

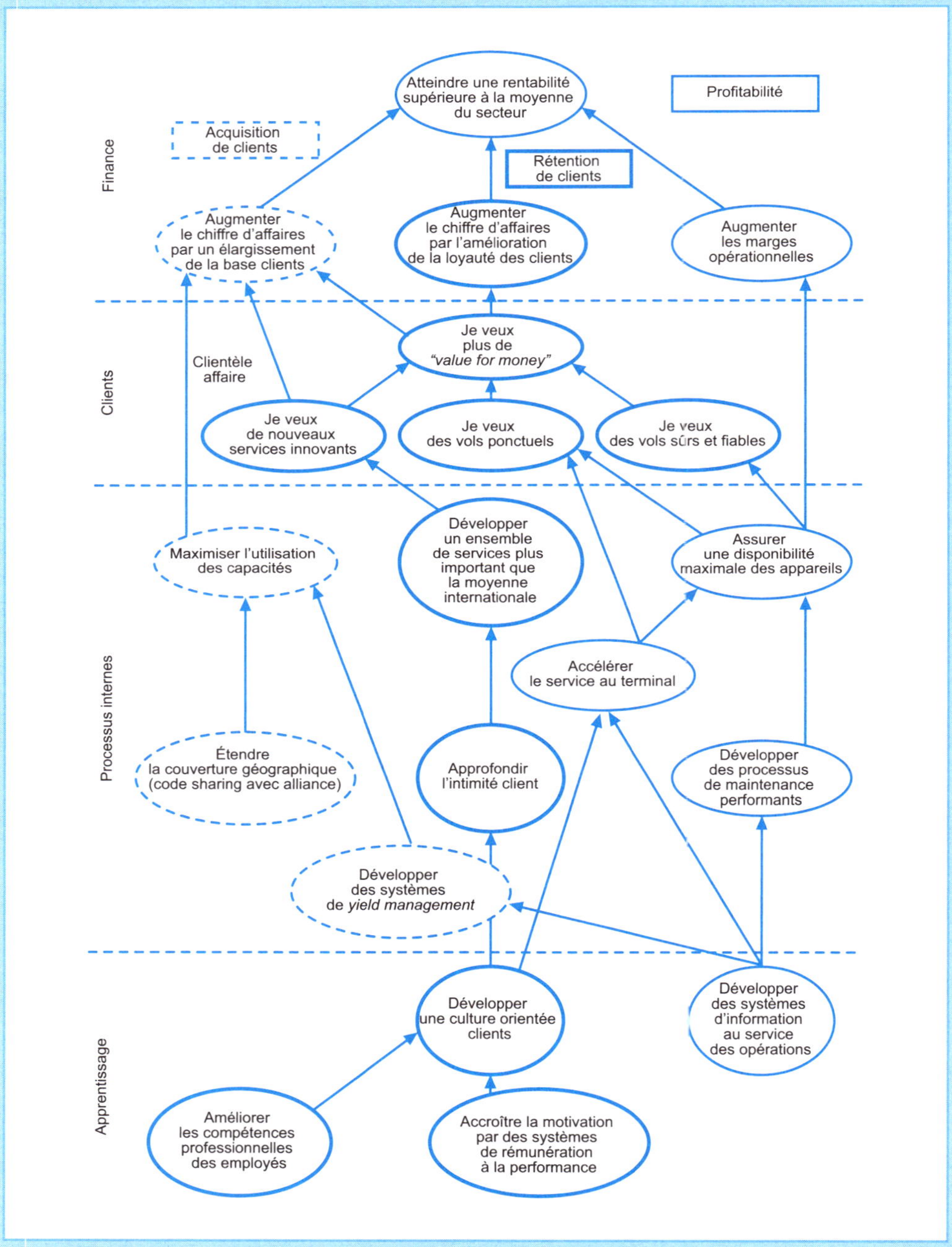

Figure 5.2 – Carte stratégique fictive d'une compagnie aérienne d'un pays issu du bloc soviétique

BSC et modélisation

La méthode BSC est donc une méthode de modélisation de la performance qui repose sur un modèle causal générique, reliant différentes dimensions de la performance. Celui-ci est adapté à chaque organisation pour créer son modèle spécifique, représenté par la carte stratégique.

Les différentes perspectives du modèle causal générique sont liées par des relations de cause à effet, la performance finale étant celle des attentes des actionnaires (figure 5.3).

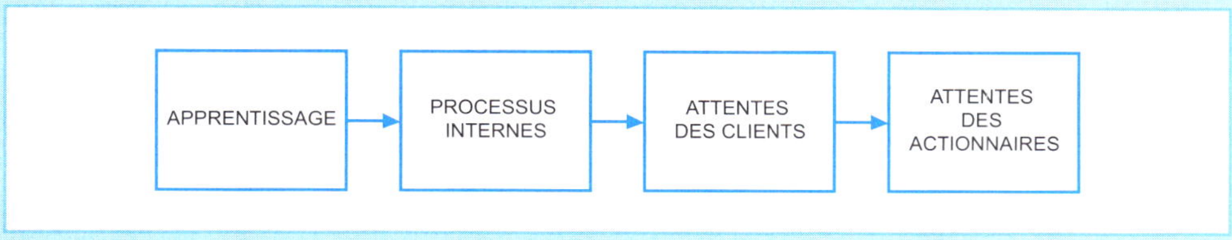

Figure 5.3 – Le modèle causal générique du BSC

Il ne s'agit donc pas d'un modèle totalement ouvert et qui donnerait un poids équivalent aux différentes parties prenantes[1].

2.1.2. Du modèle aux indicateurs

Le stade suivant consiste à traduire les objectifs des quatre perspectives en indicateurs.

Critères de qualité d'un indicateur

Les critères permettant d'apprécier la qualité d'un indicateur sont donnés au chapitre 1 (voir encadré 1.6 sur les propriétés d'une mesure) :

- **validité :** la mesure traduit-elle fidèlement l'intention visée au travers de l'objectif ? Par exemple, dans le cas de l'objectif « Je veux des solutions innovantes », une mesure de l'image innovante par enquête ne reflète qu'imparfaitement l'intention et serait plus en phase avec l'objectif « Je veux pouvoir dire que j'achète des produits innovants ». Il est d'autant plus facile de valider l'adéquation avec l'intention que l'objectif a été défini de façon précise ;
- **pertinence :** la mesure retenue va-t-elle induire des décisions qui vont dans le sens de l'intention ?
- **possibilité de fixer des cibles :** est-il possible d'associer une cible à l'indicateur ?
- **coût d'obtention de l'indicateur ;**
- **fiabilité de l'information :** quel est le degré de fiabilité de l'information qu'il est possible d'avoir concernant cet indicateur ?
- **délai d'obtention ;**
- **lisibilité.**

1. Son utilisation pour des organisations qui ne sont pas des entreprises, ou des fonctions au sein d'une entreprise, exige donc une adaptation du modèle générique.

Méthode de construction d'un indicateur

En pratique, les cinq premiers critères sont plus importants pour rechercher des indicateurs adéquats. Une méthode consiste à faire un brainstorming en groupe de quatre ou cinq personnes, afin d'établir une liste d'indicateurs possibles pour chaque objectif. On donne alors un score de 1 à 5 (5 correspondant au meilleur score) pour chaque indicateur sur chacun des cinq critères, on en fait la sommeet on retient le ou les indicateurs ayant obtenu les meilleurs scores globaux.

Encadré 5.4

Exemple

Considérons une entreprise d'installation de matériel téléphonique et l'objectif : « Je veux des solutions innovantes », précisé de la façon suivante : les clients veulent être convaincus que les solutions installées correspondent bien à l'état de l'art en matière de technologie. Le tableau suivant illustre la méthode de recherche d'un indicateur pour cet objectif.

Tableau 5.4 – Détermination d'indicateurs pour l'objectif « Je veux des solutions innovantes »,

	Adéquation avec l'intention	**Effet sur les comportements**	**Possibilité de fixer de cibles**	**Coût**	**Fiabilité**	**Score**
Mesure de l'image innovante par enquête	3	2	5	1	4	15
Nombre de produits de moins de *x* mois dans les installations	3	3	5	3	3	17
Pourcentage de produits de moins de *x* mois dans le coût des installations	5	5	5	3	3	21
Nombre de produits de moins de *x* mois dans les offres	3	4	5	3	3	18
Pourcentage de produits de moins de *x* mois dans le coût des offres	4	5	5	3	3	20
Pourcentage de produits de moins de *x* mois dans le catalogue	2	1	5	5	3	16
Nombre de services nouveaux par rapport à l'installation précédente	2	3	4	3	1	13

2.2. L'application de la méthode OVAR à la construction des tableaux de bord de pilotage

Comme nous l'avons indiqué précédemment (section 1.4), la méthode OVAR peut être utile pour la construction de tableaux de bord de pilotage comme pour celle de tableaux de bord panoramiques, bien qu'elle se décline de façon très différente dans les deux cas. Par souci de compréhensibilité, nous ne conservons le terme OVAR que pour la construction de tableaux de bord de pilotage.

L'acronyme OVAR correspond à objectifs, variables d'action et responsabilités. La méthode repose sur la construction d'une « grille O/VA » croisant objectifs et variables d'action, puis d'une grille plus complète intégrant la détermination des responsabilités (R). Cette seconde grille est utile pour l'articulation d'un système de tableaux de bord de différents niveaux hiérarchiques. Nous l'étudierons donc au chapitre 6.

2.2.1. La grille O/VA

La grille O/VA comporte trois parties :

- une identification des objectifs de l'entité dont on cherche à construire le tableau de bord (O) : il s'agit de présenter « vers où » l'entité souhaite aller sous forme de résultats à atteindre (voir détails ci-après). Les objectifs sont en général au nombre de quatre à six ;
- une identification des variables d'action (VA), c'est-à-dire un choix parmi les leviers d'action de l'entité, de ceux sur lesquels il est jugé prioritaire d'agir pour atteindre les objectifs. Elles répondent à la question « Comment atteindre les objectifs ? ». Le nombre de variables d'action est en général de deux à trois fois celui des objectifs[1] ;
- une représentation sous forme de grille qui exprime visuellement les relations de cause à effet entre les variables d'action et les objectifs et qui constitue une aide à la validation de la cohérence entre objectifs et variables d'action (tableau 5.5).

Tableau 5.5 – Grille O/VA générique

	Objectif 1	Objectif 2	Objectif 3	Objectif 4
Variable d'action 1	×			×
Variable d'action 2	×		×	
Variable d'action 3			×	
Variable d'action 4	×	×		
Variable d'action 5		×		×
Variable d'action 6			×	
Variable d'action 7	×		×	
Variable d'action 8	×	×	×	
Variable d'action 9		×		×
Variable d'action 10				×

1. Pour la construction du tableau de bord panoramique, nous retiendrons la notion d'axe d'action. Les variables d'action sont en nombre plus réduit que les axes d'action, car on se concentre sur des priorités.

2.2.2. Les objectifs

Pour définir les objectifs, il est recommandé de s'appuyer sur les règles suivantes, dont certaines sont communes avec la méthode BSC (Fiol, 2008 ; Fiol et Jordan, 2008) :

- un objectif doit contenir un verbe à l'infinitif ;
- la formulation d'un objectif doit être précise afin qu'il soit compris de la même façon par les différentes parties prenantes ;
- un objectif doit intégrer une notion de progrès et donc un verbe adéquat, comme « accroître », « réduire », « développer », etc. Ainsi, « maintenir » le nombre de ses clients n'est un objectif acceptable que si cela constitue un défi au regard de la situation actuelle. Il est conseillé d'éviter le verbe « optimiser » même s'il est parfois commode ;
- un axe de performance constitue un objectif si, lorsque l'on s'interroge sur sa raison d'être (question « pourquoi »), on ne peut le relier à une autre dimension de la performance de l'entité. Si tel était le cas, ce serait une variable d'action. Par exemple, « augmenter le chiffre d'affaires » peut constituer un objectif de l'entité si c'est une finalité de celle-ci, mais ce sera une variable d'action si l'entité s'est donné un objectif de profitabilité et que l'augmentation du chiffre d'affaires n'est qu'un levier en ce sens[1] ;
- un objectif doit être cohérent avec la stratégie de l'entité. Plus spécifiquement, comme nous l'avons vu au début de ce chapitre (section 1.3), un objectif doit correspondre à une priorité conjoncturelle liée à un changement de positionnement stratégique, à des éléments conjoncturels, à des difficultés internes spécifiques ou à des objectifs particulièrement ambitieux du positionnement stratégique (et non aux éléments récurrents correspondant à des finalités particulières, au modèle de performance du secteur ou au positionnement stratégique choisi) ;
- l'horizon auquel on se place pour déterminer ces priorités est le plus souvent annuel ;
- l'objectif doit être formulé de telle façon qu'il soit possible de mesurer son atteinte ;
- il est souvent pertinent d'indiquer une cible pour préciser l'objectif. En effet, selon le niveau de la cible, les variables d'action seront différentes. Par exemple, si l'objectif est d'augmenter la part de marché, les variables d'action ne seront pas les mêmes selon qu'il s'agit de doubler la part de marché ou de l'augmenter de 10 %.

Pour choisir parmi l'ensemble des objectifs qui répondent aux critères précédents, on s'appuiera sur les règles suivantes :

- les objectifs doivent être au nombre de quatre à six ;
- si les objectifs sont trop nombreux, le choix doit correspondre d'une part aux priorités stratégiques et, d'autre part, à ceux dont l'atteinte est considérée comme particulièrement difficile à l'horizon considéré ;
- il faut éviter les objectifs qui se recouvrent partiellement ou totalement. Par exemple, premier objectif : augmenter le résultat d'exploitation ; second objectif : réduire les frais

1. Nous verrons au chapitre 6 qu'un objectif d'une entité peut en revanche renvoyer à un autre axe de performance de l'organisation, mais d'un niveau hiérarchique supérieur. Par exemple, l'objectif d'augmentation du chiffre d'affaires peut être un objectif pour un service commercial relié à un objectif de profitabilité au niveau de l'entreprise.

généraux. Soit l'objectif 1 est trop large pour l'entité et il est préférable de conserver l'objectif 2 plus précis ; soit l'objectif 2 est en fait une variable d'action de l'objectif 1 ;

- l'application des règles précédentes ne conduisant souvent à aucun objectif, ni variable d'action relatif aux ressources humaines, si ces ressources sont considérées comme stratégiques, il peut être souhaitable d'imposer qu'un des objectifs y soit consacré ;
- d'une façon plus générale, il convient de s'assurer que l'on a bien envisagé l'ensemble des parties prenantes de l'entité (dont les salariés), quitte à ne retenir *in fine* que certaines d'entre elles, puisque, avec quatre à six objectifs, il n'est pas toujours possible de couvrir toutes les parties prenantes.

2.2.3. Les variables d'action

Les variables d'action sont un choix de leviers d'action jugés prioritaires pour atteindre les objectifs. Les variables d'action doivent respecter des règles qui reprennent en partie celles relatives aux objectifs :

- une variable d'action doit contenir un verbe à l'infinitif ;
- la question « pourquoi » conduit à un ou plusieurs des objectifs retenus ;
- la formulation d'une variable d'action doit être précise afin qu'elle soit comprise de la même façon par les différentes parties prenantes ;
- il doit être possible de l'observer et de la mesurer.

Un exemple de variable d'action peut ainsi être : « accroître les compétences techniques des commerciaux sur les nouveaux produits et les nouvelles technologies ».

Puisque l'horizon retenu pour la détermination des objectifs est annuel, certaines variables d'action peuvent s'apparenter à des plans d'action, c'est-à-dire des ensembles d'action ordonnés et bornés dans le temps, donc plus précis que les variables d'action (par exemple, « former 100 % des commerciaux aux nouvelles technologies tous les douze mois »). Nous verrons que, dans le tableau de bord panoramique, les notions de variable d'action et de plan d'action sont plus distinctes, en raison de la plus grande récurrence des variables d'action.

2.2.4. La validation de la grille O/VA

La grille est un support pour garantir un bon équilibre entre les objectifs et entre les variables d'action. Il faut éviter les problèmes suivants :

- **un objectif sans variable d'action :** signe d'une stratégie velléitaire ;
- **un objectif avec une seule croix :** dans ce cas, il y a une confusion entre l'objectif et la variable d'action. Soit l'objectif est une variable d'action, soit on a oublié de s'intéresser aux variables d'action correspondant à l'objectif ;
- **une variable d'action sans objectif :** signe que les actions ne sont pas orientées vers les objectifs de performance prioritaires ;
- **trop de variables d'action pour un même objectif :** signe que l'objectif est trop large et doit être subdivisé en plusieurs objectifs, ou que l'on donne trop d'importance à cet objectif ;

- **déséquilibre du nombre de variables d'action entre les objectifs :** signe d'un mauvais choix d'objectifs, ou d'un mauvais choix de variables d'action ;
- **des croix en diagonales** (tableau 5.6) : signe d'une réflexion trop étroite sur les liens de causalité entre variables d'action et objectifs et d'un oubli de variables d'action plus « transverses » par rapport aux objectifs (pour une illustration de variables d'action transverses voir l'exemple d'une société inspirée de Monoprix dans l'encadré 5.5) ;

Tableau 5.6 – Situation à éviter : des croix en diagonales

	Objectif 1	Objectif 2	Objectif 3	Objectif 4
Variable d'action 1	×			
Variable d'action 2	×			
Variable d'action 3	×			
Variable d'action 4		×		
Variable d'action 5		×		
Variable d'action 6			×	
Variable d'action 7			×	
Variable d'action 8			×	
Variable d'action 9				×
Variable d'action 10				×

- **deux objectifs avec des croix qui se chevauchent** (tableau 5.7) : dans ce cas, si l'objectif 1 est atteint, l'objectif 3 l'est mécaniquement. Les deux objectifs ne sont pas indépendants. Soit l'objectif 3 est en fait une variable d'action de l'objectif 1, soit la réflexion sur les variables d'action est incomplète et il convient de trouver une variable d'action spécifique à l'objectif 3.

Tableau 5.7 – Situation à éviter : deux objectifs avec des croix qui se chevauchent

	Objectif 1	Objectif 2	Objectif 3
Variable d'action 1	×		
…			
Variable d'action 3	×		×
Variable d'action 4	×		
…			
Variable d'action 7	×		×
Variable d'action 8			

Encadré 5.5

Exemple

Pour illustrer la construction d'une grille O/VA, nous l'appliquons au contexte d'une société qui s'inspire très librement de la société Monoprix, entreprise de distribution spécialisée dans les centres-ville. Nous reprendrons cet exemple dans la section suivante pour la construction d'un tableau de bord panoramique.

Les principales finalités de l'entreprise correspondent à trois parties prenantes :

- **les actionnaires**, avec un objectif de rentabilité ;
- **les clients**, avec un segment de clientèle particulier : les citadins.
- **l'environnement**, le développement durable ayant été inscrit dans les priorités stratégiques du groupe : « *Notre esprit se traduit aussi par l'engagement en faveur d'un commerce durable. Nous pensons, achetons et vendons de façon responsable. Nous veillons à respecter l'environnement et à favoriser l'équité. Cet esprit, nous souhaitons le partager avec tous nos partenaires, à chaque échelon de notre organisation.* »

Le modèle d'activité est celui de la grande distribution en supermarchés comportant une part significative d'alimentaire. Les éléments clés de ce modèles sont : part de marché, capacité d'attraction de la clientèle, structure de financement particulière avec un BFR négatif, adaptation des effectifs à la fréquentation, proximité, fraîcheur des produits, etc.

Le positionnement stratégique spécifique de l'entreprise est un positionnement haut de gamme (« Faire ses courses aujourd'hui chez Monoprix coûte 15 % plus cher que chez Leclerc… ») visant les citadins actifs des communes de plus de 50 000 habitants ayant un pouvoir d'achat relativement élevé. Cela implique notamment d'avoir une offre équilibrée de qualité, de s'adapter au rythme de vie actif par les horaires et l'accessibilité, de développer les services liés au produit comme la livraison, de développer les services en magasin pour pouvoir faire l'ensemble de ses achats dans un même lieu, etc.

Par ailleurs, la société a choisi de multiplier les enseignes avec l'ouverture de Monop', Dailymonop, Beauty Monop', etc.

Le développement en cours doit être à la fois poursuivi et consolidé. Ainsi, le comité de direction, réuni pour examiner les priorités de l'année prochaine, a mis en évidence que, si les enseignes et les points de vente se sont développés au rythme prévu, en revanche :

- il y a un retard important dans l'atteinte des objectifs de rentabilité, lié notamment à un démarrage trop lent des nouveaux magasins. Un objectif de « faire passer le ROCE de x % à y % » a donc été décidé ;
- compte tenu du positionnement passé du groupe sur des produits à faible prix, le positionnement citadin haut de gamme de l'enseigne phare du groupe reste à consolider pour asseoir sa différenciation au regard des concurrents. Cet objectif demeure donc l'une des priorités du groupe ;

Encadré 5.5 (suite)

- le groupe n'était pas perçu comme à la pointe en matière de développement durable, malgré les nombreuses actions réalisées dans ce sens au cours des deux années précédentes, ce que le comité a traduit par l'objectif : « crédibiliser l'action développement durable du groupe » ;
- enfin, le comité perçoit des difficultés croissantes dans l'ouverture de nouveaux points de vente. Il insiste donc sur la priorité de « poursuivre au même rythme la diversification des enseignes ».

Ces objectifs ont ensuite conduit à l'identification de variables d'action et à la construction de la grille O/VA suivante :

Tableau 5.8 – Grille O/VA pour une société inspirée de Monoprix

	Faire passer le ROCE de *x* % à *y* %	**Finaliser le positionnement citadin haut de gamme de l'enseigne Monoprix**	**Crédibiliser l'action développement durable du groupe**	**Poursuivre au même rythme la diversification des enseignes**
Accélérer l'atteinte des objectifs de rentabilité des nouveaux magasins	×			
Trouver et aménager de nouveaux emplacements	×			×
Développer les services à la personne[1]	×	×		
Améliorer la perception de la marque de distributeur	×	×		
Repositionner l'enseigne Beauty Monop' vers le haut de gamme	×			×
Développer les produits de restauration rapide	×			
Améliorer la qualité des fruits et légumes et développer le bio		×	×	
Intégrer les entrepôts des différentes enseignes	×			×
Former les hôtesses de caisse à l'accueil et à la relation client		×	×	
Former les acheteurs et les chefs de rayon au développement durable		×	×	
Communiquer sur les actions en faveur de la diversité et de l'égalité des chances			×	

1. Bricolage, ménage, garde d'enfants, assistance informatique…

2.2.5. Des objectifs aux indicateurs

Des indicateurs doivent être déterminés pour chaque objectif et chaque variable d'action. La détermination des indicateurs suit les mêmes principes que ceux énoncés pour le BSC.

Lorsque les variables d'action s'apparentent à des plans d'action, la détermination des indicateurs est souvent triviale. Il n'est d'ailleurs pas toujours nécessaire d'organiser un suivi de ces plans d'action par un indicateur renseigné de façon systématique au travers du système d'information. Par exemple, si la variable d'action est « faire un audit trimestriel de composition quantitative et qualitative du stock matériel », l'indicateur est « réalisation de l'audit trimestriel » et prend deux valeurs : « oui » ou « non ». Cet indicateur peut être suivi sans le support du système d'information.

2.3. Comparaison des méthodes BSC et OVAR

Telles que nous les avons présentées, les deux méthodes ont comme objectif commun de construire des tableaux de bord de pilotage. Les principales différences sont les suivantes[1] :

- le support pour assurer la cohérence du modèle de performance est différent : grille dans le cas de la méthode OVAR, carte stratégique dans le cas de la méthode BSC ;
- ces deux supports conduisent à des représentations différentes sur la forme des priorités stratégiques ;
- la méthode BSC donne un cadre plus structuré pour parvenir à l'objectif d'équilibre des indicateurs ;
- l'horizon privilégié pour la construction d'un BSC est un horizon de moyen terme. Il est donc particulièrement adapté à la dynamisation autour de priorités liées à un changement stratégique. L'horizon privilégié pour la méthode OVAR est l'année. Il est donc particulièrement adapté pour la dynamisation autour de priorités plus conjoncturelles.

3. La construction des tableaux de bord « panoramiques »

Rappelons qu'il n'existe pas de littérature sur cette question, puisque la distinction entre tableau de bord de pilotage et tableau de bord panoramique n'est généralement pas opérée. Les recommandations qui suivent ont ainsi valeur de proposition.

La fonction du tableau de bord panoramique est de suivre les paramètres clés de contrôle de l'entité. Les objectifs vont donc cette fois-ci être définis en cohérence avec :

- le positionnement stratégique de l'entreprise ;
- son modèle d'activité ;
- les finalités choisies par l'organisation pour satisfaire ses différentes parties prenantes.

Les objectifs pris en compte dans le tableau de bord panoramique ont de ce fait une plus grande récurrence que ceux du tableau de bord de pilotage, focalisé sur quelques priorités

1. D'autres éléments de comparaison seront fournis au chapitre 6.

importantes. Pour autant, ce ne sont pas des objectifs standard, des paramètres universels permettant de surveiller l'activité de toute entreprise. Ils se calquent sur les particularités sectorielles et les choix stratégiques généraux effectués par les dirigeants de l'entreprise.

Pour construire le tableau de bord panoramique, le principe de déclinaison d'objectifs de la méthode OVAR, à savoir l'établissement d'une grille articulant objectifs et variables d'action, nous semble pouvoir s'appliquer moyennant quelques transformations. Celles-ci sont liées notamment au fait que le but poursuivi et le mode d'utilisation des tableaux de bord permettent un nombre d'indicateurs plus élevé que pour le tableau de bord de pilotage.

Par ailleurs, en s'inspirant du BSC, on peut recommander que les objectifs relèvent des attentes des actionnaires et des clients et que les axes d'action correspondent aux processus internes clés (qui pourront être déterminés à partir d'une représentation de la chaîne de valeur) et aux ressources clés du point de vue humain ou des systèmes d'information. Dans ce cas, on s'appuie sur une combinaison de la méthode BSC et de la méthode OVAR.

On aboutit donc à la méthode suivante que nous dénommons ORAA, pour objectifs récurrents et axes d'action.

3.1. La détermination des objectifs récurrents

- Le nombre d'objectifs n'est pas limité à six.
- Les objectifs correspondent à des attentes des actionnaires ou des clients. Ils doivent être cohérents avec le positionnement stratégique[1].
- Ils ne correspondent pas nécessairement à un progrès. En effet, les paramètres à mettre sous contrôle peuvent inclure des éléments sur lesquels il s'agit simplement de s'assurer que la performance ne se dégrade pas. L'évolution éventuellement attendue n'est pas exprimée dans l'objectif lui-même, mais dans la cible qui lui sera associée (voir ci-après). En revanche, comme nous l'avons vu précédemment, la formulation de l'objectif gagne à exprimer le degré d'ambition, car la nature des leviers d'action correspondants en sera affectée (par exemple, maintenir les parts de marché, augmenter les parts de marché, ou augmenter significativement les parts de marché).
- L'horizon considéré pour réfléchir aux objectifs est de trois ans plutôt qu'un an. En effet, il ne s'agit pas de fixer un nombre réduit de priorités, mais de déterminer les paramètres récurrents à mettre sous contrôle.
- Il n'est pas question de rechercher ce qui va être difficile l'an prochain, mais de déterminer de façon plus structurelle les attentes clés des actionnaires et des clients.

3.2. La détermination des axes d'action

Il ne s'agit plus d'un choix restreint de leviers d'action permettant d'atteindre des objectifs, mais du choix, parmi les leviers d'action, de ceux qu'il est jugé important de mettre sous contrôle. Nous les dénommons axes d'action (AA).

---

1. Voir la section 4.1 pour une discussion du lien entre stratégie et tableaux de bord.

Si les objectifs expriment les attentes des actionnaires et des clients qui sont jugées structurantes pour l'entité, les axes d'action clés quant à eux correspondent aux éléments internes. Les différences avec les variables d'action du tableau de bord de pilotage sont les suivantes :

- les axes d'action peuvent être en nombre plus important ;
- ils correspondent à des leviers plus récurrents de la performance : éléments clés du modèle d'activité ou facteurs de performance importants compte tenu du positionnement stratégique retenu (voir section 1.2.2) ;
- les axes d'action correspondent à des domaines sur lesquels il est jugé important de s'améliorer pour atteindre les objectifs, mais aussi sur lesquels il est important qu'il n'y ait pas de dérive sans qu'il soit prévu d'action spécifique ou d'objectif d'amélioration ;
- en ce qui concerne les axes d'action portant sur les processus, on pourra s'appuyer sur la représentation de la chaîne de valeur, dans le double objectif d'identifier les éléments clés de cette chaîne dans l'atteinte des objectifs et de ne pas oublier d'éléments importants du modèle d'activité ;
- nous verrons au chapitre 6 qu'il est possible de limiter le nombre d'axes d'action en déléguant le suivi de certains d'entre eux à un niveau inférieur de l'organisation.

3.3. La détermination des indicateurs

La méthode décrite à la section 2.1 s'applique également pour les indicateurs du tableau de bord panoramique. Le choix des indicateurs est toutefois encore plus crucial dans ce cas, puisque le suivi du tableau de bord se fait par exception et que la référence à l'objectif ou à l'axe d'action qui a conduit au choix de l'indicateur est moins présente. Alors que, dans le tableau de bord de pilotage, ces formulations et les indicateurs sont largement indissociables, dans le cas du tableau de bord panoramique, ce sont bien les résultats sur les indicateurs qui sont analysés.

3.4. La détermination des cibles

Rappelons que la détermination des cibles est essentielle, puisque le principe est celui du contrôle par exception. Contrairement au tableau de bord de pilotage, ces cibles ne sont pas déterminées au moment de la construction de la grille, puisque le tableau de bord a une durée de vie plus importante. De façon générale, les cibles sont fixées annuellement lors de l'élaboration des budgets. Il n'est cependant pas toujours nécessaire de déterminer des cibles chiffrées ; dans certains cas, le suivi des tendances est suffisant. Par ailleurs, les cibles ne correspondent pas nécessairement à des objectifs négociés annuellement (et associés à des mécanismes d'incitation). Il peut s'agir de seuils d'alerte déterminés pour des horizons plus longs (qui sont néanmoins validés au moment de l'élaboration du budget).

Encadré 5.6

Exemple

Nous reprenon l'exemple de l'encadré 5.5. En s'appuyant sur les éléments déjà fournis, il est possible de construire la grille OR/AA suivante.

Tableau 5.9 – Grille OR/AA d'une société inspirée de Monoprix

		Augmenter la rentabilité	Réduire l'endettement	Augmenter la part de marché	Équilibrer le portefeuille d'enseignes	Avoir une offre de produits adaptée au positionnement	Adapter l'offre de services	Construire une image « développement durable »	Etc.
Attraction et fidélisation des clients	Augmenter le nombre de cartes de fidélité	×		×					
	Adapter les promotions au positionnement	×		×		×			
	Optimiser la gestion des rayonnages	×	×	×					
	Professionnaliser le *merchandising*	×		×					
	Assurer un renouvellement de la gamme de produits conforme au positionnement			×		×		×	
	Développer les services à la personne	×		×			×		
	Etc.								
Organisation des points de vente	Adapter les effectifs à la fréquentation	×							
	Réduire la démarque inconnue	×							
	Réduire la consommation énergétique	×						×	
	Adapter l'ouverture des caisses à la fréquentation			×					
	Etc.								
Achats et logistique	Augmenter les délais de paiement fournisseurs		×						
	Garantir la fraîcheur des produits frais			×		×			

	Réduire la consommation énergétique des transports							×
	Assurer la traçabilité des produits							×
	Réduire le nombre de fournisseurs	×						
	Intégrer les achats et la logistique des différentes enseignes	×			×			
	Etc.							
Gestion des ressources humaines	Définir et mettre en œuvre un plan de formation adapté			×	×			×
	Mettre en place et communiquer sur des actions en faveur de la diversité et de l'égalité des chances							×
	Développer la politique de rotation des postes	×						×
	Etc.							
Nouvelles enseignes	Identifier de nouveaux emplacements			×	×	×		
	Réduire les délais d'ouverture de nouveaux emplacements	×	×		×			
	Assurer un positionnement des nouvelles enseignes cohérent avec l'image du groupe				×	×		×
	Etc.							
Etc.								

Encadré 5.6 (suite)

Cet exemple permet d'illustrer la formulation des objectifs et des axes d'action ainsi que les différences avec la grille O/VA. Il est plus difficile sur un cas d'école de construire une grille exhaustive et de montrer que les axes d'action résultent d'un choix, mais c'est important en pratique.

4. Approfondissements

4.1. Le lien entre tableau de bord et stratégie

Le principe de cohérence entre les indicateurs et la stratégie ne fait pas débat. En revanche, sa mise en œuvre est en pratique plus problématique. Les publications sur les méthodes BSC et OVAR affirment que leur utilisation permet d'assurer cette cohérence de plusieurs façons :

- en donnant un cadre pour décliner la stratégie en indicateurs ;
- en donnant une structure pour assurer une cohérence entre les indicateurs et la stratégie ;
- en permettant de représenter la stratégie.

Nous discuterons ces différentes affirmations successivement.

Par ailleurs, nous montrerons comment le dernier livre de Kaplan et Norton s'éloigne du BSC pour parler de stratégie, en se servant de la vision en quatre perspectives afin de représenter des stratégies types.

4.1.1. Tableau de bord et stratégie : déclinaison ou clarification ?

Dans la plupart des ouvrages, on suppose que la stratégie de l'organisation existe préalablement à la détermination des objectifs. Le rôle des méthodes serait alors la déclination de la stratégie en objectifs, variables d'action et indicateurs. Or, en pratique, la détermination des indicateurs est autant un moyen de construction de la stratégie que de déclinaison de celle-ci, que l'on se place dans le cadre d'un tableau de bord de pilotage ou d'un tableau de bord panoramique.

La stratégie est souvent exprimée sous forme d'une idée vague qui laisse des marges d'interprétation très importantes. L'expression claire des objectifs prioritaires et des liens de causalité entre eux est alors un moyen pertinent pour donner une représentation plus précise de celle-ci.

Certains consultants demandent ainsi à tous les membres de la direction d'une unité de construire séparément leur carte stratégique de l'unité en leur apportant un soutien méthodologique. Les résultats sont en général très différents les uns des autres, révélant l'incohérence des représentations de la stratégie. La carte est alors un support utile pour faire converger ces représentations, un moyen d'arriver à un consensus sur la stratégie.

Il est donc pertinent de mobiliser les méthodes de construction de tableau de bord pour amener différents managers à discuter la stratégie et favoriser la création d'un consensus autour d'une représentation commune. Dans les autres méthodes, ce sont les grilles O/VA ou OR/AA qui jouent ce rôle.

Le lien entre stratégie et pilotage n'est donc pas séquentiel, les tableaux de bord ne sont pas une déclinaison de la stratégie. Il semble plus pertinent de considérer la construction des tableaux de bord comme participant à la construction de la stratégie.

En conséquence, il n'est pas nécessaire de disposer d'une stratégie explicite pour mobiliser les méthodes présentées dans ce chapitre.

4.1.2. La cohérence entre indicateurs et stratégie

Si les tableaux de bord ne sont pas la déclinaison de la stratégie, il est néanmoins important que les indicateurs finalement retenus dans le tableau de bord soient cohérents d'un point de vue stratégique. Or, si les méthodes affirment ce besoin de cohérence, pour autant elles ne donnent aucun support permettant de la garantir.

En réalité, les méthodes de construction de tableaux de bord ne peuvent se substituer aux instruments d'analyse stratégique. Ceux-ci offrent des supports effectifs pour dégager ce que Kaplan et Norton appellent une « proposition de valeur pour le client » cohérente, les facteurs clés de succès associés à cette proposition et les éléments structurants du modèle d'activité garantissant que la proposition de valeur permet d'atteindre les objectifs pour les actionnaires. Par exemple, l'analyse des forces et faiblesses de l'entreprise et de l'environnement concurrentiel peut conduire à privilégier un positionnement stratégique fondé sur l'innovation et la notoriété de la marque.

La cohérence entre indicateurs et stratégie est donc assurée par la confrontation entre les conclusions de cette démarche de réflexion stratégique (appuyée sur des méthodes d'analyse stratégique) et une représentation du modèle de performance (objectifs prioritaires et liens de causalité, supportée par les méthodes d'élaboration des tableaux de bord présentées dans ce chapitre).

Rappelons que la nature de cette cohérence n'est pas la même pour le tableau de bord de pilotage et le tableau de bord panoramique. En effet, le tableau de bord de pilotage vise à se focaliser sur quelques priorités stratégiques ou conjoncturelles. Le tableau de bord panoramique vise à mettre sous contrôle la réalisation du positionnement stratégique et le modèle d'activité.

En conséquence, dans la méthode OVAR (construction de tableaux de bord de pilotage), le positionnement stratégique oriente essentiellement le choix des objectifs : il s'agit de déterminer les objectifs prioritaires sur lesquels mobiliser l'attention de la direction générale à un horizon de un an. Les variables d'action, étant des moyens d'atteindre des objectifs à relativement court terme, ne constituent pas des éléments de la stratégie.

Dans le cas de la méthode BSC (tableaux de bord de pilotage), la carte stratégique vise à mettre l'accent sur certaines priorités stratégiques. En effet, elle ne peut pas exprimer l'ensemble de la proposition de valeur pour les clients et des éléments du modèle d'activité constituant les leviers de cette proposition. Compte tenu de l'expression des objectifs sur plusieurs perspectives et du fait que l'horizon est implicitement plus long que dans le cadre de la méthode OVAR, l'objectif est bien de mettre en évidence la cohérence stratégique de ces priorités, c'est-à-dire de l'ensemble des objectifs et indicateurs. Toutefois, il ne s'agit que d'un extrait de la stratégie, à savoir les éléments de changement stratégique et non les éléments stables.

Dans la méthode de construction d'un tableau de bord panoramique, l'objectif est bien de mettre sous contrôle la réalisation du positionnement stratégique et le modèle d'activité. La confrontation de la grille OR/AA et des conclusions de l'analyse stratégique doit permettre de sélectionner les objectifs et les axes d'action pertinents du point de vue de la stratégie et de valider la cohérence de cette stratégie.

4.1.3. La représentation de la stratégie

Dans les ouvrages de Kaplan et Norton, il est très largement question de représentation et de communication de la stratégie. Mais si la carte stratégique peut être une représentation permettant d'aboutir à un niveau de consensus sur les priorités, elle reste une synthèse de cette stratégie. En fait, elle est plutôt une synthèse des priorités stratégiques exprimant non pas la stratégie, mais les changements stratégiques souhaités. C'est cohérent avec l'idée que la méthode BSC permet de construire un tableau de bord de pilotage et non un tableau de bord panoramique.

D'ailleurs, la communication de la carte stratégique en dehors du comité de direction nécessite en pratique de simplifier à la fois la formulation des objectifs et la représentation des liens de causalité. En effet, si la représentation détaillée des objectifs et des liens de causalité est facilement comprise par le comité de direction, ce mode de représentation est loin d'être trivial pour des personnes n'ayant pas participé à la construction de la carte. La carte qui est communiquée au personnel doit donc être simplifiée. Elle n'est de ce fait *a fortiori* plus une représentation de la stratégie, mais un support de communication de quelques priorités.

4.1.4. Le BSC et les stratégies types

Dans leurs derniers ouvrages, Kaplan et Norton se servent de leur représentation en quatre perspectives pour définir des stratégies types : l'excellence opérationnelle, l'intimité client et la supériorité du produit. Ils utilisent leur représentation générique des perspectives « clients » et « processus internes » pour préciser ces trois stratégies types[1].

Ainsi, Kaplan et Norton définissent, pour chacune de ces stratégies, les éléments saillants de la proposition de valeur pour le client, en reprenant leur description générique de cette proposition en trois catégories et sept dimensions (figure 5.4 ; les autres aspects de la performance ne doivent pas être négligés, mais l'exigence à leur égard est moindre[2]).

1. Soulignons que ces propositions types évoluent. Dans leur ouvrage de 2004, les stratégies types sont : meilleur coût, leadership produit, solution client globale et blocage du système. Nous avons retenu ici la version de 2000, car elle illustre plus directement notre propos sur le lien entre stratégie et BSC.
2. Il ne devrait donc pas y avoir d'objectifs et d'indicateurs correspondants dans une carte stratégique. En revanche, ces dimensions de la proposition de valeur doivent apparaître dans un tableau de bord panoramique pour s'assurer que la performance est suffisante.

	Attributs du produit/service				Services associés		Image
	Prix	Qualité	Délai	Assortiment Fonctionnalités	Service	Relation	Marque
Excellence opérationnelle	≠	≠	≠	≠	√	√	≠
Intimité client	√	√	√	√	≠	≠	≠
Supériorité du produit	√	√	≠	≠	√	√	≠

≠ Élément de différenciation

√ Niveau standard

Figure 5.4 – Les propositions de valeur pour le client et les stratégies types

De la même façon, ils associent à chaque stratégie type les éléments de la chaîne de valeur pour lesquels le niveau de performance exigé est standard et ceux sur lesquels la performance doit être élevée (figure 5.5).

	Innovation	Gestion client	Processus opérationnels
Excellence opérationnelle	√	√	• Gestion de la chaîne logistique • Efficacité (coût, qualité, délais) • Gestion de la capacité
Intimité client	√	• Mise au point de solutions • Service clients • Gestion de la relation • Services de conseil	√
Supériorité du produit	• Invention • Mise au point du produit • Rapidité de mise sur le marché	√	√

√ Niveau standard

Figure 5.5 – La perspective « processus internes » et les stratégies types

Cette présentation de stratégies types ne peut être assimilée à la méthode BSC, puisqu'elle n'a pas pour but la construction de tableaux de bord. Elle se sert du cadre analytique du BSC comme support pour expliciter ces stratégies. En revanche, elle peut en retour structurer la démarche de construction du tableau de bord en constituant un guide pour le choix des objectifs. La méthode BSC peut d'ailleurs être appliquée sans référence à ces stratégies types. Cette association faite par Kaplan et Norton entre BSC et stratégie accroît à notre sens la confusion en renforçant à tort l'idée que la méthode BSC est une méthode de déclinaison de la stratégie en indicateurs.

4.1.5. Synthèse

In fine, les méthodes sont des cadres pour la construction de modèles de performance plutôt que des outils de déclinaison de la stratégie en indicateurs. Elles répondent à un enjeu clé mal maîtrisé en pratique : la modélisation de la performance permettant d'assurer la cohérence entre les indicateurs et les finalités de l'entreprise. En effet, Ittner et Larcker (2003) ont mis en évidence que, dans les entreprises, la plupart des indicateurs suivis ne reposaient pas sur l'identification de liens causaux.

En ce qui concerne la stratégie, la représentation en objectifs reliés par des liens de causalité n'est qu'un support qui doit être mis en relation avec les résultats de la réflexion stratégique. C'est de cette confrontation que peut émerger une représentation précise et cohérente de la stratégie. La façon dont cette confrontation doit être organisée en pratique reste à définir.

4.2. Précision des méthodes

Nous avons affirmé en introduction de la section 2 que les méthodes BSC et OVAR étaient définies de manière imprécise. Nous illustrons ici ce point de vue et en tirons quelques conclusions sur leur mise en œuvre.

En ce qui concerne la méthode BSC, plusieurs éléments appuient cette affirmation :

- les livres de Kaplan et Norton donnent de nombreux exemples de cartes stratégiques et d'indicateurs, mais ils ne donnent aucune indication sur le processus de construction de ces cartes (acteurs concernés, étapes, etc.) ;
- en outre, ils sont très imprécis sur la façon dont ces BSC doivent être utilisés : responsables opérationnels visés, types de décision envisagée, lieu d'utilisation, horizon, etc. ;
- les recommandations que nous avons faites dans ce chapitre concernant la formulation des objectifs de la perspective « client » en se plaçant du point de vue du client correspondent à des pratiques que nous avons pu observer. Les recommandations de Kaplan et Norton ne sont pas aussi précises ;
- l'importance des liens de causalité entre les objectifs et la façon de les représenter varient de façon significative entre les ouvrages successifs, sans que ces changements soient justifiés ;
- Kaplan et Norton attribuent plusieurs fonctions à la méthode sans préciser que certains éléments de la méthode doivent être différents selon l'objectif poursuivi. Ainsi, la méthode peut avoir pour finalité d'aligner une équipe de direction autour de priorités et de communiquer ces priorités dans toute l'organisation (Kaplan et Norton parlent de

« communiquer la stratégie »). L'expérience montre que cela n'est pas neutre quant à la représentation de la carte stratégique. En effet, s'il est possible de partager une carte stratégique constituée d'objectifs inscrits dans des bulles reliées entre elles par des flèches, une telle carte n'est pas compréhensible pour ceux qui ne sont pas familiers avec ce type de représentation. En pratique, il est fréquent d'observer l'existence d'une carte stratégique détaillée et d'une carte stratégique simplifiée qui ne comporte pas de flèches. Il faudrait donc deux termes différents et des principes de construction différents pour ces deux types de représentation, que Kaplan et Norton ne donnent pas.

En ce qui concerne la méthode OVAR, les concepteurs de cette méthode utilisent la grille OVAR pour d'autres objectifs que la construction de tableaux de bord (Fiol, 2008) : par exemple, pour créer de la cohésion au sein d'une équipe de direction autour d'objectifs stratégique partagés. Dans ce cas, ils recommandent :

- la construction commune par l'équipe de direction d'une grille OVAR ;
- la perspective d'un horizon de trois ans pour déterminer les objectifs prioritaires ;
- l'utilisation de la partie « responsabilités » (R) pour impliquer les différents membres de la direction dans la poursuite des ambitions définies par les objectifs et les variables d'action : une fois ceux-ci déterminés, on demande à chaque participant de quelle variable d'action il souhaite prendre la responsabilité.

Cette utilisation diffère de celle présentée à la section 2.2.2, notamment par l'horizon considéré qui conduit à un choix d'objectifs différents. En outre, elle ne débouche pas nécessairement sur la construction d'un tableau de bord : la construction et le suivi des indicateurs peuvent être délégués aux différents responsables.

Le fait d'assimiler cette utilisation à la méthode OVAR contribue à créer un certain flou autour des objectifs de cette méthode.

Ces illustrations montrent que les méthodes sont incomplètes. D'une certaine façon, cela appuie l'idée à laquelle nous souscrivons qu'il n'existe pas « une bonne méthode ». En outre, cela devrait favoriser leur adaptation à un objectif ou un contexte particulier et, *in fine*, l'appropriation des tableaux de bord par leurs utilisateurs.

Malheureusement, elles sont présentées comme telles. Dans le cas du BSC, au-delà du fait que la méthode de construction n'est pas connue, l'outil est présenté comme une solution universelle pour améliorer la performance. Cela va à l'encontre de l'idée qu'il faut adapter l'outil. En outre, si certains objectifs plus précis sont énoncés, comme la communication et la mise en œuvre de la stratégie, le lien entre l'outil et l'atteinte de ces objectifs n'est pas expliqué. Le manque de compréhension de ces liens ne permet pas à l'utilisateur de s'approprier la méthode. Il n'a alors que peu d'autres choix que de croire ou non en ses effets et de demander à un consultant de la mettre en œuvre dans son entreprise.

Dans le cas d'OVAR, il y a bien de la part des auteurs une volonté de décrire différents usages et différents objectifs de la méthode, mais en conservant la même appellation pour toutes les variantes. Or, nous avons vu que chaque objectif nécessitait une adaptation de la méthode, à la fois dans ses principes et dans la définition des termes. Cette absence de précision terminologique contribue à maintenir des approximations conceptuelles sur la question des tableaux de bord, de leur construction et de leur utilisation, qui ne favorisent pas l'appropriation des différentes méthodes regroupées sous le terme « OVAR ». Soulignons par ailleurs qu'il y a un déficit de publications sur la pratique de cette méthode.

En conclusion, il faut être prudent avec l'application de ces méthodes, car la connaissance sur ces sujets est très incomplète. Pour avancer sur cette question, il nous semble nécessaire à la fois de poursuivre le travail de conceptualisation et de multiplier les études empiriques sur les tableaux de bord mis en œuvre dans les entreprises, aujourd'hui en nombre très réduit.

Conclusion

Nous avons présenté dans ce chapitre les principes assignés aux tableaux de bord et les méthodes permettant leur construction pour une entité prise isolément. Dans un contexte dans lequel la connaissance n'est pas stabilisée et les méthodes sont présentées trop souvent comme des solutions universelles, nous avons tenté de donner les éléments permettant d'améliorer la possibilité pour les différents acteurs concernés de s'approprier les concepts et les méthodes associés aux tableaux de bord, à leur construction et à leur utilisation. Cela nous a conduit à introduire deux finalités pour les tableaux de bord (dynamisation et mise sous contrôle), à distinguer deux types de tableaux de bord (de pilotage et panoramique), et deux méthodes associées, et à préciser les méthodes présentées dans la littérature (BSC et OVAR). Le chapitre suivant traite de la question de l'articulation des tableaux de bord des différentes entités d'une organisation.

Bibliographie

Fiol Michel, *La Démarche OVAR au service de l'élaboration d'un projet commun au sein d'une équipe*, document pédagogique, HEC, 2008.

Fiol Michel, Jordan Hugues et Sulla Emili, *Renforcer la cohérence d'une équipe*, Paris, Dunod, 2004.

Fiol Michel et Jordan Hugues, *Formuler les objectifs d'une grille OVAR*, document pédagogique, HEC, 2008.

Ittner Christopher et Larcker David, « Coming Up Short on Nonfinancial Performance Measurement », *Harvard Business Review*, novembre 2003, p. 88-95.

Johnson Thomas et Kaplan Robert, *Relevance Lost: The Rise and Fall of Management Accounting*, Boston, Harvard Business School Press, 1987.

Kaplan Robert et Norton David, *The Balanced Scorecard*, Boston, Harvard Business School Press, 1996 ; traduction française : *Le Tableau de bord prospectif*, Paris, Éditions d'Organisation, 1998.

Kaplan Robert et Norton David, *The Strategy-Focused Organization*, Boston, Harvard Business School Press, 2000 ; traduction française : *Comment utiliser le tableau de bord prospectif*, Paris, Éditions d'Organisation, 2001.

Kaplan Robert et Norton David, *Strategy Maps: Converting Intangible Assets into Tangible Outcomes*, Boston, Harvard Business School Press, 2004.

Mendoza Carla et Bescos Pierre-Laurent, « Les managers ont-ils trop d'informations ? », in Marchand Donald et Davenport Thomas (sous la dir. de), *L'Art du management de l'information*, Paris, Village mondial, « Financial Times Publishing », 2000, p. 346-349.

Simons Robert, *Levers of Control: How Managers Use Innovative Control Systems to Drive Strategic Renewal*, Boston, Harvard Business School Press, 1995.

Ce qu'il faut retenir

Définitions et concepts

***Balanced scorecard* :** méthode de construction d'un tableau de bord, initiée par Kaplan et Norton, proposant une visualisation du modèle de performance sous forme de carte stratégique et une strucuration des objectifs et indicateurs en quatre catégories : financière, clients, processus internes et apprentissage. Dans ce chapitre elle est présentée comme une méthode de construction d'un tableau de bord de pilotage.

ORAA : méthode de construction d'un tableau de bord panoramique, inspirée des méthode BSC et OVAR, proposant une visualisation du modèle de performance sous forme de grille reliant objectifs récurrents (OR) et axes d'action (AA).

OVAR : méthode de construction d'un tableau de bord, initiée par Fiol et Jordan, proposant une visualisation du modèle de performance sous forme de grille reliant objectifs (O), variables d'action (VA) et responsabilités (R). Dans ce chapitre elle est présentée comme une méthode de construction d'un tableau de bord de pilotage.

Tableau de bord : ensemble d'indicateurs (KPI) financiers et non financiers.

Tableau de bord de pilotage : ensemble d'indicateurs permettant aux managers de dynamiser l'organisation autour de quelques priorités.

Tableau de bord interactif : tableau de bord utilisé pour échanger des informations détaillées sur un sujet correspondant à une incertitude stratégique le long de l'ensemble de la hiérarchie.

Tableau de bord panoramique : ensemble d'indicateurs permettant aux managers de mettre sous contrôle l'ensemble des paramètres de performance d'une entité.

Messages clés

- Les méthodes d'élaboration des tableaux de bord se sont développées depuis les années 1980 en réaction aux critiques des systèmes de mesure financiers, dominants aux origines du contrôle de gestion, et aux insuffisances des pratiques de tableaux de bord au sein des entreprises.
- Trois grands objectifs se dessinent pour les tableaux de bord : mesurer la performance de façon « équilibrée », la mesurer à plus long terme et faciliter la prise de décision par les managers.
- Les principes de construction généralement suggérés présentent des limites : des zones de flou importantes, notamment à propos du concept de stratégie qui est mobilisé par les différentes méthodes ; une focalisation sur le choix des indicateurs, qui passe sous silence les processus managériaux dans lesquels ces indicateurs sont utilisés ; des contradictions apparentes, notamment sur la question du nombre d'indicateurs souhaitable. Cela nous amène à distinguer deux types de tableau de bord : le tableau de bord de pilotage et le tableau de bord panoramique, dont les principes de construction diffèrent.

- Le tableau de bord de pilotage ne peut pas être assimilé à une utilisation interactive d'un tableau de bord telle que définie par Simons.
- Le concept de stratégie est généralement mobilisé par les différentes méthodes pour désigner les orientations particulières que peut prendre une entreprise et qui conditionnent le choix des indicateurs contenus dans le tableau de bord. On gagne toutefois à distinguer plusieurs types d'orientation particulière : celles qui découlent du choix de finalités spécifiques pour l'organisation, celles qui relèvent du modèle d'activité propre au secteur (*business model*), celles qui sont induites par le choix d'un positionnement stratégique, celles enfin qui correspondent à des priorités plus conjoncturelles.
- Le tableau de bord de pilotage vise à dynamiser les acteurs de l'organisation autour de priorités conjoncturelles, en nombre réduit. Les indicateurs sont suivis par des responsables opérationnels en charge des plans d'action correspondants et revus de façon systématique lors des revues de gestion, avec une participation forte de la direction de l'entité, dans une optique de décision collective. Sa construction peut s'appuyer sur la méthode *balanced scorecard* ou sur la méthode OVAR.
- La méthode *balanced scorecard* préconise l'élaboration d'une carte stratégique, qui structure les objectifs prioritaires selon quatre perspectives liées par des relations de cause à effet : la perspective financière, la perspective « clients », les processus internes et la perspective « apprentissage ». Chacune d'elles donne lieu à des indicateurs.
- La méthode OVAR recommande la construction d'une grille O/VA distinguant les objectifs prioritaires et les variables d'action correspondantes.
- Le tableau de bord panoramique vise à suivre les paramètres clés récurrents de la performance d'une entité. Ses indicateurs, en nombre plus important, sont choisis en cohérence avec les finalités de l'organisation, son modèle d'activité et son positionnement stratégique. Ils sont suivis par le contrôleur de gestion, qui soumet les écarts anormaux au diagnostic du comité de direction. Sa construction peut s'appuyer sur une méthode, que nous dénommons ORAA, inspirée du BSC et d'OVAR, qui distingue les objectifs récurrents et les axes d'action correspondants.
- Les méthodes OVAR et BSC considèrent le tableau de bord comme un outil de déclinaison de la stratégie, alors que ce sont plus souvent des supports d'explicitation collective de celle-ci. N'offrant en elles-mêmes aucun support à cet égard, elles doivent s'appuyer sur des outils d'analyse stratégique.
- La présentation usuelle des méthodes OVAR et BSC les fait apparaître comme des « bonnes solutions » universelles et bien définies, alors qu'elles répondent à plusieurs intentions et qu'elles sont sujettes à interprétation. Cela ne favorise pas l'appropriation de ces méthodes par les utilisateurs.

Activités

Quiz

- Quelles sont les principales méthodes de construction de tableaux de bord ? Permettent-elles de répondre à l'ensemble des besoins en termes de construction de tableaux de bord ?
- À quelles limites des indicateurs de type financier les tableaux de bord visent-ils à remédier ?
- Une grille O/VA est-elle un tableau de bord ?
- Une carte stratégique est-elle un tableau de bord ?
- Pourquoi ne peut-on pas construire un tableau de bord sans préciser la façon dont il sera utilisé ?
- Pourquoi est-il trop restrictif de se représenter les tableaux de bord comme des listes d'indicateurs ?
- Peut-on dire que les tableaux de bord sont une déclinaison de la stratégie ?

Exercice 5.1 : Construction du tableau de bord du musée de la ville de Nowhere

Responsable de la gestion du musée des Beaux-Arts de la ville de Nowhere, métropole européenne d'environ 350 000 habitants, vous êtes en charge de mettre en place un outil de pilotage pour le conseil de surveillance du musée. Ce conseil réunit tous les deux mois, outre le maire de Nowhere et les trois adjoints respectivement en charge de la culture, de la jeunesse et de la formation, des personnalités qualifiées, nationales ou étrangères : artistes, historiens de l'art, donateurs, etc.

La lettre de mission adressée au directeur du musée par le maire, dans le cadre de sa nouvelle mandature, comprend, outre les objectifs traditionnels de conservation et d'exposition des collections du musée, d'enrichissement de son patrimoine artistique, d'équilibre budgétaire, les objectifs plus spécifiques suivants :

- contribuer à l'éducation artistique ;
- renforcer la démocratisation culturelle.

Le dernier conseil de surveillance a félicité le directeur pour ses actions récentes en matière d'enrichissement des collections, qui permettent d'ores et déjà d'atteindre les objectifs qui avaient été fixés à un horizon de deux ans. Il a aussi souligné la qualité de la gestion budgétaire. Toutefois, il a alerté sur la dégradation d'un certain nombre d'œuvres.

Le service de relation avec le public vous a informé que si les visiteurs sont satisfaits des expositions, une forte augmentation des plaintes concernant l'accueil et les services a été enregistrée sur les derniers mois.

– **Proposez une grille O/VA permettant de construire le tableau de bord de pilotage du directeur.**

– **Proposez des indicateurs pour les objectifs spécifiques définis par le maire dans sa lettre de mission.**

Exercice 5.2 : Analyse critique de tableaux de bord

En vous appuyant sur les principes énoncés dans ce chapitre :

– **faites une analyse critique de chacun des tableaux de bord réels présentés ci-après ;**

– **faites une comparaison de ces deux tableaux de bord.**

Tableau 5.10 – Tableau de bord d'une filiale d'une entreprise de transport

	Éléments du mois			**Éléments cumulés**					**Rappel total *n* – 1**	**Budget annuel**	**Cumul mobile 12 mois**	**Contre prévision**
	Réalisé *n* – 1	**Budget**	**Réalisé**	**Réalisé *n* – 1**	**Budget**	**Réalisé**	**Écart *n* – 1**	**Écart/ budget**				
1. Comptabilité												
Chiffre d'affaires de la société (en k€)												
Marge nette avant IS et répartitions (en k€)												
2. Activité commerciale transport												
Recettes commerciales « Service public » (en k€)												
Recettes du trafic (dont en k€)												
Recette cartes scolaires subventionnées (dont en k€)												
Voyages (en milliers)												
Offre kilométrique « Service public » (en milliers de kilomètres)												
R/K « Service public » (en € par km)												
V/K « Service public »												

	Éléments du mois			Éléments cumulés					Rappel total $n-1$	Budget annuel	Cumul mobile 12 mois	Contre prévision
	Réalisé $n-1$	Budget	Réalisé	Réalisé $n-1$	Budget	Réalisé	Écart $n-1$	Écart/ budget				
Recettes « Services occasionnels » (en k€)												
Offre kilométrique « Services occasionnels » (en milliers de km)												
R/K « Services occasionnels » (en € par km)												
Recettes « Transports privés » (en k€)												
Offre kilométrique « Transports privés » (en milliers de km)												
R/K « Transports privés » (en € par km)												
Offre kilométrique totale (en milliers de km)												
Offre kilométrique sous-traitée (en milliers de km)												
Nombre de jours scolaires de roulage												
Nombre de cartes scolaires subventionnées												
3. Personnel												
Charges de personnel (en k€)												
Effectif équivalent temps complet												
Effectif nominal												
Formation (en jours)												

	Éléments du mois			Éléments cumulés					Rappel total *n* – 1	Budget annuel	Cumul mobile 12 mois	Contre prévision
	Réalisé *n* – 1	Budget	Réalisé	Réalisé *n* – 1	Budget	Réalisé	Écart *n* – 1	Écart/ budget				
4. Production et maintenance												
Kilomètres en propre												
Effectif conducteurs total (équivalent temps complet)												
Heures de production effectives globales												
Absentéisme conducteurs (en %)												
Repos dus (en jours)												
Heures supplémentaires												
Frais de conduite (en k€)												
Frais de conduite au km												
Sous-traitance/ Affrètement (en kF)												
Assurances véhicules (en k€)												
Accidents/ Vandalisme (en k€)												
Km parcourus entre 2 accidents												
Carburant (en kF)												
Carburant au km												
Nombre de véhicules exploités												
Âge moyen du parc												
Effectifs services techniques (équivalent temps complet)												
Entretien véhicules (en k€)												

	Éléments du mois			Éléments cumulés					Rappel total *n* – 1	Budget annuel	Cumul mobile 12 mois	Contre prévision
	Réalisé *n* – 1	Budget	Réalisé	Réalisé *n* – 1	Budget	Réalisé	Écart *n* – 1	Écart/ budget				
Entretien véhicules au km												
Marge sur coûts variables ERT												
Marge en %												
5. Finances												
Véhicules à charge financière de la société												
Coût financier par véhicule (en € par an)												
Besoin en fonds de roulement exploitation de la société (en k€)												
Intérêts nets sur compte-courant												

Tableau 5.11 – Tableau de bord d'une entreprise de conseil

	Indicateurs financiers																	
	ALS		PGT		TFE		IC SF		IC MANUF		IC CPG		IC NFS		DVA		Total	
	Mois	Cumulé	Mois	Cumulé	Mois	Cumulé	Mois	Cumulé	Mois	Cumulé	Mois	Cumulé	Mois	Cumulé	Mois	Cumulé	Mois	Cumulé
1. Analyse du chiffre d'affaires (CA)																		
CA																		
CA *prévu*																		
CA réel/CA *prévu*																		
Nombre de jours ouvrés																		
CA/nombre de jours ouvrés																		
Nombre de jours facturés																		
CA/nombre de jours facturés																		
Effectif																		
CA/effectif																		
2. Analyse de la marge brute																		
Notes de frais refacturées																		
Sous-traitance																		
Charges salariales																		
Notes de frais non facturées																		
Marge brute																		
Marge brute *prévue*																		

Marge brute/marge *prévue*																	
Marge brute/effectif																	
Marge brute/nombre de jours ouvrés																	
Marge brute/nombre de jours facturés																	
3. Analyse du résultat d'exploitation																	
Frais généraux																	
Marketing																	
Recrutement																	
Formation																	
Autres																	
Résultat																	
Résultat *prévu*																	
Résultat réel/*Résultat prévu*																	
Résultat/effectif																	
Résultat/nombre de jours ouvrés																	
Résultat/nombre de jours facturés																	

Chapitre 6

L'articulation d'un système de tableaux de bord

Introduction

Dans le chapitre précédent, nous nous sommes intéressés au développement des tableaux de bord* d'une entité (organisation, division, département, ou autre), sans considérer la question de l'articulation des tableaux de bord des différents niveaux hiérarchiques les uns par rapport aux autres. C'est cette question que nous abordons maintenant. Comme nous l'avons vu au chapitre 4, l'articulation entre les niveaux doit être étudiée en gardant en mémoire les différents usages de la mesure de performance « locale » :

- l'autocontrôle par chaque entité : la question est alors celle de la cohérence des instruments d'autocontrôle ;
- le *reporting* de gestion des entités vers leur hiérarchie, avec la double question de l'évaluation de la performance des activités et des individus.

Les enjeux d'articulation entre niveaux sont les suivants :

- quels types de tableau de bord pour quel niveau ?
- quel degré de recouvrement entre les tableaux de bord des différents niveaux ?

Cependant, la question de l'articulation des différents tableaux de bord ne concerne pas que cet axe hiérarchique, elle se pose également de façon plus horizontale :

- quel degré de recouvrement entre les tableaux de bord d'entités comparables au même niveau hiérarchique (par exemple, deux agences au sein d'un établissement bancaire) ?
- quel degré de recouvrement entre les tableaux de bord d'entités différentes au même niveau hiérarchique (par exemple, un service commercial et une usine au sein de la même division) ?
- comment construire un système de tableau de bord cohérent, la question de la cohérence se posant de façon différente pour les tableaux de bord de pilotage et pour les tableaux de bord panoramiques ?

Dans un premier temps, nous expliciterons les principes liés à l'architecture des tableaux de bord entre eux. Nous étudierons ensuite comment les méthodes BSC et OVAR permettent d'appliquer ces principes, avant d'aborder deux questions fréquemment soulevées en matière d'articulation des systèmes : la proportion d'indicateurs financiers et non financiers selon les niveaux et le degré de lien entre les tableaux de bord et les mécanismes incitatifs.

1. L'architecture des tableaux de bord

Dans cette section, nous aborderons successivement les questions de l'articulation entre type de tableau de bord (ci-après désigné parfois par TB pour alléger le texte) et niveau hiérarchique, de l'articulation entre TB de deux niveaux hiérarchiques, puis entre TB de même niveau.

1.1. Les types de tableau de bord et les niveaux hiérarchiques

Les tableaux de bord de pilotage peuvent être pertinents à tous les niveaux de l'organisation : tout responsable d'entité doit formaliser ses priorités, les traduire par des indicateurs et utiliser ces indicateurs pour favoriser l'atteinte de ses objectifs.

En ce qui concerne le tableau de bord panoramique, son utilisation repose sur l'existence d'un analyste, le plus souvent le contrôleur de gestion. Que se passe-t-il lorsque l'entité ne dispose pas d'un tel analyste ? Une possibilité serait que la surveillance des paramètres de cette entité soit assurée à un niveau hiérarchique plus élevé. Toutefois, si tel était le cas, il y aurait un risque de confusion important entre les indicateurs nécessaires au responsable de l'entité et à sa hiérarchie, aboutissant à une centralisation de fait du suivi.

Ainsi, dans une usine comportant plusieurs ateliers et un service qualité, le contrôleur de gestion de l'usine pourra se charger de l'analyse de tableau de bord panoramique pour chaque atelier et pour le service qualité. Mais le contrôleur de gestion étant rattaché au directeur de l'usine, il est probable que l'ensemble des indicateurs suivis pour les différentes entités de l'usine fassent l'objet de discussions lors de la revue de gestion de l'usine. Ils seront donc traités en pratique comme faisant partie du TB panoramique de l'usine.

Il n'est par conséquent pas pertinent de construire un TB panoramique pour des entités ne disposant pas d'un tel analyste.

Nous recommandons donc l'articulation suivante entre type de tableau de bord et type d'entité (tableau 6.1).

Tableau 6.1 – Type de tableau de bord et type d'entité

	Tableau de bord de pilotage	Tableau de bord panoramique
Unité opérationnelle (UO)	Oui	Oui
Entité dépendant de l'UO et ayant un analyste	Oui	Oui
Entité dépendant de l'UO et n'ayant pas d'analyste	Oui	Non

1.2. L'articulation entre tableaux de bord des niveaux *n* et *n* + 1

Le tableau de bord de la direction générale ne peut être la compilation des indicateurs suivis aux niveaux inférieurs. Cela conduirait d'une part à un trop grand nombre d'indicateurs et, d'autre part, ce serait contraire au principe de décentralisation de certaines décisions. En effet, dès lors qu'un indicateur local « remonte », le supérieur hiérarchique est tenté de demander des comptes sur cet indicateur, même s'il ne relève pas de sa responsabilité directe. Il y a donc un risque de centralisation de fait.

Il faut ainsi limiter les informations qui remontent selon la ligne hiérarchique et les adapter à l'utilisation qui en est faite par les niveaux supérieurs de l'organisation. Au niveau $n + 1$, on a besoin des informations permettant :

- d'apprécier la performance des individus par rapport aux responsabilités qui leur ont été déléguées ;
- d'avoir les éléments sur la performance des activités déléguées afin de prendre les décisions relevant des niveaux $n + 1$ ou plus élevés (par exemple, pour la gestion du portefeuille d'activités).

Les individus peuvent être évalués sur des objectifs correspondant soit à des priorités (donc compris dans les TB de pilotage), soit à des éléments plus récurrents (compris dans les TB panoramiques). Par exemple, un manager dans le conseil peut être évalué sur le taux de charge de ses équipes, qui constitue un élément récurrent de la performance dans le conseil, et sur le développement du chiffre d'affaires réalisé avec le secteur public, qui correspond à une priorité plus conjoncturelle.

De la même façon, les décisions à prendre au niveau $n + 1$ sur les activités déléguées peuvent porter sur des priorités (TB de pilotage) comme sur des éléments plus récurrents (TB panoramique). Par exemple, un responsable de *strategic business unit* (SBU) peut être amené à décider d'une nouvelle action commerciale auprès d'une catégorie de clients dans le cadre d'une priorité de développement de ces clients suivie dans son TB de pilotage, et à décider d'une action auprès des fournisseurs s'il détecte une dérive dans le délai de paiement qui constitue un élément récurrent de la performance suivi dans son TB panoramique. L'articulation entre niveaux hiérarchiques se fait donc à la fois au travers des TB de pilotage et des TB panoramiques.

Nous avons vu au chapitre précédent que la construction des tableaux de bord reposait sur une articulation entre objectifs et leviers d'action[1]. Le principe de base est que seuls les indicateurs portant sur les objectifs de niveau n doivent remonter dans le tableau de bord de niveau $n + 1$ (figure 6.1). Cette idée est fondée sur l'observation que les objectifs du niveau n correspondent aux leviers d'action du niveau $n + 1$: ce qui est délégué au niveau n et qui se traduit par des objectifs est une partie des leviers d'action du niveau $n+1$.

Ce principe est justifié d'une part par le fait que les objectifs de niveau $n + 1$ ne sont en général pas contrôlables, alors que certains leviers d'action le sont. Par exemple, si l'objectif du niveau $n + 1$ est d'augmenter la qualité des produits et que les leviers d'action portent sur la qualité des matières, sur le processus de production et sur la conception de produits, il ne sera pas pertinent de faire suivre cette qualité au responsable des achats, mais simplement la qualité des matières.

Par ailleurs, ne faire remonter au niveau $n + 1$ que les indicateurs d'objectifs et pas de leviers d'action du niveau n, permet d'une part de limiter le nombre d'indicateurs du niveau et, d'autre part, d'être cohérent avec la délégation. En effet, une fois définis les objectifs du niveau $n - 1$, le niveau n se contente de suivre l'atteinte de ces objectifs (principe de gestion par exception).

1. Comme nous l'avons vu au chapitre 5, les variables d'action et les axes d'action sont des sélections de leviers d'action retenus respectivement pour la construction du TB de pilotage et de TB panoramiques.

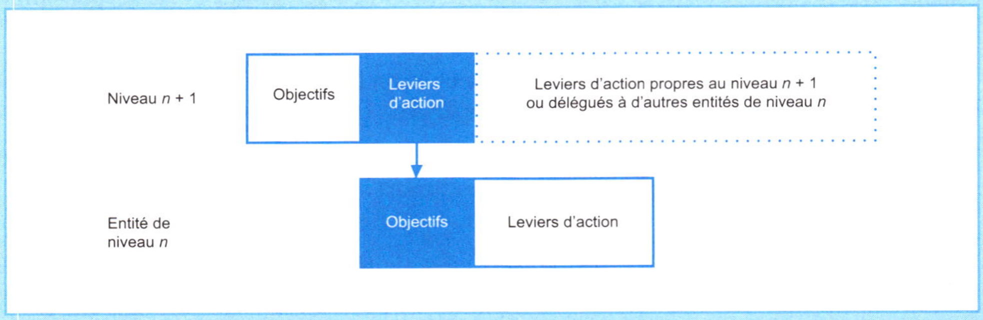

Figure 6.1 – Le principe générique d'articulation des tableaux de bord entre niveaux hiérarchiques

Il s'agit d'une idée directrice qui mérite d'être détaillée, car elle ne peut être appliquée de façon stricte, en distinguant les deux types de tableau de bord (de pilotage et panoramique).

En effet, fondée sur le principe de contrôlabilité, elle est adaptée à la mesure de la performance des responsables plus qu'à celle des activités.

Or, l'objectif du tableau de bord panoramique est de valider que l'activité est sous contrôle. Cela peut nécessiter un suivi conjoint de certains axes d'action au niveau $n + 1$ et au niveau n, même si cet axe d'action n'est pas contrôlable par le manager de niveau n. Ainsi, dans le cas de la branche locale d'une banque, il se peut que le directeur de la branche ne soit pas maître de la gamme de produits offerte aux clients. Dans ce cas, l'analyse de la performance de la gamme de produits doit être faite au niveau supérieur. Cependant, elle doit être aussi faite au niveau de la branche locale, bien que le manager de cette dernière ne puisse pas être responsabilisé sur ces éléments. Les indicateurs permettant cette analyse ne correspondent pas à des objectifs du niveau n, mais doivent pourtant exister à la fois au niveau n et au niveau $n + 1$.

Globalement, cela conduit aux règles suivantes pour les tableaux de bord panoramiques (figure 6.2) :

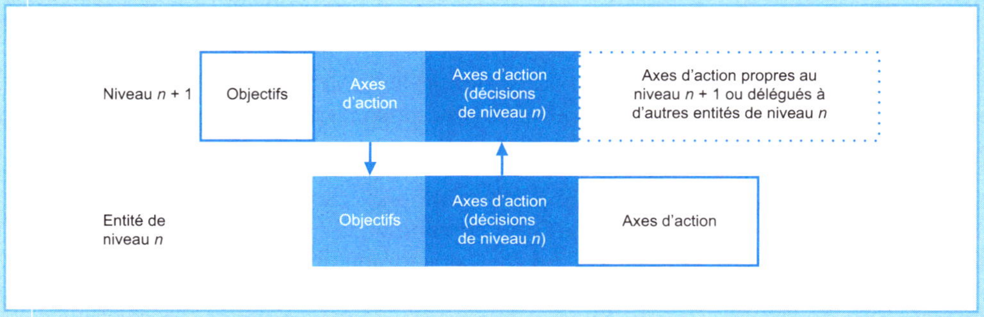

Figure 6.2 – Le principe d'articulation des tableaux de bord panoramiques entre niveaux hiérarchiques

Dans le cas du TB de pilotage, correspondant à la dynamisation autour de quelques priorités, le principe général d'emboîtement des objectifs et des leviers d'action est aussi pertinent, mais à relativiser. Ainsi, si l'essentiel des priorités du niveau n doit découler de celles du niveau $n + 1$, pour autant on peut envisager que d'autres priorités soient décidées localement. Par exemple, une direction régionale des ventes peut souhaiter mettre l'accent sur la fidélisation des vendeurs sans que cela corresponde à une variable d'action du directeur national des ventes. Il y a donc au niveau n des objectifs locaux qui ne correspondent pas à des variables d'action de niveau $n + 1$.

Par ailleurs, il peut être pertinent d'organiser le pilotage d'une cible sur une variable d'action en mode projet. Dans ce cas, une personne de niveau n peut être chargée du suivi de l'atteinte des cibles sur cette variable d'action, sans que cette responsabilité soit directement liée à la fonction de cette personne. La déclinaison des indicateurs ne se fait pas de façon hiérarchique, mais implique le partage de ces indicateurs par les différentes parties prenantes au projet, incluant fréquemment le niveau $n + 1$. C'est donc une raison différente que dans le cas du TB panoramique qui peut conduire à retrouver des variables d'action du niveau $n + 1$ dans le TB de niveau n.

En ce qui concerne les tableaux de bord de pilotage, on peut ainsi préciser les règles de la façon suivante (figure 6.3) :

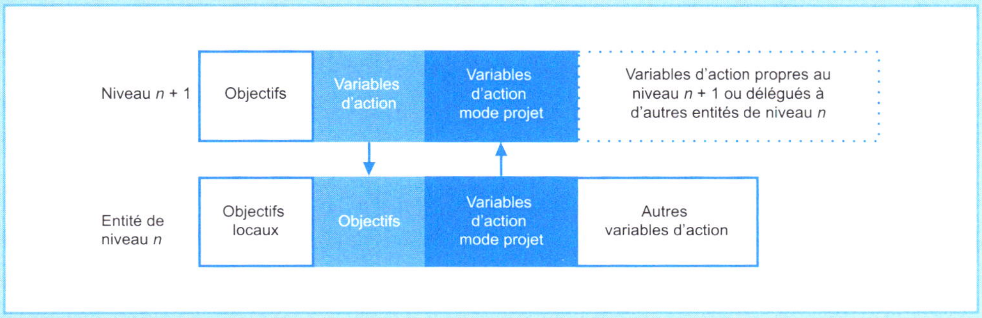

Figure 6.3 – Le principe d'articulation des tableaux de bord de pilotage entre niveaux hiérarchiques

À ces deux fonctions des indicateurs – évaluation de la performance des responsables et évaluation de la performance des activités pour prendre des décisions au niveau $n + 1$ –, Robert Simons (1995) ajoute celle de l'apprentissage. À partir de l'observation de la pratique d'une quinzaine de dirigeants, il définit un mode d'usage des indicateurs qu'il qualifie d'« utilisation interactive ». Celle-ci concerne des indicateurs correspondant à une incertitude stratégique clé, par exemple le suivi des ventes si l'évolution du marché est très incertaine. Dans ce cas, les informations détaillées sont transmises à tous les niveaux hiérarchiques ; leur analyse est faite de façon systématique en face à face par la ligne opérationnelle. Ainsi, le directeur général d'une entité peut appeler un opérationnel de terrain pour lui demander des explications permettant de comprendre l'évolution de certains paramètres (par exemple, l'évolution des ventes d'un produit spécifique chez un type de client). L'objectif est de permettre à la direction générale d'avoir une remontée rapide d'information pour orienter sa stratégie. Dans ce cas spécifique que Simons suggère de limiter à un seul sujet, les informations de terrain remontent jusqu'à la direction générale et le principe énoncé en début de section ne s'applique pas. Comme indiqué au chapitre 5, nous appelons le tableau de bord correspondant à ce sujet « tableau de bord interactif ». Il se différencie du tableau de pilotage par le fait qu'il est supposé commun à plusieurs niveaux hiérarchiques, alors que, comme nous venons de le voir, le tableau de pilotage visant à articuler les priorités le long de la ligne opérationnelle ne contient pas les mêmes indicateurs d'un niveau à un autre.

1.3. L'articulation des tableaux de bord pour un même niveau hiérarchique

Nous examinons successivement le cas d'entités de même nature et indépendantes (par exemple, des entités régionales pour une même activité), puis celui d'entités différentes et dépendantes les unes des autres (par exemple, les différentes directions fonctionnelles d'une unité opérationnelle).

1.3.1. Les entités identiques et indépendantes

Si l'on considère des entités de nature identique (les agences d'une banque en réseau, différentes usines produisant les mêmes produits d'un groupe industriel, différentes entités régionales de distribution, etc.), les raisons suivantes plaident en faveur de la similitude des tableaux de bord :

- le fait que ces entités aient la même fonction au sein d'un même groupe et donc participent à la même stratégie et contribuent aux mêmes objectifs ;
- l'intérêt de pouvoir comparer les résultats de ces entités ;
- le coût du système, puisque la multiplication des indicateurs a un coût.

D'autres arguments militent en faveur d'indicateurs différents d'une entité à l'autre :

- les entités peuvent devoir adapter la stratégie aux conditions locales du marché. On peut par exemple penser à des entités par pays dans lesquels la concurrence n'est pas la même et où les modes de consommation sont différents. Dans ce cas, certains objectifs peuvent être spécifiques, de même que certains leviers d'action ;
- même lorsque l'environnement concurrentiel est identique, les entités peuvent avoir une certaine autonomie dans leur organisation et choisir des processus clés et donc des leviers d'action différents ;
- si l'on s'intéresse au tableau de bord de pilotage, les priorités peuvent être différentes en raison de l'histoire propre de l'entité. Par exemple, il se peut que, pour des raisons historiques, il y ait dans une entité un manque de compétences techniques sur un type de produit faisant partie des nouvelles priorités stratégiques. Dans ce cas, l'objectif de développement de ces compétences sera important pour cette entité, mais pas pour les autres ;
- enfin, il faut tenir compte de la taille des entités. Plus l'entité est petite et moins le contrôle par les résultats est dominant, car le contrôle par supervision directe et le contrôle informel sont plus aisés à mettre en œuvre (voir chapitre 1). Le nombre d'indicateurs doit donc être adapté. En outre, un *reporting* trop lourd risque de nuire à la performance des entités de petite taille.

En pratique, une solution consiste à définir les indicateurs communs à toutes les entités et à laisser aux entités une possibilité d'ajouter des indicateurs qui leur sont spécifiques, selon leur degré d'autonomie et l'importance des facteurs locaux pour l'atteinte des objectifs.

1.3.2. Les entités différentes et dépendantes

La question du degré de recouvrement des tableaux de bord se pose également entre entités ayant des fonctions différentes, mais situées au même niveau hiérarchique (par exemple, un service « achats », une usine et un service commercial).

Le fait que certains indicateurs soient présents dans les tableaux de bord de ces différentes entités favorise la coordination entre celles-ci. Par exemple, si le service commercial dispose d'un indicateur du taux de charge des usines, qui est par ailleurs suivi par le directeur industriel, il pourra adapter ses actions commerciales en conséquence. Symétriquement, le directeur industriel pourra disposer d'une information sur le carnet de commandes pour adapter ses plans d'action. Chacun pourra donc avoir dans son tableau de bord des indicateurs relevant de son champ de responsabilité propre (ce seront bien entendu les indicateurs les plus nombreux) et des indicateurs à visée d'information relevant d'autres champs de responsabilité.

Un certain recouvrement peut aussi favoriser la coopération sur des objectifs nécessitant l'action de deux services. Ainsi, un indicateur portant sur la satisfaction des clients peut être commun à un service commercial et à une entité de production si la satisfaction repose sur la qualité du produit ou le respect des délais.

Cependant, le recouvrement doit rester limité pour éviter la dilution des responsabilités : si tous les objectifs sont communs à plusieurs responsables, aucun d'entre eux ne se sentira directement concerné par leur atteinte. Il faut donc trouver un équilibre entre une trop grande individualisation des contributions, qui serait contradictoire avec l'existence d'interdépendances et le développement de synergies, et une représentation trop collective des objectifs, qui ne serait pas assez motivante pour les managers.

2. Les méthodes

La question de l'articulation des tableaux de bord de différents niveaux est abordée dans les deux méthodes de construction de tableaux de bord de pilotage présentées au chapitre précédent. Toutefois, aucune d'elles ne traite de façon complète la question de la construction d'un système de tableaux de bord. Dans la première sous-section, nous discutons les recommandations de ces deux méthodes qui, comme nous l'avons vu, sont adaptées à la construction de TB de pilotage. Dans la sous-section suivante, nous proposons quelques éléments de méthode pour l'articulation de TB panoramiques.

2.1. Les tableaux de bord de pilotage

2.1.1. La méthode BSC

L'objectif initial de la méthodologie BSC était de construire un système de mesure de la performance à des niveaux de direction générale afin de répondre aux limites des mesures financières, qui étaient souvent les seules suivies à ces niveaux. Il ne s'agissait donc pas de développer une méthode permettant de déployer un système d'indicateurs à tous les niveaux de l'entreprise. Depuis, les promoteurs du BSC, Robert Kaplan et David Norton (2000), ont avancé l'idée que, pour pouvoir fédérer l'ensemble des acteurs de l'entreprise autour de la stratégie, il était important de déployer le BSC.

Cela suppose que le BSC constitue un outil adapté à tout type d'entité, ce que nous discutons dans la section suivante. En outre, Kaplan et Norton ne donnent pas de méthode permettant d'opérer ce déploiement. Nous proposons toutefois quelques éléments de méthode dans la seconde sous-section.

Type d'entité

Selon Kaplan et Norton, le BSC est un instrument universel qu'il est possible d'appliquer à tout type d'entité. Les auteurs donnent ainsi des exemples de BSC jusqu'au niveau des individus (pour les chauffeurs de camion livrant les points de vente dans une entreprise de distribution de produits pétroliers). La pratique ainsi que l'analyse semblent cependant montrer que cette méthodologie fondée sur quatre axes est plus adaptée à deux types d'entité : les *strategic business unit* (SBU) et les entités fonctionnelles de taille significative.

Un BSC supposant la formalisation d'éléments clés d'un positionnement stratégique autour de quatre catégories d'objectifs, il semble que sur le plan opérationnel, cette méthode ne puisse s'appliquer en deçà du niveau le plus fin auquel un tel positionnement peut être développé de façon autonome, donc le niveau d'une SBU.

En ce qui concerne les entités fonctionnelles, la méthode BSC nous semble pouvoir s'appliquer moyennant une transformation des perspectives. En effet, au niveau global, la perspective financière correspond à la performance pour les actionnaires, auxquels les dirigeants de l'entreprise doivent rendre des comptes. Il est possible de transposer cette perspective au niveau de l'entité en posant la question : « À qui les responsables de l'entité doivent-ils rendre des comptes ? » La perspective financière devient alors la perspective « direction générale ». Les objectifs peuvent ensuite être formulés à partir de la question : « Quelles sont les attentes de la direction générale ? »

Encadré 6.1

Exemple

Pour une direction des ressources humaines, on peut imaginer dans cette catégorie des objectifs de type « améliorer l'attractivité de l'entreprise pour certaines catégories de personnel », « réduire le *turnover* de certaines catégories de personnel », ou « accroître les compétences techniques de la fonction commerciale ».

De même, la perspective « client » de niveau global peut être transposée au service fonctionnel en question en considérant qu'il sert des clients internes, dont il s'agira de déterminer les attentes.

Exemple

Pour une direction des ressources humaines, les clients internes sont les directions opérationnelles qui ont des attentes en termes de gestion des carrières, formation ou recrutement : par exemple, « développer l'offre de formation et l'adapter aux besoins de la direction commerciale », ou « réduire le temps passé par les opérationnels pour le recrutement de certaines catégories de personnel ».

Encadré 6.2

Pour toute fonction de l'entreprise, il est également possible de déterminer les « processus clés » pour l'atteinte des objectifs des deux autres perspectives et les objectifs correspondant à ces processus eux-mêmes.

Exemple

Les processus internes d'une direction des ressources humaines peuvent être, par exemple, le processus de recrutement, le processus de formation, le processus de gestion des carrières, le processus de gestion prévisionnelle des postes, etc. Un objectif peut être de « former les commerciaux aux nouveaux produits ».

Encadré 6.3

La perspective « apprentissage » ne pose pas de difficulté spécifique, puisque toute entité s'appuie sur des ressources en termes de capital humain, capital d'information et capital organisationnel.

Il est donc possible de construire un BSC pour une entité fonctionnelle. La carte stratégique ne représentera toutefois pas les priorités stratégiques au sens habituel donné à la stratégie : les objectifs de la perspective « clients internes » viennent compléter ceux de la perspective « direction générale » plus qu'ils n'en sont les leviers. Par ailleurs, il est difficile de parler de proposition de valeur pour les clients internes. D'une façon générale, le terme de stratégie tel que défini implicitement par Kaplan et Norton dans le cadre de la méthode BSC, à savoir celui de positionnement stratégique (voir chapitre 5), ne s'applique pas de façon rigoureuse à une entité fonctionnelle.

Pour les entités autres que SBU et entités fonctionnelles, la méthode BSC n'est pas adaptée. Ainsi, si l'on considère une entité comportant plusieurs SBU, il devient souvent difficile de parler de clients ou de processus internes. En effet, les clients ne sont pas ceux de l'entité, mais ceux des différentes SBU. Il en est de même pour les processus internes. À l'inverse, pour des entités opérationnelles au sein d'une SBU, par exemple une usine, l'autonomie par rapport à la proposition de valeur pour les clients est faible. Même s'il existe des clients internes, leurs attentes sont déterminées par le positionnement stratégique de la SBU et non par l'entité au sein de cette SBU. La représentation des objectifs en quatre perspectives n'est alors pas adaptée.

Articulation des BSC entre différents niveaux

Comme indiqué précédemment, la méthode BSC ne propose pas explicitement de démarche d'articulation entre les BSC de différents niveaux.

Si l'on admet qu'il n'est pertinent de construire des BSC qu'au niveau d'une SBU et de directions fonctionnelles, l'articulation de BSC entre eux se limite donc au mieux à deux niveaux :

le niveau de la SBU et celui des entités fonctionnelles qui en dépendent. L'articulation est alors simple : certains objectifs de la perspective « direction générale » de la carte stratégique de l'entité fonctionnelle doivent correspondre à des objectifs de la carte stratégique de la SBU. Prenons l'exemple d'une carte stratégique d'une SBU qui comporte l'objectif de « former les commerciaux tous les six mois aux innovations technologiques » dans la perspective « apprentissage ». Cet objectif sera repris dans la perspective « client » de la carte stratégique de la direction des ressources humaines, éventuellement reformulé de la façon suivante : « [La direction commerciale] veut une formation adaptée et semestrielle de l'ensemble des commerciaux aux innovations technologiques » ou, dans la perspective « processus » de cette carte, « Organiser une formation semestrielle de tous les commerciaux aux innovations technologiques ».

Cela ne signifie pas que le BSC n'a un impact qu'au niveau des directions de SBU, mais cela ne passe pas par l'articulation de BSC entre eux. Deux modalités de déploiement sont possibles : le déploiement par projet ou la prise en compte des objectifs du BSC dans la construction de tableaux de bord locaux, par exemple par la méthode OVAR.

En pratique, le BSC est souvent déployé au travers de projets : pour chaque objectif de la SBU correspondant à une « bulle » de la carte stratégique, on désigne une personne chargée du suivi de l'objectif, notamment au travers des indicateurs qui lui sont associés. Il s'agit le plus souvent d'un membre de la direction générale, puisque le BSC est animé et suivi à ce niveau. Cette personne doit alors définir et organiser des projets permettant l'atteinte de l'objectif.

Encadré 6.4

Exemple[1]

L'entreprise Sodexho a mis en place un BSC pour son entité « hôpitaux et cliniques ». La carte stratégique comportait l'objectif « industrialiser nos processus » dans la perspective « processus internes » et l'objectif « réaffirmer les valeurs de Sodexho sur le terrain » dans la perspective « apprentissage ». Le tableau suivant montre comment ces objectifs ont été traduits en indicateurs d'une part et, d'autre part, les projets qui y ont été rattachés.

Tableau 6.2 – Déclinaison des objectifs en projets

Objectif	Indicateurs	Projets
Industrialiser nos processus	Chiffre d'affaires/heures travaillées Taux de mise en œuvre des plannings de production sur site Taux d'application des menus	Passage à l'ISO Refonte du *reporting*
Réaffirmer les valeurs de Sodexho sur le terrain	Pourcentage de sites ayant affiché « publiquement » les valeurs de Sodexho sur le terrain Pourcentage d'utilisateurs intranet actifs	Plans d'action « valeurs SHC » Expliciter les valeurs Concevoir un livret d'accueil interne Distribuer des « cartes management » Mise en place d'une politique de délégation Projet Internet et messagerie Définir le plan de communication hospitalisation privée et hospitalisation publique

1. Extrait de Mendoza *et al.* (2005).

Conformément aux méthodes de gestion de projet, à chaque projet est associé un responsable. Le plus souvent, les responsables de projet sont situés à des niveaux $n - 1$, voire $n - 2$, par rapport à la direction générale de l'entité. Ces responsables de projet sont invités à participer aux comités de direction lorsque la discussion de l'objectif auquel est rattaché le projet est à l'ordre du jour. Il s'agit donc bien d'un moyen de déployer le BSC à l'intérieur de l'entité.

Toutefois, ce déploiement ne suit pas la structure de l'entité (les objectifs et les projets ne sont pas nécessairement attribués en fonction des champs de responsabilité liés à la structure) et n'a pas vocation à structurer les tableaux de bord des niveaux $n - 1$ ou $n - 2$. Il ne constitue pas une réponse à l'articulation systématique des indicateurs et donc des tableaux de bord entre les différentes entités d'une organisation. Il se superpose même aux tableaux de bord existants, puisqu'un responsable de projet devra à la fois atteindre des objectifs sur des indicateurs liés à ce projet et d'autres objectifs propres à son entité.

Il est aussi possible de partir des objectifs de la carte stratégique de niveau $n + 1$, d'affecter ces objectifs aux différents responsables de niveau n en fonction de leur périmètre de responsabilité et de construire la grille O/VA de chaque responsable à partir de ces objectifs. Comme nous l'avons vu précédemment (section 1.2), certaines priorités stratégiques d'une entité peuvent ne pas découler des priorités du niveau $n + 1$. La ligne « O » de la grille O/VA devra donc être complétée par des priorités spécifiques au niveau considéré.

2.1.2. La méthode OVAR

La méthode OVAR propose de compléter la construction de la grille O/VA au niveau global en lui ajoutant des colonnes correspondant aux différents responsables de l'entité (le « R » de l'acronyme OVAR). Pour chaque variable d'action de niveau global, il s'agit alors d'identifier les managers disposant de leviers au niveau de responsabilité qui est le leur.

Encadré 6.5

Exemple

Si la variable d'action est la suivante : « Augmenter la perception par nos clients de la qualité des produits existants », les managers disposant de leviers d'action permettant d'atteindre l'objectif correspondant peuvent être le directeur industriel, qui peut agir sur la qualité, et le directeur marketing, qui peut notamment orienter la communication externe.

Ces éléments sont synthétisés dans une grille OVAR (tableau 6.3).

Cette grille OVAR va orienter la construction des tableaux de bord de ces managers au sein de l'entité : les variables d'action auxquelles ces managers peuvent contribuer avec leurs leviers d'action propres deviennent pour eux des objectifs à atteindre et on construit une nouvelle grille O/VA à leur niveau. On a ainsi bien un emboîtement des objectifs et des variables d'action correspondant à la figure 6.3.

Tableau 6.3 – Grille OVAR générique

	Objectif 1	Objectif 2	Objectif 3	Objectif 4	Responsables concernés			
					Manager 1	Manager 2	Manager 3	Manager 4
Variable d'action 1	×			×	×			
Variable d'action 2	×		×			×	×	
Variable d'action 3			×			×		
Variable d'action 4	×	×						×
Variable d'action 5		×		×	×	×		
Variable d'action 6			×				×	×
Variable d'action 7	×		×			×		
Variable d'action 8	×	×	×				×	
Variable d'action 9		×		×	×			
Variable d'action 10				×				×

Toutefois, comme nous l'avons vu précédemment, il est possible qu'une priorité locale vienne se surajouter aux objectifs issus des variables d'action du niveau $n + 1$. Au moment de la construction de la grille O/VA, il convient donc de compléter les objectifs déterminés par la grille OVAR du niveau $n + 1$ par des objectifs propres au niveau n.

Encadré 6.6

Les autres modalités possibles d'utilisation de la méthode OVAR

Les concepteurs de la méthode OVAR suggèrent une autre utilisation possible de la grille lorsque l'enjeu est de créer de la cohérence verticale (alignement stratégique) et horizontale, ou d'améliorer la coordination au sein d'une équipe de direction. Cette utilisation repose sur les étapes suivantes :

- **construction d'une grille OVAR séparément par chacun des membres de la direction à partir d'une réflexion sur les objectifs.** Il est préconisé pour cela de se placer à l'horizon de un an. Il s'agit donc de réfléchir aux priorités pour l'année à venir, ce qui exclut *a priori* les objectifs de nature récurrente. Dans ce cas, il est demandé à chaque membre de la direction d'utiliser la colonne correspondant aux responsables concernés pour indiquer les autres membres de l'équipe de direction sur lesquels il ou elle compte pour pouvoir atteindre les objectifs correspondant aux variables d'action ;
- **analyse des différentes grilles pour mettre en évidence les éventuelles incohérences et tenter de les résoudre.** Celles-ci peuvent être de deux ordres :
  - entre les objectifs : les objectifs peuvent être incohérents entre eux au niveau n et/ou ne pas permettre d'atteindre les objectifs de l'entité (niveau $n + 1$),
  - entre les responsables : ainsi, il se peut qu'un des managers (R1) attende qu'un de ses collègues (R2) contribue à ses propres objectifs sur une variable d'action, sans que ce collègue en ait conscience. Cela se traduit par le fait que le premier (R1) coche une croix dans la colonne R2 correspondant à cette variable d'action, mais que celle-ci ne figure pas dans la grille OVAR du second.

Cette utilisation est cohérente avec une double hypothèse étayée par de nombreuses observations : les équipes de direction n'ont pas toujours une représentation cohérente des priorités ; la déclinaison des objectifs de façon « *top-down* » n'est pas nécessairement le meilleur moyen pour obtenir cette cohérence. Il s'agit en fait d'une méthode différente de la méthode OVAR présentée au chapitre 5, qui repose sur des outils similaires, mais utilisés d'une façon différente.

Encadré 6.6 (suite)

2.1.3. Synthèse

Le tableau 6.4 synthétise les méthodes adaptées aux différents niveaux hiérarchiques et les modalités d'articulation des indicateurs entre niveaux.

Tableau 6.4 – Synthèse sur les méthodes et les modalités d'articulation des indicateurs entre niveaux [1]

	Méthode	Articulation des indicateurs avec le niveau $n + 1$	Autre déploiement
SBU	BSC (horizon 3 ans)	Les objectifs de la perspective financière sont cohérents avec ceux du niveau $n + 1$. Les objectifs de la perspective « client » sont cohérents avec la stratégie du groupe.	Par projets
	ou OVAR (horizon 1 an)	Les objectifs sont soit des variables d'action (VA) du niveau $n + 1$, soit une déclinaison d'objectifs financiers complétés par des objectifs spécifiques.	
Entité fonctionnelle importante (niveau $n - 1$)	BSC (horizon 3 ans)	Certains objectifs de la carte stratégique de la SBU, correspondant à des leviers d'action de l'entité, sont intégrés à la carte stratégique de cette dernière.	Par projets
	ou OVAR (horizon 1 an)	Certains objectifs (O) sont des VA de la grille O/VA ou des objectifs de la carte stratégique de la SBU[1]. Ils sont complétés par des objectifs spécifiques.	
Entité opérationnelle de niveau $n - 1$	OVAR (horizon 1 an)	Certains objectifs (O) sont des VA de la grille O/VA ou des objectifs de la carte stratégique de la SBU. Ils sont complétés par des objectifs spécifiques.	
Entité opérationnelle de niveau $n - 2$	OVAR (horizon 1 an)	Les objectifs (O) sont des VA de la grille O/VA de l'entité de niveau $n - 1$ et sont complétés par des objectifs spécifiques.	

2.2. Les tableaux de bord panoramiques

Le cas du tableau de bord panoramique est un peu différent, puisqu'il s'agit de mettre sous contrôle l'organisation à la fois pour ce qui concerne les priorités stratégiques, mais aussi

1. Selon la méthode retenue pour la construction du tableau de bord de pilotage de la SBU.

le modèle d'activité. Le point clé n'est donc pas uniquement celui de l'alignement autour de quelques priorités, avec un objectif de focalisation qui conduit à mettre l'accent sur l'enjeu de sélection des objectifs. Le souci d'une certaine exhaustivité est plus fort et l'enjeu est de ne pas oublier un paramètre important.

Par ailleurs, pour attribuer un axe d'action à un certain niveau, il ne faut pas seulement se demander si l'entité dispose des leviers sur cet axe, mais aussi si l'entité ne peut pas contribuer à analyser la performance de l'activité sur cet axe pour le compte des niveaux supérieurs, même si elle n'a que peu de leviers.

Encadré 6.7

Exemple

Considérons le cas d'une supérette faisant partie d'une enseigne. Son chiffre d'affaires est essentiellement lié à des facteurs externes (implantations de magasins concurrents, par exemple) ou à des décisions prises au siège (localisation du point de vente, gamme de produits, organisation des linéaires, politique de prix…). Il peut néanmoins être pertinent que le chiffre d'affaires soit suivi au niveau de la supérette.

On est alors dans une logique de *reporting* : l'analyse du chiffre d'affaires permet d'expliquer ses évolutions à partir d'informations de terrain et d'alerter si les décisions prises aux niveaux supérieurs ne sont pas adaptées à l'environnement spécifique de l'entité.

On peut partir de la grille OR/AA et, comme pour la grille OVAR, la décliner en ajoutant une colonne correspondant aux entités. Ensuite, il s'agit d'affecter les axes d'action aux différentes entités en fonction des leviers dont elles disposent et de la pertinence de suivre les paramètres correspondants au niveau de telle ou telle entité.

Lorsqu'on passe du niveau n au niveau $n - 1$, la « sélection » des axes pertinents au niveau $n - 1$ sera influencée par le type de responsabilité (ce qui est contrôlable), mais peut également correspondre à des décisions de gestion de portefeuille par le niveau global.

Par exemple, dans un groupe constitué d'agences régionales chargées de vendre, d'installer et d'assurer la maintenance de matériel à des entreprises, toutes les agences n'auront pas nécessairement les mêmes objectifs. Certaines peuvent mettre en place des stratégies locales en fonction de la clientèle ou de la concurrence locale : développer les grands comptes ou diversifier la clientèle. La direction du groupe peut aussi différencier les objectifs selon les agences pour assurer un équilibre global au niveau du groupe, par exemple en demandant à certaines agences de se préoccuper plus de rentabilité et à d'autres de privilégier la croissance.

L'intérêt de cette démarche descendante est d'assurer une cohérence globale de la représentation de la stratégie. Elle risque toutefois de négliger certains facteurs de performance connus des opérationnels, mais qui ne découleraient pas d'une déclinaison des objectifs en axes d'action. Il est donc important de faire remonter les leviers perçus comme clés par les opérationnels indépendamment du cadrage fourni par les grilles. On pourra alors confronter ces leviers aux grilles et travailler sur leur mise en cohérence.

2.3. Synthèse

Comme nous l'avons vu, il n'existe pas à proprement parler de cadre méthodologique structuré permettant d'aborder la question de la construction d'un système de tableaux de bord. Seule la méthode OVAR propose un cadre pour articuler les tableaux de bord de différents niveaux. Bien que celle-ci soit plus spécifiquement adaptée à la construction de tableaux de bord de pilotage, elle peut être adaptée pour traiter la question de l'articulation de tableaux de bord panoramiques.

Soulignons qu'à notre connaissance, aucune expérience de construction d'un système de tableaux de bord par cette méthode n'a été documentée. Quelques éléments empiriques permettent toutefois de montrer que la construction d'un ensemble cohérent de tableaux de bord est un objectif ambitieux.

Par ailleurs, la construction d'un système de tableaux de bord passe non seulement par l'articulation des tableaux de bord entre niveaux, mais aussi par l'articulation entre des tableaux de bord de pilotage, des tableaux de bord panoramiques et un tableau de bord interactif.

3. Sujets d'approfondissement

Après avoir énoncé les principes généraux d'articulation des tableaux de bord entre différents niveaux et les méthodes correspondantes, nous abordons quelques questions fréquentes relatives aux indicateurs : l'équilibre entre les indicateurs financiers et non financiers, les indicateurs de contexte, le lien avec les incitations et les conséquences du caractère subjectif de la représentation en indicateurs.

3.1. L'équilibre entre indicateurs financiers et non financiers

D'une façon générale, la proportion d'indicateurs financiers décroît lorsque l'on descend dans la hiérarchie. Mais la part d'indicateurs non financiers aux niveaux élevés tend à croître, notamment avec le succès de la méthode BSC et des tableaux de bord interactifs (voir section 1.2) qui conduit à augmenter le nombre d'indicateurs non financiers remontés à la direction générale (figure 6.4).

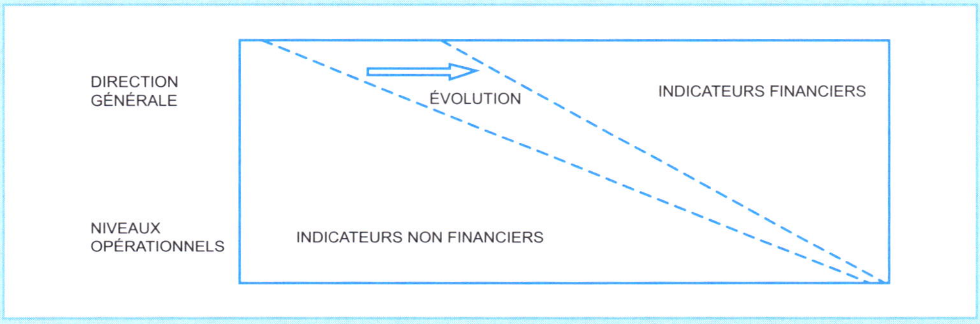

Figure 6.4 – L'évolution de la part d'indicateurs non financiers selon les niveaux

Cette tendance répond à une double nécessité pour la direction générale. D'une part, il lui faut disposer d'indicateurs portant sur des éléments prédictifs de la performance financière sur des sujets prioritaires sur lesquels elle estime devoir s'impliquer (tableau de bord de pilotage). D'autre part, elle a besoin d'organiser des échanges d'information avec les niveaux opérationnels sur des sujets correspondant à une incertitude stratégique pour disposer des informations de terrain lui permettant le cas échéant de réorienter sa stratégie (tableau de bord interactif).

Il est important de limiter les indicateurs non financiers remontant à la direction générale à ces deux types de sujet. Dans le cas contraire, il y a un triple risque :

- l'excès d'informations au niveau de la direction générale ;
- une insuffisance de délégation aux niveaux opérationnels. En effet, si les informations remontent, elles sont utilisées, ce qui conduit la direction générale à intervenir dans des décisions qui sont théoriquement décentralisées aux niveaux opérationnels ;
- un engorgement de la fonction « contrôle de gestion » par le *reporting* au détriment de l'aide au pilotage opérationnel.

Ces risques sont réels, notamment dans des groupes où la communication financière prend de l'importance. En effet, pour communiquer avec les différents intervenants sur les marchés financiers, les directions générales ont besoin de disposer des informations opérationnelles susceptibles de mettre en perspective les résultats financiers.

3.2. Les indicateurs de contexte

Lors de l'élaboration de tableaux de bord, se pose aussi la question de l'intégration à ces tableaux de bord d'indicateurs portant sur le contexte, comme les variations du cours des matières premières, des informations sur l'évolution de la concurrence, etc. Aucune des méthodes présentées précédemment ne répond à cette question. Du point de vue du pilotage, il semble pertinent de définir de tels indicateurs dont la vocation est alors de contrôler si les hypothèses sur lesquelles reposent la stratégie, le modèle de performance, les priorités ou les cibles de la période sont vérifiées. Une évolution de l'environnement non conforme à ce qui avait été anticipé peut conduire à réexaminer l'un ou l'autre de ces éléments.

Ces indicateurs sont construits lors de l'élaboration du modèle de performance de l'entreprise, ou encore au cours du processus de planification. En effet, c'est au cours de ces processus qu'émergent les hypothèses sur lesquelles reposent modèle ou prévisions.

Encadré 6.8

Exemple

Au cours de la construction du budget, on peut faire des arbitrages entre plusieurs plans de vente fondés sur des hypothèses alternatives concernant le lancement de produits par les concurrents. On peut alors mettre en place un indicateur de contexte permettant de suivre les lancements de produits par les concurrents.

3.3. Le lien avec les incitations

Les indicateurs sont souvent choisis pour déterminer les objectifs sur lesquels les managers seront évalués et auxquels seront associés des systèmes de sanction/récompense, comme par exemple des primes.

L'articulation entre la construction des modèles de performance et les incitations est une question délicate. Ainsi, on peut noter que, dans leur premier ouvrage, Kaplan et Norton (1996) ne se prononçaient pas clairement sur la pertinence de lier les objectifs de la carte stratégique aux primes.

L'idée la plus simple consiste à fixer un nombre réduit d'objectifs à chaque responsable en y associant une formule de prime. Le nombre d'objectifs est nécessairement très limité : augmenter le nombre d'objectifs conduit à diluer le caractère incitatif de chacun d'entre eux. En vertu de cette approche, les responsables opérationnels restent libres de choisir les leviers sur lesquels agir pour atteindre leurs objectifs.

Dans la méthode OVAR, cela conduit à ce que les objectifs (O) coïncident avec les éléments sur lesquels sont fondées les primes des responsables. Le suivi des variables d'action est alors un moyen pour le responsable d'augmenter ses chances d'atteindre ses objectifs et de bénéficier d'une prime élevée.

Cette idée simple n'est souvent pas pertinente en pratique. En effet, nous avons vu qu'en réduisant le nombre d'objectifs, même s'ils sont traduits en leviers d'action pertinents, il est possible de couvrir les priorités, mais non de mettre sous contrôle les paramètres clés de la performance. Or, il est nécessaire que les responsables veillent également à ce qu'il n'y ait pas de dérive sur ces paramètres. De plus, il est possible d'inciter à l'atteinte d'un résultat sans formule de prime, par exemple par l'implication directe du supérieur dans le suivi d'un sujet[1].

Aussi, plutôt que de structurer les tableaux de bord en fonction des objectifs servant de support aux incitations, nous recommandons de construire les tableaux de bord pour couvrir les priorités stratégiques et mettre sous contrôle l'organisation. Ensuite, on pourra s'interroger sur la façon dont les objectifs peuvent être suivis par la hiérarchie : délégation associée à un système de sanction/récompense ; implication directe du supérieur hiérarchique avec une revue régulière du sujet correspondant en réunion de gestion ; implication de l'ensemble de la ligne opérationnelle sur un sujet spécifique, avec possibilité d'une communication directe entre des personnes séparées par plusieurs niveaux hiérarchiques.

3.4. La subjectivité de la représentation en indicateurs

La représentation de l'activité d'une entité ou d'un responsable en objectifs et en indicateurs donne une apparence d'objectivité. Il est donc tentant de confondre cette représentation avec l'activité réelle. Pourtant, comme la présentation de ces méthodes le souligne, elle est le fruit de nombreux choix et est donc, par nature, extrêmement subjective : deux responsables successifs construiront des tableaux de bord différents pour les entités qu'ils dirigent.

1. C'est notamment le cas dans le mode interactif d'utilisation de la mesure décrit par Simons : les incitations sont alors plus subjectives, fondées sur l'observation d'un effort et ne reposent pas sur l'application d'une formule permettant de calculer automatiquement le montant d'une prime en fonction de l'observation de résultats.

Par conséquent, il est essentiel (bien qu'insuffisant) que les acteurs intéressés participent à l'élaboration de la grille O/VA ou de la carte stratégique les concernant.

De même, il convient d'être conscient de cette subjectivité lorsque l'on utilise ces indicateurs. En effet, il n'est pas possible d'assimiler l'activité (ou le travail) réelle d'un individu à la mesure de cette activité par des indicateurs. Une telle assimilation est potentiellement porteuse de risques pour les individus. Pour limiter ces risques, il faut que les indicateurs soient utilisés dans le cadre de procédures qui permettent une évaluation du travail réel, ce qui signifie que l'utilisation mécanique des indicateurs pour cette évaluation, par exemple pour la détermination de primes, doit rester limitée.

Conclusion

Ce chapitre complète le précédent en présentant des principes et des éléments de méthodes pour construire un système cohérent de tableaux de bord, c'est-à-dire pour articuler les tableaux de bord des différentes entités d'une organisation. Cet enjeu reste peu abordé par les ouvrages consacrés aux méthodes les plus répandues de construction de tableau de bord. S'il est rare de devoir construire *ex nihilo* un tel système, ces principes sont toutefois essentiels pour faire évoluer des systèmes existants en améliorant leur cohérence. Nous avons aussi abordé quelques questions d'approfondissement relatives à l'articulation des indicateurs et à l'utilisation d'indicateurs comme support à des incitations.

Ce chapitre étant le dernier de la partie 1 de cet ouvrage, il est l'occasion de faire un récapitulatif concernant les différents systèmes de mesure. Dans l'introduction générale de l'ouvrage, nous avions annoncé que les outils de pilotage et, en particulier, les systèmes de mesure pouvaient répondre à des problématiques multiples. La question des avantages et inconvénients des indicateurs financiers et non financiers peut être resituée par rapport à ces différentes problématiques. Nous avons développé les différents avantages des mesures non financières dans une optique d'évaluation de la performance des activités. Ces mesures permettent de dépasser certaines limites des indicateurs financiers notamment en termes de capacité à comprendre les causes de la performance et à se placer dans une optique de long terme. Les indicateurs non financiers sont aussi nécessaires pour l'évaluation de la performance des responsables aux niveaux décentralisés pour permettre de circonscrire les éléments contrôlables par ces responsables. Symétriquement, les indicateurs financiers présentent l'avantage d'être synthétiques et donc de pouvoir être facilement utilisés comme support à des systèmes d'incitations. En effet, lorsque l'on multiplie les indicateurs, la force des incitations, par exemple sous forme de prime à l'atteinte des objectifs, est réduite. Ces arguments doivent aussi être appréciés au regard des avantages et des limites de l'utilisation d'indicateurs comme support à des systèmes d'incitation (voir sections 3.3. et 3.4).

Par ailleurs, nous pouvons désormais positionner les méthodes de façon plus précise dans la matrice des systèmes de mesure.

Les indicateurs financiers présentés au chapitre 3 (résultat net, résultat opérationnel, NOPAT, EBIT, EVA, etc.) se positionnent, à la base, dans le carré 1 de la figure 6.6 (en haut à gauche) : ce sont en effet des mesures de la performance de l'organisation de type financier.

Mais nous avons vu au chapitre 4 que ces indicateurs pouvaient permettre d'évaluer la performance de segments d'activité plus fins. Cela suppose toutefois de déconcentrer le calcul des coûts et des marges pour l'appliquer non plus globalement à l'organisation, mais à chacun des segments d'activité ; c'est le rôle de la comptabilité de gestion. Celle-ci se situe donc plutôt dans le carré 2 (en bas à gauche), mais présente une zone de recouvrement avec les indicateurs financiers cités, puisque l'on peut calculer des résultats nets, EBIT, EVA, etc., au niveau local.

En ce qui concerne l'évaluation des centres de responsabilité, la pertinence des indicateurs financiers en question est conditionnée par le degré d'autonomie de décision et d'indépendance des entités concernées : les centres de profit et d'investissement peuvent ainsi être évalués sur la base de ce type d'indicateurs. En revanche, si on descend à des niveaux de responsabilité inférieurs, un tri entre les éléments contrôlables et les éléments non contrôlables est nécessaire, ce qui est le rôle plus spécifique du *responsibility accounting*, situé donc également dans le carré 2 et présentant, comme la comptabilité de gestion, une zone de recouvrement avec les indicateurs financiers globaux. Le caractère financier de ce système de mesure le réserve toutefois encore à des niveaux de responsabilité assez élevés, dont les plus étroits sont les centres de revenu et les centres de coût. En deçà, les systèmes de mesure financiers perdent leur pertinence et il convient d'utiliser des indicateurs non financiers.

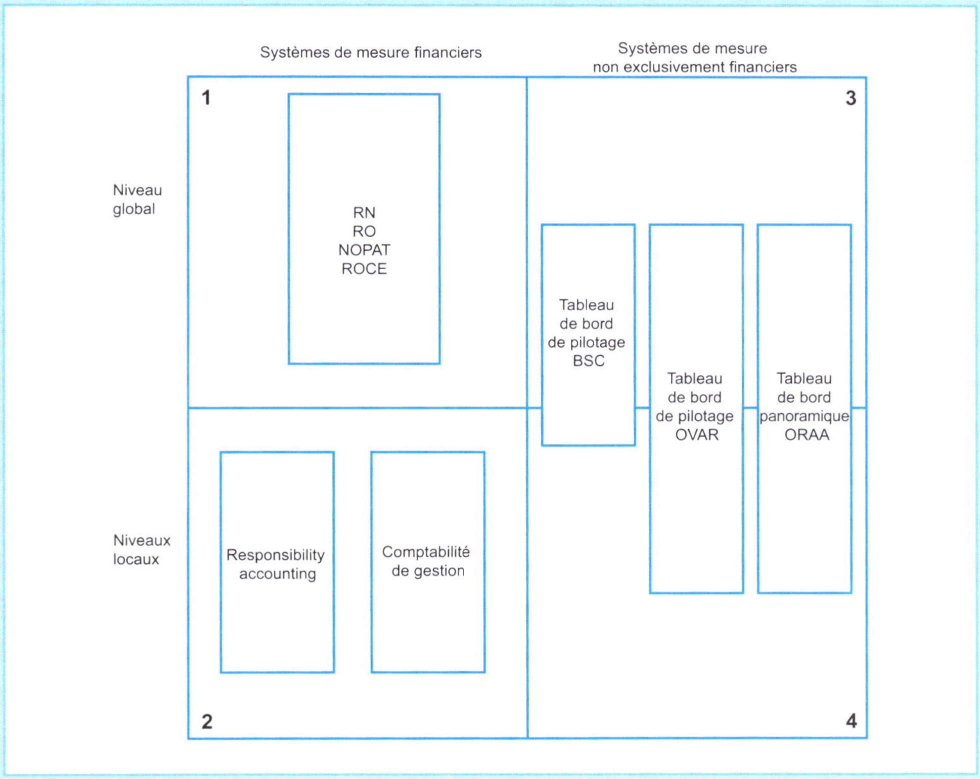

Figure 6.5 – Matrice des systèmes de mesure

La méthode BSC permet de construire des tableaux de bord de pilotage, essentiellement au niveau de SBU. Elle peut aussi être utilisée pour élaborer le TB de pilotage d'une entité fonctionnelle au sein d'une SBU.

La méthode OVAR permet de construire et de déployer les tableaux de bord de pilotage pour n'importe quel type d'entité. C'est aussi le cas de la méthode ORAA pour la mise au point de tableaux de bord panoramiques.

Bibliographie

Fiol Michel, Jordan Hugues et Sulla Emili, *Renforcer la cohérence d'une équipe*, Paris, Dunod, 2004.

Kaplan Robert et Norton David, *The Balanced Scorecard*, Boston, Harvard Business School Press, 1996 ; traduction française : *Le Tableau de bord prospectif*, Paris, Éditions d'Organisation, 1998.

Kaplan Robert et Norton David, *The Strategy-Focused Organization*, Boston, Harvard Business School Press, 2000 ; traduction française : *Comment utiliser le tableau de bord prospectif*, Paris, Éditions d'Organisation, 2001.

Mendoza Carla, Delmond Marie-Hélène, Giraud Françoise, Löning Hélène et de Font-Réaulx Alexis, *Tableaux de bord et balanced scorecards*, Paris, La Revue Fiduciaire, « Guide de gestion », 2005.

Simons Robert, *Levers of Control: How Managers Use Innovative Control Systems to Drive Strategic Renewal*, Boston, Harvard Business School Press, 1995.

Ce qu'il faut retenir

Définitions et concepts

Système de tableaux de bord : ensemble des tableaux de bord d'une organisation. Pour qu'un système de tableaux de bord soit cohérent, il faut articuler les TB entre les entités et les différents types de TB (de pilotage et panoramique).

Messages clés

- Les tableaux de bord « locaux » servent à la fois à l'autocontrôle par les entités et au *reporting* de gestion.
- On peut trouver des tableaux de bord de pilotage à tous les niveaux de l'organisation. En revanche, il n'est pas pertinent de construire un TB panoramique pour une entité ne disposant pas d'un analyste chargé de le suivre.
- L'articulation entre les tableaux de bord de différents niveaux conduit à retenir certains leviers d'action du niveau $n + 1$ comme objectifs du niveau n et à ne remonter dans le TB du niveau $n+1$ que les objectifs du niveau n. Ce principe doit être adapté aux cas du TB de pilotage et du TB panoramique.
- Les tableaux de bord des entités identiques et indépendantes doivent comporter une part d'indicateurs communs et une part spécifique.
- Les tableaux de bord d'entités dépendantes doivent inclure des indicateurs communs, en nombre limité.
- La construction d'un système de tableaux de bord passe par l'articulation des TB entre entités, mais aussi par l'articulation entre TB de pilotage, TB panoramique et TB interactif.
- Aucune méthode ne propose un cadre structuré pour aborder globalement la question de la construction d'un système de tableaux de bord.
- La méthode OVAR fournit un cadre pour articuler des tableaux de bord de pilotage de différents niveaux. Ce cadre peut être étendu pour traiter l'articulation de tableaux de bord panoramiques. Aucune mise en œuvre n'a toutefois été documentée.
- Il faut limiter la remontée d'informations non financières à la direction générale aux TB de pilotage et au TB interactif.
- Les méthodes présentées ne permettent pas la construction d'indicateurs de contexte. Ceux-ci peuvent être déterminés à l'occasion de la construction des tableaux de bord ou lors de la construction des prévisions.
- Il faut dissocier la construction des tableaux de bord de la détermination des objectifs servant de support aux primes.
- Il ne faut pas perdre de vue le caractère subjectif de la représentation de l'activité en indicateurs, à la fois pour leur construction et pour leur utilisation.

Activités

Quiz

- À quels types d'entité la méthode BSC est-elle appropriée ? Pourquoi ?
- Comment les objectifs du BSC sont-ils déployés en pratique ?
- Comment faut-il aménager les perspectives du BSC pour l'adapter au cas d'une entité fonctionnelle ?
- Pourquoi n'est-il pas pertinent de partir des objectifs sur lesquels sont fondés les systèmes de primes pour construire les TB ?

Exercice 6.1 : Analyse critique d'un tableau de bord local

Le tableau de bord suivant est celui de chaque directeur d'agence d'une banque en réseau. Il s'agit donc de la partie locale du système de tableaux de bord du réseau.

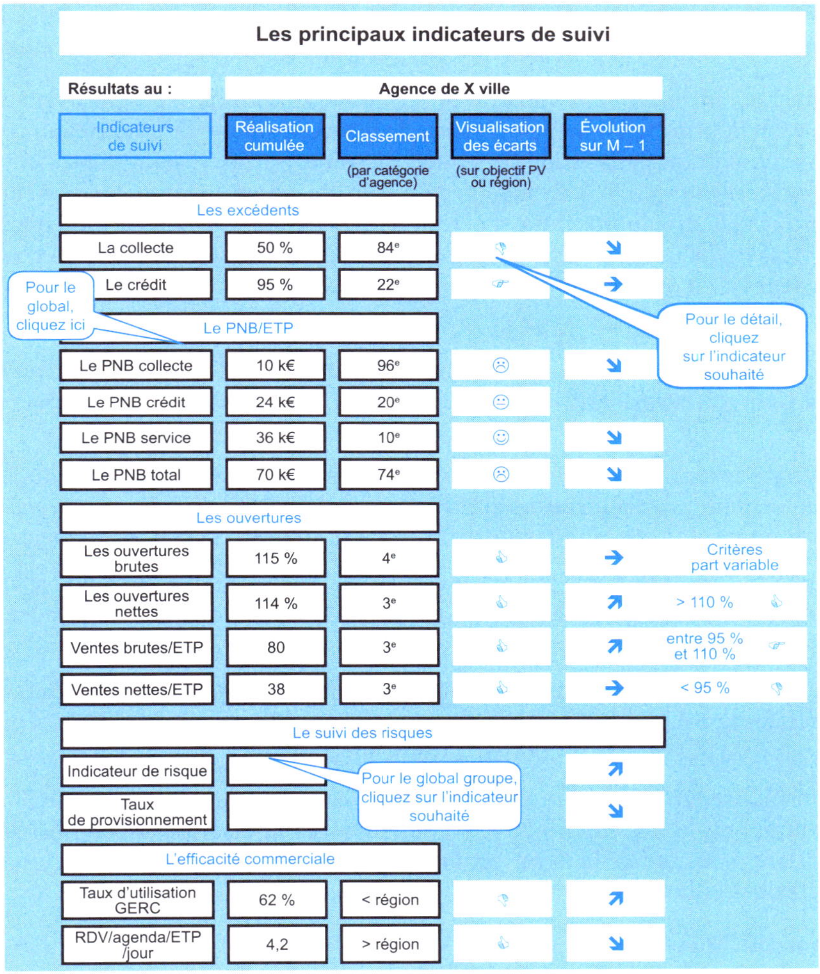

Figure 6.6 – Les principaux indicateurs de suivi

Le sigle PNB signifie « produit net bancaire ». Cet indicateur peut être considéré comme l'équivalent du chiffre d'affaires pour une activité non bancaire. Le sigle ETP signifie « équivalent temps plein », c'est une mesure de l'effectif.

Faites une analyse critique de ce tableau de bord au regard des principes et des règles présentés dans les chapitres 5 et 6.

Exercice 6.2 : « Yes we can »

Georges Lucas est le patron de l'unité opérationnelle (UO) « *steel can* » de la division « *packaging* », l'une des plus petites divisions d'un important groupe sidérurgique européen.

Pour mieux concurrencer la production de « *cans* » en aluminium et renforcer sur ce marché la position de son UO, il mène un projet de développement d'un nouveau processus de fabrication permettant l'utilisation de feuilles d'acier très minces pour la production d'une « *super light steel can* » (SLSC). Beaucoup d'arguments, notamment techniques, permettent de penser que ce nouveau produit peut trouver sa place sur un marché très concurrentiel : il assure aux clients un gain de poids (donc un impact fort sur les coûts de transport) et des coûts de mise en œuvre avantageux. Il offre aussi un bilan écologique particulièrement favorable.

Bien que les procédés de fabrication d'un tel produit soient parfaitement maîtrisés par son unité, Georges Lucas hésite à se lancer dans son industrialisation et ce pour plusieurs raisons :

- l'équilibre économique de l'investissement industriel requis et les coûts de développement nécessitent une meilleure valorisation du produit. Cela implique de vendre un peu plus cher un produit sur un marché où la concurrence par les prix est féroce ;
- les vendeurs sont largement appréciés sur les tonnages vendus, plus que sur le chiffre d'affaires ou la marge brute théorique : auront-ils la même motivation à vendre plus cher moins d'acier ?
- dans les principaux indicateurs des tableaux de bord du groupe, figurent en bonne place des indicateurs volumiques, notamment les tonnages d'acier produits, et des indicateurs de coûts, particulièrement le coût de la tonne produite ;
- sa performance en tant que responsable d'UO est très orientée sur le ROCE et le coût de la tonne ; or, le lancement du SLSC suppose des investissements industriels et une augmentation du coût de la tonne produite (coûts directs de *process* et cascade des coûts indirects de production attachés).

Quelles modifications dans les tableaux de bord de pilotage et/ou panoramiques du groupe, de l'UO et des vendeurs suggérez-vous, afin de permettre et de piloter le lancement de ce nouveau produit ?

PARTIE II

Le processus de contrôle de gestion

La partie I a présenté les différents systèmes de mesure de la performance, leurs finalités et leurs principes d'élaboration. Qu'ils soient financiers ou non financiers, de niveau global ou local, les indicateurs construits dans le cadre de ces systèmes structurent la dynamique de pilotage que nous allons aborder dans cette deuxième partie.

Le chapitre 7 s'attachera à la présentation de la démarche prévisionnelle, dont nous allons voir qu'elle s'appuie sur différents outils de planification. Il mettra cependant l'accent plus spécialement sur l'un de ces outils : le budget. Là encore, une attention particulière sera apportée aux finalités poursuivies, ce d'autant plus que celles-ci présentent des zones conflictuelles que nous apprécierons.

Le chapitre 8 mettra l'accent sur la phase aval du processus, l'analyse des résultats, et présentera différentes façons de procéder à ce stade.

L'articulation avec la partie I se fera donc selon le schéma suivant :

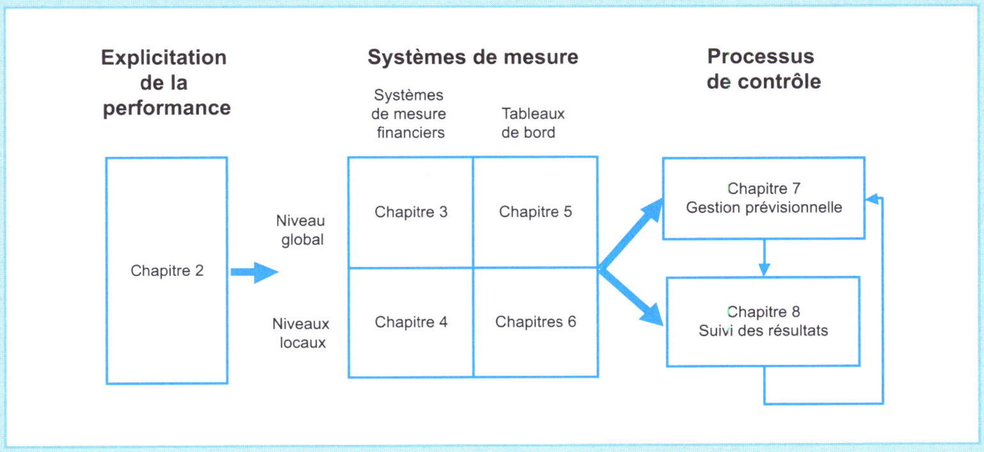

Figure II.1 – Un processus de pilotage structuré par les systèmes de mesure de la performance

Chapitre 7
La gestion prévisionnelle

Introduction

La gestion prévisionnelle* ou planification constitue l'un des processus les plus complets de contrôle économique et financier de l'entreprise. Comme nous l'avons vu dans le premier chapitre, les outils de gestion prévisionnelle diffèrent selon l'horizon temporel considéré. À long terme, il s'agit d'élaborer des plans stratégiques*, déclinés ensuite en plans opérationnels* à moyen terme, et précisés à l'horizon de l'année dans le cadre des budgets*. Les budgets constituent le dispositif de gestion prévisionnelle le plus fréquemment utilisé ; en pratique, la quasi-totalité des entreprises ou organisations disposent d'un processus budgétaire. Par exemple, une enquête réalisée par le Hackett Group en 2007 indique que 97 % des entreprises répondantes emploient la gestion budgétaire.

Dans ce chapitre, nous présenterons successivement les principes (section 1) et la mise en œuvre opérationnelle (section 2) de la gestion prévisionnelle. Nous avons retenu cette approche consistant à analyser d'abord les finalités et fonctions de la gestion de prévisionnelle, afin d'éviter l'écueil d'une trop grande focalisation sur les aspects techniques des dispositifs de planification. En effet, avant de comprendre comment fonctionnent les dispositifs de gestion prévisionnelle, il nous semble important de comprendre pourquoi les entreprises ou organisations les utilisent. Cette question du pourquoi, comme nous le verrons, n'est pas triviale : les fonctions et finalités des dispositifs de gestion prévisionnelle sont multiples, parfois contradictoires ; les combiner n'est pas simple et suppose d'en comprendre et d'en maîtriser les enjeux.

1. Les principes

Le processus de contrôle de gestion s'appuie sur la planification et sur le suivi et l'analyse des résultats (voir figure 1.1 du chapitre 1). Nous présenterons en premier lieu la finalité générale de la gestion prévisionnelle, puis nous nous intéresserons aux fonctions qui lui sont assignées.

Afin de simplifier la présentation de ces fonctions, nous nous situerons dans un premier temps au niveau d'une entité particulière : il peut s'agir de l'entreprise ou de l'organisation prise dans son ensemble, comme d'une entité au sein de cette entreprise (une division par exemple)[1]. L'objectif est de mettre en évidence en premier lieu les fonctions que la planification assure *au*

1. La plupart des développements qui suivent concernent indifféremment les entreprises, qu'elles soient privées ou publiques, ainsi que tout autre type d'organisation. Pour faciliter la lecture, nous nous référerons aux seules entreprises dans le corps du texte. Sauf précision en ce sens, nous entendrons à chaque fois par là qu'il s'agit bien d'entreprises ou organisations.

sein de cette entité. En deuxième lieu, nous élargirons le spectre à l'ensemble de la structure, pour dégager les fonctions supplémentaires induites par la multiplicité des acteurs et entités.

Enfin, nous étudierons les difficultés liées à certaines incompatibilités entre les multiples fonctions de la démarche prévisionnelle.

1.1. La finalité générale de la gestion prévisionnelle

La gestion prévisionnelle a pour but de projeter l'entreprise dans l'avenir dans une optique de progrès, en construisant un système cohérent d'objectifs, de plans d'action et de ressources (voir l'exemple de l'encadré 7.1).

Encadré 7.1

Objectifs, plans d'action, ressources – Comment gagner le rallye-raid Dakar ?

Le but principal de la plupart des participants au rallye-raid Dakar est de gagner l'épreuve. Pour accomplir cet objectif, les participants doivent déterminer comment ils pensent l'atteindre, c'est-à-dire qu'ils doivent élaborer un plan d'action (entraînement physique, participation à des compétitions similaires, levée de fonds) et définir les moyens nécessaires à la réalisation du projet (choix du véhicule et de la cylindrée, type de carburant, modèle de pneumatiques, équipe de mécaniciens). La préparation physique et technique est indispensable pour bien préparer la course, anticiper les difficultés et éviter les erreurs dans le déroulement de l'épreuve.

Le choix optimum du plan d'action et des ressources se fera en fonction de l'expérience et de la formation du participant ainsi que de données sur l'environnement, comme les conditions climatiques probables, le kilométrage à parcourir, la configuration du terrain et la qualité des concurrents engagés dans la course.

La préparation du rallye pourrait se résumer de la façon suivante :

- **définir un objectif :** dans notre exemple, il s'agit de gagner, mais on aurait pu envisager un autre objectif, comme le fait de seulement participer à la course ;
- **construire des plans d'action cohérents avec l'objectif choisi :** il s'agit pour les équipes de se préparer physiquement, de s'inscrire à des épreuves analogues, d'effectuer un voyage de repérage, d'étudier la cartographie, mais aussi d'établir une liste de sponsors potentiels pour financer l'épreuve et de prendre contact avec eux pour leur présenter le projet ;
- **choisir et réunir l'ensemble des ressources nécessaires :** moyens opérationnels (véhicule, pneumatiques, carburant) ; compétences et moyens humains (pilote et copilote, équipe de maintenance et de suivi) ; ressources financières (apport personnel, prêt bancaire, sponsors externes).

Lorsque les dirigeants d'une entreprise ou d'une organisation engagent une démarche prévisionnelle, des questions similaires se posent à eux :

- Quels sont les objectifs à atteindre dans les prochaines années ? Cela peut être un objectif de croissance du volume de ventes, d'augmentation de la part de marché, de réduction des coûts, etc.
- En fonction des données de l'environnement et de la situation actuelle de l'entreprise, comment anticiper les difficultés et les opportunités à venir ? Comment peut-on se mobiliser pour atteindre l'objectif ? Autrement dit, quels sont les plans d'action à mettre en œuvre ?
- Quelles ressources sont nécessaires pour réaliser ces plans d'action ? De quels moyens opérationnels a-t-on besoin ? De quelles compétences doit-on disposer, quantitativement et qualitativement ? Quelles sont les ressources financières nécessaires pour cela ?

La gestion prévisionnelle offre un cadre de réflexion dans lequel l'entreprise dessine l'avenir qu'elle désire et choisit des orientations pour garantir un développement cohérent et améliorer sa performance, tout en gérant les grands équilibres de l'entreprise.

La gestion prévisionnelle constitue un processus dynamique. La réflexion évolue en fonction des données de l'environnement, du diagnostic de la situation et des marges de manœuvre dont disposent les dirigeants de l'entreprise.

L'objectif consiste à identifier des axes de progrès en analysant, par exemple, le cycle de vie des produits en portefeuille (les produits vieillissants et obsolètes apportent peu de revenus ; en revanche, les produits innovateurs, consommateurs de ressources dans leur phase de lancement, peuvent être plus rentables à moyen terme), ou bien en choisissant des investissements qui améliorent la capacité de production et de commercialisation, ou encore en soutenant et en accompagnant les projets d'innovation. De manière générale, la démarche prévisionnelle devrait favoriser la recherche de gains de productivité, de sauts de performance.

Cadre de réflexion, la gestion prévisionnelle est aussi un cadre pour l'action. Si, à court terme, les dirigeants n'ont parfois que peu de latitude pour agir, à moyen et long termes les marges de manœuvre dont ils peuvent disposer sont beaucoup plus grandes. Symétriquement, savoir où l'on veut aller à moyen et long termes permet de définir des étapes, des principes ou des politiques qui guident la prise de décision au jour le jour des responsables de l'entreprise et leur permettent de corriger la trajectoire en cas de dérive.

La gestion prévisionnelle permet d'organiser et de gérer le changement. Gérer le changement suppose de former et motiver les collaborateurs de l'entreprise de telle sorte qu'ils puissent comprendre les enjeux des modifications de l'environnement et qu'ils soient prêts à accompagner l'évolution de l'organisation. Les actions de formation permettent aussi de s'assurer que l'entreprise disposera des compétences et du savoir-faire dont elle aura besoin.

Une fois que les plans d'action ont été définis, il convient de les valoriser afin d'évaluer leurs conséquences financières et de chiffrer les résultats prévisibles. Il s'agit de la phase de prévision pendant laquelle sont évalués les objectifs de résultat poursuivis.

De l'objectif global de l'entreprise découlent des objectifs et des plans d'actions locaux, c'est-à-dire au niveau des différentes entités de l'entreprise. Ces plans d'action doivent être coordonnés entre eux (voir l'exemple de l'encadré 7.2). La construction et le choix de plans d'action en accord avec les objectifs de performance sont une des principales finalités de la démarche prévisionnelle, pour garantir le développement cohérent dans une optique de progrès.

Encadré 7.2

Objectifs, plans d'action et prévisions

- **Objectif :** L'entreprise E se fixe un objectif ciblé de rentabilité des capitaux investis après impôts de 12 % au 31 décembre 201*n* .

- **Plan d'action :** Cet objectif global se décline ensuite en objectifs et en plans d'action locaux. Ils sont attribués à des entités responsables de les mettre en œuvre dans des délais spécifiques. Ces objectifs locaux sont interdépendants et doivent donc être coordonnés entre eux par l'intermédiaire des plans d'action. Par exemple, l'objectif de réduction de 5 % des coûts de production ne pourra être atteint que si le bureau d'études et le service « production » travaillent ensemble : le bureau d'études en développant un nouveau procédé de fabrication et le service « production » en réalisant des essais et en déployant le nouveau procédé. Par ailleurs, le service « achats » contribue également à la réduction des coûts de production en prospectant et négociant des contrats avec de nouveaux fournisseurs moins onéreux.

Tableau 7.1 – Objectifs locaux et plans d'action

Objectifs locaux (Qui ?)	Plans d'action (Comment ?)	Entité (Qui ?)	Temps (Quand ?)
Augmenter le chiffre d'affaires de 5 %	Recrutement et formation d'un commercial	Commercial	31/12/201*n*
Réduire les coûts de production de 5 %	Négociations avec de nouveaux fournisseurs	Achats	31/03/201*n*
	Nouveau procédé de production plus rapide	Bureau d'études	31/03/201*n*
	Test du nouveau procédé	Production	30/04/201*n*
	Mise en place du nouveau procédé		30/06/201*n*
Réduire les frais de structure de 20 %	Négociation des loyers, des contrats d'assurance…	Administratif	30/06/201*n*
Augmenter la rotation des stocks (maximum 20 jours de vente)	Planification optimisée de la fabrication en fonction de la saisonnalité et augmentation du volume de ventes	Commercial Production	30/06/201*n*
Diminuer le crédit client (2 mois maximum de CATTC)	Renégociation des délais de paiement avec les clients	Financier Commercial	31/12/201*n*

- **Projections financières :** Les différentes actions prévues sont valorisées et leurs conséquences financières traduites dans les états financiers de l'entreprise : le compte de résultat, le bilan et le tableau de flux.

Tableau 7.2 – Projections financières

	Réel au 31 décembre 201n – 1 (en millions d'euros)	Prévisions au 31 décembre 201n (en millions d'euros)
Chiffre d'affaires	3,8	4
Coûts de production	2	1,9
Frais de structure	0,8	0,6
Marge	**1**	**1,5**
Immobilisations nettes	8,4	9,5
Stocks	1,3	1,2
Clients	1,3	1,2
Total actif	**11**	**11,9**
Rentabilité des capitaux investis	9 %	12 %

Encadré 7.2 (suite)

1.2. Les fonctions de base

Afin de faciliter l'analyse des fonctions de base de la gestion prévisionnelle, nous nous situerons au niveau global de l'organisation, tout en sachant que ces fonctions s'appliquent également au sein de chaque entité. Nous dégagerons trois fonctions de base liées à l'objectif de pilotage de la performance :

- l'anticipation ;
- la régulation ;
- l'apprentissage.

Nous évoquerons également un rôle important, quoique moins directement lié à l'objectif de pilotage : les prévisions établies dans le cadre de la gestion prévisionnelle permettent aussi d'asseoir la communication avec les partenaires financiers de l'entreprise.

1.2.1. L'anticipation

La démarche prévisionnelle est l'occasion pour les acteurs de l'entreprise de faire le point de manière formelle et programmée sur leurs activités en s'astreignant à sortir du « feu de l'action ». En effet, les responsables doivent gérer quotidiennement de nombreuses décisions, souvent dans l'urgence. Les possibilités de mettre en perspective leurs activités par rapport à des objectifs de long terme sont rares ; c'est l'une des fonctions de la planification d'instituer ces phases de réflexion.

Anticiper consiste à définir des valeurs ou des hypothèses pour certains facteurs qui portent, par exemple, sur l'environnement économique général, la tendance sur les marchés sur lesquels l'entreprise exerce ses activités, l'intensité de la concurrence. C'est aussi, de manière plus large, construire pour l'entreprise un positionnement – celui que les dirigeants de l'entreprise souhaitent pouvoir atteindre, compte tenu des hypothèses retenues sur l'évolution du contexte. Il s'agit donc d'envisager les activités nouvelles à développer, les marchés alternatifs pour les produits ou services de l'entreprise. Les managers sont alors invités à faire preuve d'initiative et de créativité pour proposer de nouvelles idées qui contribueront à améliorer la performance de l'entreprise.

Anticiper permet également de retrouver, ou de créer, des degrés de liberté pour le développement des activités de l'entreprise. À court terme, la marge de manœuvre sur les options opérationnelles est souvent réduite. Par exemple, si l'organisation envisage la remise en question de la politique commerciale, elle doit tenir compte de l'inertie des clients face à une nouvelle politique de prix, de service ou de distribution. Si elle souhaite remettre à plat le processus de production, des analyses techniques poussées, des investissements spécifiques ou la formation de personnel spécialisé seront sans doute nécessaires. La mise en œuvre de nombreuses décisions opérationnelles demande un certain délai et ne peut aboutir en général qu'à moyen terme. Ces décisions peuvent concerner, par exemple, la réorientation de la politique commerciale en prospectant de nouveaux marchés, le renouvellement de la gamme de produits, le *reengineering* du processus de production, l'évolution de la structure de l'organisation.

Parallèlement, l'entreprise doit analyser ses besoins de financement et vérifier qu'elle pourra disposer des ressources financières nécessaires au développement de ses projets. Si les ressources d'origine interne (autofinancement, utilisation de trésorerie excédentaire, voire cession d'actifs) sont insuffisantes, des ressources externes (augmentation de capital ou emprunt) devront être trouvées. Convaincre actionnaires ou banquiers de participer au financement des projets de l'entreprise demande du temps. Investisseurs et partenaires financiers attacheront beaucoup d'importance à la qualité de la communication financière de l'entreprise (voir la section 1.2.4 ci-après).

C'est pour cela qu'il est important d'anticiper les décisions qui ne peuvent être mises en œuvre immédiatement.

Encadré 7.3

L'exemple de l'expansion de Simple Stores

La société multinationale Simple Stores, spécialisée dans la distribution de produits culturels, a décidé dans le cadre de son plan stratégique de s'implanter sur le marché français. Elle prévoit l'ouverture d'un magasin à Paris en novembre 201*n* et l'implantation de surfaces spécialisées similaires dans les grandes agglomérations de province dans les mois suivants. Bien que Simple Stores dispose déjà de l'emplacement parisien et des fonds nécessaires au financement de son expansion, elle ne peut exécuter immédiatement son projet. En effet, elle doit au préalable programmer un certain nombre de plans d'action : réaliser les travaux de mise en conformité et d'aménagement du local commercial, obtenir les autorisations indispensables à son ouverture, puis recruter et former le personnel nécessaire à l'exploitation du site, référencer les produits, constituer les stocks et prévoir une campagne publicitaire de lancement du magasin, entre autres. Le déploiement de l'enseigne sur le marché français est une décision anticipée qui a été étudiée, validée et planifiée longtemps à l'avance.

La fonction d'anticipation est primordiale car certaines décisions d'investissements engagent l'entreprise sur le long terme et sont irréversibles. Dans le cas de Simple Stores, les travaux de conformité et d'aménagement des magasins représentent des investissements appelés à être amortis sur plusieurs années – cinq, voire dix ans.

Anticiper permet en outre d'articuler entre eux les différents horizons temporels sur lesquels l'entreprise prévoit de déployer ses plans d'action. Par exemple, prévoir une progression de ventes sur un marché en forte croissance suppose que l'entreprise dispose de la capacité de production ou d'approvisionnement correspondante. Si la capacité n'est pas suffisante et ne permet pas de couvrir le programme de vente, l'entreprise doit envisager d'investir dans de nouvelles installations, de réorganiser ses ateliers de production afin de réaliser des gains de productivité, d'embaucher et de former du personnel supplémentaire. En parallèle, elle doit étudier les conséquences financières de la politique d'investissement et de recrutement et vérifier qu'elle dispose des fonds nécessaires pour couvrir les dépenses à venir et, sinon, envisager un financement externe (emprunt bancaire, appel aux actionnaires).

Les prévisions budgétaires apportent, à court terme, des éléments pour gérer la chaîne d'approvisionnement et de distribution. Dans le cadre des approvisionnements, si l'entreprise négocie des contrats à long terme avec les fournisseurs afin de réduire ses coûts, elle doit, lors des négociations, communiquer à ses partenaires l'estimation annuelle des commandes et les informer dans les plus courts délais de changements, afin qu'ils puissent ajuster leur niveau de production et respecter les coûts négociés. En ce qui concerne la distribution, la réflexion menée dans le cadre de la gestion prévisionnelle est l'occasion de revoir le circuit de distribution ou d'envisager de nouvelles modalités de commercialisation (mise en place d'automates, négociations avec de nouveaux représentants, commerce électronique).

La fonction d'anticipation de la gestion prévisionnelle permet à l'entreprise d'être réactive face au changement de l'environnement, d'éviter des erreurs à court terme et d'anticiper les difficultés en identifiant les marges de manœuvre disponibles.

1.2.2. La régulation

La deuxième fonction de la gestion prévisionnelle est de contribuer à la fonction de régulation de la performance (voir chapitre 1) : elle fournit des standards de référence qui serviront à apprécier sa performance réelle. La comparaison périodique des réalisations avec ces standards indiquera si l'entreprise est sur la bonne voie pour atteindre ses objectifs, la détection et l'analyse des écarts offrant à l'organisation la possibilité de mettre en œuvre des actions appropriées pour ajuster la trajectoire par rapport aux dérives.

À court terme, les objectifs budgétaires sont des jalons qui permettent d'apprécier la performance. En effet, si l'entreprise dégage une perte d'exploitation, il convient d'examiner ce résultat en le comparant à l'objectif budgétaire. L'analyse de l'écart mettra en évidence soit une amélioration, soit une dégradation par rapport à l'objectif et pourra renseigner de la sorte sur l'évolution de la performance. Le suivi régulier de l'avancement des résultats réels par rapport à la référence budgétaire permet à l'entreprise de détecter rapidement les écarts et de prendre des mesures correctives pour atteindre l'objectif fixé. Ce processus de suivi et de contrôle périodique fonctionne en boucle et se dénomme « boucle de régulation » (voir figure 1.4 du chapitre 1).

La planification a pour but d'anticiper les difficultés que l'entreprise est susceptible de rencontrer, que ce soit pour atteindre ses objectifs ou pour mettre en œuvre ses plans d'action. Elle permet d'analyser les risques : dans quelle mesure les activités de l'entreprise vont-elles être impactées si l'environnement général n'évolue pas tel que prévu initialement (approfondissement d'une situation de crise économique, retour de l'inflation par exemple), si l'entreprise doit faire face à une concurrence accrue, si son offre de produits ou services ne trouve pas le succès escompté ? Fixer des jalons permettra de confronter les réalisations à ces références définies au moment de la planification et d'alerter les managers, le cas échéant. Ces jalons ou références portent autant sur des indicateurs de résultat que sur le suivi de la réalisation des plans d'action. Réfléchir à différents scénarios par rapport à ces références permet aussi d'identifier et d'évaluer les actions correctrices susceptibles d'être mises en œuvre si une adaptation des plans d'action retenus dans le cadre de la planification devenait nécessaire.

Encadré 7.4

L'exemple de Simple Stores

Après six mois d'exploitation, les résultats de l'activité sont très contrastés pour le magasin parisien et les deux magasins ouverts en province.

À Paris, l'ouverture du magasin a été un véritable succès commercial et les ventes ont été de 20 % supérieures aux prévisions initiales. Les clients ont été conquis par le concept de commercialisation proposant un référencement de produits très large, une mise en avant des produits attrayante, des vendeurs disponibles, des conseils de qualité et une grande amplitude horaire (ouverture tous les jours de la semaine de 10 h à minuit).

En province, le concurrent direct de l'enseigne a décidé de contre-attaquer face à l'offensive commerciale de Simple Stores en déclenchant une guerre des prix : une remise de 20 % a été consentie sur toutes les nouveautés qui représentent habituellement entre 30 à 40 % du chiffre d'affaires suivant les rayons. Cette guerre des prix diminue la contribution des magasins, en pourcentage du chiffre d'affaires.

Ce scénario n'est pas celui qui avait servi de référence à Simple Stores pour le déploiement de ses magasins en France. Le fait d'avoir fixé des jalons en termes de progression des ventes et de niveau de marge et d'avoir organisé un suivi de ces indicateurs magasin par magasin a toutefois permis aux dirigeants de détecter suffisamment tôt ces évolutions contrastées entre le magasin de Paris et les magasins de province. L'ouverture progressive des magasins en province a permis d'évaluer la réaction du marché et de la concurrence. Simple Stores avait donc envisagé dès la phase d'anticipation une adaptation de ses plans d'action. Le succès du magasin parisien et le déploiement progressif des magasins en province permettent aux dirigeants de Simple Stores de conserver des marges de manœuvre pour adapter l'offre commerciale sur les villes provinciales. Face aux difficultés rencontrées, les dirigeants pourront décider de faire évoluer les plans d'action à court terme comme à moyen terme.

À court terme, dans les magasins déjà ouverts, pour lesquels des contrats de location ont été signés pour l'exploitation de surfaces de vente, les plans d'action porteront sur la réduction des coûts en réduisant l'amplitude horaire d'ouverture des magasins (par exemple, de 10 h à 21 h seulement), en diminuant les effectifs grâce notamment à une politique de plus grande polyvalence des administratifs et des caissiers et en diminuant le référencement de certains produits grâce à la mise en place de transferts de stocks vers le magasin parisien.

Les plans d'action à moyen terme peuvent également être revus pour ajuster le niveau de dépenses à des prévisions de chiffre d'affaires et taux de contribution révisés à la baisse. Il s'agit, par exemple, pour diminuer les coûts d'investissement et d'exploitation des futurs magasins, de réduire la surface de vente, de négocier avec une plus grande prudence les loyers des locaux commerciaux, de prévoir des budgets d'aménagement moins coûteux, tout en essayant de renforcer le marketing et les ventes, par exemple en développant des partenariats avec d'autres enseignes.

Encadré 7.4 (suite)

À travers cet exemple, nous pouvons observer que les opérations ne se déroulent pas toujours comme prévu, mais que la référence au plan ou au budget guide et oriente la prise de décision afin de réagir le plus rapidement possible. Les méthodes d'analyse d'écarts, que nous présentons dans le chapitre suivant, permettent d'approfondir le diagnostic pour retrouver les causes des écarts constatés. Cet exemple illustre aussi l'importance d'anticiper certaines situations, de faire des simulations et de préparer des programmes d'action pour réagir et modifier la trajectoire si celle-ci n'est pas en phase avec l'objectif.

1.2.3. L'apprentissage

La gestion prévisionnelle permet d'enclencher dans l'entreprise un véritable processus d'apprentissage (figure 7.1). En premier lieu, la mise en évidence des écarts par rapport aux résultats anticipés apporte des éléments sur le pilotage des entités et permet d'ajuster ou de modifier les plans d'action (boucle de régulation). En second lieu, le diagnostic de la situation actuelle et la surveillance de l'environnement alimentent le processus de réflexion stratégique en apportant des informations nouvelles qui peuvent amener l'entreprise à remettre en cause, voire modifier ses objectifs et sa stratégie (boucle d'apprentissage).

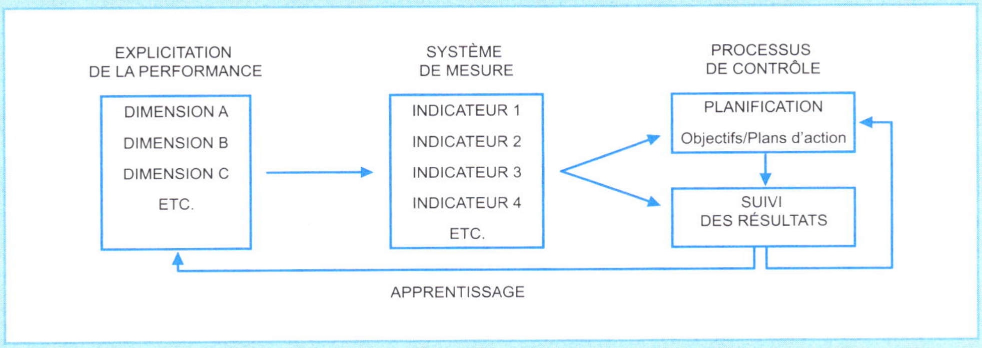

Figure 7.1 – La démarche prévisionnelle : un processus d'apprentissage

L'analyse des écarts entre les performances réelles et les prévisions apporte à l'entreprise une meilleure compréhension de son activité. Comme nous l'avons vu auparavant, une dégradation des résultats par rapport aux prévisions est un signal d'alerte sur d'éventuels problèmes qui peuvent conduire l'entreprise à modifier ses plans d'action, ou bien justifier une remise à plat des hypothèses et du modèle de performance retenus lors de l'élaboration de la stratégie.

Encadré 7.5

L'exemple de Simple Stores

Un an après le début du déploiement de l'enseigne en France, la première année d'exploitation de Simple Stores se traduit par des pertes importantes. Le succès du magasin parisien ne s'est pas démenti, mais, en dépit des nouveaux plans mis en œuvre pour faire baisser les coûts d'exploitation et le point mort des magasins en province, l'activité reste très en deçà des prévisions et le taux de contribution dégagé par les magasins de province (quatre désormais sont en exploitation) atteint à peine 25 % de l'objectif. La guerre des prix initiée par le principal compétiteur de Simple Stores a été redoutable ; le chiffre d'affaires a subi cet effet prix. En raison de la guerre des prix, Simple Stores n'a pas pu capter la part de marché visée : les clients ne se sont pas détournés des enseignes concurrentes au profit de Simple Stores dans les proportions escomptées. Enfin, dans un contexte de crise économique, les consommateurs sont devenus plus sensibles à la variable prix et la guerre des prix entre les enseignes de centre-ville a brouillé le positionnement de Simple Stores par rapport aux rayons de produits culturels des grandes surfaces.

Cette situation conduit Simple Stores à analyser le modèle économique des implantations de province et à revoir sa stratégie d'expansion. L'exploitation des magasins provinciaux fait apparaître que les surfaces de 1 500 m^2 sont surdimensionnées par rapport au marché local. De plus, l'implantation en centre-ville dans des immeubles de caractère est coûteuse, car le loyer, l'investissement initial pour l'aménagement de la surface et le coût de maintenance sont élevés. Enfin, l'amplitude horaire n'est pas justifiée, le volume de ventes après 20 h étant peu significatif. Ces données amènent la direction à modifier son concept de magasin pour les nouvelles ouvertures et à opter pour des surfaces de vente plus petites (de 700 à 1 000 m^2 maximum), de préférence dans des centres commerciaux en périphérie des villes, en réduisant encore l'amplitude des horaires d'ouverture (10 h-21 h) et en proposant un référencement simplifié, adapté à la capacité du marché local.

Cet exemple nous permet de voir que l'apprentissage se fait à partir de l'analyse des hypothèses et du modèle de performance qui ont servi à l'élaboration des prévisions. Dans le cas de Simple Stores, le modèle retenu dans le plan stratégique initial est celui du magasin parisien, mais il s'avère que ce concept n'est pas valable pour la province et que, par conséquent, il doit être remis à plat et adapté aux conditions du marché.

L'apprentissage est alimenté par un processus permanent d'analyse des écarts par rapport au modèle de performance et de validation des hypothèses retenues dans le cadre de la planification. C'est un des enjeux importants de la démarche prévisionnelle, car il permet de remettre en cause la stratégie pour assurer un développement cohérent et durable. Le processus de gestion prévisionnelle peut être qualifié de véritable « machine à apprendre » dans la mesure où il contribue à la maîtrise de l'activité, au contrôle des coûts et des marges, à l'encadrement des risques et à la connaissance de l'environnement.

1.2.4. La communication financière

Anticiper, réguler, apprendre sont trois fonctions fondamentales de la gestion prévisionnelle. Celle-ci constitue également un outil de communication et de coordination interne ainsi que de communication externe avec les partenaires financiers de l'entreprise. Nous aborderons les enjeux de coordination associés à la gestion prévisionnelle dans la section 1.3 ci-après ; nous nous concentrerons ici sur quelques enjeux de la gestion prévisionnelle pour la communication financière externe de l'entreprise.

La gestion prévisionnelle permet *in fine* de proposer des estimations de quelques variables financières clés pour l'entreprise, à différents horizons de temps. Ces estimations permettent de répondre à des questions, fondamentales pour les dirigeants de l'entreprise comme pour ses partenaires financiers : actionnaires, banquiers et autres porteurs de dettes financières, mais aussi fournisseurs susceptibles d'accorder des délais de paiement à l'entreprise ou de s'engager avec elle dans une collaboration pluriannuelle. Par exemple, l'entreprise sera-t-elle en mesure d'honorer le paiement de ses engagements, à court terme comme à plus long terme ? Dispose-t-elle des moyens financiers de son développement ou peut-elle les réunir ? Pourra-t-elle proposer sur une longue période une rémunération satisfaisante à ses actionnaires ?

La gestion prévisionnelle permet d'anticiper le niveau et l'évolution des résultats économiques et d'évaluer la capacité de l'entreprise d'engendrer des *cash flows*, donc de valider les programmes d'investissements en s'assurant que les grands équilibres financiers sont maîtrisés. Pouvoir communiquer des éléments financiers prévisionnels robustes et réalistes contribue à augmenter la confiance accordée par les partenaires financiers aux dirigeants de l'entreprise. Ces éléments financiers prévisionnels leur permettent de procéder à leurs propres analyses, d'échanger avec les dirigeants sur les hypothèses et plans d'action sous-jacents, comme sur les objectifs de performance affichés, pour mieux cerner les caractéristiques de métiers de l'entreprise, ses orientations stratégiques et ses priorités.

Cependant, les partenaires financiers de l'entreprise ont des attentes différentes suivant qu'ils sont, par exemple, actionnaires d'une société cotée en Bourse, investisseurs représentés par une société de capital-risque ou établissements financiers.

Vis-à-vis des entreprises cotées en Bourse, gérants de fonds et analystes financiers attachent une importance particulière à la qualité du système de *reporting*. Une information financière de qualité est représentée par une information fiable, détaillée, transparente, mise à jour et diffusée rapidement. En raison de l'évolution de la réglementation européenne[1], les entreprises sont moins enclines à publier des prévisions de résultats, car, pour pouvoir le faire, elles devraient également publier le détail des hypothèses ayant conduit à ces prévisions, ce qui poserait dans la plupart des situations de trop grands problèmes de confidentialité. Analystes et investisseurs n'attendent donc plus la publication de prévisions proprement dites, mais élaborent leurs propres modèles financiers à partir de la publication des résultats passés, des projets annoncés par l'entreprise et de données opérationnelles sur les activités de celle-ci. La

1. Voir en particulier les conséquences du règlement européen n° 809/2004 du 29 avril 2004.

responsabilité des acteurs de la communication financière dans l'entreprise (direction générale, direction financière, responsables des relations avec les investisseurs) consiste donc à gérer les anticipations des intervenants sur les marchés financiers, de manière à ce qu'elles convergent avec leurs propres anticipations sur les niveaux de résultats à venir de l'entreprise.

Les entreprises dont le capital est détenu par des sociétés de capital-risque ne sont pas confrontées à ces enjeux autour du respect formel d'un principe d'égalité dans l'accès à l'information de tous les intervenants sur les marchés financiers. Au contraire, pour leurs dirigeants, il est important de pouvoir élaborer des *business plans* sur un horizon pluriannuel et de les présenter effectivement aux actionnaires de l'entreprise ou à leurs représentants. Ces présentations ont pour enjeu de convaincre les investisseurs du réalisme des objectifs, de la pertinence des orientations et priorités stratégiques choisies, comme de la capacité des dirigeants de mettre en œuvre ces priorités et d'atteindre les objectifs annoncés. La gestion prévisionnelle est donc l'occasion pour les investisseurs d'évaluer la crédibilité des dirigeants de l'entreprise : capacité de formuler des anticipations, capacité de réaliser ce qui a été anticipé.

Pour les établissements financiers et autres porteurs de dettes financières, il est important de pouvoir évaluer la liquidité et la solvabilité de l'entreprise, c'est-à-dire sa capacité de faire face à ses échéances à court et moyen termes, respectivement. Par conséquent, les prêteurs attendent des dirigeants des entreprises la communication de prévisions annuelles et pluriannuelles, en plus des résultats passés. Il s'agit de vérifier que les activités de l'entreprise, compte tenu des développements envisagés, permettront d'engendrer des *cash flows* suffisants pour assurer le service de la dette (intérêts et remboursement des capitaux empruntés) et, par ailleurs, que l'entreprise dispose d'actifs susceptibles de garantir la dette en cas de liquidation. Le processus de gestion prévisionnelle est donc important pour permettre aux dirigeants de l'entreprise de formuler leur stratégie de manière claire et de présenter des données réalistes sur les résultats à venir.

Quels que soient les partenaires financiers concernés, il ressort de ces exemples que la communication financière ne se limite pas à la publication de projections financières, mais porte aussi sur la stratégie, les projets et les priorités opérationnelles de l'entreprise. Le processus de gestion prévisionnelle, incluant l'élaboration des plans d'action sur les différents horizons temporels de l'entreprise, permet d'assurer la fonction de communication financière de celle-ci.

Encadré 7.6

L'exemple de Simple Stores

Les pertes engendrées par les deux magasins de province dégradent fortement les résultats consolidés et la trésorerie de l'entreprise. Face à cette situation, Simple Stores doit trouver des fonds pour renflouer sa trésorerie à court terme. Premièrement, elle négocie avec ses fournisseurs un rééchelonnement de la dette et des délais de paiement plus longs.

Deuxièmement, elle sollicite des lignes de crédit auprès des établissements bancaires. Ceux-ci, avant d'accepter, analysent en détail les résultats de l'entreprise et étudient avec beaucoup d'attention le plan de redressement, la faisabilité des mesures correctives et le réalisme des prévisions financières. La qualité des projections financières et des analyses de sensibilité sont des éléments déterminants dans la décision des banquiers, mais ce ne seront pas les seuls critères retenus. La crédibilité dans l'équipe des managers et dans leur capacité de mener à bien le plan de restructuration est également évaluée dans le processus de décision.

1.3. Les fonctions liées à l'organisation

La complexité des entreprises rend inévitable la délégation des décisions et des responsabilités. La gestion prévisionnelle est un moyen de contribuer à la décentralisation :

- en assurant la cohérence entre les objectifs locaux et les objectifs globaux de l'entreprise : c'est la fonction d'alignement stratégique ;
- en veillant à la coordination des différents centres de responsabilité : c'est la fonction de coordination transversale ;
- en orientant les comportements et décisions des managers vers la réalisation des objectifs de l'organisation : c'est la fonction d'incitation.

Dans cette partie, nous étudierons successivement ces trois fonctions de la démarche prévisionnelle.

1.3.1. L'alignement stratégique

Au cours de la démarche prévisionnelle, l'entreprise définit des objectifs stratégiques globaux, qui se déclinent ensuite en orientations spécifiques pour chacune de ses entités. Nous avons vu au chapitre 3 comment définir la nature des objectifs globaux de l'organisation et au chapitre 4 comment les traduire en type de contributions attendues au niveau des entités. C'est la première dimension de l'alignement stratégique. En plus de cette problématique de construction de mesures de performance, se pose également celle de décliner les cibles long terme, généralement élaborées au niveau global, en objectifs ciblés à court terme au niveau de chacune des entités. La problématique d'alignement stratégique est donc double : rendre cohérents entre les différents niveaux de l'organisation à la fois les dimensions de performance et les cibles visées.

Grâce à cette approche, l'organisation est mise sous tension, la direction générale transmet sa vision du métier et communique aux acteurs de l'entreprise les objectifs à prendre en compte à leur niveau. Les objectifs spécifiques pour chacune des entités sont généralement le résultat d'une négociation entre la direction générale et les responsables de chaque entité, afin d'aboutir à un accord et à un compromis sur les cibles à atteindre et l'allocation des moyens nécessaires. La démarche, qui peut être ascendante ou descendante, permet de définir des objectifs cohérents avec les choix stratégiques et de coordonner les plans d'action des différentes entités de l'organisation.

La démarche prévisionnelle stimule le dialogue au sein de l'entreprise et favorise les rencontres et les échanges entre les responsables des divisions, des entités ou des différents centres de responsabilité pour débattre, au moins une fois par an, du devenir de l'entreprise et des plans d'action à mettre en œuvre. Dans certaines entreprises, c'est l'occasion pour les managers de rencontrer la direction générale, de faire le point sur les réalisations de l'exercice précédent et d'exprimer leur point de vue sur l'activité et l'environnement de l'entreprise. La gestion prévisionnelle est un instrument d'intégration qui permet de mobiliser l'organisation autour d'objectifs globaux, en utilisant un langage commun de gestion pour que tout le monde se comprenne et raisonne sur les mêmes bases.

Le processus peut être descendant (*top-down*) ou ascendant (*bottom-up*).

Dans un processus descendant, la direction générale impose sa vision aux responsables des différentes entités chargés de la mettre en œuvre ; c'est elle qui, pour l'essentiel, détermine les objectifs pour les divisions qui lui sont directement rattachées. Les responsables de chaque division, à leur tour, fixent les objectifs pour les entités et les centres de responsabilité qui dépendent d'elle, à charge pour les responsables de ces derniers de les transmettre eux-mêmes aux responsables de niveaux inférieurs.

Cette procédure garantit l'alignement stratégique à tous les niveaux et permet de gagner du temps dans l'élaboration des plans d'action. En revanche, elle peut remettre en cause la motivation des managers qui n'auront pas été consultés au préalable et peuvent, par conséquent, estimer que les objectifs ne sont pas réalistes et qu'il est difficile de développer des plans d'action qui permettent de les atteindre.

Dans un processus ascendant, les responsables des niveaux hiérarchiques inférieurs participent à la gestion prévisionnelle en proposant des objectifs et des plans d'action qui sont ensuite consolidés aux niveaux supérieurs, puis au niveau de la direction générale. Cette démarche participative est probablement plus motivante pour les managers impliqués, qui ont plus de latitude pour envisager leurs objectifs et les plans d'action correspondants. La participation active des managers aide aussi à élaborer des projections plus fiables, car ils ont une meilleure maîtrise de leurs activités et connaissent particulièrement bien leur environnement. En outre, la procédure « *bottom-up* » encourage la créativité des managers. Toutefois, elle présente aussi plusieurs limites. Tout d'abord, elle peut offrir aux managers la tentation de proposer des objectifs faciles à atteindre. De plus, elle présente l'inconvénient d'être lente, car elle suscite de nombreux allers-retours ou navettes*, de multiples discussions et confrontations de points de vue entre les niveaux hiérarchiques étant souvent nécessaires afin d'arriver à un compromis qui garantisse finalement la cohérence des objectifs locaux avec l'objectif de performance global. De ce fait, dans un processus « *bottom-up* », le temps est une contrainte importante. Si les managers n'arrivent pas à un accord sur les objectifs dans les délais établis, la direction générale peut être amenée à arbitrer et à imposer son point de vue sur les objectifs locaux, au risque, de nouveau, de peser sur la motivation des managers.

Encadré 7.7

L'élaboration du plan stratégique dans la société Rodix

La société Rodix est un grand groupe industriel, leader dans les produits chimiques de spécialité, structuré en cinq divisions internationales présentes dans vingt-cinq pays. Le groupe emploie plus de 10 000 personnes et développe un chiffre d'affaires d'environ 4 500 millions d'euros. Dans un tel groupe, la gestion prévisionnelle permet d'assurer l'alignement stratégique des objectifs du groupe.

Dans un premier temps, la procédure est « *top-down* » : la direction générale fait parvenir aux divisions du groupe les orientations stratégiques retenues. Celles-ci sont ensuite transmises en cascade par les divisions aux unités opérationnelles. Les objectifs transmis sont pris en considération et les managers de chaque entité élaborent des plans d'action.

Dans un second temps, la procédure est « *bottom-up* » : les entités opérationnelles font parvenir les plans stratégiques (objectifs, plans d'action détaillés, indicateurs de performance, projections financières et analyse de *cash flow*) sur lesquels elles ont travaillé au niveau hiérarchique supérieur, qui les valide et les transmet à la direction générale du groupe. C'est à ce niveau que les différents plans stratégiques sont consolidés.

Encadré 7.7 (suite)

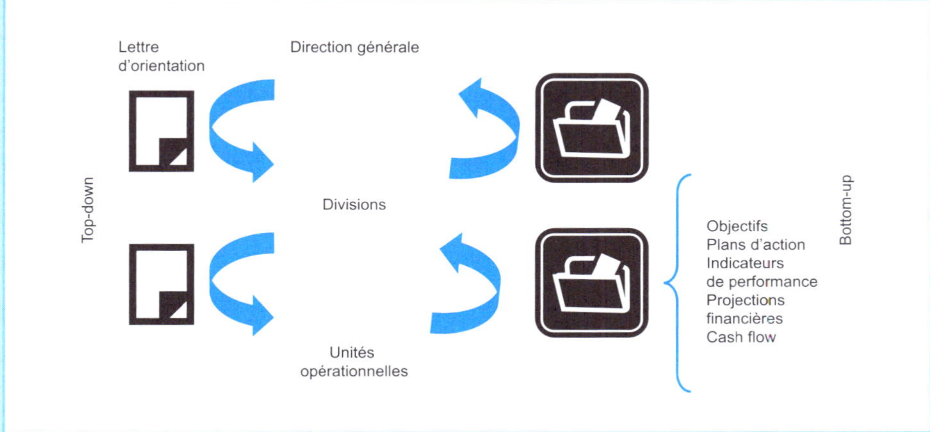

Figure 7.2 – L'alignement stratégique des objectifs et des plans d'action

En général, les entreprises adoptent un compromis entre une procédure à la fois descendante et ascendante, comme nous pouvons le voir dans l'exemple précédent. La procédure *top-down* permet de veiller à l'homogénéité des plans avec les options stratégiques ainsi qu'au bien-fondé et au réalisme des actions proposées par rapport à l'objectif global. La procédure *bottom-up* permet de maintenir la motivation des managers et de profiter de leurs connaissances et de leur « savoir-faire ». Les différents acteurs doivent travailler ensemble afin de faire de la démarche prévisionnelle un outil efficace et motivant, et non rigide et contraignant.

L'alignement stratégique peut aller jusqu'à la définition d'objectifs individualisés. Comme nous venons de le voir, la gestion prévisionnelle permet d'exprimer des objectifs stratégiques à long terme en objectifs et plans d'action au niveau des entités et de les traduire ensuite en objectifs et programmes d'action individualisés. Les objectifs individualisés serviront à définir les dispositifs d'incitation des managers (voir section 1.3.3). Cette démarche peut être illustrée par le programme « *Ambition to action* » développé par Statoil (voir encadré 7.8).

Encadré 7.8

La démarche prévisionnelle chez Statoil

L'entreprise pétrolière norvégienne Statoil a mis en place un programme de gestion prévisionnelle dénommé « *Ambition to action* » afin de traduire sa stratégie à long terme en actions concrètes et individualisées. Le programme est décentralisé et chaque entité de l'entreprise applique à son niveau le processus de déclinaison de l'objectif stratégique. Les principes de la gestion prévisionnelle sont les suivants :

- les objectifs stratégiques globaux sont définis et expriment à moyen terme l'ambition de l'entreprise. Ces objectifs sont révisés deux fois par an et peuvent être revus ponctuellement en fonction des circonstances. Les objectifs stratégiques marquent une direction précise qui guide l'entreprise dans ses actions ;

Encadré 7.8 (suite)

- les objectifs stratégiques globaux se traduisent en objectifs stratégiques au niveau de chaque entité de l'entreprise ;
- ensuite, les responsables de chaque entité définissent les indicateurs de performance qui leur permettront de suivre la mise en œuvre de leur stratégie, puis choisissent et valident les plans d'action qui leur permettront d'atteindre les objectifs. Le choix des indicateurs et l'élaboration des plans d'action sont étroitement liés à la construction des objectifs. En effet, la direction générale de l'entreprise estime que la pertinence des indicateurs de performance et l'adéquation des plans d'action ne s'obtiennent que si les objectifs sont bien compris et interprétés ;
- en même temps que sont validés les objectifs et plans d'action de l'entité, sont définis les objectifs des managers.

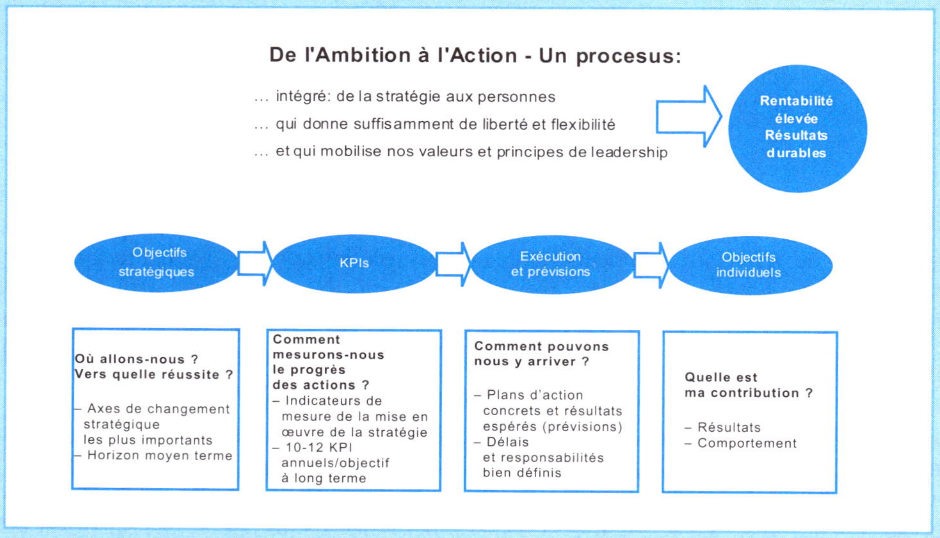

Figure 7.3 – De l'ambition à l'action

Source : Bogsnes (2009).

1.3.2. La coordination transversale

La direction générale doit veiller à la coordination des plans d'action entre les différentes entités de l'entreprise, car les centres de responsabilité ont des activités souvent interdépendantes et des intérêts parfois contradictoires.

La démarche prévisionnelle permet de réguler d'éventuels dysfonctionnements et d'assurer que les actions prévues dans les différents centres de responsabilité seront en cohérence. Symétriquement, elle permet d'identifier et d'exploiter les synergies possibles entre les activités de l'entreprise.

Au cours de la démarche prévisionnelle, les objectifs généraux de l'entreprise sont découpés suivant la hiérarchie des centres de responsabilité (coordination verticale). Les objectifs de différents niveaux hiérarchiques ne sont pas obligatoirement de la même nature et sont définis en fonction de l'activité du centre de responsabilité. Par exemple, la direction commerciale a sous son autorité deux services : le marketing et la force de vente. L'objectif de la direction commerciale est d'augmenter le chiffre d'affaires. Cet objectif se traduit pour le marketing par un objectif de coût à optimiser (dépenses de campagne publicitaire) et pour la force de vente par un objectif de volume de ventes à réaliser (nombre d'unités vendues). Les deux objectifs sont fortement interdépendants, mais peuvent être contradictoires : diminuer certaines dépenses de publicité peut compromettre les ventes et, symétriquement, une campagne adaptée favorisera le développement des ventes. Une coordination est donc indispensable entre les responsables de ces centres comme avec leur hiérarchie.

La gestion prévisionnelle permet d'assurer la coordination transversale des activités de l'entreprise, en garantissant la cohérence des objectifs et les plans d'action concernant, par exemple, les ventes, la production, l'approvisionnement, la logistique. La transversalité amène les centres de responsabilité à négocier des objectifs dans une optique commune. Par exemple, la division commerciale doit s'assurer que la division de production aura la capacité suffisante pour produire les unités nécessaires aux ventes. Dans le même temps, la production doit envisager la possibilité de gains de productivité grâce à une amélioration de la maintenance, de manière à devoir répondre à l'augmentation prévue des programmes de production et de ventes. L'objectif de croissance du volume de ventes fait apparaître cette interdépendance entre les objectifs de différentes entités. Si la production n'a pas les moyens d'augmenter sa capacité, il est possible que les objectifs de la division commerciale ne puissent pas être atteints. La communication et le dialogue entre les services sont, par conséquent, indispensables à la clarification des objectifs et à une bonne coordination des actions à mettre en œuvre. Cette communication doit être organisée pendant la phase de planification pour favoriser les échanges entre des services parfois cloisonnés et les amener à travailler ensemble sur différents scénarios qui permettront de converger vers l'objectif global. Les discussions permettront d'adopter le plan d'action le plus pertinent dans chacun des centres de responsabilité.

Encadré 7.9

Le plan d'action à cinq ans de l'entreprise Rodix

L'entreprise Rodix a pour objectif stratégique à cinq ans de devenir le leader sur son marché. Pour accomplir cet objectif, les actions suivantes sont envisagées : renforcer la position de l'entreprise Rodix sur les marchés existants, développer de nouveaux produits, améliorer l'efficience de la chaîne d'approvisionnement, réorganiser l'entreprise et réduire les coûts.

La première action de consolidation des marchés existants se traduit par un objectif d'augmentation de 30 % de la part de marché dans les cinq prochaines années. Pour cela, l'entreprise doit vendre 4 000 tonnes supplémentaires de produits dans les deux prochaines années et lancer une campagne de marketing. La division commerciale est chargée de prospecter et de trouver de nouveaux clients et le service marketing de lancer une campagne promotionnelle. L'objectif de volume de ventes de l'entreprise ne peut

Encadré 7.9 (suite)

être atteint que si la division « production » est capable de fournir les 4 000 tonnes supplémentaires (coordination transversale). L'objectif de production se décline alors en actions plus locales pour le service de maintenance en charge d'augmenter le rendement des machines pour produire 1 000 tonnes de plus et pour l'atelier de production n° 1 qui doit réorganiser ses lots afin de libérer de la capacité et fabriquer les 3 000 tonnes complémentaires (coordination verticale).

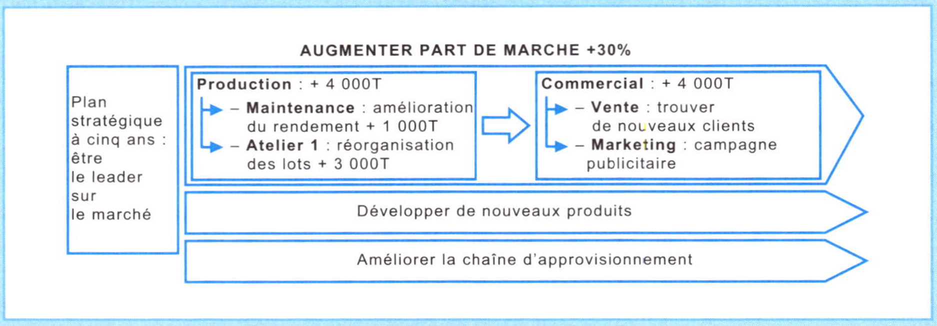

Figure 7.4 – La coordination transversale chez Rodix

À la fin de la phase de planification, les décisions sur l'allocation des ressources font souvent émerger des conflits sous-jacents entre les centres de responsabilité. C'est alors à la hiérarchie de trancher et d'arbitrer les plans d'action et l'allocation des ressources des services qu'elle dirige.

Nécessaire lors de la phase de planification, la coordination entre les entités doit se poursuivre dans l'étape de suivi des réalisations : l'interdépendance entre activités rend indispensable une analyse transversale des causes d'écarts et une réponse coordonnée, au besoin avec le soutien de la hiérarchie, aux problèmes identifiés. Prenons l'exemple d'un service « achats » auquel est assigné un objectif de réduction de coûts. Ce service négocie avec un nouveau fournisseur l'acquisition d'une matière première moins chère, mais de moindre qualité. La baisse de qualité des matières approvisionnées provoque un taux plus élevé de produits défectueux, ce qui ralentit les délais de fabrication et augmente les coûts de production. Le service « achats » a rempli son objectif, mais au détriment de la production. Par conséquent, il est important que les deux services analysent les conséquences des opérations prévues et prennent ensemble les actions correctives qui permettront de redresser la situation.

1.3.3. L'incitation

Le contrôle des objectifs de performance repose en grande partie sur l'implication et la participation des acteurs de l'entreprise. Toutefois, comment faire travailler ces acteurs de façon coordonnée et dans l'intérêt de l'entreprise ? Un des enjeux pour la gestion prévisionnelle est de favoriser l'orientation des comportements dans le sens d'une coordination pour la réalisation d'objectifs locaux en phase avec les objectifs globaux de l'entreprise. Nous présenterons ici la fonction d'incitation à travers la gestion prévisionnelle à court terme, c'est-à-dire dans le cadre de la gestion budgétaire[1], dans la mesure où le pouvoir d'incitation apparaît souvent plus fort quand l'objectif à atteindre n'est pas trop lointain.

Au niveau individuel, le budget représente l'engagement d'un responsable opérationnel à atteindre un objectif selon un plan d'action qu'il a mis au point, qui a été négocié et qui a été approuvé par sa hiérarchie. Le budget, qui a un caractère dynamisant à travers la fixation d'objectifs ambitieux et motivants, comprend une obligation formelle de résultat et peut être considéré comme un contrat entre un responsable opérationnel et sa hiérarchie (voir au chapitre 4 « Le principe contractuel, ses difficultés d'application et ses limites »). Cependant, cet objectif ne s'exprime pas seulement en termes financiers, il est souvent élargi à l'atteinte d'indicateurs qualitatifs qui représentent des leviers opérationnels de performance, tel que nous l'avons vu au chapitre 6.

Le budget est motivant, car il responsabilise et valorise les acteurs engagés dans son processus d'élaboration. Le caractère motivant est conditionné par le niveau d'implication et d'influence des managers sur la détermination de leurs budgets. Par conséquent, comme nous l'avons évoqué dans ce chapitre à propos de l'alignement stratégique, une procédure de détermination des objectifs ascendante est généralement plus motivante pour les responsables opérationnels qu'une procédure descendante.

Cependant, la motivation dépend aussi du degré de maîtrise et de faisabilité de l'objectif. Les résultats d'une étude croisant motivation et difficulté des objectifs à réaliser (Merchant, 1998), indiquent que plus l'objectif est facile à atteindre, moins il est motivant.

En revanche, à partir d'un certain niveau de difficulté, la motivation augmente jusqu'à un niveau « A » (figure 7.5), où les individus perçoivent leurs propres limites en fonction de leur formation et de leur expérience professionnelle. Si le degré de difficulté est trop élevé, alors les individus se découragent, font moins d'efforts et renoncent à leur engagement. Le niveau de motivation le plus élevé est obtenu lorsque les objectifs se situent à un stade intermédiaire qui, tout en représentant un défi pour les collaborateurs de l'entreprise, reste accessible pour eux.

Fixer des objectifs volontaristes de manière à optimiser la motivation des collaborateurs de l'entreprise constitue donc en soi un enjeu managérial.

Le moteur de la motivation est en partie lié à la politique de rémunération et de promotion professionnelle dans l'entreprise. D'autres systèmes d'incitation, moins formels, tels que l'expression de marques de reconnaissance par exemple, contribuent à soutenir la motivation. Par ailleurs, à côté de ces facteurs extrinsèques de motivation, des collaborateurs des entreprises ou organisations peuvent trouver une motivation intrinsèque dans la réalisation de leur travail, si celui-ci constitue pour eux une source de satisfaction et de renforcement positif de leur identité. Il n'en demeure pas moins que, dans de nombreuses entreprises, l'atteinte des objectifs budgétaires reste une référence pour évaluer la performance des collaborateurs et déterminer l'attribution d'un bonus financier.

Quand ils existent, les dispositifs d'incitation ne reposent pas seulement sur l'atteinte d'objectifs individuels, mais comprennent souvent une composante liée à la réalisation des objectifs de l'entité, voire de l'entreprise dans son ensemble. Intégrer des objectifs globaux dans les systèmes de rémunération incite les collaborateurs de l'entreprise à travailler dans le sens de l'intérêt collectif.

1. Nous présenterons de manière détaillée budget et processus budgétaire dans la seconde partie de ce chapitre.

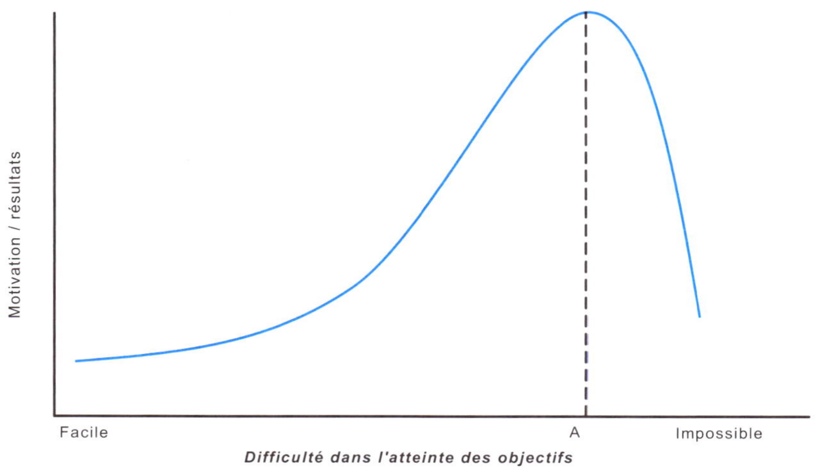

Figure 7.5 – La difficulté des objectifs et la motivation
Source : Merchant (1998).

Encadré 7.10

La définition du bonus des managers dans l'entreprise Rodix

Le bonus des managers est octroyé en fonction de l'atteinte d'objectifs individuels, d'objectifs financiers locaux et d'objectifs financiers globaux. Le poids respectif de chacun des objectifs est de 33 %.

Les objectifs individuels portent sur la sécurité de l'environnement de travail et sur d'autres buts, comme le développement professionnel des employés, l'innovation, la gestion du *free cash flow*[1] (FCF) ou d'autres priorités du groupe.

Les objectifs financiers de l'entité concernent l'amélioration d'indicateurs comme l'EVA et le FCF. En fonction du centre de responsabilité et de son degré de contrôle sur l'indicateur, l'EVA et le FCF sont calculés au niveau du groupe, de la division, de la région ou bien de l'entité.

Les objectifs collectifs se définissent à partir de l'atteinte de l'objectif de performance global du groupe et de la surperformance du groupe par rapport à ses concurrents directs en matière de ROCE, TSR et FCF.

1. Littéralement, *cash flow* libre, également dénommé « *cash flow* net », c'est-à-dire le *cash flow* après financement des investissements et de la croissance. Nous avons présenté cet indicateur financier, ainsi que les indicateurs EVA, TSR et ROCE qui apparaissent dans la suite de cet exemple, dans le chapitre 3 du présent ouvrage.

Par ailleurs, le budget oriente le comportement des acteurs de l'entreprise à travers les plans d'action. En ce sens, il peut être jugé sécurisant dans la mesure où il propose un point de repère, une référence unique et stable dans un environnement incertain. C'est pourquoi la procédure budgétaire s'apparente aussi à une forme de rituel de gestion qui se déroule tous les ans à la même époque et qui rassure face à l'avenir, spécialement sur les aspects financiers.

1.4. La difficulté théorique : incompatibilité entre les fonctions

Comme nous l'avons vu, les fonctions de la gestion prévisionnelle sont variées : anticiper, réguler, apprendre, communiquer, coordonner et motiver. Ces multiples rôles peuvent être parfois contradictoires et des conflits peuvent apparaître entre la régulation et l'incitation, entre la coordination et l'incitation et entre l'apprentissage et l'incitation[1]. Ces conflits, mettant en jeu la fonction d'incitation, plus prégnante, comme nous l'avons vu, dans le cadre de la démarche budgétaire, nous nous concentrerons ici sur ce processus.

Une première source de conflit apparaît dès lors que les hypothèses qui ont permis de fixer des objectifs en début d'année perdent leur pertinence. Dans ce cas, est-il opportun de réajuster l'objectif ? En vertu de la fonction de régulation, il faut répondre par l'affirmative à cette question. En effet, il est important d'ajuster les ressources engagées pour éviter la formation de déséquilibres : crise de trésorerie, sur- ou sous-effectifs, surstockage ou ruptures de stock, par exemple. Suivre la fonction de coordination conduirait à la même réponse : une modification des objectifs demande une recoordination tant sur les objectifs que sur les plans d'action dans l'ensemble des entités de l'entreprise. Cependant, si l'on suit la fonction d'incitation, la réponse est plus mitigée : il faut être juste, donc faire évoluer les objectifs en fonction de l'environnement. C'est aussi ce que prescrit le principe de contrôlabilité que nous avons présenté à propos des mesures financières de la performance locale (chapitre 4). Si les objectifs ne sont pas revus, les managers pourraient se sentir frustrés et démotivés en constatant qu'en dépit des efforts consentis, les objectifs de performance restent inaccessibles à cause de situations ou d'événements qui échappent à leur contrôle. Dans le même temps, il faut s'assurer de ne pas compromettre le rôle du budget en tant que support au processus de motivation. Si les managers savent que leurs objectifs sont susceptibles d'être révisés en cours d'année en fonction des aléas survenus, ils pourraient avoir tendance à engager moins d'efforts pour les atteindre et l'effet d'incitation perdrait de sa force.

La fonction de coordination transversale peut également entrer en contradiction avec la fonction d'incitation. En effet, assigner des objectifs individuels peut renforcer la motivation des collaborateurs concernés, mais fait courir le risque de cloisonnement, qui peut être très dommageable à l'entreprise lorsque les performances des entités sont fortement interdépendantes.

D'autres incompatibilités peuvent exister entre les fonctions de coordination verticale ou horizontale et d'incitation. Nous avons vu que l'objectif budgétaire est le résultat d'une négociation entre les collaborateurs et leur hiérarchie. L'issue de cette négociation est primordiale pour les collaborateurs, car, très souvent, rémunération variable ou promotion dans l'entreprise sont conditionnées par la réalisation des objectifs négociés. En suivant

1. Pour une analyse plus détaillée de ces antagonismes, voir Giraud *et al.* (2009), chapitre : « Faut-il tuer le budget ? ».

leurs intérêts propres, les collaborateurs de l'entreprise vont chercher à proposer à leur hiérarchie des objectifs qu'ils pensent pouvoir atteindre facilement. En pratique, il existe souvent des situations d'asymétrie d'information si bien que les supérieurs hiérarchiques disposent rarement de tous les éléments nécessaires pour évaluer la difficulté des objectifs et des plans d'action proposés. En cherchant à préserver ces asymétries d'information, les responsables locaux peuvent être amenés à occulter des informations importantes pour la coordination sur les objectifs globaux de l'entreprise comme pour la coordination transversale et pénaliser la performance globale de l'organisation.

De la même manière, la fonction d'apprentissage suppose une grande transparence dans la communication des informations, tant pour la détermination des objectifs que pour le suivi de la mise en œuvre des plans d'action et la mesure des résultats.

Des incitations fortes, *a fortiori* lorsqu'elles sont couplées à des objectifs très ambitieux, peuvent inciter les responsables locaux à ne pas communiquer toute l'information dont ils disposent, ou à la communiquer de manière tardive. Il sera alors plus difficile d'analyser et de comprendre les causes d'écarts et de prendre les décisions correctives nécessaires.

2. La mise en œuvre opérationnelle

Après avoir étudié les finalités de la gestion prévisionnelle, nous analyserons dans cette section comment elle se déroule de façon opérationnelle. Dans un premier temps, nous examinerons les différents horizons temporels couverts par la démarche prévisionnelle et l'articulation entre le long terme et le court terme. Puis nous nous intéresserons dans un second temps au court terme, c'est-à-dire au déroulement de la procédure budgétaire et aux principales difficultés pratiques que peut rencontrer l'entreprise dans l'élaboration du budget.

2.1. La gestion prévisionnelle dans le temps

La finalité de la gestion prévisionnelle consiste à définir des objectifs ciblés, à choisir des plans d'action pertinents et à allouer les moyens nécessaires à leur atteinte. Suivant la nature des objectifs et les délais nécessaires à leur mise en œuvre, l'horizon de planification est différent. Dans le secteur énergétique, la construction d'une centrale électrique engage l'entreprise sur vingt ou trente ans ; en revanche, dans le secteur des services, les investissements corporels ont une durée de vie plus courte. Dans la pratique, la gestion prévisionnelle intègre trois grands cycles de prévision : le plan stratégique, le plan opérationnel et le budget, qui correspondent à différents horizons de planification – respectivement, le long terme, le moyen terme et le court terme (figure 7.6).

La démarche d'analyse stratégique correspond au point de départ du processus de gestion prévisionnelle. Elle consiste à analyser les forces et faiblesses de l'entreprise par rapport aux menaces et opportunités de son environnement économique, technologique et concurrentiel. Si l'entreprise ou l'activité considérée existe déjà, l'analyse stratégique intégrera un diagnostic des résultats passés : on se place alors dans le cadre d'un processus d'apprentissage. S'il s'agit d'une création d'entreprise ou d'activité, cette démarche d'analyse stratégique sera menée dans l'absolu. Dans tous les cas, la démarche d'analyse stratégique conduit à élaborer le plan stratégique, qui constitue le point de départ de la démarche prévisionnelle.

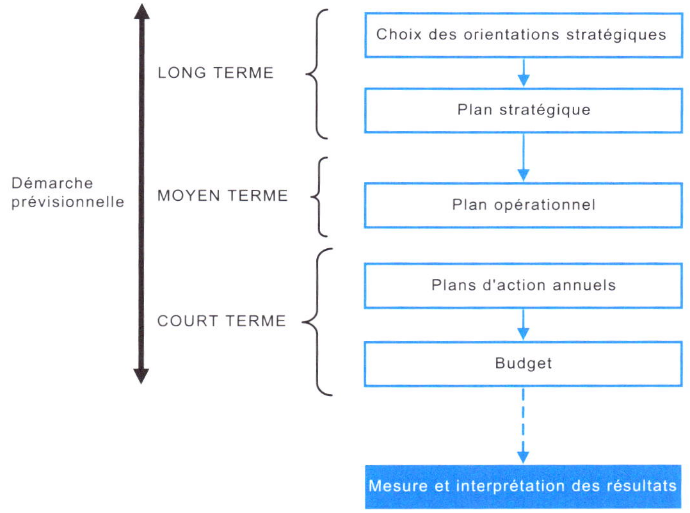

Figure 7.6 – La démarche prévisionnelle

Le plan stratégique exprime les grandes orientations stratégiques de l'entreprise. À partir de ces orientations, sont ensuite fixées des cibles que les dirigeants de l'entreprise se proposent d'atteindre sur un horizon de long terme. Au-delà de la fixation des objectifs à long terme, le plan stratégique élabore des plans d'action également à long terme, qui se traduisent le plus souvent en termes de nouvelles implantations, d'innovations ou d'acquisitions de sociétés pour favoriser la croissance externe, entre autres. Les décisions prises dans le cadre du plan stratégique engagent l'entreprise sur un horizon lointain qui comporte de nombreuses incertitudes. Toute la difficulté de la planification à long terme consiste à trouver le meilleur compromis entre l'anticipation et le risque. Cela amène les dirigeants de l'entreprise à envisager différents scénarios et hypothèses, à réaliser des analyses de sensibilité qui leur permettront de se préparer à répondre à différentes éventualités.

Les objectifs et plans d'action définis dans le cadre du plan stratégique de l'entreprise ne sont pas seulement de nature financière. De plus en plus souvent, les objectifs se déclinent à partir de la mission (« Que voulons-nous être ? ») et de la vision (« Comment allons-nous remplir notre mission ? »).

Encadré 7.11

Les objectifs de l'entreprise Transpublic

L'entreprise Transpublic, spécialisée dans les transports en commun en milieu urbain, a défini sa mission et sa vision, ainsi que ses valeurs dans le cadre de son plan stratégique 2008-2012 :

- **mission :** « être l'option de mobilité socialement la plus rentable et la plus proche des attentes des clients. » La mission de l'entreprise reprend deux grandes orientations

Encadré 7.11 (suite)

stratégiques qui sont, premièrement, constituer une option de transport en commun durable qui soit rentable pour l'ensemble de la société en termes économiques, sociaux et environnementaux ; deuxièmement, représenter l'option la plus proche des besoins et des attentes des clients actuels et futurs ;

- **vision :** la vision est constituée de programmes d'action qui permettront de remplir la mission de l'entreprise. En premier lieu, le programme concerne les voyageurs et se décline autour de l'excellence de la prestation de services et de la satisfaction des utilisateurs. En deuxième lieu, le plan porte sur l'amélioration et le développement du réseau. En dernier lieu, les actions concernent les activités complémentaires, comme le conseil ou les concessions ;
- **valeurs :** les valeurs doivent orienter le comportement des employés et s'établissent aux niveaux corporatif (excellence de la gestion, du service public, dynamisme et innovation), organisationnel (orienter le comportement vers l'atteinte du résultat, contribution et développement) et personnel (intégration professionnelle, travail en équipe, proactivité et participation).

À partir des bases du plan stratégique et en fonction de perspectives inspirées du *balanced scorecard* (voir chapitre 5), l'entreprise a fixé les objectifs qui lui permettront d'accomplir sa mission. Une sélection des objectifs et des plans d'action correspondants est présentée dans le tableau suivant.

Tableau 7.3 – Sélection d'objectifs de Transpublic

Perspective	Objectif	Plans d'action
Valeur	Gagner et fidéliser les clients	Élargir l'offre de transport en augmentant l'amplitude horaire pour atteindre de nouveaux segments de clients
Clients	Excellence de la prestation de services	Offrir aux voyageurs un service de qualité (sécurité, rapidité, confort, information) Développer la qualité des infrastructures (aspect des gares, informations additionnelles)
	Améliorer l'accessibilité	Faciliter l'accès du réseau aux personnes handicapées, aux mères accompagnées d'enfants (poussettes), aux voyageurs transportant des bagages
Processus interne	Améliorer l'efficience de la maintenance	Fiabilité et efficience du coût de la maintenance pour les infrastructures et le matériel de transport
	Améliorer la gestion du réseau	Éviter les incidents et optimiser la consommation d'énergie Développer les nouveaux projets en respectant les coûts et les délais
Structure interne	Stimuler le développement professionnel des employés	Développer les qualités managériales et les compétences techniques Accroître la connaissance du métier

Le plan stratégique décrit l'avenir à long terme souhaité pour l'organisation. Les objectifs correspondent à une réflexion approfondie et demandent une bonne connaissance de l'entreprise et de ses potentialités, ainsi que des facteurs de son environnement (facteurs macroéconomiques, politiques, sociaux, commerciaux, technologiques et financiers). Compte tenu de la turbulence du contexte économique et de l'incertitude des marchés sur le long terme, la planification stratégique conduit à élaborer des plans glissants. Chaque année, en fonction de nouvelles informations sur l'activité, sur la performance et sur les facteurs de l'environnement, les objectifs à long terme sont ajustés et les plans stratégiques actualisés.

Le plan opérationnel couvre l'horizon à moyen terme, en général trois ans, et permet d'articuler, au niveau global, le long terme avec le court terme. Il permet de rendre plus concrets les objectifs définis dans le cadre du plan stratégique. Les plans d'action définis dans le plan opérationnel portent sur des décisions dont les conséquences opérationnelles vont au-delà de un an et impliquent des irréversibilités comme, par exemple, l'investissement dans de nouvelles installations de production ou la mise en place d'une nouvelle politique de distribution des produits. Le plan opérationnel intègre des prévisions financières, plus détaillées que celles du plan stratégique, qui permettent d'assurer l'équilibre économique et financier des plans d'action et d'évaluer les besoins de financement. Toutefois, dans la mesure où le plan stratégique couvre un horizon temporel qui, pour de nombreuses entreprises, a tendance à se rapprocher, l'étape de planification opérationnelle semble se confondre de plus en plus souvent avec celle du plan stratégique.

Le budget est l'expression détaillée à un an du plan opérationnel et s'exprime, par exemple, en objectifs de vente et en coût de production par produit. Il s'inscrit dans l'horizon à court terme, par conséquent dans la partie la plus fiable du plan. Les budgets sont déployés au niveau de toutes les entités de l'entreprise. Ce ne sont pas de simples prévisions ; comme nous l'avons vu précédemment, ils traduisent des engagements et une attitude volontariste des managers pour atteindre des objectifs annuels de performance. Le budget, une fois approuvé, sert de référentiel, sur le plan financier et opérationnel, pour évaluer les résultats futurs et piloter l'entreprise et, sur le plan humain, pour définir les dispositifs d'incitation des managers. Le suivi des réalisations permettra de surveiller l'exécution des plans d'action, de mettre en évidence les écarts par rapport à la cible et de veiller à l'allocation des ressources par rapport aux plans.

Encadré 7.12

La gestion prévisionnelle dans une grande entreprise du secteur de la construction

Le point de départ de la démarche prévisionnelle est constitué par un plan à cinq ans, préparé lors du deuxième trimestre et actualisé tous les ans.

L'élaboration du plan quinquennal est un exercice qui revêt une importance particulière du point de vue stratégique. Lors de sa préparation, qui s'effectue par ligne de produits et par marché, sont abordés :

- l'analyse des axes stratégiques ;
- le développement de nouveaux métiers (en tenant compte, par exemple pour le pôle construction, de la vision de l'entreprise sur les thèmes de l'habitat et des économies d'énergie) ;

Encadré 7.12 (suite)

- les besoins d'innovation technologique ;
- les décisions d'investissements et de désinvestissements (où ? Dans quel métier ? Quand ? Combien ?) ;
- les besoins de financement.

La tendance, lors de l'élaboration du plan, est de limiter l'expression des objectifs sous la forme d'indicateurs financiers, mais de privilégier l'information sur les plans d'action stratégiques. Des modèles financiers sont utilisés afin d'étudier différents scénarios possibles, de valider des scénarios alternatifs et de retenir celui qui s'inscrit le mieux dans la stratégie de l'entreprise. Grâce à cette analyse stratégique très complète, la démarche prévisionnelle permet de réduire le temps de prise de décision.

La première année du plan à cinq ans comprend les objectifs stratégiques de l'exercice suivant et sert de base à la construction du budget annuel.

La démarche prévisionnelle permet donc de faire le lien entre le long terme et le court terme. Le plan stratégique sert de point de départ au plan opérationnel, qui lui-même sert de base à l'établissement du budget. L'articulation entre les différents horizons de planification doit permettre de garantir l'adéquation des actions déployées avec l'objectif stratégique à long terme de l'entreprise.

Habituellement, le plan stratégique s'établit pendant le premier semestre de l'année, le plan opérationnel est préparé de juin à septembre et le budget s'élabore lors du dernier trimestre de l'année. Les plans stratégiques et opérationnels sont généralement construits au niveau global de l'entreprise ou bien au niveau des divisions. En revanche, le budget est plus détaillé et s'élabore au niveau des centres de responsabilité.

Suivant l'horizon temporel considéré, les fonctions de la gestion prévisionnelle que nous avons présentées dans la première partie de ce chapitre n'ont pas toutes la même importance. Par exemple, la fonction d'anticipation revêt une grande importance dans le cadre du plan stratégique, tout comme la fonction d'apprentissage qui peut amener à revoir les hypothèses et le modèle de performance de l'entreprise (voir figure 7.1). La fonction de coordination ne prend pas la même forme, ni la même intensité opérationnelle selon l'horizon de temps auquel on se place. Bien que le processus de planification stratégique soit animé pour l'essentiel au niveau de la direction générale de l'entreprise, sa pertinence n'en repose pas moins sur la prise en compte d'informations et spécificités « du terrain ». Lorsque l'on se rapproche de l'horizon du court terme, la gestion prévisionnelle descend au niveau le plus fin de l'organisation. La fonction de coordination permet alors d'assurer la convergence et la cohérence des objectifs au niveau des différentes entités. Les fonctions de régulation et d'apprentissage permettent, quant à elles, de piloter la trajectoire de l'entreprise en prenant rapidement les mesures correctives pertinentes en cas d'écart. Enfin, comme nous l'avons déjà évoqué, la fonction d'incitation a plus de force à court terme – ce qui en soi peut constituer un écueil en focalisant l'attention des collaborateurs de l'entreprise sur les résultats à court terme, au détriment de la performance à moyen et long termes.

2.2. La démarche budgétaire

Nous étudierons maintenant la déclinaison à court terme de la démarche prévisionnelle : la gestion budgétaire. La finalité de la gestion budgétaire est de rechercher des plans d'action cohérents avec les objectifs de performance au niveau global de l'organisation, puis de décliner et coordonner les plans d'action et les objectifs globaux au niveau local des entités. Les enjeux de la gestion budgétaire reposent avant tout sur l'analyse et la validation des objectifs et des plans d'action qui serviront ensuite de référence au suivi de l'activité dans le cadre du budget.

2.2.1. La procédure budgétaire

La procédure budgétaire est un processus organisé, orchestré par la fonction « contrôle de gestion » en lien avec la direction générale et associant tous les centres de responsabilité de l'entreprise. Il est important que la procédure implique toutes les entités, qu'elle favorise la réflexion sur les plans d'action et qu'elle encourage la confrontation de points de vue et le dialogue des managers autour des programmes d'action et non pas seulement sur les prévisions financières. Le point de départ de la procédure budgétaire est la plupart du temps une lettre de cadrage adressée aux responsables de toutes les entités de l'entreprise. Cette lettre de cadrage fixe les grandes lignes stratégiques pour l'année à venir et donne les orientations à suivre pour l'établissement des budgets.

Préparation

La première phase de la procédure budgétaire consiste pour la direction générale à fixer l'objectif pour l'année à venir, ainsi que les politiques et les orientations que devront suivre les responsables opérationnels. En général, l'objectif retenu est issu de la planification stratégique. Cependant, la planification à long et moyen termes a été effectuée plusieurs mois avant que la procédure budgétaire ne démarre et certains paramètres de l'environnement et de l'organisation peuvent avoir changé. Durant la phase de préparation, l'entreprise doit analyser les résultats en cours et surveiller les données de l'environnement qui lui permettent de se situer dans son contexte économique et concurrentiel à court terme, afin d'identifier les menaces à écarter (apparition d'un nouveau concurrent, baisse de la consommation) et les opportunités à exploiter (diversification, innovation, technologie).

Le diagnostic de la situation actuelle apporte des éléments d'analyse sur les forces et faiblesses de l'entreprise dans le domaine commercial (gamme de produits, politique de prix, circuit de distribution), opérationnel (outil de production, politique d'investissement), financier (*cash flow*), logistique ou humain, afin de renforcer les atouts et de corriger les points faibles.

Encadré 7.13

Condor Voyages

Au mois de septembre 200*n*, Condor Voyages, un réseau d'agences de voyages leader sur le marché français, vient juste de changer d'actionnaire. La direction générale de l'entreprise est en pleine phase de réflexion budgétaire. L'exercice 200*n* + 1 s'avère compliqué dans la mesure où Condor Voyages subit de fortes pressions de la part de ses fournisseurs : ceux-ci développent de plus en plus la vente directe et viennent d'annoncer une

Encadré 7.13 (suite)

évolution de leur système de rémunération, moins favorable pour les agences, effective à partir du 1er janvier 200*n* + 1. De plus, le nouvel actionnaire attend une optimisation de la rentabilité des capitaux propres. Dans ce contexte, avant de lancer son processus budgétaire, Condor Voyages doit étudier l'impact sur sa marge opérationnelle de la baisse de la rémunération annoncée par les fournisseurs et envisager des axes d'amélioration de la rentabilité des agences. Tout d'abord, il convient d'effectuer des projections financières, afin de mesurer l'impact économique de la nouvelle politique de rémunération des fournisseurs et envisager de nouveaux plans d'action qui privilégient dans un premier temps les actions à court terme. Après plusieurs analyses et simulations financières à partir des principales variables traduisant le modèle économique de l'entreprise, la direction générale de Condor Voyages prend les décisions suivantes pour l'établissement de son budget 200*n* + 1 :

- éliminer des produits à faible marge, comme la vente de billets de train ;
- facturer des frais de dossier aux clients afin de compenser la baisse de rémunération des fournisseurs.

Parallèlement, la direction générale lance une analyse de la structure des coûts afin de mieux connaître la rentabilité par type de produit/prestation, par fournisseur et par point de vente, cela en vue de construire un nouveau modèle économique. Cette étude demande un certain temps et les résultats ne pourront être pris en compte qu'au début de l'exercice suivant.

Les fonctions d'apprentissage et de régulation de la démarche prévisionnelle permettent de revoir le jeu d'hypothèses retenues lors de la planification, de formuler une première approche des politiques à mettre en œuvre pour l'exercice à venir et de faire des simulations en grandes masses afin d'évaluer si l'objectif fixé dans le cadre du budget peut être atteint. De la sorte, la direction générale est en mesure de proposer aux opérationnels un cadre et des indications utiles pour la suite du processus de gestion.

Déroulement de la procédure budgétaire

La formalisation de la procédure budgétaire permet de décrire le rôle de chacun des acteurs au sein du processus (direction générale, contrôle de gestion, opérationnels), de définir la structure et la nature des documents à fournir pour aboutir à une consolidation cohérente (homogénéité des concepts et du contenu des rubriques utilisées), d'établir le degré de détail de l'information (nature des données attendues) et de garantir un langage commun de gestion (dictionnaire des rubriques employées et des définitions techniques).

Un des points essentiels de la procédure budgétaire est la définition d'un calendrier qui fixe des échéances tout au long du processus et qui permet de veiller au respect des délais.

L'horizon budgétaire, habituellement à un an, est lié à la durée de l'exercice comptable. La période de référence peut être différente en fonction des exigences de l'environnement. Habituellement, le déroulement de la procédure budgétaire se calque sur l'horizon annuel (figure 7.7).

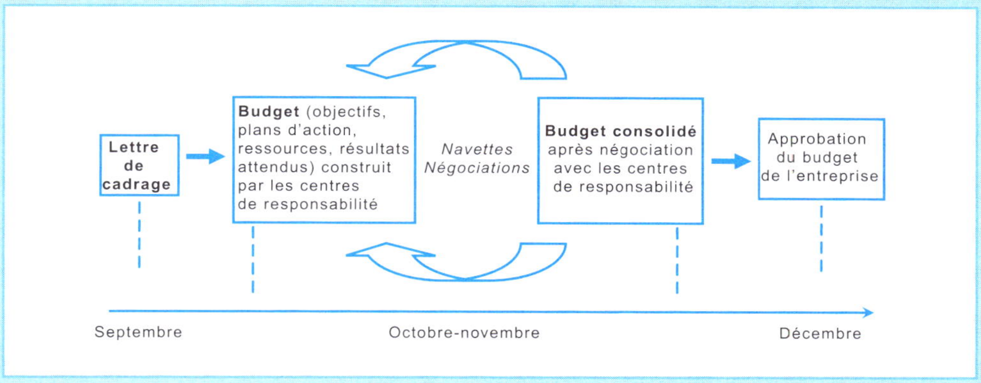

Figure 7.7 – Le déroulement de la procédure budgétaire

Généralement, une fois la procédure démarrée avec l'envoi au mois de septembre de la lettre de cadrage, une première version des budgets des entités est consolidée fin octobre, début novembre. Le cycle d'élaboration se termine au mois de décembre par l'approbation définitive des budgets, avant le démarrage du nouvel exercice. Plus la procédure démarre tard, plus les plans annuels et les budgets sont pertinents, car l'entreprise dispose de données actualisées sur les paramètres économiques et les performances de l'exercice en cours. Cependant, elle ne doit pas commencer trop tard pour laisser le temps nécessaire au travail de réflexion sur le choix et la validation des plans d'action, aux négociations des objectifs entre centres de responsabilité et aux navettes budgétaires, afin que les décisions prises dans le cadre du budget soient le moins arbitraire possible.

Lettre de cadrage

La lettre de cadrage donne le signal de lancement de la procédure budgétaire. Elle est transmise, par voie hiérarchique, à tous les centres de responsabilité de l'entreprise. Partant des scénarios du plan stratégique, elle exprime les attentes de la direction générale en matière d'objectifs opérationnels (par exemple, productivité, part de marché) et financiers (par exemple, résultat opérationnel, ROCE, EVA) pour chacune des entités. Elle définit également les hypothèses économiques retenues (croissance économique, croissance du secteur de l'entreprise, taux d'inflation, taux d'intérêt, etc.) ainsi que la procédure à suivre (rôle de chacun, concepts et définitions, modèles à respecter, calendrier). Le document communique aussi les politiques à adopter : politique salariale, politique d'embauche et d'allocation de personnel, politique commerciale, évolution des frais de structure, politique d'investissements et politique financière.

Préalablement à la rédaction de la lettre de cadrage, la direction générale et le contrôle de gestion font une première simulation du budget pour concrétiser les orientations attendues, analyser la sensibilité aux variations de l'environnement et fixer un ensemble cohérent d'hypothèses générales (figure 7.8).

Les instructions de la lettre de cadrage permettent aux centres de responsabilité de comprendre ce que l'on attend d'eux et les guident dans la conception des plans d'action et des programmes d'activité pour aboutir à une proposition de budget.

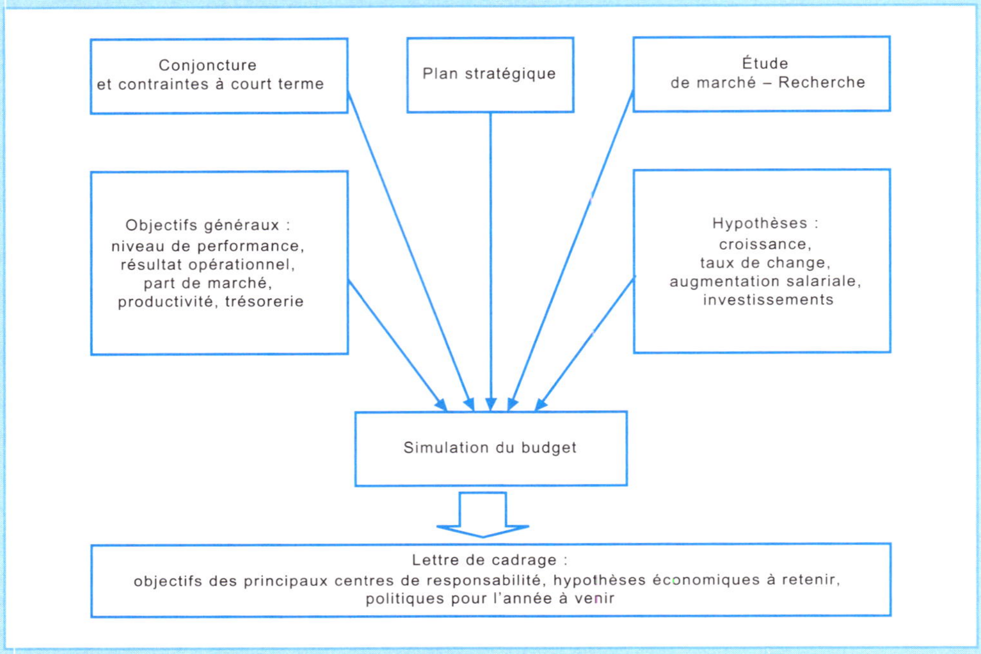

Figure 7.8 – La lettre de cadrage

L'information contenue dans la lettre de cadrage a pour but d'organiser la procédure budgétaire et de limiter le nombre d'allers-retours dans la phase de négociation. En outre, la lettre de cadrage vise à garantir la coordination verticale et horizontale.

2.2.2. Le processus d'élaboration du budget

Une fois que la lettre de cadrage est transmise aux divisions et aux centres de responsabilité de l'entreprise, on entre dans la phase d'élaboration des budgets des différentes entités. Leurs responsables doivent construire des systèmes d'objectifs/plans d'action locaux cohérents. Les objectifs locaux doivent converger vers l'objectif global que s'est fixé la direction générale et les plans d'action doivent être coordonnés avec ceux des entités interdépendantes.

Dans la première partie de l'ouvrage, nous avons vu les principes qui guident la détermination du type d'objectif pertinent. Nous nous attacherons ici aux principes permettant de fixer la cible correspondante. Un objectif ciblé doit être SMART (*specific*, *measurable*, *achievable*, *realistic*, *timely*), c'est-à-dire :

- **spécifique :** ce qui signifie qu'il est explicite, clair et précis. Par exemple, l'entreprise Y se fixe comme objectif d'atteindre, au 31 décembre 201*n*, une part de marché de 15 % pour un produit déterminé ;
- **mesurable :** l'objectif doit être suivi grâce à un indicateur de la performance afin de vérifier de façon périodique s'il est atteint ou non. Dans l'exemple précédent, l'indicateur peut correspondre à la part de marché en volumes ;

- **atteignable :** l'objectif a un caractère motivant et il est accessible dans les conditions prévisibles de l'environnement ;
- **réaliste :** les objectifs doivent traduire l'ambition de l'entreprise tout en étant réalisables ;
- **temps :** l'objectif doit être défini dans le temps. Dans notre exemple, il est prévu que l'objectif soit atteint à la fin de l'exercice.

La définition d'objectifs spécifiques, quantifiés, réalistes et datés se fait conjointement au choix des plans d'action.

Une des finalités de la démarche prévisionnelle est donc de préparer les plans d'action, en d'autres termes d'organiser les opérations qui permettront d'atteindre l'objectif global de l'entreprise :

- en spécifiant clairement les initiatives à entreprendre pour atteindre l'objectif ;
- en identifiant le rôle et la contribution de chacun des acteurs de l'entreprise ;
- en positionnant les actions dans le temps ;
- en définissant les moyens à mettre en œuvre et l'allocation des ressources (matérielles, humaines et financières).

La conception des plans d'action et l'élaboration des objectifs ne sont en général pas dissociées. Dans le cadre de la démarche prévisionnelle, elles se travaillent souvent en même temps, afin de s'assurer de leur adéquation avant de se lancer dans l'action.

L'étude et le choix d'objectifs à long terme peuvent parfois s'effectuer de façon autonome comme, par exemple, dans le cas d'une entreprise qui souhaite se lancer dans une nouvelle activité. L'entreprise élabore alors un *business plan* qui recouvre la description du projet, une étude de marché, les données techniques de réalisation, les investissements nécessaires et l'étude de son financement. Les données du *business plan* permettent d'évaluer l'intérêt et la faisabilité du projet et d'entériner son choix. Une fois que l'objectif est validé, la démarche de planification permet d'élaborer et de mettre en œuvre des plans d'action pertinents qui contribueront à l'atteinte de l'objectif.

Choix et validation des plans d'action

Chaque manager reçoit les instructions et les indications de sa hiérarchie (objectif quantifié, hypothèses à retenir, politiques à mettre en œuvre) et doit évaluer ces dernières à la lumière des résultats des exercices précédents, des perspectives d'évolution des variables clés de son activité et de l'évolution de son environnement.

À partir de l'objectif transmis par leur hiérarchie et de l'analyse de la situation actuelle, les opérationnels proposent des plans d'action, analysent l'impact de ces programmes sur les résultats et déterminent les ressources nécessaires à leur mise en œuvre. L'objectif de la prévision n'est pas de prédire de manière exacte le résultat final, mais d'estimer au mieux le coût et les résultats des différentes actions, afin d'arbitrer celles qui sont les plus réalistes et efficaces pour atteindre l'objectif avec les moyens disponibles.

Dans la pratique, le contrôleur de gestion assiste les managers dans la construction des plans d'action, il leur fournit les éléments d'analyse dont ils peuvent avoir besoin et les aide à formuler leurs plans d'action afin que ceux-ci soient complets et explicites. Le calendrier d'élaboration du budget doit prévoir des points réguliers entre les opérationnels et leur hiérarchie pour discuter de la préparation des plans d'action. Dans le cadre de ces réunions, la hiérarchie stimule les managers dans leur réflexion, les amène à faire preuve de créativité et à simuler différents programmes d'action afin de faire émerger d'éventuels gisements de performance. L'analyse des différents scénarios fournira par la suite des éléments dans la phase de suivi pour ajuster les résultats en cas de dérive.

Par ailleurs, le contrôleur de gestion doit veiller à ce que les centres de responsabilité prennent en compte, dans l'élaboration de leurs plans d'action, toutes les interdépendances avec d'autres centres. L'élaboration du budget ne doit pas être pensée comme une séquence de budget de différentes entités, mais comme le résultat de la coordination entre ces mêmes entités. Comme nous l'avons vu, un des enjeux de la procédure budgétaire est de favoriser le dialogue entre les responsables opérationnels afin qu'ils puissent tenir compte de toutes les interactions entre leurs entités. Les prévisions de volume de ventes du service commercial auront un impact sur le budget de production. Si la capacité de production n'est pas suffisante, il faudra soit revoir le volume de ventes prévu, soit envisager des investissements pour augmenter la capacité. Une fois que le service commercial et le département de production seront arrivés à un accord, le service « achats » pourra alors élaborer son programme d'achats des matières nécessaires à la fabrication. L'élaboration des plans d'action doit, par conséquent, être coordonnée et tenir compte de l'articulation entre les ventes, la production, l'approvisionnement et les ressources humaines, entre autres.

Des documents standard qui matérialisent les principales hypothèses retenues par les opérationnels et qui documentent leurs plans d'action sont établis dans le cadre de la procédure budgétaire. Les formulaires peuvent aussi reprendre les principaux points de discussion entre les centres de responsabilité qui permettent de comprendre le processus de décision. Cette information sera utile lors de la phase de suivi pour ajuster les plans d'action aux aléas.

Un élément important de la démarche budgétaire est le choix des plans d'action. La faisabilité des plans d'action doit être analysée en fonction des contraintes sur les ressources humaines, matérielles ou les moyens financiers. Le processus de planification et d'anticipation permet de s'assurer que les plans d'action pourront être mis en œuvre dans de bonnes conditions. Par exemple, si le département de production a besoin d'investir dans de nouvelles installations pour augmenter sa capacité, les prévisions initiales doivent garantir que l'installation technique sera effective dès le début de l'exercice, que les techniciens seront correctement formés et que l'entreprise a les moyens de financer l'investissement. Si les délais d'installation ne sont pas respectés, l'organisation court le risque de ne pas respecter son programme de production et, par conséquent, de ne pas remplir son programme de ventes.

Par ailleurs, à l'issue du processus, la direction générale de l'entreprise doit avoir une vue d'ensemble des plans d'action des entités et du chiffrage de tous les moyens nécessaires à leur mise en œuvre, rapprocher ces données des ressources financières, humaines et matérielles dont elle dispose afin d'analyser la faisabilité simultanée de tous les programmes. Par exemple, la contrainte sur les ressources financières peut amener l'entreprise à réaliser des arbitrages entre les différents plans d'action. L'arbitrage se fera à partir de projections opérationnelles, de prévisions financières et en fonction de critères de performance. L'entreprise pourra aussi demander aux entités d'établir des niveaux de priorité entre les différents plans d'action et de les positionner dans le temps afin d'avoir des éléments d'analyse complémentaires.

La qualité finale des prévisions tient au bien-fondé des plans d'action détaillés conçus par les responsables opérationnels.

Négociation des budgets

Le budget est un processus itératif qui nécessite de nombreux allers-retours – les navettes budgétaires – pour assurer la cohérence et l'adéquation des plans d'action locaux avec les objectifs globaux. Des points réguliers entre les opérationnels et leur hiérarchie permettent de réduire le nombre de navettes. En effet, le déroulement du budget est limité dans le temps et il est impératif que les délais soient respectés si l'entreprise souhaite démarrer son nouvel exercice avec un budget finalisé et approuvé.

Les navettes budgétaires sont importantes pour la coordination horizontale, en assurant la cohérence des plans d'action entre les entités, comme pour la coordination verticale, en garantissant la convergence des objectifs locaux vers l'objectif global. Les navettes budgétaires se traduisent par des réunions, des discussions qui peuvent révéler des incohérences et remettre en cause la construction du budget. Toute la difficulté du processus budgétaire est d'arriver à un consensus entre tous les acteurs de l'entreprise en évitant la lourdeur dans le déroulement de la procédure.

Par ailleurs, il est important que, lors des négociations avec la hiérarchie, les discussions ne portent pas seulement sur les objectifs financiers. Plans d'action et ressources nécessaires à leur mise en œuvre doivent être au centre du dialogue.

Les budgets proposés par les centres de responsabilité sont donc étudiés et évalués par le niveau supérieur. En bref, dans cette phase itérative, les budgets sont défendus, négociés, corrigés et modifiés à chaque niveau, jusqu'à leur approbation par le supérieur hiérarchique qui évalue le réalisme du plan d'action, la rationalité des moyens à mettre en œuvre et la possibilité de délivrer les résultats attendus. Cette remontée et analyse d'information se font tout au long de la ligne hiérarchique. Au niveau local, les contrôleurs de gestion disposent d'un rôle important dans ce processus, en aidant les responsables opérationnels auprès desquels ils travaillent à présenter et défendre leur budget devant leur hiérarchie.

Consolidation et approbation

Une fois que les budgets ont été approuvés aux différents niveaux de la ligne hiérarchique, ils sont consolidés et transmis à la direction générale pour approbation. La direction générale compare le chiffrage financier du budget obtenu avec les objectifs de performance avant de donner son approbation définitive. Les prévisions proposées par les centres de responsabilité deviennent alors des objectifs formels et constituent la base d'un contrat explicite entre la direction générale et les responsables opérationnels. Les différentes étapes du processus budgétaire et leur déclinaison suivant les lignes hiérarchiques favorisent la délégation d'autorité et permettent à chaque niveau d'assumer sa responsabilité spécifique.

Il est important que le document final soit complet et comprenne, outre les objectifs, une description détaillée des hypothèses clés et des plans d'action qui permettront de préparer le suivi des réalisations d'une part et d'organiser les révisions d'objectifs en cas de besoin, d'autre part. Un document final qui ne comprendrait que les objectifs négligerait les fonctions de régulation et de coordination (voir sous-sections précédentes).

Le document final obtenu sert de support de référence pour le pilotage de l'activité et la communication externe auprès des partenaires financiers. Il comporte l'ensemble des objectifs opérationnels et financiers, les ressources arbitrées et validées par la direction générale ainsi que les principales hypothèses et actions qui sous-tendent l'atteinte des objectifs.

Comme l'environnement change rapidement, les hypothèses et plans d'action établis peuvent se révéler bientôt obsolètes. Les révisions du budget en cours d'année apportent une certaine flexibilité et permettent de tenir compte de changements majeurs de l'environnement et de nouvelles données économiques. Cependant, comme nous l'avons vu, les modifications d'objectifs ne devraient pas être trop fréquentes afin de préserver la motivation des collaborateurs et de ne pas compromettre la fonction d'incitation de la démarche prévisionnelle. Une enquête récente auprès d'entreprises canadiennes et américaines dévoile qu'environ la moitié des entreprises acceptent de modifier les objectifs du budget une fois que celui-ci a été approuvé (Libby et Lindsay, 2010). En revanche, dans 50 % des organisations, le budget exprime la volonté d'atteindre un objectif de performance qui a été communiqué en interne et en externe. Dans ces entreprises, l'objectif doit être atteint malgré les changements de l'environnement. Lorsque le suivi du budget fait apparaître des dérives dans la trajectoire de l'entreprise, celle-ci peut s'appuyer sur tout le travail de préparation et de coordination préalable à l'approbation des plans d'action pour décider rapidement d'ajustements. Si l'objectif reste inchangé, en revanche, les plans d'action doivent être adaptés de façon cohérente et coordonnée pour maintenir le cap.

2.2.3. L'articulation des différents budgets

Tout comme le système d'information comptable de l'entreprise, le budget aboutit, en aval du processus, à la production d'états financiers de synthèse. L'expression économique des objectifs et des plans d'action conduit à la présentation pour l'année à venir d'un compte de résultat, d'un bilan et d'une analyse des flux de trésorerie. Ces états illustrent financièrement les plans d'action et prennent en compte l'ensemble des moyens opérationnels, humains et financiers nécessaires à l'atteinte de l'objectif.

Nous présenterons l'articulation des budgets en prenant le cas d'une entreprise ayant une activité de production et de vente et une structure organisationnelle simple autour de ces deux fonctions. Le principe est identique pour les activités de services ou les entreprises ayant une activité commerciale seulement, et le processus est dupliqué autant de fois que nécessaire pour les entreprises ayant une structure organisationnelle plus complexe.

Trois grandes catégories de budgets peuvent être distinguées : le budget opérationnel (cycle de production – ventes), le budget des investissements et le budget des frais de structure (services administratifs et financiers, centres de coût discrétionnaires, siège). Ces budgets se regroupent à leur tour en budgets de synthèse : le compte de résultat, le budget de trésorerie et le bilan prévisionnel.

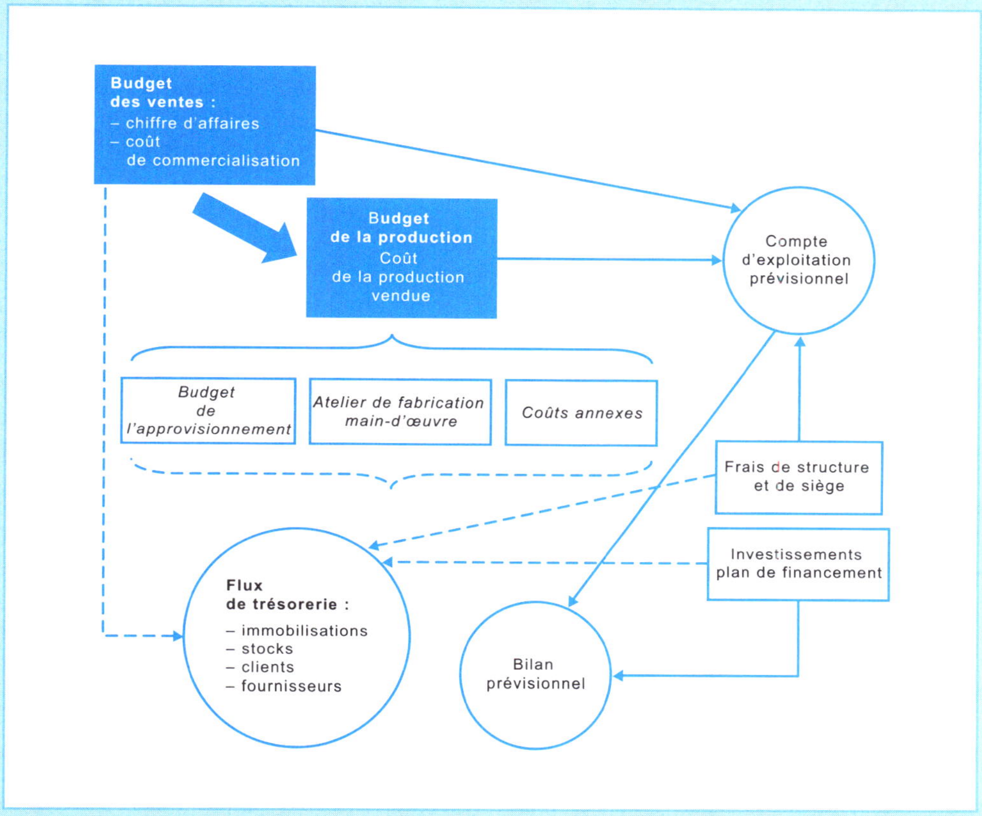

Figure 7.9 – L'articulation des budgets

2.2.4. Le budget opérationnel

La première étape de chiffrage du budget est l'élaboration du budget opérationnel. Il s'articule autour du programme des ventes et du budget de production qui en découle.

Programme des ventes

Dans la plupart des entreprises, le processus d'élaboration commence par le budget des ventes. En effet, les programmes de production, les équilibres financiers, la rentabilité sont généralement étroitement conditionnés par les ventes en volume et en chiffre d'affaires que peut réaliser l'entreprise. Cependant, certaines contraintes au niveau de la production, de l'approvisionnement ou des investissements peuvent parfois guider la construction de l'objectif de ventes.

Les prévisions de ventes sont généralement établies par les commerciaux, qui ont une bonne connaissance du terrain, des attentes des clients et de l'évolution de la concurrence. Les commerciaux travaillent aussi en relation avec le service marketing qui apporte une vision prospective du marché et de ses tendances.

Le programme de ventes comprend deux grandes rubriques : le chiffre d'affaires prévisionnel et le budget des frais commerciaux. Le chiffre d'affaires prévisionnel s'établit en fonction du volume de ventes et du prix de vente moyen prévisionnel par ligne de produits, par type de clientèle ou par circuit de distribution. La projection des quantités vendues se fait grâce à l'information disponible sur les ventes de l'exercice précédent, comme sur le carnet de commandes, les objectifs de croissance, le potentiel du marché, la situation de la concurrence, tout en tenant compte des moyens mis en œuvre, comme les actions de promotion, les campagnes publicitaires et la capacité de la force de vente. Le programme de vente ne doit pas être une reconduction des données de l'exercice précédent, mais exprimer les orientations faites dans le plan. Le prix de vente peut être fixé en fonction du marché et de la concurrence, mais doit être rapproché des coûts de production internes afin de vérifier que le niveau de marge brute dégagé est satisfaisant pour l'entreprise. Enfin, le chiffre d'affaires doit prendre en compte la globalité des remises, rabais et ristournes accordés aux clients.

Une fois que les prévisions annuelles sont établies, il est important de procéder à leur mensualisation en fonction de la saisonnalité pour déterminer les répercussions sur le programme de production et sur les flux de trésorerie (encaissements).

Le budget des frais commerciaux comprend la charge salariale du personnel, les frais de publicité et de promotion des ventes ainsi que les frais de logistique et de distribution.

Programme de production

Les quantités à produire et le programme de production sont déterminés à partir des prévisions de volume de ventes, de la saisonnalité, des délais de fabrication et de la politique de stockage de produits finis.

L'entité responsable de la production doit alors mettre au point les plans d'action afin de produire le volume prévu. Ces plans d'action s'établissent en fonction de l'analyse des moyens de production existants (capacité de l'outil de travail, qualification et compétence de la main-d'œuvre), de l'équipe de production en place (nouvelles embauches ou départs à envisager, recours à du personnel intérimaire, formation, sous-traitance), des méthodes de production (gains de productivité possibles, améliorations techniques), des matières premières utilisées (disponibilité, possibilité de substitution, changement de fournisseurs) et de la politique de sous-traitance, entre autres.

Les prévisions de production débouchent sur le budget d'approvisionnement, qui tient compte des volumes à fabriquer, des standards techniques de fabrication (quantité de matières premières par produit, taux de déchet) et de l'évolution du stock de matières premières, critères nécessaires mais sur lesquels des actions de progrès peuvent également être envisagées. Outre le prix d'achat des matières premières, le budget d'approvisionnement comprend aussi le coût des transports, des assurances, des droits de douane, le coût de stockage et les charges salariales du service d'approvisionnement.

Le budget de production intègre également les frais des ateliers de fabrication, incluant les coûts de main-d'œuvre (heures de production, taux horaire), l'amortissement de l'outil de production, les frais d'énergie, d'entretien et de maintenance.

Il convient de ne pas oublier les coûts des services annexes à la production comme le service « méthodes », le gardiennage ou les services administratifs (comptabilité, informatique, ressources humaines). Ces budgets comprennent essentiellement des frais de personnel et des frais généraux.

2.2.5. Le budget des frais de structure

Le budget des frais de structure correspond aux budgets des directions fonctionnelles, comme la comptabilité, l'informatique, les ressources humaines, la direction financière. Ces budgets comprennent essentiellement des frais de personnel, des frais de prestations externes (audit, juridique, conseil, formation), des frais de représentation et de déplacement et des investissements en matériel (informatique, mobilier). La plupart des frais de structure correspondent à des coûts discrétionnaires, car il est difficile d'établir une relation entre le niveau de dépenses et le volume des ventes ou le volume de production.

Les services administratifs doivent mettre en place des plans d'action afin de maîtriser, voire de réduire, leurs frais, tout en fournissant le meilleur service aux autres entités de l'entreprise.

Encadré 7.14

Le BBZ

Lors de l'élaboration du budget des services fonctionnels, les entreprises ont tendance à reprendre les données historiques en leur appliquant un pourcentage d'augmentation. Elles considèrent alors comme acceptables les coûts des fonctions administratives sans remettre en cause leur efficience ou leur utilité. Développée dans les années 1980, la méthode du BBZ (budget base zéro) cherche à limiter la croissance continue des frais de structure de l'entreprise. Les références à l'année précédente ne sont pas prises en compte et les coûts des services administratifs sont remis à plat. Pour chacun des départements :

- les activités nécessaires aux prestations et services fournis sont analysées, seules les activités essentielles au bon déroulement des opérations sont retenues ;
- ensuite, les ressources indispensables au développement de chacune de ces activités sont chiffrées et retenues pour le budget.

La méthode BBZ permet une meilleure allocation des moyens et contribue au contrôle des coûts administratifs grâce à la remise en question du mode de fonctionnement des services. Cependant, cette méthode est consommatrice de temps et coûteuse à mettre en place.

2.2.6. Le budget des investissements

Il se compose du programme d'investissements prévus par chaque entité de l'entreprise et de leur plan de financement. Les projets d'investissements proposés par les centres doivent contribuer à l'atteinte des objectifs à long terme prévus dans le plan stratégique. Les investissements peuvent porter sur le maintien ou l'augmentation de la capacité de production (remplacement d'un outil de production existant, mais qui arrive en fin de vie), sur des projets d'expansion, de développement de nouveaux produits, de mise en conformité avec la législation en vigueur, d'amélioration des conditions de travail (hygiène et sécurité), ou bien d'aménagements et de mobilier.

Comme le choix de la politique d'investissement engage l'entreprise sur le long terme, l'autorisation des investissements fait l'objet d'une procédure à part, afin d'éviter les effets négatifs d'une vision excessivement axée sur les résultats à court terme. Cette procédure examine en détail la définition du projet, le chiffrage économique et la rentabilité du programme.

2.2.7. La synthèse financière

Les données des budgets opérationnels et fonctionnels permettent d'élaborer les documents de synthèse : le compte d'exploitation prévisionnel, le budget de trésorerie et le bilan prévisionnel.

La consolidation des différents budgets de vente, de production et de frais généraux aboutit à un compte de résultat prévisionnel qui dégage le résultat opérationnel de l'exercice. Toutefois, le résultat final n'est connu que lorsque les frais financiers sont calculés (budget de trésorerie).

Le compte de résultat prévisionnel ainsi obtenu est comparé aux attentes de la direction générale. Si l'objectif prévu est atteint, le budget est entériné. Cependant, si la performance envisagée n'est pas atteinte, alors les différentes entités devront réviser leur budget afin d'obtenir un résultat consolidé acceptable au regard de l'objectif initial (navettes budgétaires), comme nous l'avons déjà vu dans la phase de validation et d'approbation.

Le budget de trésorerie correspond à la traduction en encaissements ou décaissements des budgets opérationnels (ventes et production), du budget des frais de structure et du budget d'investissements. Il traduit en termes monétaires toutes les décisions opérationnelles de l'entreprise. Le budget de trésorerie fournit des éléments sur la solvabilité de l'entreprise, indique les excédents ou les insuffisances de liquidités pour la gestion financière de l'entreprise. L'analyse de la trésorerie prévisionnelle permet de déterminer les besoins de financement, de choisir le mode de financement et de calculer les charges et les produits financiers.

Les projections de flux de trésorerie doivent se faire sur une base mensuelle et reposent sur une bonne mensualisation du budget qui tient compte des variations saisonnières des ventes.

2.3. Les difficultés pratiques

La procédure budgétaire est complexe dans la mesure où elle implique de nombreux acteurs dans l'entreprise. Il est important que le contrôleur de gestion structure et organise le processus afin de tenir compte, d'une part, des interactions entre les différents services et, d'autre part, des contraintes financières, humaines et matérielles. Dans la pratique, la procédure pose des difficultés de forme et de fond.

Les difficultés de forme concernent essentiellement :

- **le calendrier** qui doit être respecté pour que les budgets soient terminés avant le début de l'exercice budgétaire ;
- **la définition des formats** pour les documents budgétaires qui doivent obéir à une logique similaire dans tous les services, permettre de centrer l'attention des managers sur les points importants à considérer, de faciliter l'analyse des données par les supérieurs

hiérarchiques et de simplifier le travail de consolidation. Ces documents doivent également comprendre un espace réservé à la description des plans d'action qui sous-tendent les prévisions financières ;

- **l'utilisation d'un langage commun** pour que tous les acteurs se comprennent et raisonnent sur les mêmes bases. Par exemple, dans le secteur de la distribution, lorsque l'on parle de chiffre d'affaires, il convient de définir s'il s'agit de chiffre d'affaires hors taxes ou TTC. Si l'on parle du coût de l'heure de travail, il faut déterminer s'il s'agit de l'heure payée ou bien du coût de l'heure effective de travail.

Toute la qualité technique du système budgétaire repose sur sa capacité de fournir des informations pertinentes sans lourdeurs excessives.

Les difficultés de fond que nous étudierons plus en détail peuvent se rapporter au manque de temps et de disponibilité des opérationnels, à la dissimulation de « matelas budgétaire » (*slack* budgétaire*), au manque de flexibilité du processus.

2.3.1. Les délais et leurs conséquences

La procédure budgétaire est consommatrice de temps ; elle représente en général entre trois à cinq mois de travail d'élaboration (PwC Advisory, 2007).

La difficulté la plus importante est la maîtrise des délais, entre le début de la procédure où les entités envisagent leurs objectifs et leurs plans d'action et la validation définitive du budget par la direction générale suite à la consolidation financière de tous les plans d'action. Si la consolidation des budgets n'est pas satisfaisante, le cycle budgétaire doit être en théorie revu depuis le début. Autrement dit, les opérationnels doivent reprendre leurs objectifs et leurs plans d'action et faire de nouvelles propositions. Dans le même temps, afin d'assurer la cohérence des budgets, un nouveau processus de navettes budgétaires est nécessaire. Dans la pratique, lorsque la taille de l'entreprise est importante et que beaucoup d'acteurs sont impliqués dans la construction budgétaire, il est difficile d'assurer des allers-retours et des discussions supplémentaires entre la base et le sommet. En effet, à ce stade, il reste souvent peu de temps pour finaliser le budget définitif et les opérationnels sont peu disponibles, d'autant qu'ils ont déjà consacré du temps à l'élaboration de la première version du budget. Afin de gagner du temps, la direction générale peut être amenée à prendre des décisions de façon unilatérale et arbitraire comme, par exemple, augmenter le chiffre d'affaires de 5 % par rapport aux objectifs proposés pour toutes les divisions, ou bien réduire de 10 % les coûts, la mesure s'appliquant à tous les budgets. Ces décisions, si elles permettent d'atteindre l'objectif financier recherché, sont extrêmement démotivantes pour les opérationnels qui se sont impliqués dans la construction de leur budget et de leurs plans d'action. Par ailleurs, le risque est grand de ne plus garantir la cohérence et la coordination des plans d'action et de perdre toute la richesse de la réflexion budgétaire.

Idéalement, l'entreprise devrait rechercher des outils qui lui permettent de raccourcir les délais entre le choix des plans d'action et leur validation définitive suite à la consolidation des prévisions financières. La mise en place de moyens informatiques intégrés pourrait permettre de gagner du temps. Une enquête récente prouve que 70 % des entreprises utilisent des tableurs pour toute ou une partie de l'élaboration de leur budget et que seulement 16 % des entreprises se servent d'un système informatique intégré du type ERP (*enterprise ressource planning* ; PwC Advisory, 2007). Il existe donc une marge de manœuvre importante pour automatiser la planification financière, accélérer la consolidation des budgets et dégager du temps pour l'analyse des objectifs et des plans d'action.

2.3.2. Le *slack* budgétaire

Comme nous l'avons vu précédemment, l'attribution d'une promotion ou d'un bonus est souvent reliée à la réalisation d'un objectif budgétaire. Afin de garantir l'obtention de leur rémunération variable, les managers peuvent être tentés lors de l'élaboration de leur budget de présenter des objectifs faciles à atteindre. Ils peuvent aussi être amenés à se ménager des « matelas » budgétaires, appelés « *slacks* budgétaires ». Le *slack* budgétaire correspond à la propension des opérationnels à ménager des réserves, par exemple en sous-estimant de façon intentionnelle le chiffre d'affaires prévisionnel dans le cas des commerciaux, ou en oubliant de prendre en compte des améliorations de productivité dans le cas des responsables de production. Les matelas comprennent aussi la surestimation des coûts et des ressources requis pour accomplir une tâche. Toutefois, il convient de signaler que le *slack* n'est pas toujours intentionnel et qu'il peut être dû à des erreurs d'estimation.

Le *slack* budgétaire est une pratique répandue dans la plupart des entreprises ; les opérationnels ont tendance à se couvrir par crainte des sanctions qu'ils pourraient devoir supporter si le budget n'était pas atteint, ou par l'appréhension de réductions arbitraires des dépenses de la part du supérieur hiérarchique. La pratique du *slack* peut avoir des effets négatifs ou positifs sur la gestion de l'entreprise.

Les effets négatifs du *slack* se manifestent par des objectifs peu volontaristes, par une allocation erronée des ressources, par un moindre effort de la part des opérationnels et par une évaluation biaisée de leur performance. Le *slack* budgétaire traduit chez les opérationnels, confrontés à un système budgétaire trop rigide, une attitude prudente et sur la défensive.

Un des effets positifs du *slack* est qu'il constitue une réserve, une soupape de sécurité qui protège les opérationnels en cas de contingences et d'aléas et augmente les possibilités d'atteindre l'objectif fixé. Il représente aussi un mécanisme de stabilisation face à l'incertitude de l'environnement. Grâce à ce mécanisme, les opérationnels constituent des « provisions » qui seront utilisées pour couvrir d'éventuels déficits.

En tout état de cause, le contrôleur de gestion doit avoir, dans la mesure du possible, connaissance de la part de *slack* qui figure dans chaque budget. Pour cela, il doit établir un climat de confiance avec les opérationnels afin que ceux-ci révèlent leurs « matelas ». Il peut aussi comparer les données prévisionnelles avec l'historique, ou établir des comparaisons d'un service à l'autre ou avec un point de référence extérieur.

2.3.3. Le manque de flexibilité du processus budgétaire

Le budget, une fois approuvé, représente une référence unique, maintenue tout au long de l'année ; cependant, l'incertitude des marchés peut rendre les prévisions rapidement obsolètes. En effet, l'environnement économique de l'entreprise évolue à un rythme plus rapide que le déroulement de la procédure budgétaire. Pour remédier à cela, les entreprises peuvent introduire un certain degré de flexibilité dans la procédure en procédant à des reprévisions trimestrielles qui leur permettent d'augmenter la visibilité à court terme, de valider les indicateurs clés et d'ajuster les plans d'action. Le budget peut être présenté comme une photo qui apporte une vision des activités à un moment donné et les reprévisions comme une vidéo qui offre une perception plus dynamique du futur proche.

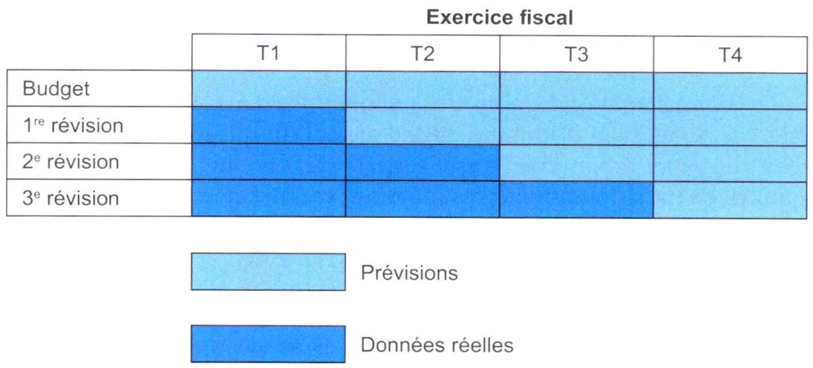

Figure 7.10 – Les reprévisions trimestrielles

Habituellement, les reprévisions suivent une périodicité trimestrielle. La première révision se tient en général en février-mars. Le budget est réexaminé à la lumière des données réelles de la clôture de l'exercice précédent. Lors de l'élaboration du budget, en octobre-novembre, ces données ont été estimées au mieux. Cette révision permet de réactualiser les comptes du bilan et, surtout, les flux de trésorerie prévisionnels indispensables à une bonne gestion financière. La deuxième révision, qui se fait au mois de juin, offre une vision actualisée du déroulement des opérations du premier semestre de l'exercice et des tendances de l'activité et de l'environnement pour les mois à venir. Elle permet de réagir aux éventuelles dérives et d'envisager les mesures à prendre pour atteindre les objectifs en fin d'année. La dernière révision, en septembre-octobre, contribue à définir la base d'élaboration du prochain budget. Certaines entreprises vont plus loin et mettent en place un système de prévisions glissantes qui prennent en compte cinq ou six trimestres glissants. Les reprévisions se substituent rarement en interne au budget qui demeure l'objectif à atteindre, comme nous l'avons vu dans la section sur l'incitation (voir section 1.3.3).

Toutefois, les reprévisions ne sont pas suffisantes pour assurer la flexibilité du processus si elles ne sont pas accompagnées de modifications des plans d'action en fonction des nouvelles conditions de l'environnement.

La révision des plans d'action, pour être pleinement efficace, doit tenir compte des interactions entre les différentes entités, comme cela a été fait lors de la phase initiale de validation. Dans le cas des reprévisions, l'entreprise devrait suivre la logique de construction du budget et procéder de façon coordonnée, en organisant et en favorisant le dialogue entre les services concernés par les ajustements afin de ne pas oublier les interactions et les conséquences des décisions locales. Dans la pratique, par manque de temps, d'une part, et compte tenu des intérêts personnels en jeu d'autre part, ces recoordinations ont rarement lieu.

Conclusion

Dans ce chapitre, nous avons présenté les principes, les enjeux et les modalités de mise en œuvre de la gestion prévisionnelle dans les entreprises et les organisations. La gestion prévisionnelle comprend un ensemble de dispositifs dynamiques, articulés en fonction de l'horizon temporel (budgets, plans opérationnels, plans stratégiques) et qui définissent un système cohérent d'objectifs, de plans d'action et de ressources.

La gestion prévisionnelle répond à nombreuses fonctions dans les organisations : fonctions d'anticipation, de régulation, d'apprentissage et de communication financière. À ces fonctions que l'on rencontre y compris dans les structures les plus simples, composées d'une entité unique, viennent s'ajouter d'autres fonctions qui permettent d'organiser et de gérer la décentralisation des activités dans les structures organisationnelles plus complexes. Ces fonctions concernent l'alignement stratégique (ou coordination verticale) dans l'organisation, la coordination transversale (ou horizontale) entre entités et la fonction d'incitation et de motivation des collaborateurs de l'entreprise ou de l'organisation. La combinaison de ces fonctions au sein d'un même processus peut soulever des problèmes dans la mesure où certaines d'entre elles apparaissent partiellement antagonistes.

Dans la seconde section de ce chapitre, nous avons présenté les principales modalités de mise en œuvre opérationnelle des dispositifs de gestion prévisionnelle. Nous avons précisé comment les différents dispositifs s'articulent entre eux, puis nous avons présenté de manière plus détaillée la démarche budgétaire : l'initialisation de la procédure budgétaire concrétisée par la diffusion aux responsables d'entité d'une lettre de cadrage, les principes qui régissent l'élaboration du budget au niveau de chacune des entités, l'articulation entre eux des budgets des différentes entités. Nous avons ensuite évoqué quelques-unes des difficultés pratiques de la gestion budgétaire : notamment, la gestion du temps consacré à ce processus lui-même, le phénomène du *slack* budgétaire et le reproche de manque de flexibilité parfois adressé au budget.

Cette présentation de la démarche prévisionnelle nous a conduits à aborder les questions de la régulation et de l'apprentissage, qui reposent sur la confrontation des réalisations aux références définies dans le cadre du processus d'anticipation. Dans le chapitre suivant, consacré à l'analyse des résultats, nous reviendrons plus en détail sur les principes et les outils qui permettent d'analyser et de suivre la réalisation des plans et des budgets.

Bibliographie

Barrett Edgar et Fraser LeRoy, « Conflicting Roles in Budgeting for Operations », *Harvard Business Review*, juillet-août 1977, p. 107-146.

Berland Nicolas, *Le Contrôle budgétaire*, Paris, La Découverte, « Repères », 2002.

Bogsnes Bjarte, *Implementing Beyond Budgeting*, Hoboken, John Wiley & Sons, 2009.

Hackett Group, « EPM Planning, Performance Studies », http://thehackettgroup.com/research/results.jsp?Fn=904774045, 2007.

Libby Theresa et Lindsay Murray, « Beyond Budgeting or Budgeting Reconsidered? A Survey of North-American Budgeting Practice », *Management Accounting Research*, vol. 21, 2010, p. 56-75.

Merchant Kenneth, *Modern Management Control Systems: Text and Cases*, Upper Saddle River, Prentice Hall, 1998.

PwC Advisory, « 2007 Budgeting and Forecasting Study », *PwC Advisory, Performance Improvement*, 2007.

Ce qu'il faut retenir

Définitions et concepts

Budget : expression détaillée à un an du plan opérationnel. C'est un ensemble de plans d'action coordonnés pour atteindre un objectif fixé dans le cadre du plan opérationnel ainsi que l'évaluation et la traduction financière de ces plans d'action. Les budgets sont élaborés pour et avec chacun des centres de responsabilité de l'entreprise ou de l'organisation.

Gestion prévisionnelle (planification) : démarche permettant d'identifier les orientations de l'entreprise dans une optique de progrès et de les traduire en objectifs ciblés et plans d'action pour les atteindre.

Navettes budgétaires : allers-retours entre une entité et sa hiérarchie pour garantir la cohérence et l'adéquation des objectifs/plans d'action locaux avec les objectifs/plans d'action globaux.

Plan opérationnel : couvre l'horizon à moyen terme (trois ans) et concrétise les objectifs du plan stratégique.

Plan stratégique : exprime les grandes orientations stratégiques à long terme de l'entreprise, généralement de trois à cinq ans.

***Slack* budgétaire :** propension des opérationnels à se ménager des réserves dans leur budget, par exemple en sous-estimant le chiffre d'affaires prévisionnel ou en surestimant les dépenses.

Messages clés

- La finalité du processus de planification est de déterminer des objectifs ciblés et des plans d'action cohérents pour garantir le développement de l'entreprise dans une optique de progrès.
- Les objectifs définis dans le cadre de la gestion prévisionnelle servent de base de référence pour apprécier les résultats réellement obtenus et guider la prise de décision permettant de corriger la trajectoire en cas de dérive. La planification contribue donc à une fonction de régulation.
- Les autres fonctions de base de la démarche prévisionnelle consistent à anticiper les conséquences des décisions envisagées, à adapter l'entreprise aux évolutions de l'environnement, à stimuler l'apprentissage pour guider l'organisation dans la remise en cause de sa stratégie et à asseoir la communication avec les partenaires financiers de l'entreprise.
- Dans une organisation décentralisée, la gestion prévisionnelle a également pour fonction de garantir l'alignement stratégique des objectifs/plans d'action globaux et locaux, la coordination transversale des plans d'action et la motivation des opérationnels à travailler dans l'intérêt de l'entreprise.

- Dans la pratique, il est difficile d'assurer toutes les fonctions à la fois. Des incompatibilités peuvent surgir entre la régulation et l'incitation, entre la coordination et l'incitation et entre l'apprentissage et l'incitation.
- Le plan stratégique, le plan opérationnel et le budget correspondent à différents horizons de planification. Les fonctions de la démarche prévisionnelle n'ont pas la même importance selon les horizons de temps.
- Le budget est l'aboutissement d'une démarche volontariste de l'entreprise pour améliorer sa performance dans le cadre des objectifs du plan. La qualité du budget dépend avant tout d'une bonne définition d'objectifs et de plans d'action cohérents.
- Lors de la construction des budgets, la coordination des plans d'action est fondamentale. L'élaboration du budget ne doit pas être seulement une séquence de budgets d'entités différentes, mais le résultat d'une coordination entre ces entités. Le budget doit être organisé en fonction des enjeux de coordination.
- La convergence et la cohérence des objectifs et des plans d'action peuvent poser des problèmes dans le déroulement de la démarche prévisionnelle, tels que la lenteur ou la nécessité d'arbitrage de la part de la direction générale.
- L'incertitude de l'environnement amène les entreprises à faire des reprévisions. Les reprévisions ne sont pas suffisantes pour assurer la flexibilité lorsque celle-ci implique des recoordinations.

Activités

Quiz

- Quelles sont les principales similitudes et différences entre le plan stratégique et le budget ?
- Quelles sont les principales difficultés que l'on peut rencontrer dans l'élaboration du budget de ventes ?
- La démarche prévisionnelle n'est pas adaptée aux petites entreprises. Qu'en pensez-vous ?
- Les objectifs financiers du budget sont souvent difficiles à atteindre compte tenu des aléas de l'environnement. Face à cette situation, certains managers pensent qu'il est inutile d'élaborer des budgets. Qu'en pensez-vous ?
- Les managers peuvent avoir tendance lors de l'élaboration de leur budget à ne pas révéler toutes les informations et les hypothèses qui sous-tendent leurs plans d'action. Pourquoi ?

Exercice 7.1 : Cas Blindages

L'entreprise Blindages fabrique des portes blindées standard qu'elle commercialise dans des magasins spécialisés. Dans le cadre de son plan stratégique à trois ans, Blindages s'est fixé un objectif d'augmentation de sa part de marché de 20 % dans les trois années à venir. Pour cela, Blindages envisage de diversifier son activité. Face à la recrudescence des vols et sachant qu'environ 90 % des cambrioleurs passent par la porte d'entrée, l'entreprise analyse la possibilité de lancer une activité de blindage de porte sur mesure qui consiste à améliorer la résistance des portes grâce à un habillage d'acier. L'entreprise a élaboré un *business plan* qui comprend :

- l'analyse du marché potentiel et des attentes des clients. Grâce à cette étude, Blindages pense qu'elle peut facilement développer un chiffre d'affaires annuel d'environ 500 000 € ;
- les spécifications du procédé de fabrication ;
- la description de l'investissement et du financement d'une nouvelle machine capable de découper des plaques d'acier de 10 à 15 mm d'épaisseur (100 000 €) ;
- les coûts liés à l'embauche et à la formation d'un technicien spécialisé et d'un commercial (105 000 €).

Dans le cadre de son budget pour l'année 20*nn*, l'entreprise entérine son projet de diversification et se fixe comme objectif commercial de vendre 145 portes à un prix de vente unitaire HT de 3 500 €. Le plan d'action pour mener à bien la diversification comprend :

- l'embauche d'un commercial à un salaire fixe de 30 k€ par an et une prime variable de 3 % du chiffre d'affaires HT réalisé ;

- le lancement d'une campagne publicitaire dans la presse quotidienne régionale au mois de janvier 20*nn*, suivie d'un *mailing* personnalisé à la clientèle cible au mois de mars. Les frais de publicité sont estimés à 15 000 € ;
- l'achat d'une machine de découpage (100 000 €). Blindages a des contacts avec un fabricant qui lui garantit la livraison et la mise en fonctionnement de la machine dès le 15 janvier 20*nn*. La machine s'amortit sur cinq ans ;
- l'embauche d'un technicien spécialisé à un salaire de 26 k€ annuel.

Les coûts variables de fabrication (matière première, licence) représentent 70 % du chiffre d'affaires HT. Les charges sociales à prendre en compte sont de 50 %.

Combien de portes blindées sur mesure doit fabriquer l'entreprise pour atteindre le point mort ?

Établissez le compte de résultat prévisionnel de l'activité « sur mesure » pour l'exercice 20*nn*.

Au mois de mai 20*nn*, le commercial, constatant que ses ventes sont 10 % en dessous des objectifs, demande une rallonge budgétaire pour la promotion des ventes de 10 000 €. Qu'en pensez-vous ? Quelles mesures proposez-vous pour redresser le résultat ?

Exercice 7.2 : Cas Nectar

Pierre Martin a été embauché comme directeur général adjoint de la division « limonade » du groupe Nectar, le 1er juillet 20*nz – 2*. L'embauche s'effectue dans le cadre de la succession du directeur général de la division, dont le départ à la retraite est prévu au 1er janvier 20*nn*. Pour se préparer à ses futures responsabilités et fonctions, Pierre Martin est chargé de superviser le bon déroulement de l'activité des exercices 20*nn – 1* et 20*nn* et de suivre les résultats par rapport au budget. Comme prévu, Pierre Martin est nommé directeur général de la division « limonade » le 1er janvier 20*nn*. Il est alors chargé d'élaborer le budget de l'année 20*nn + 1*.

La société Nectar fabrique et commercialise différents types de boisson (jus de fruits, sodas, boissons gazeuses). Le groupe est fortement décentralisé et la procédure budgétaire est de type « *bottom-up* ». Les divisions présentent leurs objectifs et leurs plans d'action au siège du groupe qui les approuve, en général sans grands changements. Le siège ne s'implique pas dans la gestion opérationnelle des divisions, mais participe activement aux décisions d'expansion et de modernisation des installations, qui peuvent demander des investissements importants. La direction générale de chaque division a en charge le suivi et le respect du budget d'investissements. Le ROI est l'indicateur utilisé pour mesurer la performance de chaque responsable de division.

Les budgets qui figurent ci-après ont été approuvés par le siège.

Tableau 7.4 – La division « limonade » de Nectar

	Réel			Budget	
	20nn – 2	***20nn – 1***	***20nn***	***20nn***	***20nn + 1***
Ventes					
Nationales	800	1 200	1 400	1 550	1 800
Export	200	300	400	450	600
Total ventes	**1 000**	**1 500**	**1 800**	**2 000**	**2 400**
Coûts variables					
Matière première et main-d'œuvre	– 250	– 375	– 450	– 500	– 600
Réparations	– 50	– 75	– 50	– 100	– 120
Pièces de rechange	– 20	– 30	– 36	– 40	– 48
Total coûts variables	**– 320**	**– 480**	**– 536**	**– 640**	**– 768**
Marge brute	**680**	**1 020**	**1 264**	**1 360**	**1 632**
Formation	– 30	– 35	– 25	– 40	– 45
Maintenance	– 50	– 55	– 40	– 60	– 70
Loyers	– 80	– 100	– 100	– 140	– 140
Amortissements	– 120	– 160	– 160	– 200	– 200
Total coûts divers	**– 280**	**– 350**	**– 325**	**– 440**	**– 455**
Contribution	**400**	**670**	**939**	**920**	**1 177**
Actif					
Actifs fixes	1 590	2 565	2 700	3 380	4 000
Stocks	200	300	250	400	480
Clients	100	150	180	200	240
Trésorerie	150	225	150	300	360
Total actif	**2 040**	**3 240**	**3 280**	**4 280**	**5 080**
ROI (contribution / actif)	**20 %**	**21 %**	**29 %**	**21 %**	**23 %**

Analysez les résultats de la division « limonade » en 20*nn*. Pensez-vous que Pierre Martin a respecté son budget ? Que pensez-vous du principe contractuel du budget dans ce contexte de décentralisation ?

L'indicateur ROI est-il suffisant pour mesurer la performance du manager de la division ? Compte tenu de la gestion de Pierre Martin en 20*nn*, quelles sont les limites de cet indicateur financier ?

La direction générale du groupe a approuvé le budget 20*nn* + *1* de la division « limonade ». Êtes-vous d'accord avec cette décision ?

Exercice 7.3 : Cas Textilunion

M. Noël Matry, le contrôleur de gestion de Textilunion, a demandé à M. Frédéric Descamps, le chef du service central « budgets », de venir le voir : « Il faut bien l'admettre, dit-il, notre système de contrôle budgétaire n'a vraiment pas obtenu un succès foudroyant. Il me semble que personne à la direction générale n'utilise nos analyses mensuelles d'écarts par rapport au budget. Cet après-midi même, M. Degeorge [le président de Textilunion] m'a dit qu'il ne pouvait pas utiliser nos rapports pour contrôler les activités des divisions. »

Le pauvre Frédéric Descamps est navré. Il est entré chez Textilunion il y a trois ans, après avoir travaillé comme analyste au service des budgets d'une grande entreprise de l'industrie automobile. C'est lui qui a conçu et mis en place le système actuel de contrôle budgétaire qui fonctionne depuis dix-huit mois. Après une phase expérimentale de un an, le système a été officiellement adopté comme instrument de base pour le contrôle de gestion.

« Je ne comprends pas, répond Descamps à Noël Matry. Le système est analogue à celui qu'on utilisait chez Peutroën et, là-bas, il fonctionnait très bien. Chaque responsable analysait les informations diffusées par le système budgétaire et des plans d'action étaient alors spontanément proposés à la hiérarchie par chacun d'entre eux. »

« Eh bien, c'est possible que le système ait bien marché chez Peutroën, continue Matry, mais il n'a pas réussi ici. Je vais vous faire rencontrer M. Degeorge pour en discuter. »

L'historique de la société

À l'origine, en 1920, la société était une entreprise familiale qui fabriquait des tissus de coton dans une usine située à Roubaix. Après la Seconde Guerre mondiale, la société fit construire une usine de confection à Tourcoing.

Au début des années 2000, alors que les pertes s'accumulaient et les ventes stagnaient, le président-directeur général fut remplacé par M. Degeorge, à la suite des pressions des banquiers et de l'arrivée de nouveaux actionnaires au conseil d'administration. M. Degeorge s'était fait une réputation d'homme d'action, en tant que directeur commercial d'une autre entreprise textile. Les ventes de produits traditionnels (coton, confection et articles de laine) ont repris et la société s'est diversifiée par croissance externe dans les articles en fibres synthétiques (dacron et nylon) et similicuir.

En 2007, époque où se déroulent les événements décrits dans le cas, la société a atteint un chiffre d'affaires annuel de l'ordre de 100 millions d'euros, mais les bénéfices stagnent aux alentours de 3 millions.

Les produits

Textilunion dispose actuellement de cinq lignes de produits :

- **textiles de coton :** coton écru et tissus de coton imprimés fabriqués à Roubaix et vendus à des distributeurs et des confectionneurs ;
- **confection :** vêtements féminins de mode et articles standard (sous-vêtements, pyjamas…) fabriqués à Tourcoing et vendus aux grands magasins par des représentants ;

- **fibres synthétiques :** tissus en fibres synthétiques (dacron et nylon) et vêtements (bas, sous-vêtements, chemisiers) fabriqués à Fécamp et vendus aux grossistes et aux centrales d'achat ;
- **articles de laine :** tissus de laine teints ou non, fabriqués à Tourcoing et vendus à des teinturiers et des confectionneurs ;
- **similicuir :** fabriqué à Fos-sur-Mer et vendu à l'industrie automobile ainsi qu'à l'industrie de l'ameublement.

La société est organisée en cinq divisions opérationnelles correspondant aux cinq lignes de produits (voir ci-après). Chaque division dispose de sa propre force de vente et de son outil de production et est dirigée par un directeur de division qui a la responsabilité entière de son résultat. En théorie, les membres des directions fonctionnelles ont pour responsabilité d'aider les divisions (études, projets, suivis) et de coordonner les activités relevant de leur fonction. En fait, le directeur des ventes et le directeur des fabrications ont été des opérationnels dans les divisions avant d'occuper leurs fonctions actuelles. En conséquence, ils exercent un contrôle direct important sur les divisions dans leur domaine fonctionnel. Le P-DG lui-même passe plusieurs jours par mois à visiter le siège de chaque division et à conseiller les directeurs sur leurs divers problèmes.

Toute l'équipe de la direction générale travaille dans un bâtiment de deux étages, qui abrite les bureaux et le laboratoire, situé à Lille, c'est-à-dire à proximité des principales usines du groupe.

Le système budgétaire

Les budgets de division

Chaque directeur de division a la responsabilité de préparer un budget pour l'année suivante et le soumet au siège en décembre.

Au niveau de la division, les mécanismes de préparation du budget sont les suivants :

- le département commercial prépare une estimation des ventes annuelles, laquelle est soumise à l'approbation du directeur de division ;
- les autres départements préparent leur budget compte tenu des prévisions de ventes approuvées ;
- le directeur de l'usine prépare un budget basé sur des coûts standard pour les matières premières et la main-d'œuvre directe et un budget pour les frais indirects de fabrication ;
- les autres départements préparent un budget fondé sur l'estimation de leurs besoins pour l'année à venir ;
- le directeur de division examine chaque budget et l'approuve ou l'ajuste s'il le trouve injustifié.

Au niveau du groupe, le budget de la division est soumis aux procédures suivantes :

- un comité d'approbation des budgets est constitué du P-DG, du directeur des fabrications, du directeur des ventes, du contrôleur de gestion, du directeur financier et du directeur des relations sociales ;

- chaque directeur de division présente à ce comité son budget, en expliquant soigneusement les changements pris en compte et les réalisations de l'année en cours. Puisque les résultats de l'année en cours ne sont généralement pas connus lors de l'examen du budget, les chiffres utilisés pour l'année en cours portent sur les réalisations des dix premiers mois plus les prévisions pour les deux derniers mois ;
- le comité discute le budget avec le directeur de division et :
  - l'approuve tel quel,
  - l'approuve en y incorporant quelques modifications,
  - ou le renvoie pour être retravaillé en partie.

Après approbation finale, le budget devient la base de l'évaluation des performances.

Les budgets des directions fonctionnelles

Chaque directeur de direction fonctionnelle soumet son budget à l'approbation du P-DG qui, après discussion, peut l'approuver ou le modifier.

Le budget global de la société

Le département du contrôleur prépare un état consolidé des budgets divisionnels et fonctionnels qui est le budget global de la société, lequel est soumis à l'approbation finale du P-DG (si les prévisions de résultats pour la société s'avèrent insuffisantes, le P-DG peut demander que les budgets individuels qui avaient été approuvés soient refaits).

Les rapports de suivi budgétaire

Chaque mois, un rapport de suivi budgétaire est établi pour chacune des divisions, avec mise en évidence des écarts constatés en comparant les résultats réellement enregistrés avec les résultats budgétés.

À ce rapport de suivi budgétaire, il est joint des documents donnant le détail des écarts avec leurs explications. Les explications incorporées dans les documents sont fournies par les cadres responsables des écarts.

Chaque division a la responsabilité de préparer son propre rapport de suivi budgétaire et de le soumettre au siège le douzième jour ouvrable après la fin du mois. Après examen par le service central des budgets, des copies en sont distribuées au P-DG, au directeur des ventes et au directeur des fabrications. Le service central des budgets prépare une brève analyse écrite de chaque rapport en indiquant les points sur lesquels la direction devrait porter son attention.

Le service central des budgets prépare pour le quinzième jour ouvrable après la fin du mois un rapport global de suivi budgétaire de la société. C'est en fait la consolidation des rapports des divisions opérationnelles et des directions fonctionnelles. Une copie de ce rapport est envoyée au P-DG, au directeur des ventes et au directeur des fabrications.

La discussion avec le P-DG

Descamps a pris rendez-vous avec M. Degeorge, le P-DG, pour discuter du système budgétaire. Voici un extrait des remarques faites par M. Degeorge à Descamps : « Pour parler franchement, les rapports de suivi budgétaire sont à peu près sans valeur pour moi. Premièrement, on ne peut pas budgétiser les ventes avec certitude. Tous les rapports font apparaître de grands écarts, mais qu'est-ce que je peux en faire ? Les écarts importants se situent presque toujours au niveau des ventes, soit que les quantités vendues n'ont pas été respectées, soit que les prix unitaires ont augmenté ou diminué. De plus, lorsqu'une division commence à avoir des problèmes avec les ventes ou les prix, cela peut demander plusieurs mois pour rectifier la situation. Vous pouvez avoir à changer la ligne de produits, à attendre que les concurrents en aient assez de perdre de l'argent et se décident à augmenter leurs prix, ou à attendre que l'activité économique s'améliore. En d'autres termes, lorsque j'examine les rapports de suivi budgétaire, je me dis "Eh, alors ?"

« En outre, les rapports de suivi budgétaire ne m'apprennent rien, parce que si quelque chose d'important se produit, je le sais bien avant que les rapports budgétaires m'arrivent. Chaque semaine, je reçois des rapports sur le niveau des ventes de chaque division et je peux facilement détecter les divisions qui ont des problèmes de quantités vendues ou de prix. Généralement, les coûts ne varient pas beaucoup d'un mois à l'autre. Dans les rares cas où les coûts ont momentanément crevé le plafond, je le savais à l'avance. Ce dont j'ai besoin, c'est d'un rapport qui m'indique ce qui va m'arriver, pas d'un rapport qui me confirme ce que je sais déjà depuis plusieurs semaines.

« Il y a un troisième aspect qui me gêne et je vous demande de respecter la nature confidentielle de ce que je vais vous dire. C'est un fait établi pour moi que Jean Pradel [le directeur de la division du similicuir] n'a pas fait du tout un bon travail avec sa division cette année, même si, d'après les rapports budgétaires, sa performance a été la meilleure des cinq divisions. En raison de problèmes de qualité dans son usine, il a perdu l'un de nos plus gros clients dans l'industrie de l'ameublement. Or, du fait que le secteur automobile enregistre des ventes meilleures que prévu, Pradel a la chance d'avoir, dans ses rapports, un écart favorable important sur les quantités vendues. Par ailleurs, je tiens à vous signaler que le meilleur directeur que j'ai a le pire des résultats par rapport au budget.

« Voilà Descamps ! J'ai trois griefs. Je ne peux rien faire de ces rapports ; ils ne contiennent aucune information importante dont je ne sois déjà au courant ; ils ne reflètent pas correctement la performance des directeurs. J'avais l'espoir de prendre la performance budgétaire comme base de calculs des primes pour les directeurs. Comme vous pouvez le voir, je ne peux pas le faire avec votre système.

« Faites quelque chose pour que ça marche, ou cessez d'utiliser ce "fichu" système de contrôle budgétaire. Tel qu'il est, il ne nous sert à rien, malgré son beau *pedigree* dans le secteur automobile. »

Le fonctionnement de l'entreprise vous semble-t-il centralisé ou décentralisé ? À cet égard, les règles du jeu vous semblent-elles claires ?

Qu'attend le P-DG (M. Degeorge) de son système budgétaire ?

Dans quelles conditions un système budgétaire du type de celui présenté peut-il être pertinent ?

Que pensez-vous de la première remarque faite par M. Degeorge sur la difficulté de prévoir les ventes ?

Chapitre 8
L'analyse des résultats

Introduction

L'objectif de ce chapitre est de présenter les principes et les outils permettant de structurer et d'animer l'analyse des résultats.

Comme nous l'avons vu (voir figure 1.4 du chapitre 1), l'analyse des performances vise à permettre aux managers de prendre des décisions correctives (régulation) ou de réviser le modèle de performance ou la stratégie (apprentissage). Or, cette analyse est souvent réduite à l'analyse des écarts et associée au terme de suivi budgétaire, ce qui en donne une vision restrictive, car ce terme est lui-même souvent utilisé avec une vision statique et financière du budget. L'analyse des performances est donc considérée en pratique comme un exercice lourd et peu utile. Le processus est aussi accusé de générer des comportements de justification et d'explications sans fin, plutôt que de faciliter la décision. Ce chapitre propose une vision plus large de ce processus en le mettant en perspective par rapport aux objectifs et suggère des pistes pour limiter ces dysfonctionnements.

Comme dans les chapitres précédents, nous commençons par nous situer au sein d'une entité, en neutralisant provisoirement son appartenance à une organisation. Dans la section 1, nous présentons une méthode permettant de construire une analyse d'écarts à partir de n'importe quel modèle de comptabilité analytique, puis l'analyse des écarts à partir de tableaux de bord. Nous montrons que ces deux approches sont complémentaires et discutons de l'organisation des processus de gestion mobilisant ces analyses d'écarts et, plus particulièrement, des revues de gestion et du rôle du contrôleur de gestion. La section 2 montre comment la dépendance des entités les unes par rapport aux autres d'une part, le lien avec les systèmes d'évaluation des responsables d'autre part affectent l'analyse des performances.

1. Les principes et outils

1.1. Les objectifs et principes de l'analyse des résultats

L'analyse des performances repose sur la mesure d'écarts entre les résultats et les objectifs ou par rapport à des périodes antérieures. Cette mesure sera l'un des éléments du diagnostic visant à prendre des décisions correctives en vue d'atteindre les objectifs (régulation).

Elle peut aussi servir à analyser la validité du modèle de performance et de la stratégie (apprentissage).

Comme nous l'avons vu au chapitre 7, les prévisions et les objectifs préparent l'analyse des résultats et améliorent son efficacité en limitant le champ de l'analyse : l'observation d'un écart par rapport aux prévisions sert d'alerte, alors que la simple observation du résultat sans référence à un objectif apportera moins d'informations.

Cette alerte doit déclencher une réaction de la part du responsable de l'entité. Compte tenu du temps limité des responsables, il est préférable de disposer d'éléments permettant de comprendre cet écart. En effet, si un responsable d'une division constate que son résultat mensuel est très inférieur aux prévisions, en l'absence d'informations complémentaires, il n'aura aucune idée des causes de cet écart. Or, la compréhension de ces causes est nécessaire pour imaginer des solutions pertinentes. Le temps des managers étant limité, il n'est pas souhaitable de faire une analyse *ad hoc* chaque fois qu'un écart significatif de résultat est constaté.

C'est pour cela que cette analyse repose sur le modèle de mesure de performance constitué des indicateurs sur lesquels il a été choisi de fixer des cibles annuelles et qui va donc structurer la recherche des causes. Cette structure donne un cadre qui permet d'accélérer l'analyse, mais qui limite aussi le champ de cette analyse, d'où l'importance de construire ce modèle avec soin.

Pour bien comprendre cette importance, considérons une analyse d'écarts fondée sur la comptabilité financière, qui constitue le modèle le plus élémentaire de décomposition du résultat. Une telle analyse se fonde sur les écarts entre les réalisations et les prévisions sur chaque ligne du compte de résultat (ce qui suppose que la construction du budget a conduit à fixer une cible pour chacune de ces lignes). On peut présenter les écarts en valeur absolue, en pourcentage, ou encore en indiquant le niveau de significativité de l'écart déterminé par la comparaison à un seuil fixé à l'avance pour chaque ligne (tableau 8.1).

Tableau 8.1 – Analyse des écarts en comptabilité financière

	Budget	Réel	Écart en valeur[1]	Écart en pourcentage	Écart significatif
Chiffres d'affaires	265 000	243 212	– 21 788	– 8,22 %	Oui
Consommations matières	112 000	110 252	1 748	– 1,56 %	Non
Salaires et charges	91 500	97 261	– 5 761	6,30 %	Oui
Dotations aux amortissements	21 200	21 051	149	– 0,70 %	Non
Autres charges d'exploitation	18 130	22 121	– 3 991	22,01 %	Oui
Résultat d'exploitation	22 170	11 629	10 541	– 47,55 %	Oui

Ce modèle est très limité. C'est la raison pour laquelle les modèles de performance sont plus élaborés en pratique, comme nous l'avons vu dans la partie I.

1. Par convention, les écarts favorables (c'est-à-dire dont l'impact sur le résultat est positif) sont positifs et les écarts défavorables (c'est-à-dire dont l'impact sur le résultat est négatif) sont négatifs.

L'analyse de la performance est alors préparée par deux niveaux de modélisation : les indicateurs d'une part et, d'autre part, les cibles déterminées lors de la construction du budget par rapport auxquelles la performance sera appréciée et qui constituent un raffinement de ce modèle compte tenu d'éléments spécifiques à la période considérée. La connaissance des hypothèses faites pour déterminer les cibles peut aussi être utile à l'analyse des résultats.

Nous examinerons l'analyse des écarts dans le cadre des deux modèles présentés dans la partie I : le modèle de mesure fondé sur des indicateurs financiers dont la structure est donnée par la comptabilité analytique (section 1.2) et les tableaux de bord (section 1.3).

Toutefois, les éléments d'analyse fournis par ces modèles ne sont le plus souvent qu'une première étape pour la compréhension des causes réelles de l'écart de performance globale. Les écarts quantitatifs structurent bien sûr cette analyse, mais elle peut nécessiter des analyses complémentaires, plus *ad hoc*, dans le cadre d'une démarche de diagnostic collective : il faut « faire parler » les chiffres, car ceux-ci ne donnent pas directement tous les éléments du diagnostic. Ainsi, un écart de consommation d'une matière première peut s'expliquer de plusieurs façons : variation du prix de la matière qui peut être liée au cours ou à des quantités d'achat différentes de celles prévues ; variation de rendement en production, pouvant lui-même être expliqué par la qualité de la matière ou par des problèmes indépendants de la matière elle-même, etc. Le tri entre ces explications ne peut pas toujours être fait par une analyse des chiffres ; il faut échanger des informations détenues par différents responsables. La démarche d'analyse des résultats est donc de nature plus managériale que technique. Nous abordons cette question à la section 1.4.

L'analyse des résultats ne sert pas uniquement à prendre des décisions correctives (régulation), mais aussi à faire évoluer le modèle de performance (apprentissage). Pour cela, il faut détecter dans les écarts ceux qui peuvent conduire à remettre en cause les hypothèses de ce modèle à deux niveaux :

- **celui des hypothèses sur lesquelles reposent les cibles :** si l'on constate qu'il n'est pas possible d'atteindre certains objectifs, on peut être conduit à établir que les hypothèses qui les ont fondées sont fausses et à réviser les objectifs en conséquence. Ainsi, si un plan de vente reposait sur des hypothèses fausses concernant le lancement d'un nouveau produit par un concurrent, il peut être souhaitable de réviser les objectifs de ventes et ceux qui en dépendent ;
- **celui des liens de causalité du modèle de performance.** Puisque ces liens sont une représentation de la stratégie, l'analyse des écarts peut conduire à remettre en cause certains éléments. Ainsi, si un changement de positionnement fondé sur l'augmentation des services, associé à la vente des produits, n'améliore pas la rentabilité conformément aux prévisions, on peut envisager de remettre en cause ce changement.

1.2. Le suivi des résultats dans le cadre de la comptabilité analytique

Dans cette sous-section, nous nous intéressons à l'analyse des écarts lorsque la performance est mesurée par un compte de résultat analytique, par exemple sous la forme suivante :

Tableau 8.2 – Exemple de compte de résultat analytique

Volume de ventes	100
Prix unitaire	50
Chiffre d'affaires	5 000
Rendement matière (kg/unité)	3,2
Prix matière unitaire	8,80
Coût matière unitaire	28,16
Coût matière total	2 816
Autres coûts de fabrication (fixes)	1 000
Marge sur coûts de fabrication	**1 184**

Jusqu'à récemment en France, le plan comptable définissait un modèle d'analyse des écarts auquel est souvent associé le terme de suivi budgétaire. Cette association est abusive. En effet, comme nous l'avons vu, le suivi du budget par une analyse des écarts entre performance réalisée et performance prévue peut s'appuyer sur n'importe quel modèle de performance : modèle comptable ou modèle plus large traduit dans un tableau de bord comportant des indicateurs de tous types.

Il existe aussi des modèles dans les pays anglo-saxons qui ne diffèrent pas fondamentalement du modèle français. Une version simplifiée de ce modèle est connue sous le terme « VMRP » (pour volume, *mix*, rendement et prix). Nous présentons ici une méthode générique qui généralise ce modèle.

1.2.1. Les étapes

Les étapes de la méthode sont les suivantes :

- déterminer les variables qui peuvent être utilisées comme source d'écarts ;
- construire le tableau de calcul de l'ensemble des écarts, c'est-à-dire pour chaque ligne du compte de résultat et chaque variable ;
- calculer les écarts ;
- regrouper les écarts d'une façon pertinente ;
- présenter les résultats.

1.2.2. La détermination des variables

Les variables sur lesquelles repose l'analyse des écarts sont les paramètres du compte de résultat qui sont les données permettant de calculer les différentes lignes du compte de résultat.

Dans l'exemple donné précédemment :

- le chiffre d'affaires est calculé à partir d'un volume et d'un prix. Le volume de ventes et le prix de vente sont donc deux variables pour l'analyse des écarts ;
- le coût matière résulte du volume de ventes, du rendement matière et du coût matière unitaire, qui sont autant de variables pour l'analyse des écarts ;

- enfin, le résultat est obtenu en déduisant les autres coûts de fabrication de la marge sur coût matière (chiffre d'affaires – coût matière).

L'analyse des écarts pourra donc être faite sur les variables suivantes : volume de ventes, prix de vente, rendement matière, coût matière unitaire, autres coûts de fabrication.

Lorsqu'il y a des variables intermédiaires, il faut opérer un choix. Prenons un exemple :

Tableau 8.3 – Exemple de modélisation du chiffre d'affaires

Volume de produit A	100
Volume de produit B	80
Volume total	180
Part de produit A (*mix*)	56 %
Part de produit B (*mix*)	44 %
Prix unitaire A	20
Prix unitaire B	30
Prix unitaire moyen	24
Chiffre d'affaires produit A	2 000
Chiffre d'affaires produit B	2 400
Chiffre d'affaires total	4 400

Il existe plusieurs possibilités. En effet, on peut considérer que le chiffre d'affaires total est égal à la somme du chiffre d'affaires du produit A et du chiffre d'affaires du produit B. Dans ce cas, le chiffre d'affaires par produit peut être calculé comme :

- le résultat d'un volume total, d'un *mix* et d'un prix unitaire par produit ;
- le volume de chaque produit multiplié par le prix unitaire de produit ;
- la somme du volume de produit A et du volume de produit B multipliée par un prix moyen.

Le choix entre ces différentes solutions dépend de la façon dont les opérationnels ont l'habitude de raisonner, qui elle-même dépend des marchés. S'il y a une dépendance entre les volumes de produits A et B, la notion de volume total et de *mix* a du sens. Si, en revanche, il s'agit de variantes d'un produit de base, la notion de prix moyen peut être essentielle.

1.2.3. Le tableau de calcul des écarts

Lorsque les variables sont déterminées, on peut préparer un tableau permettant de calculer des comptes de résultat intermédiaires pour déterminer l'impact de la variation de chaque variable retenue sur les différentes lignes du compte de résultat.

Le seul choix à ce stade est celui de l'ordre des variables. Il n'a en pratique qu'une importance relative, car s'il change le résultat du calcul, il ne modifie pas les ordres de grandeur, ni donc l'analyse.

On peut choisir de mettre en premier les variables qui ont un effet sur plusieurs lignes du compte de résultat ; dans l'exemple, le volume de ventes qui a un impact sur le chiffre d'affaires et sur le coût matière.

Tableau 8.4 – Structure du tableau de calcul des écarts

	Prévu	Réel	Volume	Rendements	Prix de vente	Prix matière	Coûts fixes
Volume de ventes							
Prix unitaire							
Chiffre d'affaires							
Rendement matière (kg/unité)							
Prix matière unitaire							
Coût matière unitaire							
Coût matière total							
Autres coûts de fabrication (fixes)							
Marge sur coûts de fabrication							

1.2.4. Le calcul des écarts

L'étape suivante consiste à calculer les écarts. Pour cela, dans chaque colonne du tableau, on calcule un compte de résultat ajusté en faisant varier uniquement le paramètre correspondant à la variable.

Ainsi, dans notre exemple, la colonne « Volume » correspond à un compte de résultat dans lequel le volume est le volume réel (115) et l'ensemble des autres paramètres a des valeurs budgétées. Pour chaque ligne, l'écart sur volume sera la différence entre la valeur de ce compte de résultat fictif et la valeur réelle. Par exemple, l'écart de chiffre d'affaires est de :

$$750 = 5\,750 - 5\,000.$$

Tableau 8.5 – Calcul des écarts sur volume

	Prévu	Réel	Volume	Rendements	Prix de vente	Prix matière	Coûts fixes
Volume de ventes	100	115	115				
Prix unitaire	50	48	50				
Chiffre d'affaires	*5 000*	*5 520*	*5 750*				
Rendement matière (kg/unité)	3,2	3,1	3,2				
Prix matière unitaire	8,8	8,9	8,8				
Coût matière unitaire	28,2	27,6	28,2				
Coût matière total	*2 816*	*3 172,9*	*3 238,4*				
Autres coûts de fabrication (fixes)	1 000	1 050	1 000				
Marge sur coûts de fabrication	*1 184*	*1 297,2*	*1 511,6*				
		Écarts					
		Chiffre d'affaires	750				
		Coûts variables	(422)				
		Coûts fixes	0				
		Marge / coûts fixes	328				

La colonne « Rendements » correspondra au compte de résultat obtenu en changeant uniquement la valeur du rendement par rapport à la colonne « Volume » pour passer de la valeur prévue (3,2) à la valeur réelle (3,1). On calcule ainsi les écarts sur « rendements » pour les différentes lignes du compte de résultat, c'est-à-dire l'impact sur ces lignes de la différence de rendement entre le réel et le prévu.

Tableau 8.6 – Calcul des écarts sur « rendements »

	Prévu	Réel	Volume	Rendements	Prix de vente	Prix matière	Coûts fixes
Volume de ventes	100	115	115	115			
Prix unitaire	50	48	50	50			
Chiffre d'affaires	5 000	5 520	5 750	5 750			
Rendement matière (kg/unité)	3,2	3,1	3,2	3,1			
Prix matière unitaire	8,8	8,9	8,8	8,8			
Coût matière unitaire	28,2	27,6	28,2	27,3			
Coût matière total	2 816	3 172,9	3 238,4	3 137,2			
Autres coûts de fabrication (fixes)	1 000	1 050	1 000	1 000			
Marge sur coûts de fabrication	1 184	1 297,2	1 511,6	1 612,8			
		Écarts					
		Chiffre d'affaires	750	0			
		Coûts variables	(422)	101			
		Coûts fixes	0	0			
		Marge/coûts fixes	328	101			

En appliquant cette règle pour les autres variables, on obtient le tableau suivant dans lequel tous les écarts sont calculés :

Tableau 8.7 – Calcul de l'ensemble des écarts

	Prévu	Réel	Volume	Rendements	Prix de vente	Prix matière	Coûts fixes
Volume de ventes	100	115	115	115	115	115	115
Prix unitaire	50	48	50	50	48	48	48
Chiffre d'affaires	5 000	5 520	5 750	5 750	5 520	5 520	5 520
Rendement matière (kg/unité)	3,2	3,1	3,2	3,1	3,1	3,1	3,1
Prix matière unitaire	8,8	8,9	8,8	8,8	8,8	8,9	8,9
Coût matière unitaire	28,2	27,6	28,2	27,3	27,3	27,6	27,6
Coût matière total	2 816	3 172,9	3 238,4	3 137,2	3 137,2	3 172,9	3 172,9
Autres coûts de fabrication (fixes)	1 000	1 050	1 000	1 000	1 000	1 000	1 050
Marge sur coûts de fabrication	1 184	1 297,2	1 511,6	1 612,8	1 382,8	1 347,2	1 297,2

	Prévu	Réel	Volume	Rendements	Prix de vente	Prix matière	Coûts fixes
Écarts							
Chiffre d'affaires			750	0	(230)	0	0
Coûts variables			(422)	101	0	(36)	0
Coûts fixes			0	0	0	0	(50)
Marge/coûts fixes			328	101	(230)	(36)	(50)

1.2.5. Le regroupement des écarts

Lorsque le nombre des écarts est important, il peut être souhaitable de regrouper certains écarts afin de simplifier l'analyse. On regroupera les écarts qui peuvent être considérés comme liés entre eux. Dans notre exemple, le nombre d'écarts est limité, mais on peut néanmoins envisager de regrouper les effets prix de vente et prix matière si on estime qu'il y a une relation entre ces deux facteurs – c'est-à-dire que le prix de vente peut être ajusté lorsque le prix matière varie – ou, du moins, qu'il est pertinent de piloter la marge unitaire sur coût matière. On peut y adjoindre les coûts fixes, ce qui conduit à un effet « prix et coûts ».

Tableau 8.8 – Regroupement de certains écarts

	Volume	Rendements	Prix et coûts
Chiffres d'affaires	750	0	(230)
Coûts variables	(422)	101	(36)
Coûts fixes	0	0	(50)
Marge/coûts fixes	328	101	(316)

1.2.6. La présentation des résultats

Il se peut que le nombre d'écarts reste important, même après avoir effectué des regroupements. En pratique, il arrive qu'il y ait une vingtaine de variables. Par ailleurs, les écarts peuvent être calculés pour chaque produit ou pour chaque entité. Aussi, puisque le nombre d'écarts élémentaires est le produit du nombre de variables par le nombre de lignes du compte de résultat et le nombre d'entités ou de produits, il peut être très élevé.

Dans ce cas, la dernière étape de l'analyse consiste à faire une synthèse pour présenter les résultats de façon claire, afin qu'ils puissent servir de support à l'analyse par les opérationnels.

1.2.7. La mise en perspective de la méthode

Cette méthode permet d'obtenir une décomposition en écarts dont la somme est égale à l'écart global.

Elle peut s'appliquer à tous types de compte de résultat analytique ou d'éléments de compte de résultat, par exemple des coûts. Dans l'exemple suivant, elle est utilisée pour analyser les écarts de coûts d'un service après-vente. On considérera que son travail consiste à effectuer des réparations chez des clients, ceux-ci étant classés en deux catégories selon le type de produit qu'ils possèdent :

Tableau 8.9 – coût d'un service d'intervention chez les clients

Nombre de clients de type A	100
Nombre de clients de type B	50
Nombre total de clients	150
Pourcentage de clients de type A	67
Pourcentage de clients de type B	33
Nombre d'interventions par client A	0,30
Nombre d'interventions par client B	0,20
Nombre moyen d'interventions	0,27
Durée d'intervention type A (en heures)	1
Durée d'intervention type B (en heures)	1,5
Coût des pièces par intervention	22
Coût horaire des techniciens	35
Coût total	2 455

Dans ce cas, les variables considérées pour réaliser une analyse d'écarts peuvent être les suivantes : nombre total de clients, *mix* clients, nombre d'interventions par client A, nombre d'interventions par client B, durée d'intervention type A, durée d'intervention type B, coût des pièces par intervention, coût horaire des techniciens. En faisant varier une à une ces variables, on peut calculer différents coûts totaux ajustés et les écarts correspondants.

La méthode dite VMRP (volume, *mix*, rendements, prix), parfois présentée comme une méthode générique dérivée de la méthode comptable, constitue une forme particulière de cette méthode :

- les variables retenues sont le volume total de vente (V), le *mix* de vente (M), les rendements des différents facteurs constituant les coûts directs (main-d'œuvre directe, matière), le prix de vente et le coût unitaire des différents facteurs composant les coûts directs ;
- on regroupe les écarts de rendements des différents facteurs (R) d'une part, l'écart de prix de vente et les écarts de coûts unitaires en un seul écart appelé écart prix (P) d'autre part ;
- bien que les variables retenues soient souvent pertinentes lorsque l'on analyse une marge sur coût de fabrication, cette méthode ne peut s'appliquer aux nombreuses situations dans lesquelles d'autres variables peuvent être pertinentes.

Les différentes méthodes d'analyse d'écarts sont souvent critiquées, car elles ne permettent pas une analyse pertinente des charges indirectes fixes, alors que celles-ci constituent une part de plus en plus importante des charges. En fait, l'analyse des charges fixes repose sur la capacité d'identifier les inducteurs de ces charges. Cela relève plus de la structuration de la comptabilité analytique[1] que d'une méthode de calcul d'écarts. Toutefois, si ces inducteurs

1. Voir Mendoza *et al.* (2009).

sont identifiés, la méthode présentée ici permet de les traiter de la même façon que les variables identifiées pour les produits et les charges directes.

Enfin, cette méthode peut être appliquée à l'analyse de variations dans le temps et non d'écarts par rapport à un objectif. Il suffit de remplacer dans le tableau d'analyse les colonnes « Prévu » et « Réalisé » par « Période *n* » et « Période *n* + 1 » (voir illustration, section 1.2.9).

1.2.8. L'intérêt et les limites du calcul des écarts de coûts ou de résultat analytique

Quelle que soit la méthode retenue, l'analyse des écarts fondée sur un compte de résultat analytique permet :

- d'avoir une démarche systématique et structurée qui décompose un écart global en sous-écarts, donc d'avoir un premier niveau d'analyse permettant d'amorcer un diagnostic et de susciter des décisions ;
- de mesurer en unités monétaires l'impact des écarts sur les variables élémentaires structurant le résultat. Cela a l'avantage d'orienter vers les écarts opérationnels qui ont le plus d'impact, alors qu'il peut arriver que la perception des opérationnels les conduise à focaliser leur attention sur des dérives importantes de leur point de vue, mais dont les conséquences en termes de résultat sont moins significatives que d'autres écarts apparemment moins problématiques. Ainsi, si un chef d'atelier a fait face à un problème de qualité qui l'a mobilisé fortement pendant le mois précédent, on aura tendance à se focaliser sur les écarts de rendement de cet atelier. Il se peut que son action ait permis de limiter ces écarts et que l'impact économique reste modeste par rapport à celui de l'évolution du cours d'une matière qui n'aura pas créé autant de soucis à des opérationnels.

Toutefois, ce type d'analyse a plusieurs limites :

- en premier lieu, elle est liée au système de comptabilité analytique dans lequel les résultats réels ne sont parfois disponibles que plusieurs jours après la fin du mois. Les opérationnels disposent de leurs propres informations qui sont disponibles plus fréquemment et plus rapidement. Il est donc probable qu'ils aient déjà pris des décisions correctives lorsque le tableau de décomposition de l'écart est produit. Son analyse peut alors conduire au sentiment frustrant qu'elle ne sert qu'à justifier les décisions déjà prises ;
- en deuxième lieu, elle est restreinte, par construction, à l'analyse des écarts sur des causes dont on sait chiffrer l'impact sur le résultat. Or, les explications des écarts de résultats ne se limitent pas à ces causes et il peut être nécessaire de remonter en amont. Par exemple, un écart de rendement matière peut avoir de multiples causes : un problème de qualité dans la matière approvisionnée, des problèmes directement liés à la production, la volonté d'améliorer la qualité, etc.
- enfin, la structure du modèle conduit à considérer les différents leviers comme indépendants les uns des autres. Pourtant, un écart de coût matière peut être lié à des variations de volumes de ventes qui se répercutent dans les volumes d'achat et *in fine* dans les prix d'achat des matières s'ils ont été négociés de telle sorte qu'ils dépendent de ces volumes. Il est aussi fréquent qu'il y ait un lien entre la qualité des prestations ou des produits, les prix et les volumes.

De même que la mesure de la performance doit comporter à la fois des indicateurs liés à la comptabilité analytique et d'autres indicateurs (voir chapitre 5), l'analyse des réalisations à partir de la comptabilité analytique doit donc être complétée par une analyse des écarts portant sur des leviers plus prédictifs, qui sont suivis au travers des indicateurs de tableaux de bord (voir section 1.3).

1.2.9. Illustration

Dans cette sous-section, nous proposons une illustration de l'utilisation de la méthode d'analyse des écarts par la direction générale d'un groupe international de production et de commercialisation de produits de commodités. La méthode est employée pour analyser à la fois des données passées et pour préparer les données prévisionnelles (procédure de planification à trois ans).

Ce groupe est organisé en divisions métiers. La division à laquelle nous nous intéressons produit et vend des produits utilisés dans la construction et qui constituent des variantes d'un produit de base unique. Elle est organisée en unités opérationnelles géographiques (pays) qui assurent la production et la vente des produits.

L'analyse des écarts sert à préparer les revues stratégiques avec les divisions. Elle aide la direction générale à analyser les prévisions préparées par ces divisions, afin de rendre la revue stratégique plus fructueuse. En effet, en distinguant le poids de différents facteurs dans les prévisions d'évolution établies par les divisions (écart entre la situation présente et la situation future planifiée), elle apporte des éléments permettant de discuter réellement des orientations stratégiques de la division et d'apprécier la crédibilité des prévisions établies sur la base de cette stratégie.

Le compte de résultat analytique de chaque unité opérationnelle se présente de la façon suivante :

Tableau 8.10 – Illustration – compte de résultat analytique d'une unité opérationnelle clients

	Compte de résultat analytique
Volume de marché	100
Volume de produit de base vendu (marché domestique)	50
Part de marché (en %)	50
Exports	20
Prix du produit de base sur le marché domestique	1,4
Prix du produit de base export	1
Chiffre d'affaires du produit de base	70
Autres ventes	8
Ventes export	20
Chiffre d'affaires total	98
Coût variable unitaire domestique	0,68
Coûts variables totaux domestiques	34
Coûts fixes domestiques	21

	Compte de résultat analytique
Coût variable unitaire export	0,7
Coûts variables totaux export	14,6
Coûts fixes export	5
EBIT	23,4

Le produit de base étant indifférencié, il est vendu au prix de marché, qui est connu. Des variantes de ce produit sont vendues à un prix légèrement supérieur grâce au travail du service marketing de chaque entité. Par ailleurs, le prix est différent à l'export et sur le marché domestique de chaque division.

Le chiffre d'affaires est donc décomposé en un chiffre d'affaires ou CA du produit de base (prix du produit de base × volume du produit de base) et un poste « autres ventes » qui représente l'écart entre le CA réel et ce CA du produit de base, c'est-à-dire l'écart entre CA réel et le CA qui aurait été réalisé si les produits avaient été tous vendus au prix du produit de base.

Par ailleurs, les coûts sont décomposés en coûts fixes et coûts variables. La comptabilité analytique ne permet pas d'isoler les coûts spécifiques des variantes du produit de base. Aussi, on considère que ces coûts sont ceux du produit de base et qu'aucun coût n'est affecté aux « autres ventes ».

Le compte de résultat de l'unité est établi dans la monnaie locale de chaque division, puis converti en euros.

Un premier niveau de décomposition des écarts distingue les effets liés à des facteurs externes et internes, afin de neutraliser l'impact des éléments hors du contrôle des divisions. Parmi les facteurs externes, outre l'impact lié à l'évolution du marché, l'effet « inflation » mesure l'augmentation « naturelle » de l'EBIT liée à l'inflation ; l'effet « change » appréhende l'impact des taux de change sur l'EBIT en euros ; l'effet « périmètre » enfin prend en compte les évolutions d'EBIT liées aux acquisitions ou aux cessions.

Un second niveau de décomposition se focalise sur les facteurs internes, qui reflètent mieux la véritable performance des divisions. Afin de tenir compte de la décomposition analytique, les variables prises en compte dans l'analyse des écarts sont les suivantes : part de marché, export, marketing (correspondant aux autres ventes), prix, coûts, marché.

Le tableau d'analyse des écarts pour une unité est donc le suivant :

Tableau 8.11 – Illustration – tableau d'analyse des écarts pour une unité opérationnelle

	Écart									
	Total	Performance					Environnement		Change	Périmètre
		Part de marché	Export	Marketing	Prix	Coûts	Marché	Inflation		
Unité *x*										

La direction de la stratégie du groupe est chargée de rédiger une note à l'attention de la direction générale pour préparer la revue stratégique avec la division. La décomposition des écarts selon ce modèle lui sert à analyser le plan proposé par la division afin de rédiger cette note.

Compte tenu de l'organisation par zones géographiques de l'entreprise, les résultats sont analysés par zone. Le tableau précédent est donc construit pour chaque année et par grande zone géographique (continents) à partir des comptes de résultat passés (quatre ans) et prévisionnels (trois ans) des différentes unités de la division.

Ces données sont ensuite mises en perspective, soit en regroupant certains facteurs, soit en regroupant les différentes années en comparant le passé au futur, par exemple.

Nous présentons l'analyse réalisée par la direction de la stratégie à partir des données fournies par une division. Les données financières présentées ici ne correspondent bien évidemment pas aux données réelles. Elles correspondent à une situation classique dans laquelle les prévisions sont en croissance, alors que les résultats des dernières années étaient en baisse (prévisions dites en forme de « canne de golf »). Toutefois, cette évolution masque des ruptures qui ne peuvent être identifiées que grâce à une décomposition des écarts.

L'analyse part d'une décomposition des variations globales d'EBIT en quatre effets (figure 8.1) puis, en fonction des éléments mis en évidence par cette décomposition, se focalise sur les effets « marché » et « performance » par région (tableau 8.12) et, enfin, sur les effets « prix » et « marketing » d'une part et « coûts » d'autre part (tableau 8.13).

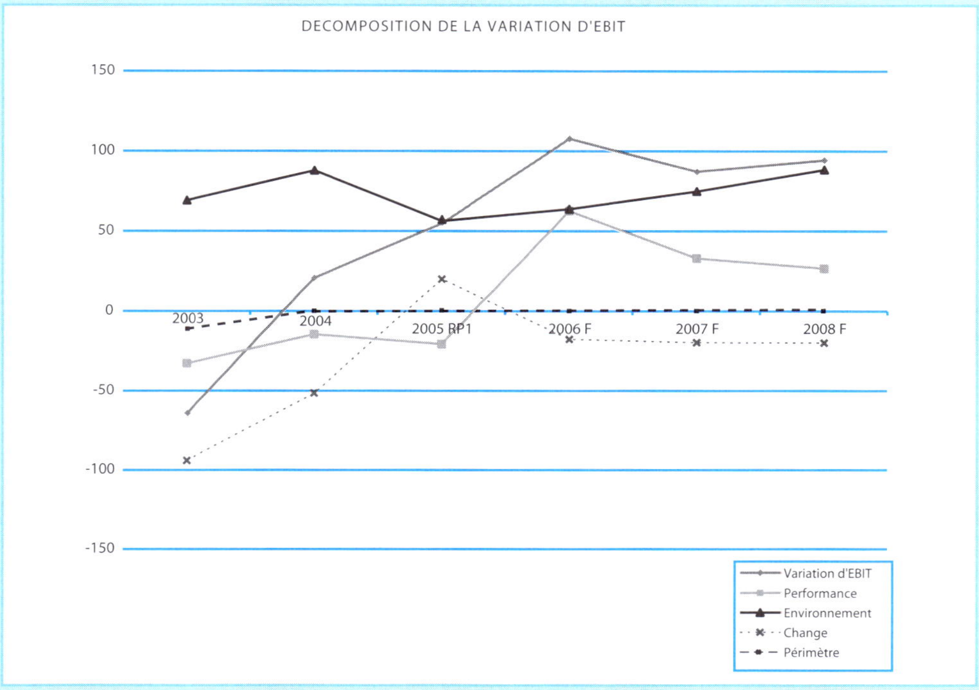

Figure 8.1 – Illustration - La décomposition de la variation d'EBIT

Sur ces bases, la note adressée à la direction générale pourrait faire ressortir les points suivants :

- alors qu'une vision globale montre une croissance de la variation d'EBIT jusqu'en 2005, suivie d'une stabilisation dans les trois prochaines années, une décomposition selon les quatre grands facteurs permet de mettre en évidence une rupture due à l'effet « performance », qui était négatif les années passées et devient significativement positif pour les années futures (figure 8.1 ; attention, ce graphique ne montre pas l'évolution de l'EBIT, mais l'évolution de *la variation* d'EBIT entre l'année n et l'année $n - 1$) ;
- en excluant les effets « change », « périmètre » et « inflation », la variation d'EBIT anticipée est très supérieure à celle enregistrée dans le passé. Cette observation n'est pas valable pour toutes les régions : certaines régions affichent une très forte hausse, alors que d'autres prévoient une baisse de la variation d'EBIT. Ainsi, la hausse repose sur une forte amélioration de la performance, particulièrement dans les pays émergents (tableau 8.12) ;

Tableau 8.12 – Illustration - Analyse des effets « marché » et « performance » par région clients

Variations annuelles		3 années passées		3 années futures	
Total	**Variation d'EBIT**	**26**	**3 %**	**86**	**10 %**
	Effet « marché »	**50**		**45**	
	Effets « performance »	**– 23**		**40**	
Région « mûre » 1	Variation d'EBIT	18	11 %	5	3 %
	Effet « marché »	17		0	
	Effets « performance »	0		5	
Région « mûre » 2	Variation d'EBIT	– 4	– 1 %	12	4 %
	Effet « marché »	4		– 1	
	Effets « performance »	– 8		12	
Pays « mûrs »	*Variation d'EBIT*	*13*	*3 %*	*16*	*3 %*
	Effet « marché »	*21*		*– 1*	
	Effets « performance »	*– 8*		*17*	
Région « émergente » 1	Variation d'EBIT	6	12 %	9	14 %
	Effet « marché »	8		8	
	Effets « performance »	– 2		1	
Région « émergente » 2	Variation d'EBIT	14	22 %	0	0 %
	Effet « marché »	8		6	
	Effets « performance »	5		– 5	
Région « émergente » 3	Variation d'EBIT	15	24 %	18	16 %
	Effet « marché »	11		11	
	Effets « performance »	5		7	
Région « émergente » 4	Variation d'EBIT	– 10	– 10%	13	22 %
	Effet « marché »	2		5	
	Effets « performance »	– 12		8	

Variations annuelles		3 années passées		3 années futures	
Région « émergente » 5	Variation d'EBIT	– 12	– 14 %	29	75 %
	Effet « marché »	0		17	
	Effets « performance »	– 12		12	
Pays « émergents »	*Variation d'EBIT*	*13*	*4 %*	*69*	*19 %*
	Effet « marché »	*28*		*46*	
	Effets « performance »	*– 15*		*23*	

- en outre, il est anticipé que l'évolution du marché aura un impact global similaire à celui observé dans le passé. Toutefois, cette observation dépend des régions : dans la région « émergente » 5, cet impact est beaucoup plus fort dans le futur que dans le passé, alors que, dans la région « mûre » 1, c'est l'inverse ;
- en ce qui concerne l'évolution de l'impact de la « performance » sur les variations d'EBIT, on constate aussi de fortes disparités selon les régions : certaines anticipent une forte amélioration de cet impact, alors que d'autres envisagent une dégradation ;
- si l'on détaille les effets « performance » en se concentrant sur les effets « prix » et « coûts » et en analysant les évolutions de la marge, on obtient les résultats suivants[1] :

Tableau 8.13 – Illustration - Analyse des effets « prix et marketing » et « coûts »

Variations annuelles		3 années passées	3 années futures
Total	Effet « prix et marketing »	63	– 57
	Effet « coûts »	– 92	60
	Somme	– 29	4

Il est prévu que l'évolution des prix et des coûts n'ait pas d'impact sur l'EBIT dans le futur. C'est une évolution très significative par rapport au passé. En outre, les prix sont censés diminuer dans le futur, alors qu'ils ont augmenté dans le passé et l'inverse est vrai pour les coûts.

Ces éléments transmis à la direction générale serviront de support à la discussion avec les responsables de la division lors de la réunion de discussion de leur plan. Il ne s'agit pas de porter un jugement *a priori* sur ces prévisions, mais d'être en mesure de dialoguer avec la division d'une façon plus riche que ce que n'autoriserait la simple utilisation de résultats consolidés.

Ce cas illustre d'une part l'intérêt de la structuration d'une analyse des écarts et montre d'autre part que la méthodologie d'analyse des écarts ne sert pas uniquement à l'analyse *ex post* des résultats par rapport au budget, elle est utile également pour affiner des variations au cours du temps.

1. Le tableau 8.13 ne reprenant qu'une partie des variables composant l'effet « performance », il n'est pas possible de faire un lien direct avec les chiffres du tableau précédent.

1.3. Le suivi des résultats avec des tableaux de bord

Le tableau de bord regroupe les indicateurs liés aux objectifs et aux variables d'action d'une entité. Il est utilisé dans le cycle de pilotage en comparant les performances réalisées sur les différents indicateurs à une cible déterminée lors de la phase de construction du budget[1].

Ainsi, le tableau de bord d'un responsable d'un service en charge de la maintenance d'installations pourrait faire apparaître les écarts de la façon suivante (tableau 8.14) :

Tableau 8.14 – Écarts de performance d'un responsable d'un service de maintenance d'installations

Indicateur	Année *n* – 1	Année *n*			
	Réalisé	Prévu	Réalisé	Écart en valeur absolue	Écart en pourcentage
Coût global (en millions d'euros)	105,5	102,3	101,9	0,40	0,39 %
Coût par intervention (en k€)	4,96	4,69	4,78	– 0,09	– 1,89 %
Nombre d'interventions	21 251	21 800	21 312	– 488	– 2,24 %
Productivité (en h/an)	1 450	1 460	1 465	5	0,34 %
Satisfaction client	3,5	4	3,8	– 0,2	– 5 %
Délai d'intervention	5,50 %	4 %	5,60 %	0,016	40 %
Indisponibilité installations (en h)	521	300	320	– 20	– 6,67 %
Nombre d'indisponibilités supérieures à 1 h	25	12	16	– 4	– 33,33 %
Absentéisme	9 %	8 %	10 %	0,02	25 %
…					
…					

Les modalités de l'analyse des résultats fondée sur un tableau de bord ne sont pas les mêmes que dans le cas de la comptabilité analytique. Par ailleurs, la comparaison par rapport à l'objectif n'est pas la seule façon de mobiliser les tableaux de bord pour analyser les réalisations. Nous détaillons ces deux points successivement.

1.3.1. Comparaison avec le modèle de la comptabilité analytique

Dans un tableau de bord, contrairement aux modèles de comptabilité analytique, il n'y a pas de lien mathématique entre les différents indicateurs, si bien que la démarche d'analyse ne peut pas calculer l'impact des différents leviers sur l'objectif de résultat global. Cela est d'autant moins possible que les objectifs peuvent être multiples, comme nous l'avons vu au chapitre 5. L'évaluation de l'impact des différents écarts sur un résultat analytique ou sur tout autre objectif ne pourra pas être quantifiée de manière objective.

1. Il n'est donc pas pertinent d'opposer, comme on le lit parfois, tableau de bord à budget, puisque le tableau de bord est mobilisé dans le cycle budgétaire à la fois pour fixer les objectifs et analyser les résultats. Un tableau de bord peut se différencier d'un système de mesure particulier qui se centrerait sur un modèle de performance exclusivement financier et conduirait à un processus budgétaire spécifique. Mais il ne peut pas être comparé au système budgétaire en lui-même, qui est un exercice de pilotage dans le temps (fixation des cibles, analyse des résultats).

Il n'est de ce fait pas possible de déterminer mécaniquement l'importance relative de chaque écart. Cela conduit à la nécessité d'établir un diagnostic, au sens fort du terme, c'est-à-dire une appréciation par les managers de l'importance des différents facteurs. Ce diagnostic, qui comprend donc une part de subjectivité, gagne à être mené collectivement et à favoriser l'échange, ce qui est bénéfique pour la coordination et l'apprentissage collectif des conditions de la performance.

Par ailleurs, le fait de ne pas être lié au système de comptabilité accroît la réactivité de l'analyse, car les informations sur les réalisations sont produites plus fréquemment et souvent plus rapidement. En outre, l'analyse porte sur des indicateurs liés à des leviers d'action qui captent les effets des décisions managériales plus en amont que ceux de la comptabilité analytique, ce qui permet une analyse plus précoce.

Ces leviers d'action sont aussi plus diversifiés que la comptabilité analytique, tout en restant en nombre limité. L'analyse des résultats est donc plus riche, sans nécessairement être beaucoup plus lourde, sous réserve que le tableau de bord ait été conçu selon les principes développés au chapitre 5.

Enfin, la modélisation au travers du tableau de bord est moins contrainte que dans la comptabilité analytique ; elle est plus facile à faire évoluer. Cela facilite une démarche d'apprentissage, alors que le suivi de la performance au travers de la comptabilité analytique est moins favorable à l'apprentissage et plus centré sur la régulation.

1.3.2. Les différentes modalités de suivi

Les modalités de suivi diffèrent selon les types de tableau de bord.

En ce qui concerne le tableau de bord de pilotage qui vise à dynamiser l'entité autour de quelques priorités, l'analyse de la performance se fait le plus souvent à deux niveaux : de façon continue par la personne en charge du suivi de la réalisation de l'objectif et de façon discontinue par le comité de direction de l'entité. Comme nous l'avons vu au chapitre 5, le caractère focalisé du TB de pilotage permet de mettre le suivi de tous les objectifs sélectionnés à l'ordre du jour des réunions du comité de direction, de façon systématique et programmée, ce qui ne sera pas le cas pour les indicateurs du tableau de bord panoramique (voir ci-après). L'analyse de la trajectoire concernant l'objectif est préparée à l'avance par le responsable de cet objectif. Il pourra donc proposer des plans d'action qui pourraient nécessiter l'arbitrage de la direction générale.

Le tableau de bord panoramique vise à mettre l'organisation sous contrôle. Il est ainsi utilisé pour détecter d'éventuelles dérives, soit par rapport au passé, soit par rapport à des objectifs plus généraux de l'entité. Le nombre important d'éléments sous surveillance ne permet pas un suivi exhaustif ; celui-ci se focalisera sur la détection d'écarts négatifs par rapport aux cibles visées. Par ailleurs, le processus de suivi est différent de celui du tableau de bord de pilotage. En effet, l'agenda serré des comités de direction oblige à les réserver à un nombre de sujets limités. Un travail de sélection doit donc être opéré préalablement à la réunion. L'analyse des écarts est réalisée par le contrôleur de gestion, qui décide avec le directeur de l'entité de ceux qu'il convient d'examiner en revue de gestion mensuelle. Certains écarts peuvent avoir déjà fait l'objet de décisions correctives ; d'autres ne portent pas sur des sujets urgents, il n'est par conséquent pas nécessaire de les traiter en comité de direction. Pour les autres, le rôle du comité sera de valider et de hiérarchiser les problèmes à résoudre. Les plans d'action seront le plus souvent décidés dans d'autres instances *ad hoc* après un diagnostic plus approfondi.

Qu'il s'agisse des TB de pilotage ou des TB panoramiques, l'objectif est bien de prendre des décisions correctives, ce qui correspond à la fonction que nous avons dénommé « régulation » (voir chapitre 1).

L'analyse des réalisations au travers de tableaux de bord peut aussi être utilisée dans une optique d'apprentissage, c'est-à-dire la remise en cause de la stratégie ou du modèle de performance. Cet apprentissage peut être conduit par deux modalités très différentes :

- par un dialogue entre différents managers de la hiérarchie sur un sujet correspondant à une incertitude stratégique et donc pour lequel la direction générale souhaite disposer d'informations détaillées et systématiques remontant du terrain. Nous avons appelé ce type de tableau de bord « interactif » en accord avec le « mode d'utilisation interactif » des indicateurs observé par Simons (voir chapitre 6). Ce dialogue peut d'ailleurs s'exercer directement entre un dirigeant et des responsables situés plusieurs niveaux hiérarchiques plus bas, il ne suit pas nécessairement la chaîne de la hiérarchie ;
- par une analyse des données contenues dans les tableaux de bord panoramiques ou, plus généralement, dans les bases de données de l'entreprise. Ce travail est alors réalisé par des analystes ne faisant pas partie de la ligne opérationnelle, par exemple les contrôleurs de gestion (cette fonction est aussi appelée *business* ou *performance analyst* dans certaines entreprises). Il n'est pas calqué sur le rythme mensuel (qui correspond plus à la fonction de régulation) et n'est donc pas relié directement au cycle de pilotage et aux revues de gestion. Il s'agit de repérer les besoins d'adaptation du modèle de performance. L'idée de tester statistiquement les liens de causalité entre dans ce cadre. Kaplan et Norton (2000) ont été parmi les premiers à suggérer ce type de test pour valider les liens de causalité de la carte stratégique. L'expérience n'a été documentée que pour quelques cas : Sears (Rucci *et al.*, 1998) ou McDonald's (Ittner et Larcker, 2003). Ces entreprises ayant pour caractéristique commune d'être constituées d'un grand nombre d'entités comparables (magasins ou restaurants), l'expérience n'est pas nécessairement généralisable à tous types d'organisation. Toutefois, la plupart des entreprises disposant désormais des bases de données permettant de bénéficier d'informations sur un très grand nombre de paramètres sur plusieurs périodes, il y a certainement un potentiel à exploiter par des analyses statistiques.

1.4. Les autres méthodes

Comme nous venons de le voir, l'analyse des résultats sous forme d'écarts n'est souvent pas suffisante pour décider de plans d'action. Les contrôleurs de gestion et les managers doivent donc maîtriser d'autres méthodes permettant de déboucher sur des plans d'action dans le cadre d'une démarche de diagnostic.

Nous illustrons la démarche de diagnostic et donnons un exemple d'outil de diagnostic au travers de l'exemple de la Société internationale de crédit automobile (SICA).

Encadré 8.1

Exemple

La Société internationale de crédit automobile (SICA) est une filiale d'un groupe bancaire spécialisée dans le crédit aux particuliers pour financer l'achat d'automobiles. La commercialisation de ses services est assurée directement par les concessionnaires et les agents de plusieurs constructeurs automobiles. La société fait face depuis plus de un an à une érosion de ses parts de marché en Allemagne : elle est descendue à 13 %, bien en deçà de l'objectif de 14,5 %. La filiale allemande doit proposer un plan d'action à la direction du groupe, qui lui a fourni pour cela l'assistance d'une équipe de sa direction « organisation ».

Le diagnostic de cette équipe est le suivant :

- l'offre de la SICA est bien positionnée par rapport à celle des concurrents sur le marché allemand : depuis plusieurs années, les taux proposés comme les autres modalités contractuelles sont parmi les trois meilleurs du marché ;
- les commerciaux des concessionnaires et agents ont une maîtrise satisfaisante de l'offre de SICA. Ils connaissent bien l'argumentaire commercial et sont à même de présenter et d'expliquer les différents produits aux clients, malgré la complexité inhérente aux produits de crédit ;
- en revanche, les délais d'instruction des dossiers de demande de financement sont trop longs par rapport aux souhaits des clients. Cela pourrait expliquer la perte de contrats au profit de la concurrence. L'instruction est réalisée par les services centraux de la filiale qui se prononcent sur l'acceptation ou le refus du dossier. On observe un fort taux d'annulation des demandes en l'absence de réponse dans l'heure qui suit le montage du dossier. Or, seuls 30 % des demandes obtiennent des réponses dans ce délai, taux qui semble très largement inférieur à celui de plusieurs concurrents.

Ce diagnostic de performance est fondé sur l'analyse du tableau de bord de l'unité. Plus les indicateurs sont pertinents, c'est-à-dire correspondent bien au positionnement stratégique et au modèle d'activité, moins le diagnostic nécessite d'investigations complémentaires sur le terrain et plus il est rapide. Nous illustrons ici la démarche d'élaboration de plans d'action qui suit ce diagnostic et qui est un des éléments du processus de contrôle de gestion et tâcherons d'en montrer le caractère *ad hoc*.

Dans le cas présenté ici, la démarche a porté sur la recherche de moyens pour réduire le délai de traitement des demandes. Elle a nécessité la constitution d'un groupe de travail spécifique regroupant les différents acteurs de l'examen des demandes de financement : commerciaux en concession, analystes, responsable des systèmes d'information et responsable du service d'analyse.

Dans un premier temps, ce groupe a déterminé les principales étapes du processus aboutissant à un avis sur une demande de financement :

- établissement du dossier de demande par le commercial en concession ou en agence ;
- transmission du dossier au siège ;

Encadré 8.1 (suite)

- analyse des dossiers par une méthodologie de *credit scoring* qui se traduit par l'attribution d'une lettre :
  - A : acceptation (45 % au cours des trois derniers mois),
  - R : refus (19 % des dossiers au cours des trois derniers mois),
  - C : complément d'informations ; dossiers nécessitant des informations complémentaires avant décision (36 % des dossiers au cours des trois derniers mois) ;
- information du point de vente de la décision ;
- pour les dossiers de type C, réexamen du dossier après réception des informations complémentaires.

Puis ce groupe a organisé une réunion de recherche des causes en structurant la réunion et l'analyse par un diagramme d'Ishikawa (dit aussi « en arête de poisson »). Le diagramme élaboré au cours de cette réunion est le suivant (figure 8.2) :

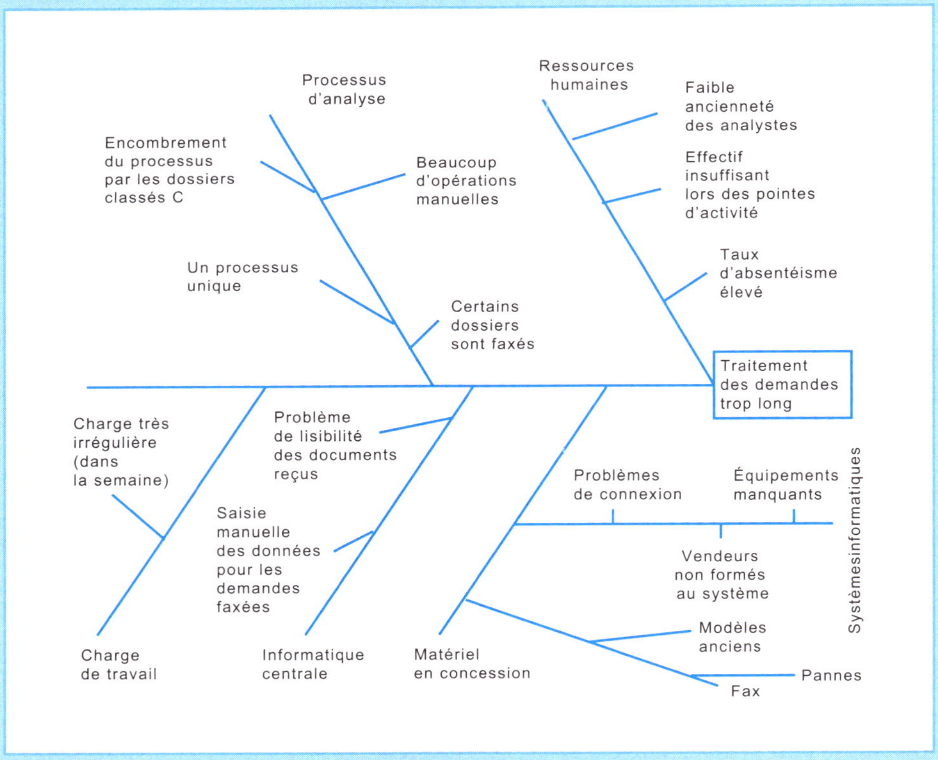

Figure 8.2 – Le diagramme d'Ishikawa

Encadré 8.1 (suite)

Chaque branche principale du diagramme correspond à une classe de causes. Le groupe en a identifié cinq : RH, processus d'analyse, charge de travail, informatique centrale, matériel en concession. Lorsque l'on identifie des sous-classes, on peut faire des ramifications. Ainsi, la classe « matériel en concession » est divisée en deux sous-classes : systèmes informatiques et fax. Puis on positionne les causes.

Chaque branche principale du diagramme correspond à une classe de causes. Le groupe en a identifié cinq : RH, processus d'analyse, charge de travail, informatique centrale, matériel en concession. Lorsque l'on identifie des sous-classes, on peut faire des ramifications. Ainsi, la classe « matériel en concession » est divisée en deux sous-classes : systèmes informatiques et fax. Puis on positionne les causes.

Cette analyse permet de mettre en évidence les problèmes suivants :

- équipement des concessions insuffisant ;
- inadaptation du processus du siège à l'objectif de délai de réponse ;
- nombre élevé d'opérations manuelles en concessions et au siège ;
- inadaptation des effectifs d'analystes à une charge fluctuante.

Sur la base de cette analyse, le groupe de travail a proposé les actions suivantes :

- formation et mise à niveau du matériel en concessions :
  - étude individuelle des solutions permettant l'installation d'un ordinateur adapté dans les concessions n'en disposant pas (aide à l'achat, mise à niveau, etc.),
  - connexion de 100 % des concessions au siège,
  - mise en compatibilité de 100 % des logiciels des concessions avec le logiciel du siège,
  - rédaction et diffusion d'une procédure de saisie pour les vendeurs en concessions,
  - formation des commerciaux lorsque les mesures précédentes n'ont pas conduit à la transmission informatique des demandes ;
- refonte du processus d'analyse des dossiers :
  - révision des informations demandées dans le dossier pour limiter le nombre de dossiers classés C,
  - création d'un processus de traitement séparé pour les dossiers classés C, afin qu'ils ne gênent pas l'analyse des autres dossiers ;
- adaptation des effectifs :
  - réduction de l'absentéisme,
  - organisation des plannings et mécanismes incitatifs permettant d'accroître les effectifs lors des pointes, en particulier le samedi,
  - actions permettant d'accroître l'expérience et d'attribuer les dossiers en fonction de leur complexité.

Encadré 8.1 (suite)

La mise en œuvre de ces plans d'action peut être confiée à un responsable, avec des échéances, des dates de revue de projet, l'allocation d'un budget et la mise en place d'indicateurs de suivi. Les plans d'action peuvent être intégrés au tableau de bord de pilotage de la filiale.

Par ailleurs, s'il s'avère que certains leviers clés de la performance mis en évidence par ce diagnostic ne sont pas suivis par des indicateurs adaptés dans le tableau de bord panoramique, il faut le compléter par de nouveaux indicateurs, par exemple un indicateur mesurant l'adéquation de l'effectif d'analystes au nombre de demandes reçues.

La démarche de diagnostic et de prise de décision fondée sur l'analyse des résultats comporte donc plusieurs étapes. La première est l'analyse des écarts par rapport aux cibles sur les différents indicateurs de la comptabilité analytique ou des tableaux de bord. Cette analyse est facilitée et structurée par les indicateurs retenus. Elle est suivie par des analyses complémentaires détaillées des processus pour affiner les causes précises des dysfonctionnements qui sont spécifiques à chaque processus et à chaque problème. L'exemple précédent donne une illustration de ce type d'analyse. L'ensemble du processus est de nature managériale et relève ainsi de compétences plus larges que la maîtrise des méthodes d'analyse d'écarts.

1.5. Synthèse

L'analyse des résultats repose sur deux types complémentaires de modèle : la comptabilité analytique et les tableaux de bord.

Dans le cadre de la comptabilité analytique, le calcul des écarts comporte une phase de structuration et de calcul pour laquelle nous avons proposé une méthodologie générique.

L'analyse des réalisations permet de prendre des décisions correctives (régulation) ainsi que de valider et d'amender la stratégie et le modèle de performance (apprentissage).

Quel que soit le modèle de performance, il faut éviter le risque de se concentrer sur la recherche d'explications au détriment de la prise de décision. Ce risque prend des formes différentes selon les modèles de performance. La comptabilité analytique pousse à décomposer les écarts en sous-écarts pour expliquer l'écart global, par exemple en décomposant une ligne de produits par produit, par client, par région, etc.

Pour les tableaux de bord, le nombre d'informations quantitatives disponibles dans les systèmes d'information étant très important, le risque est de se noyer dans ces données sans parvenir à une analyse appropriée.

Pour limiter ce risque, il faut :

- disposer d'une modélisation pertinente de la performance, aussi bien dans la comptabilité analytique que dans les tableaux de bord ;
- organiser de façon rigoureuse les revues de gestion et/ou les comités de direction autour :
  - d'une part, du suivi des tableaux de bord de pilotage avec une revue programmée et préparée de chaque objectif, afin qu'elle puisse permettre de décider des plans d'action adaptés,

– d'autre part, des écarts importants mis en évidence par la comptabilité analytique et les tableaux de bord panoramiques, en focalisant les réunions sur la hiérarchisation des problèmes et la mise en place d'un processus de décision adapté à chaque problème ;

- maîtriser les différentes méthodes de diagnostic et les modes d'animation correspondants.

En ce qui concerne l'apprentissage, il repose principalement sur les tableaux de bord panoramiques et, le cas échéant, sur le tableau de bord interactif. Les analyses sont dans ce cas déconnectées du cycle mensuel des revues de gestion.

2. L'articulation du suivi des résultats entre différents niveaux

L'articulation du suivi des résultats entre différents niveaux hiérarchiques soulève les questions de la cohérence des informations qui sont remontées à des fins de *reporting* avec celles qui sont suivies au niveau local (section 2.1), de l'emboîtement des processus managériaux d'analyse des résultats (section 2.2) et de l'impact de la double fonction du *reporting* de gestion, l'évaluation des activités et celle des individus (section 2.3).

2.1. L'articulation *reporting*/autocontrôle

L'analyse des performances d'une entité est faite à un double niveau :

- **l'entité :** l'analyse conduit à des décisions en rapport avec les leviers délégués à l'entité pour atteindre son objectif de performance (autocontrôle) ;
- **le supérieur hiérarchique de l'entité :** celui-ci contrôle que l'entité apporte bien la contribution qui est attendue d'elle à la performance globale ; il peut être amené à prendre des décisions en rapport avec les leviers relatifs à l'activité de l'entité mais non délégués, sur l'allocation des ressources entre entités et sur les décisions concernant le responsable et associées à son évaluation (voir section 2.2). L'analyse porte sur des données remontées dans le cadre du *reporting* fait par l'entité.

À ces objectifs de régulation, s'ajoutent les objectifs d'apprentissage qui conduisent à l'analyse par la hiérarchie des données portées par le tableau de bord interactif et, dans les groupes cotés, l'objectif de communication externe, qui oblige à remonter des informations pour des besoins indépendants de la prise de décision interne. Ces informations donnent lieu à une analyse permettant de justifier les variations de résultat au marché.

La cohérence des informations analysées aux différents niveaux repose sur la qualité du système de mesure de la performance (voir partie I), qui doit garantir que le supérieur est correctement informé des résultats obtenus par l'entité et qu'il dispose des informations lui permettant de prendre les décisions relevant de sa responsabilité. Ce n'est pas toujours le cas pour des raisons historiques, parce que les systèmes d'information ne sont pas intégrés (ce qui se produit souvent suite à des acquisitions), ou simplement parce que les systèmes de mesure sont mal conçus. Il s'agit d'un enjeu de construction des mesures qui ne relève pas spécifiquement du cycle de pilotage.

Mais la cohérence des indicateurs n'est pas suffisante. L'autocontrôle se fait en effet sur la base d'objectifs associés aux indicateurs. L'exemple suivant (encadré 8.2) montre que des problèmes de cohérence de décisions peuvent surgir non pas en raison de l'incohérence des indicateurs, mais du fait de la fixation des objectifs.

Encadré 8.2

Exemple

Prenons l'exemple d'une société qui fabrique des produits dans des usines comportant deux entités : l'une chargée de la préparation d'un combustible permettant de produire de la chaleur dans un four, l'autre (atelier four) chargée de la transformation de matières en produit fini dans ce four. Le four peut être alimenté par différentes combinaisons de combustibles.

Afin de profiter de variations dans le cours de ces combustibles, le responsable de l'atelier de préparation propose en avril un changement de combinaison, qui vise à réduire le coût de fonctionnement du four et donc celui du produit fini.

Cette modification est introduite au début du mois de mai. L'atelier four fait alors face à des difficultés de production : augmentation des arrêts du four qui réduisent la production quotidienne et problèmes de qualité sur le produit fini. Avec ses équipes, le responsable met en place des actions permettant de résoudre ces difficultés. Fin mai, les indicateurs de rendement et de qualité figurant dans le tableau de bord de l'usine sont les suivants (tableau 8.15) :

Tableau 8.15 – Extrait du tableau de bord de l'usine

	Réalisé	Objectif	Écart
Capacité (t/jour)	24,9	31	– 6,1
Qualité (indice)	86	94	– 8

L'évolution de la capacité du four pendant le mois de mai est la suivante (figure 8.3) :

Face à l'impossibilité d'atteindre ses objectifs de rendement, le responsable de l'atelier four convainc le responsable de la préparation du combustible à revenir à la combinaison de combustibles antérieure dès le 31 mai. Le 4 juin, le directeur de la production reçoit les tableaux de *reporting* qui montrent une augmentation du coût du produit. Après un échange avec ses responsables d'atelier, il complète le *reporting* avec son contrôleur de gestion, avec un commentaire expliquant les écarts par la décision relative à la combinaison de combustibles prise au début du mois de mai et annonçant le retour à l'objectif de coût pour le mois de juin, grâce à la décision de revenir aux combustibles précédents.

Pourtant, une analyse plus poussée aurait permis de montrer que le maintien du combustible conduirait à une baisse significative des coûts. En effet, le coût de production du mois de mai prend en compte les difficultés du début de mois. Avec la capacité atteinte en fin de mois et compte tenu de la baisse significative du coût de la chaleur produite, le coût du produit serait beaucoup plus faible.

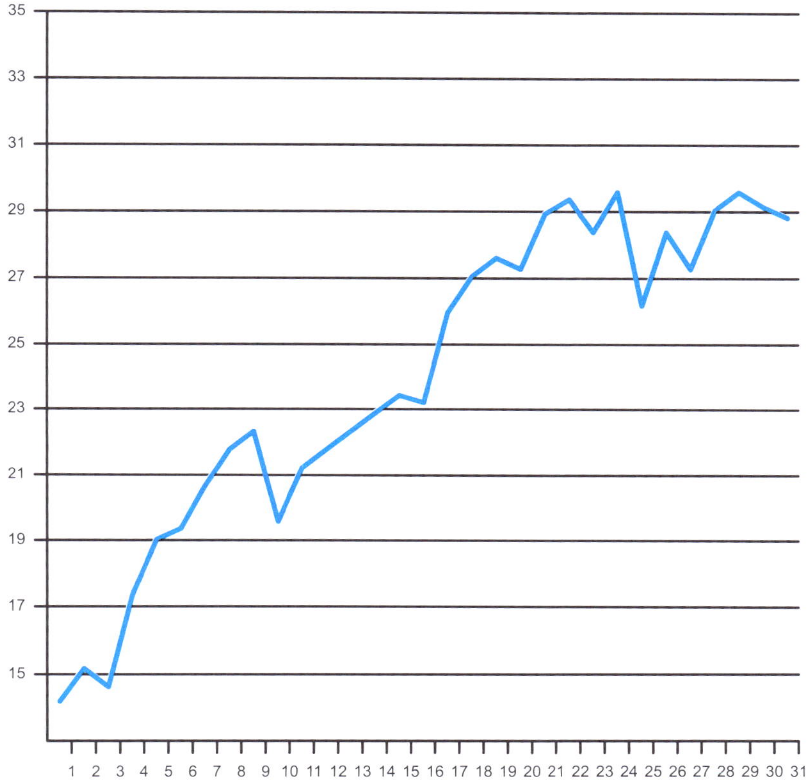

Figure 8.3 – La capacité journalière

Cette baisse de coût n'est possible qu'au prix d'une légère dégradation de la capacité et de la qualité. Mais compte tenu de l'existence de surcapacités dans d'autres usines du groupe et d'un niveau de qualité supérieur aux exigences actuelles des clients, la décision la plus pertinente serait de maintenir la nouvelle combinaison de combustibles pour bénéficier de la réduction de coûts. Cette décision nécessiterait de réviser les objectifs de capacité et de qualité du responsable du four.

L'erreur de décision du point de vue de la performance globale est donc liée :

- d'une part, au fait que le *reporting* porte sur des paramètres financiers (le coût de production), alors que l'autocontrôle est centré sur les paramètres techniques (capacité et qualité), c'est-à-dire que l'erreur est liée à un problème de modèle de performance ;
- d'autre part, à la fixation d'objectifs techniques des responsables d'atelier ne correspondant pas à une nouvelle combinaison de facteurs non contrôlables par ces responsables.

Encadré 8.2 (suite)

Pour remédier à ce problème, il faut :

- revoir les tableaux de bord en incluant des paramètres financiers dans les tableaux de bord d'autocontrôle et des paramètres techniques dans les tableaux de bord de *reporting* ;
- encourager à faire des exercices de reprévisions ;
- autoriser la révision des objectifs locaux.

Enfin, le *reporting* relatif à la communication externe peut conduire la direction générale à disposer d'informations détaillées sur des sujets qui sont censés être pilotés localement. Dans ce cas, il y a un risque de recentralisation des décisions, car il est souvent difficile de ne pas utiliser directement les informations dont on dispose.

2.2. L'articulation des processus de management

Un autre enjeu consiste à organiser les processus d'analyse des résultats aux différents niveaux hiérarchiques. Dans des organisations comportant de nombreux niveaux, les revues de gestion ou de performance sont parfois organisées de façon séquentielle pour que la revue du niveau n se tienne après celle du niveau $n - 1$. Ce type d'organisation pose un problème de réactivité, puisque plus on monte dans la hiérarchie, plus les réunions sont tardives. Il révèle souvent une focalisation des revues de gestion sur l'explication des résultats dans une optique de communication externe (sans prise de décision).

Pour éviter ce problème, on peut envisager de :

- séparer les réunions mensuelles orientées vers la prise de décision, le processus de remontée d'informations pour la communication externe et les processus d'analyse dans une optique d'apprentissage, qui ne sont pas structurés par un rythme mensuel et un besoin de réactivité ;
- bien identifier les niveaux pertinents de décision pour lesquels des revues de gestion mensuelles peuvent être judicieuses ;
- valider si ces décisions nécessitent que les revues de gestion des niveaux inférieurs aient été tenues.

2.3. Le lien avec l'évaluation des responsables

Nous avons présenté au chapitre 4 le principe contractuel, selon lequel un manager ne peut être évalué sur des résultats en valeur absolue, mais par comparaison avec un objectif préalablement négocié. Ce rôle important du budget a été également développé au chapitre 7. Mais le processus d'évaluation de la performance des individus est complexe et ne peut être réduit à l'analyse des écarts entre les objectifs et les réalisations. Dans le cadre de ce chapitre, notre objectif n'est pas de discuter ce processus, mais de mettre en évidence ses conséquences sur l'analyse de la performance et notamment par rapport aux objectifs de régulation (réactivité) et d'apprentissage qui ont été développés en section 1.

Les objectifs d'analyse des résultats à des fins de régulation ou d'apprentissage, qui portent sur les activités, et les objectifs d'évaluation de la performance des responsables, qui portent sur les personnes, sont partiellement contradictoires. En effet :

- la communication de l'information permettant d'analyser les performances des individus peut être biaisée pour améliorer l'appréciation de cette performance (c'est aussi vrai lors de la construction de prévisions, lorsqu'il s'agit en même temps de discuter de plans d'action cohérents et de négocier son objectif) ;
- comme nous l'avons vu au chapitre 4, la structure des activités ne correspond pas nécessairement à celle des responsabilités sur laquelle doit reposer l'évaluation des responsables.

De ce point de vue, le modèle de performance sous-jacent à la comptabilité analytique est souvent trop grossier pour pouvoir être utile à l'analyse de la performance des responsables. Ainsi, dans l'illustration donnée en section 1.2, la distinction entre écart lié à la performance et écart lié à l'environnement est utile pour mieux cerner la part de l'écart qui relève de la responsabilité managériale. Mais elle est toutefois trop grossière, car les éléments pris en compte dans les écarts de performance ne sont pas tous contrôlables.

En ce qui concerne les tableaux de bord, nous avons vu au chapitre 6 qu'il était plus facile d'affecter les indicateurs en respectant le principe de contrôlabilité.

Toutefois, comme nous l'avons vu, la séparation des responsabilités n'est pas toujours claire. Ainsi, si l'indicateur de qualité suivi dans le tableau de bord de production se dégrade, il n'est pas toujours possible de trouver les indicateurs qui permettent de faire la part entre la responsabilité des producteurs et celle des acheteurs. Si l'indicateur de qualité est inclus dans les tableaux de bord des deux services, cela risque de conduire à des comportements de type « passager clandestin », chaque service se concentrant sur ses objectifs propres et espérant que l'autre service fasse les efforts permettant d'améliorer la qualité. Si l'indicateur est intégré au tableau de bord d'un seul service, par exemple le service « production », le risque est qu'il rejette la responsabilité sur les achats en cas de mauvaise performance.

Par ailleurs, le respect du principe de contrôlabilité nécessite souvent de décomposer la performance en un nombre trop important d'indicateurs pour permettre une évaluation univoque de la performance des responsables. En effet, lorsque l'on a un nombre important de mesures sur lesquelles les réalisations peuvent être en deçà ou au-delà des objectifs, il est difficile de faire une synthèse permettant de déterminer la performance du responsable.

En outre, cette évaluation peut relever de procédures diverses et avoir des conséquences variées : évaluation objective ou subjective ; conséquence sur les revenus, sur les promotions…

Le processus d'analyse des performances des personnes a donc une influence sur l'analyse des résultats des activités, telle qu'elle a été présentée en section 1. L'articulation entre ces deux processus ainsi que leurs liens avec les systèmes d'incitation est complexe et va au-delà des objectifs de ce livre.

Il est important de garder à l'esprit que ces deux processus reposent sur des modélisations différentes de la performance. L'utilisation d'un modèle de performance unique peut nuire à la performance. En revanche, ces processus ne peuvent pas être conçus de façon indépendante.

Conclusion

Ce chapitre complète la description du cycle de pilotage en proposant des méthodologies pour structurer la phase d'analyse des résultats et en discutant de l'impact de l'articulation de cette phase entre les différents niveaux hiérarchiques.

Il montre que des interactions fortes existent entre la structuration de la mesure de la performance et son utilisation dans le cycle de pilotage, ainsi qu'entre les différentes fonctions associées au cycle de pilotage (régulation et apprentissage relatifs aux activités, évaluation des responsables).

Ce dernier chapitre de la deuxième partie de cet ouvrage est l'occasion de revenir sur les choix de structure qui ont été les nôtres ici. En effet, dans les deux premières parties, nous avons dissocié, pour des raisons pédagogiques, les deux problématiques que sont, d'une part, la modélisation de la performance et sa traduction en systèmes de mesure de la performance et, d'autre part, le processus de contrôle, c'est-à-dire la structure et la dynamique de la démarche de pilotage.

Distinguer conceptuellement ces problématiques nous a permis de mettre en évidence que les outils de planification et notamment le budget étaient certes des instruments de gestion prévisionnelle au sens strict, c'est-à-dire de projection dans le futur, mais qu'ils étaient toujours construits, au moins implicitement, sur la base de modèles de performance particuliers, traduits en systèmes d'indicateurs tout aussi particuliers. De ce fait, si le modèle financier reste encore fortement prégnant dans les conceptions et les pratiques du budget, celui-ci peut tout à fait s'appliquer à des modèles de performance plus riches, comprenant des objectifs et des leviers d'action de nature non financière, comme nous en verrons un exemple au chapitre 10 avec le cas de CostKill. De même, nous avons vu dans ce chapitre 8 que les systèmes d'analyse d'écarts, traditionnellement assis sur des modèles de type comptable et financier, pouvaient eux aussi tout à fait s'appliquer à des systèmes d'indicateurs plus diversifiés : le « suivi budgétaire » n'est donc pas intrinsèquement un suivi de nature financière. Nous avons par conséquent cherché, par cette dissociation, à mettre en évidence le besoin de vigilance sur la pertinence du modèle de performance sous-jacent et des systèmes de mesure correspondants.

Dans la pratique, ces deux problématiques sont la plupart du temps mises en œuvre conjointement. La dissociation que nous avons opérée offre ainsi une première grille d'analyse dégageant les enjeux de la construction des outils de pilotage. Lors de la phase de planification, le but est certes de se projeter dans l'avenir pour définir des cibles à atteindre et des plans d'action pour y parvenir (gestion prévisionnelle), mais, ce faisant, c'est un moment propice pour repenser, voire élaborer, la nature des objectifs et des leviers d'action et pour faire évoluer les indicateurs (modélisation de la performance et construction de systèmes de mesure). De même, la phase aval de suivi des résultats est certes orientée vers l'identification d'écarts par rapport à des cibles ou de retards dans la réalisation des plans d'action, afin de prendre des décisions correctives lorsque cela s'impose (boucle de régulation), mais nous avons vu que c'est également une occasion de valider le modèle de performance sous-jacent et de le faire évoluer si nécessaire (boucle d'apprentissage), donc de contribuer à la modélisation de la performance.

Dans les chapitres de la partie I comme dans les chapitres 7 et 8, nous avons également cherché à dégager les finalités et principes des outils de pilotage, qui viennent enrichir ce premier niveau d'analyse.

Dans la partie III de l'ouvrage, nous allons utiliser ces grilles élaborées dans les parties I et II pour analyser deux cas transversaux tirés de situations réelles. Il est clair que l'espace limité de cet ouvrage ne nous autorise pas à reproduire ces situations dans toute leur complexité ; néanmoins, nous verrons que les grilles d'analyse permettent de structurer un diagnostic des systèmes de contrôle de façon plus précise.

Ces grilles (problématiques, finalités, principes) sont également utiles pour prendre du recul par rapport aux outils fondamentaux décrits dans cet ouvrage. Notamment, l'outil budgétaire a fait l'objet de nombreuses critiques dans les années récentes : lourdeur excessive, lenteur, biais court terme, inadaptation à des contextes turbulents, etc. – critiques qui viennent en opposition frontale au constat d'utilisation massive de l'outil budgétaire dans les entreprises. Cette controverse quant à l'utilité de la démarche budgétaire a donné lieu à un courant de pensée appelé « *beyond budgeting* » et à des pratiques d'entreprises présentées comme innovantes. Il ne relève pas de cet ouvrage fondamental de traiter cette problématique de façon détaillée ; néanmoins, le cadre et les grilles proposés ici permettent à nos yeux d'éclairer cette question de façon plus structurée[1].

Bibliographie

Giraud Françoise, Saulpic Olivier, Delmond Marie-Hélène, Bonnier Carole, de Geuser Fabien, Laulusa Léon, Mendoza Carla, Naulleau Gérard et Zrihen Robert, *L'Art du contrôle de gestion – Enjeux et pratiques*, Paris, Gualino, 2009.

Ittner Christopher et Larcker David, « Coming Up Short on Nonfinancial Performance Measurement », *Harvard Business Review*, novembre 2003, p. 88-95.

Kaplan Robert et Norton David, *The Strategy-Focused Organization*, Boston, Harvard Business School Press, 2000 ; traduction française : *Comment utiliser le tableau de bord prospectif*, Paris, Éditions d'Organisation, 2001.

Mendoza Carla, Cauvin Éric, Delmond Marie-Hélène, Dobler Philippe, Malleret Véronique et Zilberberg Emmanuel, *Coûts et Décisions*, 3e édition, Paris, Gualino, 2009.

Rucci Anthony, Kirn Steven et Quinn Richard, « The Employee-Customer Profit Chain at Sears », *Harvard Business Review*, 1998, p. 82-98.

1. Pour une présentation détaillée de cette question, voir GIRAUD *et al.* (2009), chapitre : « Faut-il tuer le budget ? ».

Ce qu'il faut retenir

Messages clés

- L'analyse des résultats repose principalement sur la mise en évidence et l'analyse des écarts entre le réalisé et le prévu.
- Cette analyse constitue un support pour décider de plans d'action correctifs (régulation) et pour ajuster ou remettre en cause la stratégie (apprentissage).
- Cette analyse est préparée et structurée par les indicateurs suivis et par les cibles qui ont été fixées sur ces indicateurs, qui constituent deux niveaux de modélisation de la performance. En ce qui concerne les indicateurs, on distingue deux types de modèle : la comptabilité analytique et les tableaux de bord.
- L'analyse des écarts quantitatifs n'est qu'une étape d'une démarche plus large de diagnostic collectif, qui comprend également la recherche des causes d'écarts, la prise de décision et une animation managériale adéquate.
- Un risque lors de l'analyse des écarts est de se limiter à une recherche d'explication sans fin qui ne débouche sur aucune décision.
- Ce risque peut être limité par : une modélisation pertinente de la performance ; l'organisation des revues de gestion et une animation différenciée pour la comptabilité analytique et le tableau de bord panoramique d'une part et le tableau de bord de pilotage d'autre part ; la maîtrise des méthodes de diagnostic et des démarches managériales correspondantes.
- La cohérence des procédures locales d'analyse (autocontrôle) et de *reporting* est un enjeu dont la résolution passe par la cohérence des informations suivies aux différents niveaux et des objectifs ainsi que par l'articulation des revues de gestion.
- L'analyse des écarts sert aussi à évaluer la performance des managers (incitations). Cela a des conséquences sur l'analyse des écarts du point de vue des activités (régulation et apprentissage). Ces deux processus doivent s'appuyer sur des indicateurs différents.
- On peut utiliser les méthodes présentées pour analyser l'évolution des résultats entre différentes périodes, par exemple dans le cadre de la construction de prévisions.

Activités

Quiz

- Qu'est-ce qui détermine les variables retenues pour une analyse d'écarts de coût ou de résultat fondée sur la comptabilité analytique ?
- Quelles sont les limites de la méthode dite « VMRP » ?
- Dans le cadre de quel type de processus de gestion peut-on utiliser une analyse d'écarts entre différentes périodes ?
- Quels sont les intérêts et les limites de l'analyse des écarts reposant sur la comptabilité analytique ?
- Quelles sont les similitudes et les différences des analyses d'écarts fondées sur la comptabilité analytique et sur les tableaux de bord ?
- Quelles sont les différences de l'analyse des résultats d'un tableau de bord de pilotage et d'un tableau de bord panoramique ?
- La revue de gestion est-elle le lieu privilégié pour utiliser l'analyse des écarts dans une optique d'apprentissage ?

Exercice 8.1

Bénavent Dumoulin, étudiant en master de management, rend visite à l'entreprise O'Tool, spécialisée dans la fabrication de pièces métalliques standardisées pour la construction mécanique. La production dans cette entreprise étant organisée selon le principe du juste-à-temps, il n'y a ni stock de matières, ni stock de produits finis.

Le budget pour le mois de mai prévoyait :

- la vente de 800 unités au prix de 50 € ;
- des coûts directs de matières de 9 600 € (800 unités × 2 kg × 6 €/kg) ;
- des coûts directs de main-d'œuvre de fabrication de 8 000 € (800 unités × 1 h × 10 €/h) ;
- des coûts indirects de fabrication de 4 000 € ;
- des frais généraux de 2 500 € (frais commerciaux et administratifs).

Au début du mois de juin, le directeur examine les réalisations du mois de mai qui indiquent :

- un chiffre d'affaires de 44 550 € (900 unités vendues au prix de 49,50 €) ;
- des coûts directs de matières de 9 900 € (1 800 kg de matières consommées × 5,50 €/kg) ;
- des coûts directs de main-d'œuvre de fabrication de 10 800 € (900 heures au coût horaire de 12 €) ;

- des coûts indirects de fabrication de 4 000 € ;
- des frais généraux de 3 100 €.

Le directeur organise une réunion avec le responsable commercial, M. Battant, et le responsable de la production, M. Ligne, réunion à laquelle Bénavent assiste. M. Battant est très fier des résultats réalisés, mais M. Ligne est de moins bonne humeur. Il s'instaure entre eux le dialogue suivant :

M. Battant : « Grâce à un effort de prospection supplémentaire, j'ai dépassé mes objectifs sans sacrifier les prix, vous pouvez donc me féliciter. »

M. Ligne : « Peut-être, mais ces commandes non prévues ont désorganisé mon planning ; j'ai dû m'ajuster et payer des heures supplémentaires qui m'ont coûté très cher. »

M. Battant : « Ce n'est pas de ma faute si vous n'êtes pas capable de respecter votre budget et, d'ailleurs, je suis sûr que vos achats de matières ont bénéficié d'un effet volume : dans les relations commerciales, c'est bien connu, plus on achète, plus le prix baisse. »

M. Ligne : « Mes consommations ont augmenté, regardez les chiffres : c'est normal, car plus on produit, plus on consomme. Mais j'ai respecté les standards et, malgré ce surcroît d'activité, ma productivité est restée bonne. »

À l'issue de la réunion, le directeur se tourne vers Bénavent et lui dit : « Vous qui avez suivi un cours sur les outils comptables pour le pilotage, pouvez-vous m'aider à comprendre ce qui s'est passé dans mon entreprise le mois dernier ? De M. Battant ou de M. Ligne, je ne sais pas qui a raison. » Bénavent fait rapidement quelques calculs et répond : « Je pense que tous les deux ont raison et je peux vous expliquer pourquoi. »

Construisez la grille d'analyse d'écarts adaptée à ce contexte et effectuez les calculs correspondants.

En vous appuyant sur cette analyse, explicitez et justifiez la réponse de Bénavent, pour chacun des quatre arguments avancés par MM. Battant et Ligne.

Qu'en concluez-vous en termes d'analyse des performances et de pilotage ?

PARTIE III

L'intégration de la démarche

Cette troisième et dernière partie de l'ouvrage a une fonction intégrative.

Dans le chapitre 9, nous nous intéresserons aux acteurs de la démarche de pilotage. En effet, dans les deux premières parties de cet ouvrage, nous nous sommes attachés à présenter les composantes d'une *démarche* de contrôle, que nous avons dès le début distinguée de la *fonction* du contrôleur de gestion (voir chapitre 1). Ce faisant, nous avons voulu montrer que cette démarche comprenait des problématiques assez larges et généralement considérées comme ne relevant pas du champ du contrôle de gestion : la réflexion stratégique, l'élaboration de systèmes d'incitation des managers, les choix structurels de l'entreprise, etc. Nous avons ainsi pu montrer que ces problématiques, loin d'être périphériques, étaient intimement liées à la conception d'une démarche de pilotage de la performance. Évoquer trop tôt la question des acteurs aurait nécessairement éclairé ces problématiques sous un jour plus polémique, celui des frontières de chaque discipline et, surtout, celui des attributions des uns et des autres dans l'entreprise.

Ce choix a également permis de mettre en évidence le rôle très important des dirigeants et managers dans le processus de pilotage, rôle souvent sous-dimensionné. Dans le chapitre 9, nous allons affiner ces rôles respectifs des managers et des contrôleurs de gestion, des opérationnels et des fonctionnels, sur la base notamment d'enquêtes empiriques sur les pratiques d'entreprises.

Les chapitres 10 et 11 proposent deux cas transversaux tirés de situations d'entreprises réelles, maquillées pour des raisons de confidentialité. Le cas CostKill présente au chapitre 10 le système de pilotage d'un équipementier automobile et le rôle essentiel de ce système lors du lancement d'un projet stratégique très innovant : celui de la conception de composants sous forme de modules. Nous mobiliserons les grilles d'analyse « théoriques » élaborées dans l'ouvrage pour dresser un diagnostic de ce système et proposer des pistes de recommandation.

Au chapitre 11, nous présenterons la situation d'une entreprise de traitement des déchets industriels et ménagers, confrontée à des problématiques opérationnelles très différentes compte tenu du secteur, mais tout aussi stratégiques. En particulier, le choix entre deux solutions de traitement des « déchets ultimes », l'incinération ou l'enfouissement, soulève des questions dans lesquelles le système de pilotage joue un rôle important. Cette fois-ci, nous laisserons le lecteur mener seul le diagnostic selon le même processus d'analyse que pour le cas CostKill. Des éléments de « correction » seront proposés néanmoins sur le site compagnon qui accompagne cet ouvrage.

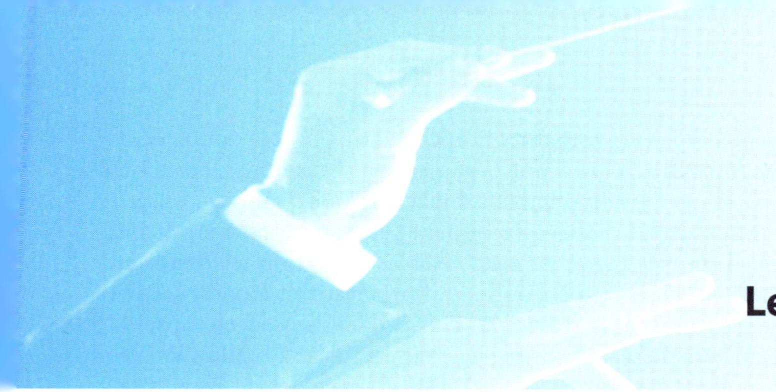

Chapitre 9
Les acteurs du pilotage

Introduction

Le contrôle de gestion, pilotage de la performance, est un processus, pas un métier. Pourtant, dans les organisations, le terme renvoie généralement au service qui regroupe les contrôleurs de gestion. Cette confusion est d'autant plus fâcheuse que les acteurs privilégiés du contrôle de gestion sont les managers qui, comme l'explique Anthony (1988), sont chargés d'atteindre certains objectifs en orientant le travail d'autres personnes. Cependant, le travail des contrôleurs de gestion n'est pas neutre : fonction support, ils assurent la mise en œuvre des processus de contrôle et sont donc amenés de fait à en modifier les contours, à les façonner selon leur propre prisme. Il n'est pas anodin de remarquer qu'ils sont souvent perçus comme les représentants du « point de vue financier » dans les entités décentralisées et opérationnelles. Or, si les manuels consacrent généralement un chapitre au métier, les recherches de terrain portant sur ce sujet restent peu nombreuses. Le travail des managers, pour sa part, est généralement passé sous silence dans les descriptions du pilotage de la performance. L'interaction entre contrôleurs et managers est plus souvent mentionnée, en particulier lorsqu'il s'agit de déplorer les antagonismes et incompréhensions générées par leurs perceptions différentes des missions de l'organisation – visions techniques ou commerciales *versus* financières, notamment. Surtout, des voix de plus en plus nombreuses appellent à un partenariat renforcé entre managers et contrôleurs de gestion, évolution pourtant délicate à mettre en pratique. L'objectif de ce chapitre est donc d'articuler les rôles de différents acteurs dans l'élaboration du pilotage de la performance. La première section est une cartographie des acteurs intervenant dans ce processus et met en avant la pluralité des parties prenantes au contrôle de gestion. La seconde section, issue de résultats d'enquêtes récentes sur les rôles des contrôleurs de gestion, présente la diversité des interventions possibles des contrôleurs de gestion dans leur organisation et les rôles contradictoires qu'ils peuvent endosser. Elle permet de présenter les enjeux et les difficultés d'une intégration renforcée entre les points de vue financier et opérationnel.

1. Les parties prenantes au processus de contrôle de gestion

Processus de management, le pilotage repose sur la coordination, c'est-à-dire sur la mise en convergence des comportements de personnes ayant des points de vue hétérogènes : en effet, chacun doit être spécialisé pour devenir expert en un domaine précis, ce qui peut lui faire perdre de vue les contraintes des membres d'autres spécialités. Le pilotage consiste alors à orienter ces pratiques spécialisées vers une direction commune : il est donc nécessairement transversal et implique tous les acteurs d'une organisation. Cependant, certaines parties prenantes sont plus influentes, ou plus directement impactées, que d'autres. Les dirigeants, bien qu'ils ne soient pas les seuls en la matière, façonnent l'élaboration des stratégies suivies et donc l'orientation globale du pilotage ; les responsables opérationnels réalisent la « déclinaison » de cette stratégie (ils élaborent les outils qui permettront aux dirigeants d'avoir l'assurance que l'orientation choisie est suivie par tous, mais ils assurent aussi la remontée d'informations qui permettra de réajuster les grands objectifs aux réalités locales et opportunités émergentes ; leurs choix traduisent les orientations globales de l'organisation, mais peuvent revenir à les modifier au passage) ; les contrôleurs de gestion produisent les chiffres, les interprètent et choisissent ceux qui méritent l'attention des managers. La définition de la performance et de ses mesures, qu'elle soit anticipée (prospective) ou passée (réalisée), dépend donc de l'interaction entre ces trois types d'acteur.

1.1. Le sommet hiérarchique : formaliser les orientations à suivre

Les dirigeants d'une organisation ne sont pas toujours considérés comme devant s'impliquer dans le pilotage de la performance, activité qu'ils délégueraient au management intermédiaire. Cependant, puisqu'ils ont pour mission officielle de définir la stratégie suivie, leur intervention dans le processus de pilotage est indéniable. De plus, au sommet des processus d'évaluation hiérarchique, ils peuvent être à l'initiative de la formalisation du modèle de performance (choix des objectifs prioritaires et des indicateurs clés de performance notamment ; voir chapitre 5), ce qui oriente nécessairement le comportement des autres acteurs et leur donne une certaine vision de ce qui est considéré comme digne d'intérêt « en haut lieu », voire ce qui est attendu d'eux, et ne peut donc pas échapper à leur propre système de suivi. En outre, les dirigeants sont généralement très impliqués dans les choix de structure organisationnelle (la forme de l'organisation ou le niveau de décentralisation, notamment) et dans certains éléments de politiques salariales d'incitation (les mesures utilisées dans la rémunération variable, par exemple), qui impactent directement les modalités du pilotage. Enfin, ils sont en contact avec des acteurs externes à l'organisation, mais qui ont aussi un rôle à jouer en interne (les actionnaires, les clients, les fournisseurs, les concurrents, voire les institutions politiques dont les règles peuvent être déterminantes pour la performance de l'organisation), ce qui les place dans la position de représentants de ces intérêts, pas toujours bien connus des autres membres de l'organisation.

Ces arguments plaident pour un rôle central des dirigeants dans l'architecture du pilotage de la performance. Un autre élément, plus indirect, peut aussi être avancé pour mieux comprendre la place des dirigeants dans le processus de contrôle de gestion. Certaines organisations semblent s'appuyer sur un contrôle de gestion particulièrement faible, par exemple lorsque le management repose sur un processus alternatif (un autre « mode de contrôle » ; voir chapitre 1) permettant d'atteindre des résultats similaires (cohésion et coordination, maîtrise de l'atteinte des performances recherchées) par d'autres moyens. Ainsi, le contrôle par les résultats semble constituer une préoccupation secondaire dans les situations où les membres d'une organisation partagent une « culture » commune si forte qu'il n'est pas perçu comme nécessaire de coordonner leurs actions autrement que par la compréhension mutuelle immédiate. Un autre exemple concerne ces organisations où le respect des « chaînes de commandement » est considéré comme allant de soi, c'est-à-dire où il n'est pas perçu comme légitime de ne pas se conformer à un ordre émanant d'un « supérieur » hiérarchique – le commandement constitue alors une alternative au pilotage par la délégation des responsabilités et le suivi des résultats (voir chapitre 1). Bien que ces exemples soient plutôt des « types purs » que des cas concrets, ils illustrent la place des dirigeants dans le pilotage : c'est parce qu'ils délèguent une partie de leur autorité, tout en gardant la responsabilité de l'atteinte de résultats, donc parce qu'ils souhaitent vérifier que tous les acteurs impliqués travaillent dans une direction commune (aussi illusoire que cela puisse paraître), que les dirigeants se reposent sur un système de contrôle de gestion.

Cela étant dit, il ne s'agit pas de surestimer le rôle ni l'omnipotence d'un dirigeant. En effet, dans une organisation de grande taille, il n'est pas possible pour les dirigeants de définir toutes les dimensions de la performance. Ils doivent plutôt focaliser leur attention sur ce qui fait la performance globale de l'organisation et s'appuyer sur le management intermédiaire pour identifier les dimensions plus fines à prendre en compte au niveau décentralisé. Alors, les dirigeants interviennent davantage pour valider les orientations proposées par d'autres que pour les énoncer eux-mêmes, à la manière des généraux décrits par Tolstoï dans *Guerre et Paix*. Leur rôle de représentants ne doit pas les rendre sourds à la stratégie émergeant des entités décentralisées. De la même manière, s'ils doivent s'assurer que l'organisation s'adapte à son environnement – objectif implicite de la plupart des systèmes de suivi –, les dirigeants doivent aussi pouvoir proposer des initiatives visant à redéfinir leur environnement. Alors, les systèmes de pilotage doivent être réinventés pour servir à imaginer ce qui n'est pas clairement apparent à travers les chiffres actuels, mais simplement suggéré – certains dirigeants n'hésitent d'ailleurs pas à affirmer qu'ils doivent souvent prendre de la distance avec ce que semblent indiquer les chiffres pour privilégier ce que leur dicte leur instinct.

Généralistes devant coordonner les activités de spécialistes, ayant une vision plus globale mais moins précise que leurs interlocuteurs, les dirigeants cherchent ainsi à utiliser le système de pilotage pour s'appuyer sur les expertises des autres sans se laisser impressionner par elles. Les dirigeants doivent de ce fait savoir diriger, mais aussi parfois s'en abstenir pour simplement orienter le travail des autres et laisser les managers libres de découvrir ce qui pourrait devenir une orientation stratégique future. Ils jouent donc avec le cadre du système de contrôle plus qu'ils ne le déterminent. En particulier, c'est l'ensemble des managers qui est impliqué dans l'articulation des différentes dimensions du pilotage.

1.2. Les managers : assurer le pilotage local

Le pilotage de la performance est la principale responsabilité des managers. Ayant reçu une délégation d'autorité, ils sont amenés à justifier les choix qu'ils ont réalisés ; en même temps, ils délèguent eux-mêmes une partie du travail nécessaire à l'atteinte de leurs objectifs et cherchent donc à suivre les résultats de leurs subordonnés. Les managers sont ainsi au centre des problématiques du pilotage, à la fois en tant que responsables devant rendre des comptes à d'autres et en tant que superviseurs attendant de leurs collaborateurs qu'ils témoignent d'une conformité minimale aux orientations globales qu'ils ont définies.

Les économistes ont théorisé cette situation par les notions d'agence et d'asymétrie d'information. Ne pouvant maîtriser toutes les variables qui permettent d'atteindre ses objectifs, un entrepreneur (le principal) doit déléguer une partie de son autorité à un manager (l'agent), libre d'agir au mieux dans les limites qui lui sont fixées, mais évalué périodiquement de manière à s'assurer que son comportement ne dévie pas de ce qui va dans l'intérêt du principal. Dans cette vision, la difficulté vient du fait que l'agent connaît, mieux que le principal, les détails du contexte de son intervention, cette asymétrie d'information rendant particulièrement délicate l'évaluation de la performance par le principal. D'un côté, la formulation de critères de performance par le principal permet à l'agent de mieux comprendre ce qui est attendu de lui. D'un autre côté, puisque les chiffres qu'il présente lui-même servent à évaluer ses résultats, il peut être tenté de « jouer les chiffres » sans respecter l'esprit de son mandat, voire de manipuler l'information à son avantage. Un exemple célèbre concerne la gestion du résultat, observée pour le résultat net comptable mais généralisable à tout résultat chiffré, et qui consiste à préférer une performance légèrement supérieure à la précédente mais en hausse continue à une performance maximisée qui fait courir le risque d'une baisse ultérieure.

Cette théorie repose sur certaines hypothèses explicites, la plus évidente étant que chacun est tenté d'orienter son comportement vers son intérêt individuel plutôt que vers le bien commun. En fait, elle repose sur un modèle implicite de l'homme, modèle qui a été fortement critiqué. Cependant, les études détaillées fondées sur une description riche du travail des managers n'ont pour le moment pas permis de dégager une théorie globale alternative. Il s'agit alors de prendre en compte quelques-uns de leurs apports pour affiner le modèle, ce qui nous permettrait de mieux comprendre le travail des managers. Un point essentiel en la matière a été énoncé par Henri Bouquin (2010). Selon lui, les recherches en contrôle de gestion ont permis de comprendre que le fondement même du travail des managers est de prendre la responsabilité de ce qui ne peut pas être anticipé, ni même géré, de manière simple. Gérer l'imprévu et l'incontrôlable, justifier l'avènement d'une situation qu'il ne maîtrise pas complètement, voilà l'objectif global d'un manager ; pour cela, il cherche à s'appuyer sur un système de pilotage dont les différents éléments doivent lui fournir une vision diversifiée, c'est-à-dire faite d'outils ayant chacun ses défauts et ses zones d'ombre, mais dont les forces de l'un permettent de compenser les faiblesses de l'autre, ce qui permet d'obtenir une image, certes ambiguë, mais plus adaptée à une gestion de la complexité.

Les systèmes de pilotage sont alors traversés par deux grands types de phénomène. Le premier concerne les éléments visibles de la délégation et de la vérification, notamment le système de mesure de la performance ou les différentes visions formalisées dans des plans, des tableaux de bord ou des comptes-rendus. Le second est plus flou, car il est souvent plus implicite, mais tout aussi important : il s'agit des éléments invisibles du management et du contrôle. En effet, les recherches récentes en management et en organisation ont montré l'importance de la subjectivité, de la construction du sens et du choix d'un langage permettant la compréhension commune dans la coordination des pratiques individuelles et collectives. Un manager n'oriente pas le comportement de ses collaborateurs uniquement en leur fixant des objectifs chiffrés et en introduisant une mesure permettant de corréler leur rémunération variable à l'atteinte de résultats. Il crée aussi un environnement de travail particulier qui devrait permettre à chacun de comprendre comment son action participe à une finalité plus large et ainsi de donner du sens à son activité. Il suffit de penser à la critique fréquente du « manque de communication » dans un département, bien que tous les éléments visibles du pilotage y soient présents, pour se convaincre que la gestion par l'informel est un élément essentiel du pilotage de la performance.

Enfin, les managers sont les principaux acteurs des boucles de régulation et d'apprentissage dans les organisations. Puisqu'ils ont une connaissance relativement détaillée du contexte local, ils peuvent apprécier le réalisme des prévisions réalisées et ainsi participer à la formalisation des orientations poursuivies. Ensuite, lorsque des difficultés imprévues apparaissent (généralement sous la forme d' « écarts » ou de « dérives » par rapport aux anticipations initiales), c'est à eux de proposer des plans d'action et de mener des actions correctives. Leur responsabilité est alors d'assurer l'atteinte de prévisions énoncées en situation d'incertitude. C'est cette boucle de régulation, évoquée au chapitre 1, qui est à la base des processus d'apprentissage. En effet, si l'évaluation des performances d'une entité doit permettre de la faire évoluer, c'est en premier lieu au niveau local (un manager découvre qu'un levier qu'il utilise n'est pas efficace, par exemple), et en second lieu par une remontée des connaissances ainsi construites, que le constat individuel se transforme en savoir partagé. L'anticipation et le pilotage de la performance offrent ainsi aux managers un moyen d'observer, de verbaliser et de questionner les moyens déployés comme les finalités poursuivies (une performance souhaitée est-elle réaliste ? Une piste nouvelle de progrès qui semble favorable au niveau local est-elle généralisable ?), et ainsi d'apprendre collectivement des succès et des difficultés individuels.

Bien que leur rôle soit central dans le processus de pilotage, les managers n'agissent cependant pas seuls. En particulier, ils peuvent s'appuyer sur l'expertise des contrôleurs de gestion, généralement sollicités pour proposer des méthodologies rigoureuses et communes, c'est-à-dire à la fois utiles au management décentralisé et reconnues par le sommet hiérarchique, ou pour fournir des chiffres, des interprétations et des modélisations que les managers peuvent utiliser pour prendre des décisions ou pour évaluer des performances.

1.3. Les contrôleurs de gestion : permettre aux managers de gérer

Les grandes organisations ont généralisé les postes de contrôleurs de gestion, bien que la dénomination puisse varier (« *business analyst* », « animateur de gestion », « *business partner* », etc.). Contrairement à certaines idées reçues, les contrôleurs de gestion n'interviennent pas uniquement dans les entreprises privées : ils sont présents dans tous les secteurs, y compris dans la gestion publique ou dans les grandes associations caritatives. Cependant, leur rôle peut être très différent selon le contexte.

Membres de ce qu'il est convenu de nommer une « fonction support », les contrôleurs de gestion ne participent pas directement à la gestion opérationnelle d'une organisation et ne pilotent donc pas eux-mêmes la performance. Cependant, ils influencent fortement l'architecture du système de contrôle et de pilotage. En particulier, ils construisent et font vivre de nombreux outils de gestion (processus budgétaire, production de tableaux de bord et d'outils de *reporting*, réponses à des demandes de modélisations économiques ponctuelles ou récurrentes). Or, l'architecture et l'instrumentation du système de contrôle encadrent et mettent en forme la nature des décisions prises par les managers. Les contrôleurs interviennent alors pour aider les managers à maîtriser leur entité. Cette séparation des rôles est cependant relativement floue et les influences réciproques peuvent rapidement devenir ambiguës.

La section suivante présente plus en détail la place des contrôleurs de gestion dans le pilotage de la performance et permet de distinguer plusieurs orientations possibles de leur travail impliquant des expertises et des rôles divergents, ce qui influence la nature des processus de pilotage déployés dans une entité.

2. Les contrôleurs et la dynamique du pilotage

Les contrôleurs de gestion réalisent des activités relativement hétérogènes, car nécessairement ajustées à un contexte particulier. Cette diversité est rendue d'autant plus délicate à décrire que d'autres acteurs réalisent des activités très similaires (les opérationnels comme les fonctionnels produisent et analysent des indicateurs de gestion, ou proposent des méthodologies de pilotage) et que les contrôleurs de gestion ont parfois préféré modifier l'intitulé de leur poste pour s'éloigner des connotations négatives associées au mot « contrôle ». Cependant, il est possible de repérer certaines activités généralement réalisées par les contrôleurs de gestion. Nous nous intéresserons plus particulièrement à la pluralité de leurs interlocuteurs (en distinguant notamment les membres de la direction générale et les managers locaux), avant de spécifier les aspects techniques et relationnels de leur travail. Ces distinctions permettent d'identifier plusieurs orientations possibles pour l'intégration des contrôleurs de gestion dans les processus de pilotage, orientations souvent conflictuelles puisqu'il s'agit d'aider au pilotage local de la performance tout en apportant aux services centraux les outils de leur propre pilotage, outils souvent perçus en local comme des dispositifs de surveillance.

2.1. Le travail des contrôleurs de gestion

Il convient, pour commencer, d'examiner les activités généralement effectuées par les contrôleurs de gestion. Les plus visibles d'entre elles sont aussi les plus courantes et sont liées aux grands cycles de gestion que sont la planification stratégique, la budgétisation et le *reporting*. Ces activités sont cycliques, récurrentes. Les contrôleurs ne participent pas directement à la construction des budgets, ni des tableaux de bord, mais interviennent pour collecter et « fiabiliser les données » (s'assurer que les chiffres utilisés sont cohérents), d'une part, et pour faciliter la communication horizontale (inciter différents départements à s'ajuster mutuellement) et verticale (communiquer les attentes de la direction générale aux managers décentralisés et consolider les prévisions locales), d'autre part.

Concernant la budgétisation (la situation est similaire pour la planification stratégique), les contrôleurs de gestion peuvent rester de simples observateurs des négociations engagées : ils interviennent alors uniquement pour compiler les chiffres fournis par d'autres et pour en vérifier la cohérence. Ils peuvent aussi participer plus activement, généralement pour faciliter la coordination en définissant les procédures budgétaires et en assurant une certaine communication entre les parties en présence. En effet, ils sont souvent considérés comme les seules personnes « neutres » dans la négociation, au sens où le résultat final n'aura pas d'impact sur leur travail (contrairement aux managers dont le travail futur dépend du budget qu'ils auront négocié). Ainsi, s'ils ne prennent pas de décision en la matière, ils peuvent émettre un jugement sur le caractère ambitieux (ou, au contraire, plutôt conservateur) d'une anticipation faite par un manager. De la même manière, leur participation à l'élaboration et au suivi de systèmes de mesure de la performance concerne en premier lieu leur construction et le recueil des informations qui y sont présentées, mais varie selon la place qui leur est ensuite accordée. Ils peuvent se limiter à l'envoi de tableaux de chiffres, ou être appelés pour expliquer aux managers ce qu'ils doivent retenir de l'information présentée (en sélectionnant les chiffres ou éléments qui leur semblent particulièrement sensibles) et comment l'interpréter (souvent en formant au passage les managers aux principes comptables et financiers de management), voire participer au choix des indicateurs à intégrer.

Les contrôleurs de gestion produisent donc une traduction financière des anticipations, des choix réalisés ainsi que des événements qui ont touché l'organisation. Pour cela, ils centralisent les informations qui concernent les différents départements et en vérifient la cohérence avant, le plus souvent, de chercher à donner du sens aux documents qu'ils envoient. Leurs commentaires servent à orienter l'attention vers des points précis et à proposer une interprétation se voulant la plus neutre possible de la situation passée ou prévue d'une entité.

Cependant, ces activités cycliques ne doivent pas occulter celles que l'on désigne généralement comme la réalisation d'« études ponctuelles » ou *ad hoc*. La notion d'étude ponctuelle est particulièrement hétérogène. Elle peut concerner un tableau construit en quelques minutes (comme une répartition du chiffre d'affaires par ligne de produits) comme la mise en place d'un outil de pilotage qui demandera un effort intermittent mais s'étalant sur plusieurs semaines, voire plusieurs mois (par exemple, la mise en place d'un indicateur de suivi du détail d'un poste de dépense considéré comme anormalement élevé). Précisons que la construction d'indicateurs n'est pas le seul type d'études ponctuelles. Il peut s'agir de calculer un prix de transfert, de fournir un tableau détaillant une ligne du compte de résultat ou la présentant selon d'autres dimensions, voire plus simplement d'expliquer comment un des chiffres a été calculé (ce qui peut aussi aboutir à la construction de tableaux permettant de mieux comprendre le chiffre ou le tableau ambigu). Un autre cas fréquent concerne la simulation économique de possibilités alternatives : en présentant l'impact financier de plusieurs solutions envisageables ou en chiffrant les conséquences d'une décision selon différentes hypothèses, le contrôleur de gestion aide le manager à se faire une idée plus complète des conséquences de ses choix. Il peut aussi s'agir de hiérarchiser les plans d'action envisagés selon leur incidence financière. À la limite, un contrôleur de gestion peut être amené à travailler pendant plusieurs mois avec un chef de projet pour construire une modélisation complète du projet ; il cherche alors à produire un compte de résultat prévisionnel dont tous les éléments renvoient à des contraintes opérationnelles bien comprises par ceux qui mènent le projet, mais traduites dans un langage financier, propre à convaincre un évaluateur plus distant et donc moins au fait des spécificités techniques en jeu.

Ces simulations et modélisations économiques peuvent être confiées aux contrôleurs de gestion pour plusieurs raisons. Éloignés des enjeux opérationnels, ils sont généralement perçus comme « neutres ». Ensuite, de par leur travail récurrent sur les chiffres comptables et financiers, ils représentent souvent la conscience économique et financière de l'organisation. Enfin, au centre des remontées d'informations locales, ils sont habituellement les plus au fait des subtilités du système d'information qui permettent d'obtenir des chiffres dans le format attendu. Ces activités impliquent une pluralité d'interlocuteurs et mettent en jeu des compétences à la fois techniques et relationnelles.

2.2. Une pluralité d'interlocuteurs possibles

Cette présentation du travail des contrôleurs de gestion ne doit pas occulter la forte hétérogénéité des situations et son impact sur l'action des contrôleurs. En effet, leur rôle est fortement dépendant du contexte dans lequel ils interviennent. La taille de l'organisation, sa stratégie, sa structure, son secteur d'activité, sa situation financière, son mode de gouvernance, la complexité des opérations réalisées par les managers, la possibilité d'en déterminer un résultat en termes monétaires ou, pour les entreprises privées, l'importance des marges réalisées sont autant de facteurs impactant la centralité et l'orientation du travail des contrôleurs de gestion (Lambert, 2005).

Les contrôleurs de gestion peuvent être spécialisés (par ligne du compte de résultat ou par service : certains suivent les ventes, d'autres les achats, certains contrôlent les stocks, d'autres la recherche, etc.) ou « généralistes » (c'est-à-dire spécialisés par division ou zone géographique, ce qui leur permet de suivre des éléments du pilotage suffisamment divers pour avoir une vision relativement complète de la chaîne de valeur). Le choix des spécialisations dépend notamment de la structure de l'organisation.

Le travail des contrôleurs de gestion varie selon leur rattachement hiérarchique. En effet, ils peuvent dépendre d'un directeur du contrôle de gestion, d'un directeur financier ou d'un directeur opérationnel (sur le sujet, voir Bouquin, 2010). Le cas le plus fréquent est celui de contrôleurs de gestion intégrés à une direction financière et dont le travail est de plus en plus orienté vers la production d'indicateurs utiles à la communication financière. Cette situation tend à focaliser leur attention sur la dimension financière de la performance. Or, comme nous l'avons vu dans cet ouvrage, cette dimension favorise le contrôle *a posteriori* (indicateurs de résultat) au détriment du pilotage prospectif (variables d'action et plans de progrès).

Cependant, c'est l'entité à laquelle un contrôleur est rattaché qui influence le plus fortement son orientation. Il convient alors de distinguer les contrôleurs centraux des contrôleurs opérationnels, car ils n'ont pas nécessairement le même rôle.

Les contrôleurs centraux (ou « contrôleurs du siège »), qu'ils soient rattachés à une direction financière ou à un directeur du contrôle de gestion, travaillent avec la direction générale et sont à ce titre en grande partie orientés vers la remontée d'informations. Ils peuvent aussi participer à l'élaboration d'outils de pilotage stratégique ou à la mise en place de systèmes d'information. Certains se spécialisent dans l'harmonisation des procédures financières ou de gestion, alors que d'autres préfèrent être intégrés dans le suivi de grands projets d'investissement. Leur positionnement dépend alors de la taille des autres départements centraux, notamment de ceux dédiés aux systèmes d'information, à la consolidation, à l'audit interne et aux opérations de fusion-acquisition (lorsqu'ils existent). En effet, les missions de ces départements, s'ils sont peu importants, voire inexistants, peuvent être en partie réalisées par des contrôleurs de gestion ; au contraire, s'ils sont très développés, les contrôleurs de gestion centraux devront trouver une zone de compétence qui leur est propre. Dans tous les cas, les activités réalisées sont orientées vers un contrôle plutôt financier et relativement standardisé ; en effet, elles servent à la direction générale pour superviser le pilotage local ou dans sa communication avec les parties prenantes externes, et notamment les actionnaires, et sont donc focalisées sur les données comptables et financières. Cependant, il arrive que certains contrôleurs centraux cherchent à intervenir en tant que partenaires des dirigeants ou de certains managers, comme les responsables du marketing stratégique ou les directeurs d'une zone géographique, par exemple.

La position centrale, pour un contrôleur de gestion, peut alors être vue comme une première étape avant une responsabilité locale (l'idée étant qu'avant de travailler dans un département décentralisé, ils aient été formés en central de manière à intérioriser les priorités globales de l'organisation) ou, au contraire, comme un moyen d'atteindre d'autres positions centrales (au niveau de la direction financière généralement). En outre, puisque cette position offre une vision de l'ensemble des métiers d'une organisation, mais avec une orientation très financière, elle peut être choisie comme un moyen pour un manager opérationnel d'acquérir des compétences financières utiles à sa carrière future.

Au contraire, les contrôleurs de gestion décentralisés travaillent en priorité avec des managers opérationnels. Cependant, leur mission est à la fois d'aider ces managers, notamment en participant à l'élaboration de différents outils de pilotage ou par la production d'indicateurs de performance, et de fournir des informations utilisées par leur hiérarchie pour évaluer leur travail. En effet, les contrôleurs opérationnels sont souvent accaparés par le travail de construction et de correction des chiffres comptables et financiers. Plus proches des managers, ils ont une vision précise des enjeux locaux et de leur impact financier ; cependant, ils sont souvent plus orientés vers la production récurrente de chiffres que vers leur analyse. De plus, leur regard est fortement influencé par la dimension financière de la performance. Lorsqu'ils travaillent en bonne intelligence avec les managers, ils gardent le rôle de soutien financier ou de gardien des grands équilibres financiers. Ces contrôleurs « opérationnels » doivent donc répondre à différents interlocuteurs (managers opérationnels et membres de la direction générale) qui peuvent avoir des attentes divergentes.

Cependant, cela ne veut pas dire qu'ils peuvent être déconnectés du « terrain ». Au contraire, que ce soit pour aider un manager à piloter une entité ou pour donner du sens aux chiffres qui permettront de l'évaluer, un contrôleur de gestion doit avoir une connaissance précise du contexte dans lequel ses interlocuteurs travaillent. Par exemple, un contrôleur « industriel » doit bien comprendre l'organisation de la production s'il veut pouvoir expliquer pourquoi une dérive est apparue dans les comptes ; de la même manière, un contrôleur commercial doit maîtriser les outils du marketing et suivre le « marché » de manière presque quotidienne s'il veut comprendre les nombres comptables et ne pas se contenter de compiler des tableaux. C'est ce qui le distingue des comptables et des informaticiens : sa « valeur ajoutée » est directement liée à sa compréhension du contexte opérationnel, car c'est sur elle qu'il se base pour conseiller un manager ou faire part de son « sentiment sur les données » à un membre de la direction générale (ou à un contrôleur central). Il n'est ainsi pas rare que, questionné sur son travail quotidien, un contrôleur de gestion mentionne la machine à café, lieu de socialisation lui permettant de collecter une information moins formelle, mais plus précise que ce qui se dit en réunion.

2.3. Travail sur l'information et support à la décision : des rôles en tension

La « relation opérationnelle », c'est-à-dire le travail conjoint avec des managers, est donc au centre du travail des contrôleurs de gestion (notamment lorsqu'ils travaillent dans des entités décentralisées) et elle façonne le pilotage de la performance. Cependant, cherchant à travailler en bonne intelligence avec les managers, mais chargés de produire les chiffres et les analyses qui servent à évaluer leur travail, les contrôleurs de gestion se trouvent dans une situation ambiguë. Surtout, ils peuvent avoir le sentiment de « tout voir », mais de ne pas être légitimes pour prendre les décisions qui leur semblent s'imposer. La tentation est grande de s'appuyer sur leur lentille financière pour porter un jugement sur l'opportunité des choix réalisés par les managers, voire pour prendre eux-mêmes certaines décisions qui dépasseraient leur zone de compétence. Il est alors possible de distinguer deux grandes orientations. Certains contrôleurs, notamment aux niveaux décentralisés, sont directement impliqués dans les choix organisationnels et, bien qu'ils n'en prennent pas la responsabilité, participent aux prises de décision opérationnelles. D'autres, au contraire, adoptent la position de garants (des systèmes, de la performance, du contrôle interne, de la fiabilité des informations) et mettent en avant leur neutralité dans l'atteinte des performances. Si un continuum plus qu'une coupure bien nette sépare ces deux orientations, elles impliquent des manières bien distinctes de piloter la performance.

La vision idéale du contrôleur de gestion le met en scène comme un conseiller interne, un « partenaire » des managers. Ce rôle du contrôleur comme « *business partner* », « copilote » du décideur dont la mission serait de l'aider à prendre de bonnes décisions, a été largement appelé de leurs vœux par les représentants du métier et par certains managers opérationnels. En fait, les études par questionnaires sur le sujet recueillent généralement des résultats indiquant que la grande majorité des contrôleurs de gestion se voit comme des partenaires des opérationnels (Fornerino et Godener, 2006 ; Bollecker, 2007), ce qui en dit plus sur leurs aspirations et leurs rêves que sur leur travail concret. De fait, certains managers s'entourent de subordonnés assurant un travail similaire à ce que nous avons décrit comme celui assuré par les contrôleurs de gestion. Il reste à expliquer pourquoi ces managers choisiraient comme copilotes les individus officiellement désignés pour remonter auprès de la direction générale les informations sur lesquelles elle va s'appuyer pour évaluer leurs résultats. En fait, les études de terrain peinent à décrire le travail d'un véritable partenaire des opérationnels, ce qui permet d'identifier les enjeux et difficultés du partenariat entre contrôleurs et managers.

En premier lieu, il apparaît que le contrôleur partenaire est surtout un contrôleur « puissant » (Sathe, 1983). En effet, un partenaire, comme tout conseiller, est rapidement tenté de se croire plus apte à prendre une décision que ceux à qui il prodigue ses conseils. Surtout, il ne faudrait pas croire qu'un conseil puisse être neutre : en orientant les choix des autres et en mettant en forme les « données » qu'ils présentent comme les plus utiles à la prise de décision, les contrôleurs partenaires ont une influence implicite mais réelle. En deuxième lieu, les contrôleurs de gestion ayant (presque) tous pour ambition de devenir des partenaires opérationnels, ce sont les plus puissants d'entre eux qui sont parvenus à faire accepter cette orientation. Généralement perçu comme fournissant les seuls jugements légitimes sur la performance, le contrôleur partenaire est écouté par les principaux décideurs, ce qui oblige tous les autres managers à prendre son avis en considération : comme ils l'expliquent eux-mêmes, bien que leur avis reste consultatif, c'est généralement beaucoup plus compliqué de faire passer une décision sans l'aval de ces contrôleurs puissants. Cependant, cette position ne reste tenable que si le copilote sait se montrer magnanime et relativement objectif ; autrement, il perd rapidement la confiance de ses interlocuteurs et n'est plus informé des éléments lui permettant de fonder son jugement.

Il convient de préciser ici que le contrôleur partenaire n'est pas la norme (Lambert, 2005 ; Lambert et Sponem, 2009). De nombreuses organisations attendent des contrôleurs de gestion qu'ils agissent avant tout en « garde-fous ». Ceux-ci étant moins impliqués dans les prises de décision courantes, leur rôle est plutôt de s'assurer que les managers ne se laissent pas « entraîner par leur enthousiasme », sans pour autant chercher à brimer leur créativité par une focalisation trop prononcée sur la dimension financière de la performance. Plus discrets, ces contrôleurs peuvent être sollicités en support lorsque des opérationnels souhaitent introduire de nouvelles méthodologies de pilotage ou connaître les impacts financiers de leurs choix ; ils peuvent aussi intervenir en partenaires des membres de la direction générale ; leur rôle est cependant moins celui d'un copilote que celui d'un garant du contrôle interne.

Cette orientation illustre les difficultés du contrôleur partenaire. D'une part, en participant trop activement aux décisions, il perd sa neutralité, ce que refuse le garde-fou qui cherche à démontrer son objectivité par son indépendance des enjeux locaux – ce qui est délicat à maintenir s'il commence à participer aux décisions prises. D'autre part, en influençant les choix des managers, il prend le risque que certains résultats lui soient imputés, contrairement au contrôleur discret qui cherche à responsabiliser les managers, à les convaincre qu'ils doivent assurer eux-mêmes le pilotage de la performance.

Cependant, ce deuxième rôle n'est pas sans une certaine influence sur les processus de pilotage. Puisqu'ils doivent s'assurer que l'organisation est sous contrôle, les contrôleurs garde-fous sont amenés à rédiger et à faire respecter des procédures de gestion et à proposer des méthodologies de pilotage. Représentants d'une rationalité économique particulière, ils apportent une conscience financière aux managers en diffusant certaines définitions et mesures de la performance. Ils peuvent par exemple proposer de nouvelles méthodologies de modélisation de la performance, liées notamment aux outils de pilotage décrits dans les chapitres précédents. Ils peuvent aussi apporter une caution aux chiffres présentés par un manager : seuls les indicateurs et mesures de performance calculés par les contrôleurs de gestion ou validés par eux sont alors considérés comme fiables. Enfin, ils peuvent avoir pour mission de valider (ou non) les dépassements budgétaires ou de constituer les principaux points de blocage dans les choix d'investissement dont les montants sont importants ; ce dernier rôle est d'autant plus fréquent que le contrôle des dépenses est rendu sensible par des difficultés financières importantes. L'influence du contrôleur de gestion garde-fou provient donc de sa mission de garantir le respect des grands équilibres financiers de son organisation.

Bien que ces deux orientations semblent difficilement compatibles, la majorité des contrôleurs de gestion se trouve dans une situation intermédiaire et mouvante. Ils vivent en fait un conflit de rôles issu de leur volonté de répondre aux attentes contradictoires formulées par leurs différents interlocuteurs. Cette tension est exacerbée par la position dite de « vecteurs de changement » qui leur est parfois attribuée. En effet, les directions générales cherchent à influencer les processus locaux de pilotage. L'objectif (implicite ou explicite) est parfois de « changer la culture organisationnelle », c'est-à-dire d'amener les managers à intérioriser une vision particulière de leur métier, différente de leur « culture » actuelle. Il s'agit généralement de les inciter à prendre leurs distances avec la vision technique qu'ils sont censés avoir et qui est présentée comme incompatible avec l' « environnement actuel », l'objectif étant de leur donner une conscience plus financière de leurs responsabilités. Alors, les contrôleurs de gestion sont parfois mis en avant comme relais de cette volonté de changement : bien placés pour former les managers aux principes financiers de management, ils devraient les aider à intérioriser une conception plus financière de leur activité. Cependant, ce rôle de « vecteur de changement », souvent mentionné par les praticiens, a été largement remis en cause par plusieurs études de terrain en la matière, qui ont démontré une impossibilité pratique de cette stratégie. En effet, si la culture organisationnelle est trop éloignée des principes financiers de management, les contrôleurs de gestion seront peu écoutés et donc impuissants à introduire un changement radical – au contraire, ils remarqueront plutôt qu'un changement culturel est nécessaire pour qu'ils puissent mener pleinement leur rôle tel que prescrit par leur direction. Ils apparaissent alors plutôt comme les relais de changements déployés par ailleurs par les managers eux-mêmes lorsque ces derniers acceptent de redéfinir leurs pratiques de pilotage de la performance.

Le rôle des contrôleurs de gestion répond donc à des attentes conflictuelles et parfois ambiguës. Le discours du *business partner* semble en fait correspondre à une volonté de mettre en pratique une forme plus financière de management et une meilleure compréhension des enjeux opérationnels par les contrôleurs, mais les solutions proposées sont multiples et contingentes. Certaines organisations séparent les rôles de garde-fou et de partenaire opérationnel pour les confier à des personnes différentes ; d'autres préfèrent que ces deux missions soient assurées par une même personne, de manière à ce que sa position de conseiller auprès des managers décentralisés ne l'incite pas à oublier les contraintes hiérarchiques et de contrôle interne. Ambigu et mouvant, le dosage précis des différentes interventions possibles d'un contrôleur de gestion reste adaptable à chaque situation. Les appels répétés à une coopération plus étroite entre financiers et managers opérationnels, s'ils n'ont pas encore abouti à une solution généralisée, ont le mérite d'illustrer une problématique récurrente du contrôle de gestion : une vision multidimensionnelle de la performance incite à mieux articuler les compétences spécifiques et les perceptions divergentes des différents acteurs du contrôle de gestion.

Conclusion

Les systèmes de contrôle et de pilotage de la performance impliquent donc une pluralité d'acteurs aux profils diversifiés, au premier rang desquels les managers. Cependant, pris par leur activité quotidienne, ces derniers se reposent généralement sur les contrôleurs de gestion lorsqu'il s'agit de formaliser et d'harmoniser les méthodologies de pilotage qu'ils emploient. Alors, les contrôleurs de gestion interviennent à la fois pour produire, corriger et interpréter les informations utilisées par la direction générale pour évaluer les résultats des managers et la performance des entités, et pour aider ces mêmes managers à prendre des décisions – situation ambiguë qui leur confère des rôles parfois contradictoires. Malgré l'importante technicité (à la fois comptable et informatique) du travail des contrôleurs de gestion, ce sont alors leurs compétences relationnelles qui leur permettent de donner du sens aux chiffres qu'ils présentent et d'aider les managers à relier les événements opérationnels qu'ils observent et les décisions qu'ils doivent prendre à des impacts financiers. L'enjeu pour les contrôleurs de gestion est alors de dépasser le prisme financier pour offrir à leurs interlocuteurs une compréhension de la performance élargie, c'est-à-dire multidimensionnelle et équilibrée.

Bibliographie

Anthony Robert, *The Management Control Function*, Boston, Harvard Business School Press, 1988 ; traduction française : *La Fonction contrôle de gestion*, Paris, Publi-Union, 2000.

Bollecker Marc, « La recherche sur les contrôleurs de gestion : état de l'art », *Comptabilité, contrôle, audit*, vol. 13, n° 1, 2007, p. 87-106.

Bouquin Henri, *Le Contrôle de gestion*, Paris, Presses universitaires de France, 2010.

Fornerino Marianella et Godener Armelle, « Être contrôleur de gestion en France aujourd'hui : conseiller, adapter les outils… et surveiller », *Finance contrôle stratégie*, vol. 9, n° 1, 2006, p. 187-208.

Giraud Françoise, Saulpic Olivier, Delmond Marie-Hélène, Bonnier Carole, de Geuser Fabien, Laulusa Léon, Mendoza Carla, Naulleau Gérard et Zrihen Robert, *L'Art du contrôle de gestion – Enjeux et pratiques*, Paris, Gualino, 2009.

Lambert Caroline, *La Fonction contrôle de gestion – Contribution à l'analyse de la place des services fonctionnels dans l'organisation*, thèse pour l'obtention du titre de docteur ès sciences de gestion, soutenue à l'université Paris-Dauphine (CREFIGE), sous la direction du professeur Henri Bouquin, 2005.

Lambert Caroline et Sponem Samuel, « La fonction contrôle de gestion : proposition d'une typologie », *Comptabilité, contrôle, audit*, vol. 15, n° 2, 2009, p. 113-144.

Sathe Vijay, « The Controller's Role in Management », *Organization Dynamics*, 1983, p. 31-48.

Ce qu'il faut retenir

Messages clés

- Le contrôle de gestion n'est pas ce que fait le contrôleur de gestion. Son architecture comme son orientation dépendent en premier lieu des managers. Cependant, les contrôleurs de gestion en influencent fortement la mise en œuvre.
- Les contrôleurs de gestion sont une des parties prenantes au pilotage de la performance, avec les managers centraux et les managers opérationnels. Leur rôle ne peut se comprendre qu'au travers de leur interaction avec ces managers.
- Le métier des contrôleurs de gestion ne peut être défini de manière univoque, car il dépend de l'entité dans laquelle il s'intègre – de son organisation comme de sa stratégie. Ce contexte influence le rôle des contrôleurs de gestion, c'est-à-dire ce qu'ils font (leurs tâches et leur expertise), leur organisation (y compris la structure de leur département) et avec qui ils travaillent (le profil et les attentes de leurs interlocuteurs). Cependant, deux grandes typologies peuvent être mentionnées.
- La première concerne le niveau hiérarchique des contrôleurs de gestion. Intégrés aux départements centraux, ils assurent généralement des missions de consolidation du *reporting* et leur travail s'apparente alors à du contrôle financier. Au contraire, les contrôleurs décentralisés interagissent de manière privilégiée avec les managers opérationnels et sont souvent rattachés à un non-contrôleur.
- La seconde typologie concerne le type de relation entretenue avec leurs interlocuteurs. Les contrôleurs « partenaires » cherchent à intervenir dans les décisions prises. Au contraire, les contrôleurs « garde-fous » sont garants des grands équilibres financiers et de la fiabilité des informations de gestion. Tous deux cherchent à accroître la conscience financière de leurs interlocuteurs et le travail sur les chiffres s'accompagne d'un travail relationnel longtemps sous-estimé.
- Le métier suit actuellement plusieurs trajectoires divergentes. Certains managers prennent progressivement pour eux le rôle habituellement dévolu aux contrôleurs de gestion, ce qui met en danger le métier. Au contraire, certains contrôleurs deviennent de véritables partenaires des opérationnels, n'hésitant pas à prendre leur place quand ils le pensent nécessaire. Enfin, et c'est peut-être la situation la plus fréquente, les contrôleurs peuvent osciller entre des activités stratégiques, comptables, informatiques et organisationnelles, ce qui laisse plus de place à un ajustement fluctuant des rôles en fonction de l'individu et du contexte.
- Les études se sont beaucoup intéressées à ces contrôleurs de gestion qui assurent des missions plus proches du « conseil interne » (dite aussi « orientation métier » ou « partenariat opérationnel ») que du contrôle financier. Relayée par les contrôleurs, cette vision masque cependant des situations très diverses. Le cumul des casquettes de conseiller et de surveillant n'est pas sans ambiguïté ; aussi, les solutions pour assurer les deux rôles de « partenaire » et de « garde-fou » sont en pratique multiples et contingentes.

Chapitre 10
Le cas CostKill

Introduction

Ce cas a pour objet de revisiter l'ensemble des questions abordées dans notre ouvrage. Il va s'articuler autour d'une narration, celle d'un fournisseur de l'industrie automobile qui tente de diversifier son offre de produits et de services vis-à-vis de ses clients constructeurs automobiles. La question surplombante à ce cas, volontairement provocatrice, consiste à se demander si le contrôle de gestion est bien toujours au service du développement de la stratégie des entreprises.

Dans la section 1, nous présenterons le groupe CostKill. La section 2 exposera le système de pilotage de la performance en vigueur depuis de nombreuses années. La section 3 introduira une initiative stratégique qui va venir questionner en quelque sorte le système de mesure de la performance décrit en section 2. Enfin, la section 4 offrira une discussion de ce cas de synthèse.

1. Le groupe Costkill

1.1. La présentation générale

Le groupe CostKill est un fournisseur de l'industrie automobile, que l'on désigne dans le métier sous le nom d'équipementier de rang 1. Ce rang un indique que CostKill conçoit et livre des produits pour les constructeurs. CostKill achète nombre de composants à des fournisseurs de rang 2, les assemble et les livre dans les usines des différents constructeurs dans le monde, ceci à partir de ses nombreuses implantations nationales et internationales.

Le chiffre d'affaires de CostKill avoisine les 11 milliards d'euros. La couverture géographique du groupe est considérée comme mondiale : 54 centres de R-D et 134 usines couvrent les 70 pays dans lesquels l'industrie automobile est jugée importante. CostKill regroupe 70 000 personnes de 45 nationalités différentes.

Cette entreprise a suivi l'histoire de la désintégration verticale de la chaîne de valeur automobile. Pour ce faire, elle a dû s'adapter et passer du statut de sous-traitant, c'est-à-dire d'une entreprise qui répond à un cahier des charges entièrement fixé par les clients, au statut d'équipementier, qui se différencie du précédent, car il coconstruit le cahier des charges avec son client.

On ne peut comprendre l'industrie automobile si l'on ne garde pas à l'esprit deux constantes que sont la pression sur les coûts et, simultanément, l'augmentation permanente des exigences de qualité et de valeur créée pour l'utilisateur final. L'enjeu pour les équipementiers consiste à absorber cette double pression, mais aussi à la retransmettre sur leurs propres fournisseurs. Il s'agit de réduire les coûts d'une même fonction (refroidir le moteur, éclairer, freiner…) de 30 % tous les quatre ans, durée moyenne séparant le lancement d'un modèle de son premier renouvellement sous forme de ce que l'on appelle un « *facelift* ».

Un équipementier de rang 1 achète environ 70 % du total de ses ventes à des fournisseurs extérieurs et assemble ces composants. On comprend dès lors l'importance de la fonction « achats » dans l'automobile. Celle-ci s'est ainsi fortement professionnalisée et les acheteurs sont passés de fonctions purement administratives à de véritables fonctions d'ingénieurs d'affaires de l'automobile.

La fonction « qualité » s'est également professionnalisée, poussant les équipes à intégrer, au-delà de leur fonction de mesure et de contrôle, des fonctions de coconception. Les résultats ont été impressionnants au cours des vingt dernières années, à tel point que la mesure de la non-qualité a dû changer d'unité. L'automobile est en effet passée à la mesure « ppm[1] » (partie par million), c'est-à-dire au comptage du nombre de pièces défectueuses par référence non plus à cent pièces fabriquées, mais à un million de pièces.

Très vite dans son histoire, dès la fin des années 1980, le groupe CostKill a compris que, pour survivre aux cycles économiques, il était fondamental de travailler avec le plus de constructeurs possible, partout dans le monde. Ainsi, les équipementiers sont devenus des sociétés internationales bien avant leurs clients constructeurs. L'enjeu de cette internationalisation précoce était multiple. Il s'agissait d'une part de mutualiser les risques entre plusieurs clients répartis sur différents continents et suivant donc des cycles économiques divers. D'autre part, l'idée était de créer le maximum de valeur pour les clients. Aujourd'hui, il n'est ainsi pas rare, chez CostKill, qu'une idée émerge d'une discussion avec un constructeur dans un pays et qu'elle génère une vente chez un client situé sur un autre continent. L'apprentissage est donc une variable clé de la capacité des équipementiers à fournir des idées nouvelles, attractives pour les clients constructeurs. L'équipementier doit de ce fait être particulièrement attentif à saisir les enjeux de ses clients directs, mais aussi, progressivement, ceux des clients finaux, même si le champ d'action des équipementiers reste fondamentalement le « B-to-B ».

1.2. L'organisation

Le choix d'organisation du groupe CostKill a été de simplifier au maximum l'interface avec les clients, comme l'ont fait les constructeurs eux-mêmes. Ces derniers sont d'ailleurs tous aujourd'hui organisés de la même manière : sur une base métiers (achats, production, conception). La fonction « projet », apparue à la fin des années 1980 chez les constructeurs, s'est également développée chez les équipementiers au milieu des années 1990. Ces derniers ont donc adopté la même organisation que celle de leurs clients : des métiers similaires et des responsables de projet.

1. 2 % de défauts peuvent sembler acceptables, mais leur traduction en ppm (20 000) indique plus clairement une marge de progrès significative. Les meilleurs constructeurs automobiles au monde du point de vue de la qualité obtiennent des résultats avoisinant les 50 ppm.

Chez CostKill, le premier niveau de subdivision du groupe, les branches, correspond à une organisation par ligne de produits : la branche « thermique » livre des radiateurs, la branche « éclairage » livre des phares, etc. Le groupe CostKill se compose ainsi de dix branches d'activité. Chaque branche d'activité est considérée comme un centre de profit autonome et indépendant des autres branches d'activité. Le groupe CostKill est donc très décentralisé, le pouvoir étant dans les directions opérationnelles des branches.

Chaque branche d'activité est organisée en divisions. Le périmètre d'une division a évolué dans le temps : en 1990, il pouvait s'agir d'une usine ; en 2005, il correspond à un pays, voire un continent, incluant au-delà du périmètre de production (usines) la conception des produits (des centres R-D placés aux portes des centres de conception des constructeurs) et des bureaux de vente (*front office*), pour être au plus près des donneurs d'ordres.

La décentralisation des responsabilités va de pair avec un certain type de contrôle et de pilotage. Chaque division puis, après consolidation, chaque branche est responsable de ses objectifs, qui sont essentiellement des objectifs de profit.

Les projets sont au cœur de l'activité des divisions. Par projet, on entend chez CostKill la succession d'étapes qui va de la codéfinition des besoins jusqu'à la conception de la *supply chain*, des fournisseurs au constructeur. Au début des années 1990, le groupe a transformé son organisation pour donner aux chefs de projet une autorité suffisante sur les directeurs des métiers (achats, logistique, etc.), leur action s'inscrivant de façon « transversale » par rapport aux métiers. Ainsi, les métiers « prêtent » aux projets les équipes d'experts, mais les membres du projet ne sont pas sous la responsabilité hiérarchique du chef de projet. Si, par exemple, l'acheteur projet n'atteint pas les objectifs de réduction des coûts fixés pour le projet, le chef de projet a la possibilité d'aller voir le directeur des achats de sa division pour lui demander de remplir son contrat.

Lors des passages de jalons[1], si les choses ne rentrent pas dans l'ordre, le chef de projet signalera l'écart lié à tel ou tel métier, ce qui n'est jamais confortable pour ceux qui sont ainsi montrés du doigt. Même si le chef de projet n'a pas de lien hiérarchique avec ses équipes et que ce sont les « métiers » qui ont ce lien, le chef de projet a un pouvoir tacite important, grâce à ces réunions de jalons.

Alors qu'au départ, chaque projet était la plupart du temps lié à une ligne de produits, les années passant, les projets sont devenus de plus en plus complexes, car il devenait essentiel de trouver des synergies entre divisions d'une même branche, parfois même entre divisions de branches différentes. Ainsi, la logique d'organisation par ligne de produits, si elle permet une certaine clarté et une meilleure cohérence d'action, comporte aussi quelques limites. Par exemple, pourquoi chaque ligne de produits aurait-elle son propre panel de fournisseurs « historiques », alors qu'un regroupement des achats permet, grâce à un panel de fournisseurs restreint, d'obtenir des baisses de prix d'achat des composants ? Ces logiques d'optimisation interbranches existent quels que soient les métiers. Si l'on prend l'exemple du service juridique, l'harmonisation de la contractualisation de la relation commerciale entre les branches et les divisions est importante. On ne saurait en effet imaginer qu'une division

1. Un passage de jalons est une réunion importante qui réunit l'ensemble des parties prenantes au projet, réunion au cours de laquelle sera évalué l'avancement du projet. La conclusion d'une réunion de passage de jalons est l'autorisation pour le chef de projet de poursuivre ou non son projet. C'est donc un moment très important du projet.

cède des conditions de paiement favorables à un fournisseur et que ce même fournisseur travaille selon des conditions différentes pour une autre division.

C'est pour animer la transversalité entre produits et projets que des directions fonctionnelles ont été créées au niveau central du groupe CostKill. Les directions fonctionnelles n'ont aucun pouvoir hiérarchique. Elles doivent animer les réseaux de métiers. Par exemple, la direction fonctionnelle des achats du groupe anime la réflexion mondiale sur les choix de fournisseurs *low cost*, sur les choix des fournisseurs de matières. Même sans avoir de pouvoir hiérarchique, une division devrait avoir de très bons arguments pour aller à l'encontre d'une politique d'achats du groupe.

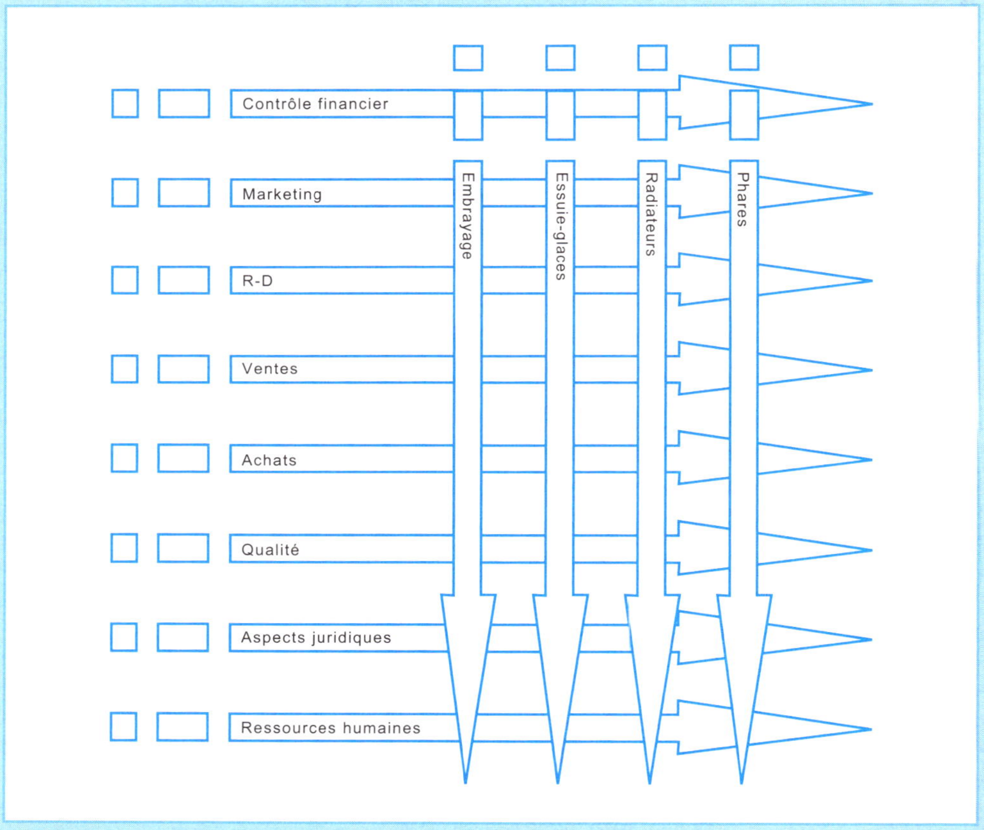

Figure 10.1 – L'organisation du groupe CostKill : les branches produits et les réseaux fonctionnels

1.3. La politique générale

Le système repose sur la clarté des objectifs fixés, l'arbitrage des conflits éventuels étant laissé entièrement aux acteurs eux-mêmes. Au niveau du groupe CostKill, deux objectifs orientent les comportements des acteurs : la croissance (nous sommes dans les années 1990) et une stricte rentabilité.

Cette politique de croissance maîtrisée et durable conditionne la manière avec laquelle le système de pilotage est construit. Ce dernier met l'accent sur la mesure et la mise sous contrôle des leviers de croissance internes et externes.

2. Le système de pilotage

2.1. L'organisation du service de contrôle de gestion

Chez CostKill, le service de contrôle de gestion est directement rattaché à la direction financière du groupe.

Historiquement, le groupe CostKill a très vite adopté un système de copilotage étroit entre la fonction opérationnelle (représentée par les directeurs de division), la fonction pilotage (représentée par le contrôle financier, qui se situe au niveau des branches) et le duo contrôleur financier de division et son bras « armé » qu'est le contrôleur de gestion division.

Chaque directeur de division voit au quotidien ses décisions traduites immédiatement en impact sur le compte de résultat de son entité. Pas un investissement, pas une négociation client, pas une réunion d'avancement de projet n'échappe à ce processus de régulation-contrôle. C'est à la fois très utile pour éviter de prendre des décisions trop rapides ; c'est aussi parfois pesant, car, au final, l'avis du contrôleur financier de division fait en quelque sorte foi. Si d'aventure un directeur de division devait prendre une décision contraire à son directeur financier, il devrait en rendre compte lors de la prochaine réunion au niveau branche, car le contrôleur financier local, au niveau division, aura bien sûr informé son responsable fonctionnel (le contrôleur financier branche), qui lui-même aura déjà débattu du sujet avec le responsable fonctionnel du directeur de division, à savoir le directeur de la branche.

Très tôt dans son histoire, le groupe CostKill a investi en ressources et en moyens informatiques pour que ce tandem directeur des opérations et contrôleur financier fonctionne au mieux. C'est pour cela qu'aujourd'hui, le contrôle financier constitue le réseau transverse le plus puissant du groupe CostKill. Si un directeur de division peut s'opposer à une politique d'achats décidée par le réseau transverse, il prendra bien garde à ne jamais se trouver en contradiction forte avec les réseaux financiers et, si tel devait être le cas, les arguments devraient être bien choisis. Un contrôleur de gestion dans une division préférera de son côté engager un conflit frontal avec son directeur de division plutôt qu'avec son directeur fonctionnel. Ainsi, le réseau composé des contrôleurs financiers et des contrôleurs de gestion constitue un véritable contre-pouvoir par rapport au pouvoir opérationnel des directeurs de division et de branche.

Pour renforcer encore plus ce pouvoir presque sacré au sein du groupe CostKill, le réseau finance-gestion dispose d'un formidable outil : le *Manuel administratif et financier* (MAF). Le MAF est, dans le langage du groupe, la « bible » de la gestion administrative, le livre de référence en cas de doute sur un calcul d'indice achats ou sur une clé de répartition de charges indirectes. Le MAF a très vite été traduit dans toutes les langues et mis à disposition de toutes les divisions.

Encadré 10.1

Texte figurant en première page du MAF

The main tool for the financial department is the MAF[1] (Administrative and Financial Manual), edited and updated by the financial department who is responsible for its use within the group. The standards and the procedures of the manual must be applying to everyone. Due to intranet, each one can easily consult the last release on the Administrative and Financial Manual.

The finance team's mission is to support their branch profitable growth by helping operational to reach their targets with a strict respect of the MAF rules and financial ethic.

To succeed in this mission, financial people main activities are :

- *manage financial control network being « the guardian of the temple » by applying strictly the MAF rules ;*
- *together with the branch/division general manager, fix budget targets, consolidate and report to the general manager, to the branch VP and the group the financial and physical indicators ;*
- *push and help operationals to reach their target ;*
- *enhance the IT support to the business.*

Le réseau transversal des contrôleurs de gestion est une véritable force pour les contrôleurs des divisions. Autant les réseaux fonctionnels d'achats, *supply chain*, juridiques, R-D ont eu du mal à se mettre en place, autant le réseau des contrôleurs a pour sa part fonctionné très vite. Encore aujourd'hui, il s'agit d'une des rares fonctions à être confiée à des non-Français. Tout expatrié qui constaterait des pratiques frauduleuses ou, tout simplement, qui ferait face à des problématiques de fiscalité locale pointues trouverait dans le réseau un secours utile et efficace immédiatement. On n'hésite pas en effet chez CostKill à demander aux experts de se déplacer partout dans le monde pour venir aider les contrôleurs des divisions.

On est donc fier d'appartenir à ce réseau très puissant. Cette puissance est par ailleurs renforcée par le fait que les contrôleurs de gestion se recrutent pour ainsi dire entre eux : c'est le réseau qui indique les postes disponibles et le pays concerné, l'information circule très vite et les mobilités professionnelles s'organisent d'elles-mêmes, ne laissant au réseau des ressources humaines que le choix d'entériner des décisions prises sans lui.

Enfin, le contrôle de gestion chez CostKill est une sorte de voie royale dans les parcours de carrière. Une fois ses « classes » effectuées dans ce réseau, on peut aisément soit poursuivre sa carrière dans la fonction, soit dévier vers des fonctions telles que la direction des achats ou la direction d'opérations. Il n'est pas rare en effet chez CostKill que d'anciens contrôleurs de gestion deviennent directeurs de division puis de branche.

Pour terminer sur les illustrations démontrant l'importance et la puissance du réseau des contrôleurs chez CostKill, le système d'information est contrôlé par les services financiers. Même si les contrôleurs ne sont pas souvent les plus indiqués pour spécifier les logiciels de

1. Source interne CostKill.

gestion, il n'empêche que, chez CostKill, toute l'information qui transite dans le groupe passe par le système de contrôle de gestion. L'ensemble des *reportings*, qu'ils soient quantitatifs ou qualitatifs, sont saisis dans les écrans des logiciels de gestion. C'est le cas du *reporting* dit *reporting* « 5 axes » (voir ci-après).

2.2. Le système d'indicateurs

Afin de maîtriser sa croissance rapide, le groupe CostKill s'est doté d'un système de mesure de performance extrêmement efficace, divisé en deux sous-systèmes structurant le *reporting* : les indicateurs financiers et le *reporting* « 5 axes ». La grande originalité du système CostKill est de vouloir corréler les deux systèmes, c'est-à-dire d'alerter dès que des résultats qualitatifs semblent excellents alors que les résultats financiers ne le sont pas, ou qu'à l'inverse, les résultats financiers sont bons, mais que les résultats qualitatifs montrent des dérives.

Dans les deux cas, il était demandé aux opérationnels d'expliquer les écarts de perception, forçant ces derniers à entrer dans un pilotage extrêmement fin de leurs opérations.

2.2.1. Les indicateurs financiers

La formule du ROCE peut être décomposée en deux termes :

$$\text{ROCE} = \text{ROS} \times \text{ATO}^{1}.$$

Chez CostKill, la structure de compte de résultat est similaire quelles que soient les divisions, tout comme la structure de l'ATO. En effet, les niveaux de stocks, entrant dans la formule de l'ATO, sont fixés par diktat de la direction à trois jours de CA. Le besoin en fonds de roulement (BFR) est également fixé par des règles groupe indiquant les conditions de règlement clients et fournisseurs à respecter.

Il n'est alors pas nécessaire de mesurer le ROCE, ni le ROS. La marge brute (ventes – coût des ventes) constitue un indicateur simple, facilement pilotable.

À la marge brute, se rajoute chez CostKill l'indicateur de *payback* pour les projets en cours de développement.

Taux de marge brute

Les structures des comptes de résultat des nombreuses divisions de CostKill sont similaires. Il est donc intéressant de comparer leurs performances sur la base d'un taux de profitabilité (ou ROS).

Toutefois, il a été constaté empiriquement que, quel que soit le produit fabriqué (essuie-glaces, phares, embrayages, radiateurs…), la part de composants achetés aux fournisseurs pour assembler les produits était de 60 % du chiffre d'affaires. Ainsi, pour réaliser le retour sur chiffre d'affaires attendu, il suffit en réalité d'assurer la marge brute. Dans le jargon local, chez CostKill, si « on fait sa marge », on fait son budget.

1. ROCE : *return on capital employed*, ou rentabilité des capitaux investis.
ROS : *return on sales*, ou taux de profitabilité.
ATO : *asset turn over*, ou rotation des actifs.

Payback

Un modèle automobile a une durée de vie de quatre années avant que le constructeur ne décide en général de réinvestir dans un « *facelift* », qui permettra de prolonger la durée de vie de deux ans avant une reconception complète du modèle.

L'horizon théorique de *payback* dans le groupe CostKill est donc de quatre ans. Mais les volumes des ventes étant incertains, il convient de se couvrir pour prévenir le non-succès commercial de tel ou tel véhicule. L'objectif d'atteinte du *payback* pour CostKill a donc été fixé à deux ans.

La focalisation extrême sur la marge brute a permis aux équipes de CostKill, partout dans le monde, de concentrer leurs efforts sur les réductions des coûts, si importantes dans l'industrie automobile. Il faut en effet garder à l'esprit que, dans l'espace des quatre années de la durée d'un projet automobile, les équipementiers, s'ils veulent rester compétitifs pour le projet suivant, doivent pouvoir présenter des baisses de coûts, à isopérimètre fonctionnel de l'ordre de 30 %.

Depuis 1995, un *reporting* spécifique appelé « plan – 30 % » est mis en place pour inciter (forcer ?) les équipes à générer les 30 % de réduction des coûts, année après année, pour que le groupe CostKill reste dans la course à la compétitivité.

Le système de contrôle et de pilotage opérationnel chez CostKill est donc très simple : marge brute (fixée à 18 % par projet), *payback* de deux ans. Facile à traduire dans toutes les langues, facile à mesurer, ce système est resté stable durant plus de quinze années.

2.2.2. Les indicateurs non financiers

Le terme « 5 axes » indique chez CostKill cinq piliers de réussite du *business*. Ces piliers sont :

- **l'implication du personnel :** le groupe affirme ainsi sa conviction qu'un personnel impliqué et motivé constitue un socle de performance essentiel ;
- **le système de production :** sans un système de production excellent, rien n'est possible dans l'industrie automobile ;
- **l'intégration des fournisseurs :** dans un métier d'assemblage de composants fabriqués par d'autres que soi, il est essentiel de considérer les fournisseurs comme des partenaires ;
- **l'innovation constante :** il est crucial d'innover sans cesse pour rester dans la course à la réduction des coûts comme dans la course à la création de valeur pour le client final ;
- **la qualité totale :** l'industrie automobile a réussi la performance spectaculaire de passer d'un niveau de rebut qualité de 20 000 ppm à 50 ppm. Un « retour qualité » aujourd'hui est lourdement pénalisant, d'autant plus que les consommateurs finaux sont de nos jours très rapidement prévenus de toute alerte qualité.

Chaque axe est piloté par son « *top ten* », c'est-à-dire un lot de dix indicateurs de mesure de la performance.

Prenons l'exemple de l'axe « intégration des fournisseurs ». Pour la fonction « achats », les indicateurs mesurés sont les suivants :

- **l'indice achat :** le prix d'un composant est comparé entre le début de l'année et la fin de l'année et doit avoir baissé de 10 % en l'espace de douze mois. L'indice achat est calculé en moyenne sur le portefeuille des composants achetés. C'est l'indicateur le plus important de la fonction ;
- **le nombre de fournisseurs :** il indique la capacité des acheteurs de maîtriser le nombre de fournisseurs, qui constitue une source de coût importante ;
- **le nombre de fournisseurs communs à une ou plusieurs divisions du groupe** : il exprime la capacité d'une division de profiter des synergies possibles entre divisions ou entre branches ;
- **le nombre de fournisseurs dans les pays dits «** ***low cost*** **» :** il reflète la curiosité qu'aura eue le département « achats » envers les pays *low cost* pour y trouver, voire pour y développer de nouvelles sources d'approvisionnement ;
- **la note donnée par l'audit interne** sur l'utilisation par la division des recommandations du groupe en matière de pratique des achats ;
- **la somme des réductions des coûts planifiées dans le cadre de comités matières :** c'est la contribution des achats au « plan – 30 % » évoqué précédemment. Il est intéressant de noter que, compte tenu de l'importance du poids de la fonction « achats » chez CostKill, le « plan – 30 % » a souvent été considéré comme le « plan des achats ». Pourtant, 80 % du coût des produits sont fixés par le bureau d'études qui, s'il spécifie des pièces difficiles à fabriquer dans des matières difficiles à obtenir et à travailler, ne laisse que peu de leviers aux acheteurs.

Les indicateurs suivants indiquent la capacité des achats d'« intégrer » leurs fournisseurs :

- **le nombre de propositions d'améliorations** émises par les fournisseurs pour faire baisser les coûts ;
- **le nombre de références** (de pièces achetées) sous contrôle qualité ;
- **le nombre d'incidents qualité** et leur statut (« soldé » ou « en cours ») ;
- **le pourcentage de gain achats** réalisé par fournisseur ;
- **le nombre de chantiers de productivité** effectués par les équipes CostKill.

À l'image de l'axe « intégration des fournisseurs », les quatre autres axes regroupent également une dizaine d'indicateurs. L'ensemble du pilotage « 5 axes » recouvre donc au total cinquante indicateurs.

L'articulation entre les branches/divisions et le groupe est effectuée au travers du *reporting* « 5 axes », couplé au *reporting* financier.

Il est important de noter que, pour justifier encore plus chez CostKill l'importance du *reporting* non financier « 5 axes », ce dernier doit être renseigné sur des systèmes informatiques qui sont les mêmes que ceux du contrôle financier. Il faut donc tous les mois que, par exemple, le directeur R-D, le directeur des achats, le directeur de la qualité remplissent, sur des écrans de saisie financiers, leurs chiffres « non financiers » et que, ce faisant, ils en débattent avec les contrôleurs, au même titre que les données financières.

2.2.3. Une relative capacité d'adaptation

Au-delà de ce système de mesure de performance, très stable, le groupe CostKill est aussi capable d'intégrer, lorsqu'il est pertinent de le faire, de nouveaux indicateurs.

Par exemple, dans le but de développer le chiffre d'affaires par type de véhicule, CostKill s'est doté d'un ratio appelé « *average (CostKill) sales per car* ». Cet indicateur compare, par type de véhicule, la part effective de composants vendus par CostKill (environ 150 € par véhicule), au total des ventes possibles si l'entreprise pouvait remporter le maximum de marchés, toutes branches d'activité confondues (ce qui donnerait 1 500 € par voiture). Augmenter l'*average sales per car* oblige à développer au maximum les ventes de tous les composants possibles sur un véhicule donné. Cet indicateur à lui seul a considérablement contribué à préparer les stratégies de développement du groupe CostKill ; en effet, au regard de cette mesure, il convient de développer le maximum de produits groupés, soit des « modules », soit des « systèmes ».

2.3. La démarche de planification

2.3.1. La construction de la stratégie

L'élaboration de la stratégie du groupe CostKill se fait exclusivement au niveau de la direction générale. La « stratégie produit » est proposée à la direction générale conjointement par les directions marketing et R-D. Cette stratégie porte chez CostKill le nom de « plan de développement technologique » (PDT). La visée de ce PDT est d'environ dix années. Le PDT est ensuite décliné en un plan moyen terme (PMT), qui couvre quant à lui une période plus restreinte de trois à cinq années.

Ce travail, effectué au niveau le plus élevé de la hiérarchie de l'entreprise, est ensuite présenté aux branches, qui doivent le décliner jusqu'au niveau des divisions. Un PDT, même s'il devient spécifique au niveau des branches, contient des éléments standard, comme par exemple une analyse des besoins clients (constructeurs et clients finaux, puisque l'on opère en B-to-B), un point sur les normes à venir, des analyses de risques et de substitution.

Enfin, comme c'est le cas pour toutes les activités chez CostKill, un volet financier met en relation les « rêves » des concepteurs avec la réalité économique du marché existant et potentiel.

Le développement R-D doit être autofinancé par chaque branche d'activité. On peut s'interroger sur la pertinence de cette règle de contrôle interne. En effet, une branche à fort chiffre d'affaires peut ne pas avoir de besoins de développement technologiques importants et, à l'inverse, une branche à faible chiffre d'affaires, par exemple la branche « capteurs électroniques », peut avoir des besoins forts en développement R-D. À chaque présentation de PDT, cette question de l'équité/iniquité de la règle est âprement débattue par les patrons R-D dans le but d'obtenir des ressources plus importantes.

2.3.2. L'élaboration des budgets

Une grande énergie est consacrée chez CostKill à la phase amont du pilotage et, plus spécifiquement, à la construction du budget. La loi interne « *Budget is God* » montre bien l'importance du respect du budget. On peut perdre un marché, un client, mais on ne peut pas « rater son budget ». La promesse budgétaire est un engagement fort.

L'activité de construction budgétaire démarre dès le mois de septembre de l'année $n - 1$. Le budget est structuré sur une dimension financière (les comptes de résultat, la trésorerie) et sur les indicateurs des « 5 axes ».

Les contrôleurs de gestion des divisions et des branches animent la remontée des chiffres. Fin octobre, chaque division présente son budget devant le patron de la branche, qui remet en question les hypothèses trop conservatrices. En effet, il est tellement important de réaliser son budget que celui-ci manque généralement d'ambition lors de sa construction. Cette présentation du budget est aussi le moment pour le patron de branche de communiquer certains éléments venant « du haut », sous forme de notes de cadrage, comme par exemple une demande de déploiement en Asie.

Les patrons des branches présentent ensuite leur budget consolidé au président du groupe et à ses associés. C'est un des moments les plus éprouvants pour un patron de branche et son équipe. En effet, le passage ou non de cette « épreuve » conditionne en grande partie l'ambiance de travail de l'année à venir. Si les arguments ne parviennent pas à convaincre le président, des objectifs complémentaires seront vraisemblablement assignés à la branche, augmentant la pression pour les équipes.

Le budget des branches est détaillé par fonction : les achats et leur objectif de réduction des coûts, le marketing, les ventes… Pendant la consolidation des budgets, les branches « terminent » l'année $n - 1$ en visant le point de sortie au 31 décembre $n - 1$ le plus proche possible du budget. Si le budget $n - 1$ est réussi, le président aura confiance en l'équipe et en sa capacité de tenir ses promesses, ce qui est de bon augure pour la négociation budgétaire. Au contraire, si le budget $n - 1$ n'est pas atteint, c'est le président lui-même qui fixera les objectifs de l'année n.

En fin d'année, quand ce n'est pas au début de l'année n, les budgets sont validés par le groupe, souvent assortis d'une hausse volontariste des objectifs. C'est la version dite B1 du budget, qui fait ensuite l'objet d'une mensualisation.

En avril n, la visibilité sur les premiers résultats de l'année amène à actualiser B1 pour générer B2. Dès la rentrée des congés, en septembre, il est alors demandé aux directeurs de branche ce que l'on appelle leur « *best guess* », la question étant de savoir si le budget sera ou non réalisé. Cela est utile pour envoyer, le cas échéant, des « *profit warnings* » à la communauté financière.

L'ensemble de cette procédure budgétaire est très lourd. Comme le déplorent les équipes, « il vaut mieux ne rien avoir à demander à son contrôleur durant les processus d'élaboration budgétaire ! » Qui plus est, quand la planification doit être faite avec quatorze mois d'avance, on se demande pourquoi tant d'efforts avec si peu de visibilité. D'où le réflexe de chacun de « se couvrir », en ne révélant aux contrôleurs de gestion qu'une partie des objectifs que l'on se sent capable d'atteindre.

Les écarts entre le prévu et le réalisé sont calculés mensuellement, dans le cadre du *reporting*. Le jeu de concurrence entre les divisions qui réalisent leur budget et celles qui n'y arrivent pas est alors très fort. Si, deux mois de suite, des écarts sont constatés, la pression pour « recoller » au budget devient très vite insoutenable. Après une ou deux années, on devient chez CostKill un véritable expert en construction de budgets « factices ». Il s'agit de ne montrer aucun progrès en début d'année, pour éviter ensuite d'afficher des écarts, puis, comme par enchantement, les résultats arrivent à partir de mai, etc. Beaucoup au sein du groupe s'interrogent donc sur la valeur ajoutée réelle de ce processus budgétaire.

2.4. Le système d'incitation

Le système d'incitation est directement lié au système de mesure de la performance. Malgré le caractère équilibré de celui-ci, les directeurs de branche ou de division perçoivent un bonus dépendant essentiellement de critères financiers. Chez CostKill, si l'on a de mauvais résultats sur les objectifs non financiers, l'impact personnel est moindre que si les objectifs financiers ne sont pas atteints. À titre individuel, devant des décisions d'arbitrage difficiles, cet état de fait favorisera donc, dans l'action, les résultats financiers au détriment des objectifs non financiers. En un mot, « c'est la prime qui commande l'action ! »

Le bonus représente 20 % du salaire brut et est lui-même découpé en quatre éléments équivalents :

- **deux critères collectifs** sont pris en compte : la marge brute et le ROS de la division ;
- **deux critères individuels** portant sur les leviers directement dans le périmètre d'action du manager concerné. Si l'on prend l'exemple d'un chef de projet, un objectif type peut être de générer à la fin du projet la marge brute annoncée à la prise d'affaires, ainsi que le niveau qualité exigé par le client final.

Un directeur de division est quant à lui mesuré sur les performances essentiellement financières de son unité, auxquelles s'ajoute un critère sur un point d'attention particulier, comme le suivi d'un client très important.

Les bonus chez CostKill sont généralement difficiles à obtenir tellement les niveaux d'exigence sont élevés. Par ailleurs, le bonus peut être annulé en cas de « catastrophe qualité », c'est-à-dire si un produit CostKill a causé un arrêt de chaîne chez le client constructeur ou, pire encore, un rappel de véhicules déjà vendus.

Question n° 1

Il vous est demandé à ce stade de la description de dégager les forces et faiblesses du système de mesure de la performance du groupe CostKill. Nous vous invitons à porter votre attention sur les trois points d'analyse suivants :

- la mesure de la performance proprement dite ;
- le cycle de pilotage ;
- l'organisation de la fonction « contrôle de gestion ».

3. Les initiatives stratégiques

La position de fournisseur de composants à relativement faible contenu technologique a débouché sur une érosion constante des marges.

Face à une concurrence de plus en plus agressive, CostKill a conduit une analyse de valeur et exploré deux voies de diversification stratégique, afin de modifier son positionnement dans la chaîne de valeur d'ensemble :

- la fourniture de systèmes fonctionnels consiste à ne plus fournir par exemple un seul radiateur de refroidissement pour le moteur, mais l'ensemble de la « boucle thermique », c'est-à-dire le radiateur, la pompe à eau, les tuyaux, ainsi que les études R-D pour optimiser le tout ;
- une autre option revient à livrer au constructeur non plus des composants séparés en fonction de leur lieu de provenance, mais un bloc de composants préassemblés dans une usine CostKill, appelé « modules ». Ces composants, contrairement au système, n'ont pas de lien fonctionnel entre eux (un module peut comprendre un phare et un radiateur), mais ils sont situés l'un à côté de l'autre dans l'architecture du véhicule.

L'attention de la direction s'est plutôt orientée sur la seconde option.

Pour livrer des modules, CostKill a fait le choix de créer une division à part entière, alors que d'autres modes d'organisation étaient possibles (*task force*, équipe projet…). La division FEM (*front end module*, ou module de face avant) a alors été créée. Compte tenu de l'importance relative des phares et des radiateurs dans le module, la responsabilité du pilotage de la division aurait pu être confiée soit à la branche « éclairage », soit à la branche « thermique moteur ». C'est cette dernière qui a dû intégrer la division FEM dans son périmètre, la branche « éclairage » faisant face à l'époque à de grandes difficultés. La division FEM peut ainsi être considérée comme une action d'intrapreneuriat, une *start-up* dans la grande entreprise.

L'organigramme suivant (figure 10.2) permet de situer la division FEM au sein de la branche « thermique moteur ».

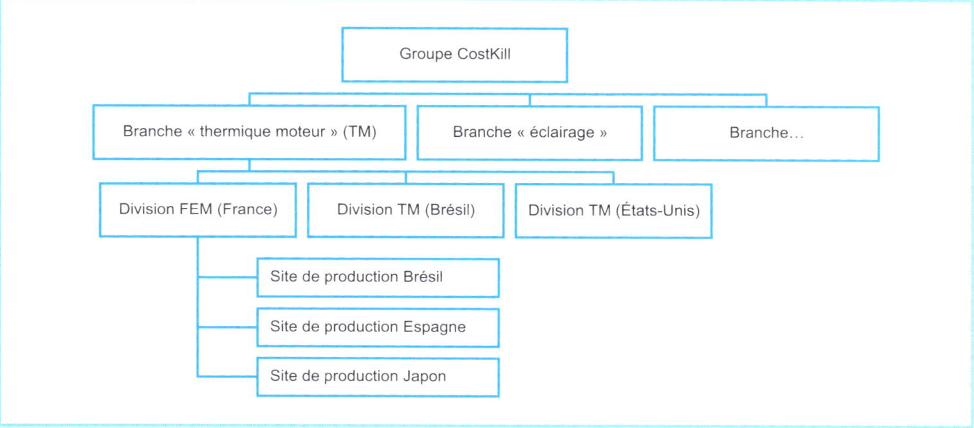

Figure 10.2 – Organigramme du groupe CostKill

Pour décrire les difficultés liées à la création et à la croissance de cette *start-up*, du point de vue du système de mesure de la performance, nous avons interrogé certains des acteurs principaux du projet. Nous « écouterons » en premier lieu M. Jean Doute, le contrôleur financier de la branche « thermique moteur » qui doit accueillir la division FEM dans son périmètre de consolidation et, par conséquent, qui compte sur cette division pour l'aider à atteindre ses objectifs. Après l'intervention de M. Doute, c'est M. Moijycrois, le directeur de la *start-up* FEM qui tentera de revenir sur certains des arguments assénés par M. Doute. Ensuite, nous entendrons M. Jean Néraslebol, chef de projet chez FEM et qui a pris la tête de l'un des plus beaux projets que la division FEM ait obtenu dans sa genèse, mais également des plus difficiles à conduire : la construction d'un nouveau site industriel à Salvador de Bahia, au Brésil. Enfin, interviendra en conclusion M. Lechef, DG du groupe CostKill, qui donnera le dernier mot quant à la stratégie choisie pour la division FEM.

3.1. Le témoignage de M. Jean Doute

M. Jean Doute rencontre M. Moijycrois quatre années après la création de la division FEM : « Même si votre division m'aide en termes de croissance de chiffre d'affaires, je préfère vendre un module à 1 200 € qu'un radiateur à 15 €. Je souhaiterais donc exprimer ici tous mes doutes quant au modèle économique de la division FEM, que j'avoue avoir toujours du mal à saisir.

« Les risques associés à chaque projet me semblent toujours très forts et la courbe d'apprentissage ne semble rien améliorer. D'abord, le périmètre des composants du module n'est pas stable. Si les phares et les radiateurs sont présents, tout le monde est alors content du point de vue de la vente des composants de nos branches, mais parfois, il manque soit l'un, soit l'autre, ou les deux. Quelle est la logique qui vous pousse à accepter de livrer un module sans phares, ni radiateur, alors que l'un des points de justification de l'existence de la division FEM est précisément sa capacité de développer le chiffre d'affaires des branches du groupe ?

« Au-delà des risques sur le périmètre produit, les risques industriels sont nombreux. Il nous faut investir à chaque projet dans une usine, aux portes du constructeur, sans savoir si le projet se vendra ou non. Que fera-t-on dans le cas où le constructeur n'arriverait pas à vendre les volumes annoncés ? C'est le cas dans ce projet au Brésil, où la part de marché annoncée par le constructeur semble déraisonnable au regard de sa position actuelle dans le pays et au regard des possibilités de croissance de l'économie du pays.

« Pour le Japon, ce sont trois personnes qu'il a fallu envoyer en expatriation, sans savoir si nous aurions l'affaire… Non vraiment, je tremble à chaque fois que je dois valider une décision vous concernant.

« Les risques sont aussi forts du côté des achats. Sans douter aucunement des compétences de votre directeur, comment ce dernier obtiendra-t-il des réductions de coûts chez des fournisseurs, qui auparavant ne discutaient qu'avec les constructeurs en direct et qui se sentent maintenant rétrogradés en position de rang 2 dans la *supply chain* ? En plus, ce sont des entreprises avec lesquelles nous faisions des affaires de composants. Cette modification de l'ordre établi dans la *supply chain* ne va-t-elle pas finalement pénaliser nos échanges commerciaux ? Comment allez-vous négocier des conditions de paiement correctes auprès de ces entreprises qui sont plus importantes que nous ?

« Regardez un peu tous les coûts que les constructeurs nous ont de fait transférés depuis l'apparition de cette mode managériale des modules :

- les coûts de construction et de gestion des usines d'assemblage ;
- les coûts de gestion des fournisseurs de rang 2 ;
- les coûts de gestion des problèmes qualité de ces mêmes fournisseurs ;
- le coût associé à la diversité des produits : avant, il y avait six moteurs différents, donc six radiateurs différents. Mais aujourd'hui, si l'on combine la diversité des radiateurs (six) à celle des phares (six) et à celle des couleurs possibles du bouclier (trente-cinq), nous explosons le nombre de références !

« Il me semble que finalement, l'avantage que trouve le constructeur dans ce *business* des modules, c'est d'avoir repoussé des charges en dehors de son périmètre comptable. On ne crée pas de valeur avec les modules, on ne fait que transférer des coûts et on ne se fait pas payer assez pour le portage de ces coûts et des risques associés.

« Pour finir, le constructeur a relancé une concurrence fratricide entre fournisseurs de rang 1, là où les jeux étaient relativement stables et entendus. Nous n'étions plus que cinq à pouvoir livrer des radiateurs de qualité reconnue ; or, nous sommes plus de vingt à prétendre pouvoir livrer des modules et nous nous entre-tuons à coups de prix bas ! Où allons-nous, je vous le demande M. Moijycrois ? »

3.2. La réponse de M. Moijycrois

Voici ce que lui répond M. Moijycrois, le directeur de la division FEM : « Merci pour ce regard sans concession sur ma division et son contexte d'opération. Je ne peux rien enlever à ce que vous dites ; je ne peux que compléter pour atténuer votre regard critique et vous faire percevoir les raisons positives d'être et de rester dans ces affaires de vente de modules.

« D'abord, quelques éléments, défensifs j'en conviens, doivent être ajoutés. Si CostKill ne se positionne pas sur ces offres de modules, d'autres iront à notre place. Laisser la place maintenant pour la reprendre plus tard nous coûtera cher. C'est une sorte de jeu de go. Sur ce marché des modules, nous sommes l'un des seuls, parmi les vingt concurrents potentiels que vous avez cités, qui puisse revendiquer une expertise forte sur les composants. Nous savons concevoir mieux que les constructeurs, plus vite, plus léger, plus compact. Les constructeurs le savent et, même si cela les met face à une dure réalité (les équipementiers sont plus performants que leurs propres bureaux d'études), ils finiront par l'admettre et nous confier de belles affaires.

« C'est très factuellement que je peux affirmer que nos premières affaires génèrent du *cash*. Nous n'avons qu'à assembler et livrer. Il n'y a pas de coûts de R-D, pas de risques. En revanche, c'est un *business* de supermarché. Nous achetons, nous apportons un peu de valeur ajoutée en assemblant et en relivrant. Certes, nous dégageons peu de marge brute, car nous achetons 90 % de nos ventes, mais, en termes de ROCE, c'est excellent !

« Grâce à ces deux premiers projets, nous avons également beaucoup appris en matière de logistique synchrone (nous livrons en effet des modules à la commande, commande qui est passée cinquante minutes avant le montage sur la chaîne). Nous avons développé un système d'information peu coûteux et très performant, que les constructeurs nous envient déjà. Enfin, à vivre ainsi aux côtés de nos constructeurs, nous avons découvert de nombreux besoins que nous pourrions satisfaire. Notre capacité d'enrichir notre offre de services à destination de ces clients a considérablement augmenté.

« Par exemple, nous avons appris que le rêve de ces constructeurs serait que le radiateur soit courbe, alors qu'il est plat aujourd'hui. Bien sûr, il faudrait convaincre nos collègues de la branche "thermique moteur" de rompre un standard de production… Vont-ils accepter ?

« Au-delà de ce radiateur courbe, on pourrait aussi refroidir les phares par eau et ainsi faire des économies de composants électroniques, tout en augmentant la fiabilité de ces mêmes phares. Mais j'entends déjà les hurlements de résistance au changement de mes collègues.

« Bref, à l'issue de ces quatre années, nous avons inventé un modèle économique, certes très différent de ce que nous avions l'habitude de faire chez CostKill, mais nous pouvons générer des résultats (du ROCE et pas du ROS) qui intéressent nos actionnaires.

« Nous avons appris à identifier les risques : soit nous avons les leviers auprès des fournisseurs de rang 2 pour réellement inventer des modules performants et, de fait, récupérer des sous, soit nous savons que rien ne sera possible en R-D et nous nous positionnons sur la seule prestation logistique, qui est tout à fait viable elle aussi.

« Bien sûr, si l'on accumule l'ensemble de l'investissement réalisé par la branche "thermique" à destination de la division FEM, le *payback* est de quatorze ans ! Cela semble inacceptable dans notre groupe. Nous avons des leviers pour faire évoluer ce *payback*, mais est-ce après tout le bon indicateur pour révéler notre création de valeur ? La valeur de revente actuelle de la division couvre largement la mise, quelles que soient les techniques financières utilisées pour le calcul.

« Et puis, les structures financières des divisions "composants" et "modules" sont radicalement différentes. Si l'on regarde notre besoin en capitaux, il existe un rapport défavorable pour la division "composants" de un à dix ! Si l'on veut faire croître le chiffre d'affaires du groupe de cent unités et si l'on choisit de faire cette augmentation de chiffre d'affaires *via* la division "modules", il faudra engager dix fois moins de capitaux. Des sociétés comme Dell ont compris cet avantage il y a bien longtemps et, à leur époque, elles ont dépassé d'autres sociétés qui étaient restées trop lourdes du point de vue des capitaux requis. Et si CostKill devenait une "*ROCE company*", et non plus une "*ROS company*" ?

« Vous voyez M. Doute, selon la définition de la performance que l'on retient (ROS ou ROCE), l'évaluation de la pertinence du *business* des modules est différente, voire contradictoire ! »

3.3. Le témoignage de M. Jean Néraslebol

Écoutons à présent le chef de projet « modules de face avant » sur le projet brésilien, M. Jean Néraslebol : « Quand j'ai quitté le plateau projet de notre client à Detroit, je me suis dit qu'en arrivant chez nos collègues de la branche "thermique" au Brésil, j'allais être accueilli comme un cousin. Il n'en a rien été. En réalité, sans m'en rendre compte, j'ai presque déstabilisé cette division. En effet :

- j'ai le droit d'accepter des affaires avec 5 % de marge brute (nous ne faisons qu'assembler) là où mes collègues du Brésil sont contraints de refuser des affaires à 15 %, car ils sont sous le coup des 20 % de marge brute obligatoires ;
- j'ai le droit de concéder des augmentations de prix à mes fournisseurs en échange de délais de paiement plus favorables, car dans mon *business*, le BFR est plus important que la marge brute ; or, ces mêmes fournisseurs, qui livrent aussi la division "composants", sont allés se plaindre de ne pas recevoir le même traitement de la part des acheteurs "classiques" de CostKill. J'ai donc déstabilisé la base de fournisseurs ;
- j'ai recruté un chef de projet industriel, excellent élément de la division "composants", qui de plus souhaitait repartir dans le Nord du pays. Mais, ce faisant, je lui ai offert des conditions favorables, créant de la jalousie dans tout le reste de l'entreprise.

« Nos fournisseurs ont accepté la question des stocks à consignation ; de ce fait, nous ne les payons que dès que nous avons consommé leurs composants. Le constructeur le sait et, par conséquent, il nous demande d'exiger de notre société sœur la même chose. Je me suis alors trouvé face au directeur de la division "thermique" Brésil, mon hôte, qui m'a "incendié" et m'a interdit de négocier une telle chose.

« Les relations sont au plus bas !

« Notre modèle économique est différent, nos critères de mesure de performance sont différents, et ils doivent l'être, mais qui le comprend ici, qui pourrait venir leur expliquer ? Personne, je vis un enfer relationnel.

« Notre projet est un excellent projet, mais il crée un tel désordre ici que nos soi-disant amis de la division "thermique" nous mettent perpétuellement des bâtons dans les roues et risquent de mettre le projet en danger. C'est un comble, non ? »

3.4. La note de cadrage de M. Lechef

Pour finir, voici les propos de M. Lechef, DG du groupe CostKill : « Le chaos que traverse notre groupe peut être créateur. Il nous faut inventer de nouvelles sources de revenus en nous appuyant autant que faire se peut sur nos compétences. Il faut investir dans de nouvelles options de développement d'affaires, pour avoir le droit de les poursuivre ou de les abandonner si elles devaient se révéler de mauvaises pistes. Il nous faut oser de nouvelles choses.

« Il nous faut occuper des positions clés dans la *supply chain*, là où la valeur se crée. Par valeur, j'entends la valeur économique, la valeur d'apprentissage, la valeur de création de services pour nos clients. Il faut nous rapprocher toujours plus de nos clients constructeurs. Nous ne comprendrons jamais assez leurs préoccupations.

« C'est à ce titre que je souhaite conserver et développer la division "modules", car elle constitue à mon avis une option de croissance pour notre groupe. Son modèle économique particulier, sa capacité de nous déstabiliser en nous demandant de modifier nos produits, sa capacité d'intervenir très en amont dans les projets doivent nous servir pour apprendre à nous remettre en question.

« Les équipes de cette division ont fait preuve d'audace, de courage, d'inventivité. J'ai apprécié les débats qui sont nés de leur existence. Ils ne font que souligner l'absence de synergies entre branches. À l'image de cette idée de phare refroidi par eau, que je trouve personnellement géniale, j'ai depuis décidé de rechercher toutes les synergies internes qui dorment dans notre groupe et qu'il conviendrait de réveiller au plus vite ! »

Question n° 2

À partir d'une synthèse des témoignages qui vous ont été proposés, analysez les raisons pour lesquelles la division « modules » (FEM) a eu du mal à s'implanter au sein de la branche « thermique » de CostKill.

4. Discussion

Nous présenterons dans un premier temps un diagnostic du système de contrôle de gestion existant chez CostKill, puis nous porterons, dans un second temps, un regard critique sur les difficultés rencontrées par la division FEM à se faire « accepter » au sein du groupe CostKill.

4.1. Le diagnostic du système de pilotage de la performance chez CostKill

4.1.1. La mesure de la performance

La mesure de performance chez CostKill peut s'apprécier sur la base de plusieurs critères :

- l'équilibre du couple « coût/valeur » ;
- la place relative des « *stakeholders* » ;
- l'équilibre entre indicateurs financiers et non financiers ;
- l'articulation du système de mesure entre les différents niveaux de l'organisation ;
- le nombre d'indicateurs utiles pour piloter l'entreprise ;
- le degré de standardisation des mesures.

Couple coût/valeur

Dans le monde des équipementiers, l'accent a traditionnellement été mis sur la réduction des coûts. Mais plus récemment, être le moins cher ne suffisant plus, il a fallu s'intéresser de plus près à la création de valeur, en réduisant les coûts de non-qualité et en augmentant le périmètre de l'offre de services. Les équipementiers ont ainsi peu à peu développé leur capacité d'innovation, allant jusqu'à se voir confier des périmètres de conception entiers.

Le système de mesure de la performance de CostKill devrait alors permettre d'évaluer les réductions de coûts, mais aussi la capacité d'innover et de récupérer des rentes financières de cette innovation.

Le diagnostic que nous allons poursuivre montrera sans mal que les deux types de mesure existent, mais que, de manière très claire, les indicateurs liés aux réductions des coûts ont plus de poids que les indicateurs d'innovation (inclus par exemple dans le *reporting* « 5 axes »).

Stakeholders

Définir la performance organisationnelle permet d'expliciter qui sont les bénéficiaires de cette performance. Au-delà des actionnaires du groupe CostKill, les constructeurs automobiles restent les bénéficiaires clés de la performance.

Il y a convergence d'intérêt, du moins à court terme, entre les clients et les actionnaires. En effet, les réductions de coûts menées par le groupe CostKill permettent aux constructeurs automobiles de rester compétitifs et au groupe CostKill d'améliorer son efficacité économique, s'il parvient à ne pas rétrocéder tous les gains liés aux réductions de coûts.

En revanche, sur les investissements à long terme et la politique d'innovation, il peut y avoir conflit d'intérêts. En effet, les actionnaires pourraient avoir tendance à vouloir ralentir l'investissement, ou la prise de risque dans des innovations pour préserver les résultats de court terme. Le principal concurrent de CostKill, une société allemande, a su par exemple investir dans des technologies offrant des *paybacks* de plus de quatorze ans. Cette société est une société familiale, bien plus performante en innovation de rupture que ne peut l'être CostKill. C'est à la fois pour suivre la logique intrinsèque au ratio que pour suivre la mode managériale qui a placé le ROCE au-devant des indicateurs en vogue que nombre d'entreprises cotées ont désinvesti. Au contraire de la mode, les sociétés familiales ont décidé d'investir en technologie et en parc industriel, ce qui leur offre aujourd'hui une position de choix. CostKill n'a pas pu « suivre » ces innovations tellement l'exigence de retour rapide sur investissement était forte.

Équilibre financier/non financier des indicateurs

L'importance des indicateurs non financiers est réelle chez CostKill, et le pilotage ne se fait pas uniquement à partir d'une mesure financière, comme on peut le déplorer trop souvent dans d'autres entreprises. La croissance continue attendue chez CostKill passe aussi par la capacité de l'entreprise d'innover, autant pour réduire les coûts que pour étendre le potentiel des services à offrir aux clients constructeurs.

Ce système de mesure est cohérent avec les principes d'élaboration des tableaux de bord, qui préconisent de compléter les indicateurs de résultat avec des indicateurs portant sur des leviers d'action. Le groupe CostKill dispose donc d'un système de mesure de la performance assez équilibré. Cela étant, comme nous le montrerons un peu plus loin, il ne suffit pas d'avoir des indicateurs équilibrés pour que l'usage des indicateurs soit réellement équilibré.

Le niveau global chez CostKill correspond au niveau du groupe et le niveau local aux branches et divisions, même si, la décentralisation étant très forte, les branches peuvent être également considérées comme des niveaux globaux. Le groupe CostKill est une société cotée en Bourse. Il est donc naturel de trouver un poids important d'indicateurs financiers au niveau global. L'industrie automobile, dans laquelle évolue le groupe CostKill, est fortement capitalistique ; le ROCE semble de ce fait un indicateur financier très pertinent.

Mais les indicateurs « 5 axes » viennent compléter les indicateurs financiers dès le niveau groupe. Le groupe est également capable d'intégrer des indicateurs contingents, comme l'« *average sales per car* ».

Ce cas CostKill montre ici qu'il faut être capable de s'inscrire dans les standards internationaux de la mesure de performance, tout en n'oubliant pas de s'autoriser à développer des indicateurs pertinents pour le développement de ses propres affaires.

Sur le plan local que nous avons défini comme étant celui des branches et des divisions, les indicateurs financiers sont le chiffre d'affaires/effectifs, le ROS compris sous la définition de marge brute/chiffre d'affaires pris globalement au niveau des divisions, et au niveau de chaque projet. Ensuite, comme indiqué dans la section 2.2.2, viennent les indicateurs de réduction des coûts, sous la forme des effets réels en pourcentage de baisse, mais aussi sous forme plus qualitative, à savoir le nombre d'idées de réduction des coûts à mettre en œuvre.

Il y a donc une transformation du système de mesure financier dès lors que l'on change de niveau dans l'organisation. L'indicateur ROCE du niveau du groupe est devenu le ROS au niveau inférieur. Cela est cohérent, car le ROS est la seule partie du ROCE réellement contrôlable par les divisions. Ni l'ATO, ni le BFR ne sont laissés à la décision des divisions.

Par ailleurs, quand on descend à des niveaux encore plus fins dans l'organisation, le ROS du niveau division, qui est devenu la marge brute, est également utilisé au niveau des projets. La marge brute est pertinente à ce niveau-là aussi, car le chef de projet possède des moyens d'action pour faire augmenter cet indicateur : négociation avec les clients, négociation avec les fournisseurs, conception de l'assemblage qui donnera la part de main-d'œuvre nécessaire.

Le principe de contrôlabilité est donc ici bien illustré, ainsi que le principe de congruence, dans la mesure où chacun des indicateurs locaux contient une part des indicateurs globaux. La variété des indicateurs ne doit ainsi pas être vue ici comme forme d'incohérence, mais, au contraire, comme une volonté de répartir clairement les responsabilités.

Le groupe CostKill a fait des choix stratégiques clairs sur les éléments décentralisés et ceux qui ne le sont pas. Ces choix peuvent toutefois être discutés. Par exemple, l'ATO qui contient le BFR et les investissements est piloté en central. Or, rendre des leviers d'action aux divisions permettrait à celles-ci d'utiliser le levier des conditions de paiement pour créer de la valeur différemment. On peut penser que cela aurait également facilité la compréhension du modèle économique des modules. On peut donc conclure que ces choix d'organisation aboutissent à une moindre congruence de la mesure de performance locale.

Nombre d'indicateurs

Chez CostKill, un directeur de division doit suivre et transmettre environ cinquante indicateurs. Ce nombre témoigne à la fois de la richesse du système de mesure de la performance ainsi que de la complexité du système et de son animation au quotidien. La charge d'un manager dans l'industrie automobile est donc très lourde.

Il faut en outre tenir compte du fait que si la moindre dérive entre le budget et le réel est constatée, des demandes de plan d'action viendront s'ajouter à la charge opérationnelle.

Enfin, dans la mesure où un très grand nombre d'indicateurs sont remontés au niveau global, on peut se poser la question de savoir si tous ces indicateurs sont réellement pris en compte.

Degré de standardisation du système de mesure

Le système de mesure de la performance chez CostKill est très standardisé. Qu'il s'agisse d'une branche A ou d'une branche B, les indicateurs sont les mêmes, alors que les produits livrés sont très différents.

Un avantage apparent de cette standardisation pourrait être l'équité, car toutes les divisions sont évaluées de la même manière, *via* le ROS. Un autre avantage de cette standardisation est sa capacité de déploiement à travers le monde.

Mais, à l'inverse, les particularités locales sont effacées par cette standardisation. L'exemple de la division FEM, dont la performance repose sur une modélisation économique radicalement différente, l'illustre clairement.

Par ailleurs, la standardisation crée de l'inertie au sein du groupe CostKill : il a fallu tellement de temps et d'énergie pour que ce système soit adopté et compris qu'il devient impossible de le modifier. Qu'en est-il alors de l'agilité du groupe CostKill et de sa capacité intrinsèque de réinventer son propre futur ?

En synthèse, nous pouvons extraire du cas les éléments suivants :

- le système de mesure de la performance est équilibré, même si l'accent sur l'innovation pouvait être plus marqué ;
- le nombre d'indicateurs y est très important, en particulier au niveau le plus haut, ce qui laisse planer quelques doutes quant à la capacité réelle du groupe de tirer profit de cet ensemble d'informations ;
- l'articulation du système entre les différents niveaux de l'organisation est très cohérente avec la structure de responsabilités ;
- le système de mesure est très standardisé, ce qui offre des avantages en termes de simplicité de compréhension et de déploiement, mais qui questionne en retour la flexibilité du système et du groupe lui-même.

4.1.2. Le cycle de pilotage

La notion de budget ne se limite pas chez CostKill à la seule dimension financière. Le budget est dans ce cas un véritable exercice de planification de la performance sur cinq axes. Cette conception élargie du budget, en rupture avec de nombreuses pratiques dans les entreprises, est cohérente avec le souhait de disposer d'une vision composite du réel et des leviers possibles d'action sur ce même réel.

Le budget semble également être le moment privilégié de nombreux échanges formels et informels. Durant les périodes budgétaires, les contrôleurs du groupe voyagent et rendent visite à leurs collègues partout dans le monde. De manière peut-être contrainte, le budget finit par jouer son rôle de mise en cohérence des objectifs globaux avec la réalité des opérations locales. La pertinence des indicateurs semble y être discutée, les tableaux de bord sont analysés. Ainsi, le rôle de coordination du budget, parfois sous-dimensionné dans certaines pratiques, s'exerce pleinement chez CostKill. On peut penser que le pouvoir de fait de la fonction « contrôle de gestion » n'est pas étranger à ce constat.

Chez CostKill, les objectifs sont fixés selon un processus descendant. La navette budgétaire est un concept qui a du mal à trouver sa place. En effet, les objectifs de cadrage « tombent » ; il faut ensuite deux mois aux équipes pour inventer la manière d'y arriver, si bien qu'il n'y a pas suffisamment de temps pour des itérations avec la hiérarchie. Par ailleurs, lors de la consolidation, lorsque tous croient être arrivés au bout du processus, une note d'objectifs complémentaires porte l'« estocade » aux équipes.

Cela produit inévitablement des effets de démotivation la première fois, puis des effets de protection les fois suivantes, poussant les managers à ne présenter que des budgets très conservateurs. On peut alors raisonnablement poser la question de la valeur ajoutée pour l'organisation d'un tel mode de fonctionnement.

Enfin, comment intégrer la demande d'un client de travailler sur un sujet imprévu ? Impossible si l'on est resté sincère dans le processus budgétaire. Dans ce cas, les plans de formation, les réductions de coûts obtenues et non déclarées dans les *reportings* deviennent autant de « poires pour la soif » permettant d'amortir ces imprévus en cours d'année.

Ce cas illustre donc la difficulté d'appliquer le principe du budget selon lequel il constituerait une base contractuelle. L'écrasant poids de la hiérarchie dans le cadre du budget rassure les directions et met sous contrôle strict les divisions. Peut-on parler ensuite de délégation de responsabilité ?

Par ailleurs, la charge de travail conséquente liée au processus budgétaire est très lourde pour les équipes. Bâtir des prévisions financières relativement fiables dans un contexte d'incertitude fort, imaginer les plans d'action associés, s'assurer au minimum de leur faisabilité, et tout cela en cohérence avec des objectifs complémentaires de dernière minute, sont un véritable casse-tête.

Une fois le budget construit, « *budget is God* ». L'obligation de résultat est de rigueur chez CostKill. Il faut donc veiller au quotidien à ce qu'aucun écart ne transparaisse durant l'année. Au cas où des écarts surviendraient, il faudrait en effet justifier leur raison par des heures de travail, puis fournir des plans d'action, puis des plans d'action pour les plans d'action… Bref, la machine infernale du contrôle se mettrait en route.

L'une des conséquences de cette surcharge de travail est que les managers de CostKill se centrent de fait sur les seuls indicateurs financiers, qui sont également ceux qui sont pris en compte dans le système d'incitation.

Au final, ce que nous recommandons est que, compte tenu de l'énergie demandée pour la construction du budget, il est important que celui-ci soit organisé dans une logique d'apprentissage organisationnel. Si, à l'issue du processus de construction budgétaire, au-delà de la production du budget elle-même, l'entreprise a pu réunir ses équipes, échanger sur des problématiques de terrain, organiser des transferts de connaissances d'une région à l'autre, si des discussions ont pu avoir lieu sur la pertinence de telle ou telle mesure, etc., alors le processus crée réellement de la valeur pour l'organisation.

4.1.3. Le rôle du contrôleur

Le système de mesure de la performance chez CostKill est très centralisé et focalisé sur les coûts. Le rôle du contrôleur est cohérent avec cette image. Le contrôleur est un véritable copilote, voire un contre-pouvoir vis-à-vis du directeur opérationnel. L'autorité du contrôleur est incontestée. Les contrôleurs ont un rôle de conseil auprès des managers, ce qui fait qu'ils sont parties prenantes de toutes les décisions importantes de la division. Il vaut mieux que le contrôleur de gestion comprenne ce que l'on fait. Chaque manager a bien compris cela chez CostKill et ils rendent visite régulièrement au contrôleur pour le former aux derniers enjeux technologiques, ou de développement international.

Avant même ce rôle de conseiller, les contrôleurs ont un rôle de gardien des procédures. Il faut contrôler que les indicateurs sont calculés correctement, que les données saisies ont un lien avec la réalité perçue dans les sites de production, ou les bureaux de développement. Si des écarts sont constatés d'un mois sur l'autre, le contrôleur doit comprendre pourquoi et aider les opérationnels à mener des plans d'action correctifs.

Cette position de gardien des procédures fait que, parfois, la réputation des contrôleurs n'est pas toujours excellente. En effet, ces derniers peuvent avoir tendance à se limiter strictement à ce rôle, soit par volonté personnelle de non-implication, soit pour des raisons de trop forte charge de travail. Si tel est le cas, le contrôleur est vu comme un policier qui sanctionne, sans vraiment apporter d'aide aux opérationnels. Pour dépasser cette posture de seul gardien des procédures, il faut donc au contrôleur des qualités personnelles importantes, comme le courage de s'impliquer dans des projets qui ne sont pas sûrs d'aboutir, la capacité d'écouter les équipes et de transformer leurs projets en modèles économiques, etc.

En synthèse, les principaux commentaires que l'on peut apporter au système de pilotage de la performance chez CostKill sont les suivants :

- il est très cohérent avec la stratégie de réduction qu'il faut poursuivre dans l'industrie automobile ;
- l'équilibre de ses indicateurs est très relatif ;
- il ne facilite pas l'innovation.

4.2. Les obstacles liés aux initiatives stratégiques : le cas de la division FEM

On peut dire que la division « modules » sert de révélateur pour l'analyse du système de mesure de la performance de CostKill. Elle pointe à la fois les forces du système (rigueur, standardisation, clarté…) et ses faiblesses, à savoir son incapacité à intégrer la nouveauté. Que doit-on remettre en cause : l'activité, qui présente certainement un nombre important de risques, ou le système de pilotage de l'activité, qui ne semble pas capable de percevoir, ni de mettre en évidence la valeur de l'activité « modules » ?

4.2.1. Quels sont les arguments des acteurs ?

Tentons de proposer ici une synthèse des arguments proposés par les différents acteurs du cas. Nous tenterons ensuite de problématiser.

Le discours du contrôleur branche est essentiellement financier. Il porte globalement un avis négatif sur cette nouvelle entité, en comparant l'impact positif sur le chiffre d'affaires avec la « qualité » de ce chiffre d'affaires, perçue uniquement en termes de marge brute. Les projets lui semblent consommateurs de trésorerie dans la mesure où il faut intervenir longtemps avant le lancement en production. L'impact sur les stocks de cette nouvelle division est également critiqué. Si l'on suit une logique strictement financière, les arguments du contrôleur sont tout à fait recevables. Si, en revanche, on cherche à mesurer la valeur à plus long terme de la division « modules », la vision financière ne convient plus.

Le directeur de la division « modules » avance des arguments de nature stratégique et discute les arguments de nature financière pour apporter un nouvel éclairage sur l'activité des modules :

- les modules seraient un moyen d'occuper une position intéressante dans la *supply chain*. En effet, plus on est proche du client final, plus on apprend. Plus on est proche des architectes concepteurs d'automobile, plus on apprend également. Le critère d'apprentissage organisationnel est utile ici. Ensuite, grâce aux modules, on créerait des barrières à l'entrée pour les concurrents. Cet argument est mis à mal par le fait que les fournisseurs capables de fabriquer des radiateurs étaient cinq au monde et que ceux qui prétendent en tout cas se lancer dans les modules ont été nombreux au départ (plus de vingt). Mais, effectivement, au fil du temps, les barrières à l'entrée vont s'ériger, protégeant quelque peu le groupe CostKill ;
- cette activité FEM permet de développer de nouvelles compétences, compétences qui, si elles sont comprises et valorisées, vont générer des affaires par la suite, soit au sein directement de la division « modules », soit au sein des lignes de produits classiques du groupe CostKill ;
- même si la division « modules » n'atteint jamais les niveaux de *payback* exigés du groupe et encore moins la marge brute, la rentabilité des modules semble très intéressante pour son directeur. Les marges sont faibles (ROS), mais l'ATO est très important, entre autres grâce à un BFR qui est maintenu très faible, voire négatif : stocks faibles, client qui paie avant que l'on ait à payer les fournisseurs. Le ROCE de la division « modules » est donc certainement bien plus élevé que celui de n'importe quelle autre activité du groupe. C'est pourquoi le directeur de la division milite en faveur d'un changement de critères d'évaluation de la performance de son travail.

Le chef de projet n'argumente pas vraiment en faveur de son projet ; il témoigne des difficultés de compréhension que les divisions classiques du groupe CostKill peuvent avoir quant à celui-ci. Ces difficultés peuvent trouver leurs sources à différents endroits. La communication a certainement dû manquer pour expliquer aux équipes locales ce que signifiait un projet de modules en écart par rapport à un projet de composants. Le choix de décentraliser certaines composantes de l'ATO à la division « modules » (le BFR) et de l'interdire aux membres de la division « radiateurs » est très mal interprété, presque vu comme une punition.

Le projet modules est intéressant sur le plan opérationnel et la plupart des contre-arguments invoqués par les acteurs sont induits par la configuration même du système de pilotage.

Il aura fallu quatre années d'opérations pour que la direction générale puisse affirmer sa volonté d'héberger plusieurs modèles économiques, les uns répondant aux autres, cela dans le but de pérenniser la performance à long terme. Il est alors important que les acteurs prennent en compte les changements induits par cette stratégie multiple composants-modules.

Quelles analyses peut-on déduire concernant le rôle du système de pilotage ? Tout d'abord, nous pouvons affirmer que CostKill a décidé de se lancer dans ces affaires, sans jamais anticiper un quelconque besoin de redéfinir la performance. Les modules imposent la redéfinition et le pilotage d'un tout autre modèle économique.

4.2.2. La mesure de la performance

L'enjeu des offres de modules consiste à offrir aux clients finaux le maximum de valeur en termes de contenu de composants et en termes de contenu de services.

Pour le constructeur, la création de valeur réside dans la réduction des fournisseurs en contact direct avec lui et de la sous-traitance de toutes les opérations logistiques associées aux modules.

La nouvelle activité FEM modifie donc l'équilibre du couple valeur/coûts.

Cette option stratégique est un formidable levier d'action pour apprendre et innover, mais il aura fallu un temps long (quatre années) et énormément d'énergie pour que la division FEM soit considérée comme telle.

Le système financier de mesure de la performance des composants n'est pas pertinent pour rendre compte de la valeur créée par la division « modules ». Le ROS, s'il permet de mesurer la performance des managers car il est cohérent avec le principe de contrôlabilité, occulte par ailleurs d'éventuels facteurs de performance permettant d'évaluer ce segment d'activité (ATO). Le ROCE rend compte que le ROS de la division FEM diminue certes, mais moins vite que n'augmente l'ATO, finissant par produire un ROCE plus important, avantageux pour la division FEM.

La division FEM semble avant tout porteuse de création de valeur à long terme, car elle favorise une meilleure connaissance des clients et de leurs attentes sur le long terme. Le cas du radiateur courbe ou du phare refroidi par eau en témoigne. Or, les indicateurs financiers classiques ne saisissent pas cette valeur à long terme. Il faut alors les compléter par des indicateurs non financiers qui auront réellement du poids pour influencer les perceptions négatives qui s'expriment à l'égard de la division FEM.

Il n'y a pas de problème proprement dit vis-à-vis de la division FEM quant à l'articulation global/local. Au contraire, pourrait-on dire, car l'intégration du ROCE au niveau d'une division est très compatible avec le système global qui intégrait déjà cet indicateur.

Le problème réside davantage alors dans l'éventuelle généralisation du ROCE comme indicateur au niveau du reste des divisions.

Le fait d'intégrer des indicateurs nouveaux pour saisir la performance de la division « modules » sonne-t-il le glas de la standardisation du système de mesure de la performance CostKill ?

En effet, des questions d'équité dans l'appréciation des performances se posent alors. Le directeur de la division aura quelque facilité à faire croître le chiffre d'affaires, quand un directeur de division classique choisira plutôt d'augmenter sa marge brute.

Le principe de contrôlabilité, couplé à la spécificité des sujets, militerait en faveur d'une mesure locale adaptée. Mais alors comment comparer une division à une autre ? Pour faciliter l'intégration de la division FEM, ne faudrait-il pas malgré tout qu'elle rende compte de ses activités *via* des indicateurs standard ? Ce qui est appliqué aujourd'hui chez CostKill est une mesure standard plus riche, permettant à la fois de mesurer la valeur des divisions « composants » comme la valeur (autre) des divisions « modules ».

4.2.3. Questions à l'organisation

Dans la figure 10.1, nous avons illustré l'organisation matricielle du groupe CostKill.

Cette logique transversale, même si on en saisit le bien-fondé, rencontre au sein du groupe CostKill un certain nombre de difficultés. En effet, la décentralisation et le pilotage par les comptes de résultat peuvent s'opposer à la logique de coordination fonctionnelle. Pour reprendre l'exemple de la fonction « achats », on comprend aisément que grouper les achats de matières plastiques entre plusieurs divisions, voire branches, a du sens, car un effet volume pourra être utilisé pour négocier une réduction des prix d'achat. Cependant, pour une division, par exemple la division américaine, pourquoi aller acheter ses matières plastiques chez un fournisseur en Europe, alors que le service délivré par le fournisseur américain depuis des années est excellent ? La logique locale va donc ici s'opposer à la logique globale, pilotée par le réseau fonctionnel.

La division FEM, quant à elle, rompt avec les systèmes d'organisation dans lesquels une division correspond à un territoire. La petite division FEM a été mondiale dès sa genèse, dans le sens où son périmètre d'action a été celui des modules, et non celui d'un client ou d'une usine.

C'est du fait de sa nature transversale que les managers de la division FEM sont amenés à intervenir sur les territoires des autres divisions classiques du groupe CostKill : chez leurs clients (mais à des niveaux différents), chez les fournisseurs, chez les concurrents, etc.

Nul doute que si le modèle des modules devait être reproduit au sein du groupe CostKill, l'organisation entrerait dans une véritable mutation.

Ce cas illustre également les difficultés rencontrées dès que l'on souhaite trouver un compromis entre les logiques individuelles et collectives. Le *responsibility accounting*, comme cela a été souligné au chapitre 4, peut conduire à des logiques de comportement contraires à une bonne coopération. On peut facilement renforcer les phénomènes de cloisonnement.

Le cas témoigne plusieurs fois que des synergies entre divisions ou entre branches sont souvent manquées. Cette guerre fratricide entre divisions, ou entre branches, détruit de la valeur au niveau global pour le groupe CostKill, mais, pour autant, il n'est pas simple d'envisager un système de responsabilisation totalement transversal.

4.2.4. Budget et innovation

Le contexte de lancement de la division « modules » est extrêmement incertain. Prévoir quatorze mois à l'avance ce que sera l'activité est impossible, pour ne pas dire absurde. Dans sa première année d'existence, la division FEM a remporté un important marché et a perdu ce même marché huit mois plus tard. Budgétairement parlant, cela a été vécu comme une catastrophe et il fallait combler ce trou dans le budget. Pourtant, malgré la perte de ce marché, la réputation de la division a fortement grandi, signe positif au regard de cette première aventure.

Le processus budgétaire ne devrait-il pas être en partie adapté à la division FEM ?

4.2.5. Le rôle du contrôleur

Les compétences requises, selon que l'on opère dans le *business* classique de CostKill ou dans la division FEM, sont différentes. Dans le premier cas, il faut être un excellent technicien, avec une connaissance intime des processus en jeu. Les qualités de négociation sont également très importantes, surtout au moment du budget. Dans le second cas, celui de l'activité « modules », les compétences requises semblent plus larges. Au-delà des aspects techniques qu'il faut bien évidemment maîtriser, il faut savoir reconnaître des modèles économiques nouveaux, décider de leur viabilité et en expliquer la pertinence aux échelons supérieurs de l'organisation. Le rôle serait alors plus celui d'un professeur chercheur, qui analyse, modélise et fait partager son point de vue avec pédagogie.

Enfin, chez CostKill, les contrôleurs de gestion, grâce aux questions qu'ils se sont posées au travers de la création de la division « modules », ont grandement contribué à l'élaboration d'une stratégie innovante et réaliste au sein du groupe.

Conclusion

Il est nécessaire que les systèmes de mesure de la performance puissent accompagner le développement des organisations, ce qui pose d'emblée la question de la rigidité des modèles de pensée qui tendent à reproduire le connu, sans parvenir à s'ouvrir à l'inconnu.

Le modèle stratégique des modules contient un grand nombre d'hypothèses qui sous-tendent son existence. Il conviendrait de doter le système de mesure de la performance de CostKill d'indicateurs de vérification de ces hypothèses fondatrices.

Nos recommandations principales ici sont d'adapter la mesure de la performance aux évolutions des modèles économiques, d'ajouter des indicateurs non financiers qui rendent compte des aspects « *soft* » du modèle économique (par exemple, l'apprentissage), d'ajuster le mode de fixation des objectifs et, enfin, d'aménager la procédure de construction budgétaire.

Chapitre 11
Le cas Propreté et Environnement

Présentation générale

L'entreprise Propreté et Environnement est une filiale d'un grand groupe européen, spécialisé dans la gestion globale des déchets.

En 200*n* – 1, Propreté et Environnement a réalisé un chiffre d'affaires supérieur à 2 milliards d'euros. Elle assure la collecte et le traitement des déchets ménagers de plusieurs millions d'habitants et compte également plusieurs dizaines de milliers de clients industriels et commerciaux.

Pour réaliser son activité, Propreté et Environnement s'appuie sur une flotte de 4 500 véhicules lourds, 25 usines d'incinération, 50 centres de stockage, autant de centres de tri et plus de 15 000 collaborateurs.

La gestion des déchets recouvre la collecte, le tri, la valorisation et le traitement final des déchets, c'est-à-dire leur enfouissement ou leur incinération (voir en annexe 1 la présentation détaillée des activités/métiers). Elle est assurée principalement par dix filiales régionales multimétiers réparties sur le territoire et par des filiales nationales spécialisées (voir en annexe 2 la structure juridique). Chaque filiale régionale est elle-même subdivisée en agences.

L'entreprise s'est constituée principalement par le rachat successif de petites entreprises, dont les dirigeants ont été maintenus à la tête de leur entité et, aujourd'hui, l'organisation est marquée par une forte décentralisation, synonyme de proximité, d'autonomie et d'esprit d'entreprise.

Chaque lundi, un comité de direction réunit les principaux responsables de l'entreprise. Dans cette entreprise où les dirigeants de filiale disposent d'une forte délégation de responsabilités, le principe de management est celui de la gestion par exception : seuls les problèmes qui n'ont pas pu être résolus directement entre les responsables de filiale concernés, ainsi que les décisions de nature stratégique (grosse opération d'investissement, acquisition) font l'objet d'une discussion en comité de direction. À l'issue du comité de direction, ce lundi 2 décembre, le directeur général et le directeur financier de l'entreprise se retrouvent pour déjeuner. Ils commentent ensemble le comité du matin.

Directeur général : « Nous avons encore dû arbitrer ce matin un problème entre Denis [directeur de la filiale nationale d'incinération des déchets] et l'un des directeurs régionaux.

Cette fois, c'était Lambert [responsable de la filiale Nord-Est] : il était très remonté, parce que Denis soutenait qu'il était préférable d'incinérer les déchets des clients industriels plutôt que de les enfouir et Lambert, bien sûr, était convaincu de l'inverse. C'est vrai que les chiffres semblent lui donner raison, puisque la marge moyenne par tonne est de 22 € pour l'enfouissement et uniquement de 17 € pour l'incinération. »

Directeur financier : « En tant que patron de filiale, Lambert se sent concerné surtout par la gestion de son activité. C'est d'ailleurs un des principes forts que nous avons voulu mettre en place dans notre système. Les patrons de filiale sont responsables de leur profit. Des patrons autonomes, c'est important par rapport à nos marchés. Localement, ils connaissent tout le monde et peuvent répondre vite ; c'est bon pour l'activité. »

Directeur général : « Oui, mais on passe de plus en plus de temps à régler ce type de problème. Je sais bien que notre culture c'était "laissons-les se battre entre eux". Si on les encadre trop, ils ne seront plus entrepreneurs. Et ils aiment bien ça, vivre comme les vrais patrons de leur filiale. Mais avant, ça allait de pair avec l'idée qu'ils devaient régler leurs affaires entre eux. Là, cela ne va plus ; j'ai l'impression qu'on nous appelle constamment pour intervenir, le système ne se régule plus de lui-même. Peut-être qu'à force de se considérer comme patrons de leur boîte, ils oublient que ce qui compte finalement, c'est la rentabilité des activités pour le groupe.

« Et pour les objectifs de leur filiale, je me pose des questions. Bien sûr, ils sont responsables de la réalisation de leurs objectifs, mais tu sais bien qu'on négocie ces objectifs avec eux et je ne me sens pas toujours à l'aise pour discuter leurs arguments. Et puis, les réalisés m'étonnent aussi parfois.

« Toi-même, tu as bien constaté que, l'année dernière, on avait mis un plan d'action sur la collecte de déchets industriels, parce que la marge sur le métier était un peu faible. Effectivement, on a bien progressé. Mais, en même temps, la marge sur les autres métiers du déchet industriel a baissé. Alors, quand on regarde globalement l'activité, et pas les métiers, la marge n'a pas vraiment bougé. C'est à se demander si les marges par métier veulent dire quelque chose, ou si quelqu'un s'arrange pour qu'on obtienne toujours les marges qui vont bien. Je suis désolé de te dire ça, mais je me demande parfois si les chiffres qui sortent de chez toi sont vraiment fiables.

Directeur financier : « Oui je sais, on en a déjà parlé. C'est bien moi qui valide les règles pour le calcul des marges. On essaye de trouver le prix de marché pour chaque région. Mais ensuite, tu sais bien que les contrôleurs dans les filiales ne dépendent pas de moi. Leur patron, c'est le directeur de la filiale. Bien sûr, ils sont encadrés par nos principes de *reporting* et il n'est pas question qu'ils y dérogent. D'ailleurs, je t'ai préparé un petit topo sur les règles générales que nous avons adoptées [voir annexe 3]. Mais, en même temps, ils travaillent main dans la main avec les patrons de filiale, c'est ce qu'on a voulu. Alors les marges, je ne sais pas exactement comment ils les calculent en réalité. Et si, à un moment donné, le directeur de filiale n'aurait pas finalement son mot à dire pour répartir la marge entre les métiers, en fonction de ses objectifs et de ce qui l'arrange pour se faire bien voir et décrocher son bonus. Et je ne peux pas vraiment faire de comparaisons entre filiales. Chaque contexte local est différent : la concurrence, les activités, le nombre de sites, leur ancienneté… L'analyse n'est pas facile. »

Directeur général : « Il y a la réalité des marges entre métiers, mais il y a plus si les bonus qu'on leur donne conduisent finalement à des comportements contraires à ce qu'on recherche. Tu as bien vu ce que l'on a constaté l'année dernière, chez Rabouillet. Il était déjà à plus de 120 % de son objectif sur le *cash*, alors en fin d'année, il s'était mis à payer les fournisseurs trop tôt pour être plus à l'aise sur son objectif l'année suivante. Le contrôleur n'aurait jamais dû laisser passer ça. »

Directeur financier : « Je sais bien, mais je te l'ai dit, je ne suis pas leur patron. Le patron du contrôleur, c'était Rabouillet. S'il lui demande de gérer l'indicateur, à terme on peut s'en apercevoir, mais ce n'est pas immédiat. On a voulu rapprocher les contrôleurs des responsables opérationnels. Peut-être que c'était une mauvaise idée et qu'ils sont devenus trop proches. Je ne pense pas qu'ils aillent systématiquement jusqu'à jouer le petit jeu qui consiste à essayer de rouler le siège quand les résultats ne sont pas assez bons, tout cela pour que leur patron ait quand même son bonus et qu'ils aient le leur aussi par la même occasion. Mais c'est vrai que si cela se passe comme ça, je n'ai pas trop de moyens de le savoir. De mon point de vue, je peux redevenir leur patron si tu penses que c'est mieux. »

Directeur général : « Toujours partant pour étoffer tes troupes ! Mais je ne suis pas sûr que ce soit une bonne idée. Des contrôleurs très proches du terrain et qui conseillent les patrons de filiale pour les aider à piloter leur *business*, ça me plaît bien. Peut-être qu'il faudrait changer autre chose dans le système de *reporting*. »

Directeur financier : « On peut y réfléchir si tu veux, mais les responsabilités, les objectifs, le *reporting*, les bonus, tout cela est très lié. Quand on touche à quelque chose, il faut bien faire attention à ne pas mettre en cause l'équilibre de tout le système. »

Directeur général : « Tu as raison, tout cela est assez complexe. Mais je me demande si notre système de pilotage donne encore suffisamment satisfaction aujourd'hui. C'est peut-être le bon moment pour y réfléchir en effet. Regarde qui tu peux mettre là-dessus, avec toi et moi dans l'équipe. On peut aussi trouver un budget pour se faire aider par des consultants si tu penses qu'on n'a pas les ressources en interne. On en reparle lundi prochain ? »

Directeur financier : « D'accord, on fait comme ça. On peut demander à Carrington. Ils sont un peu chers et toujours prêts à nous vendre des solutions, mais c'est vrai qu'un regard extérieur, cela peut nous aider. Et puis, en ce moment, je suis avec les auditeurs pour le publié au 31 décembre. Ensuite, il y a le premier prévisionnel après le *reporting* du premier trimestre. On a bientôt le comité d'investissement. Et, en même temps, on est sur le plan stratégique. Alors, pour les questions sur l'organisation de nos systèmes, c'est toujours difficile de trouver le temps nécessaire, mais on va le faire. »

Vous êtes ce consultant. Analysez les raisons expliquant la fréquence des arbitrages requis de la direction générale et proposez des pistes d'amélioration.

Annexe 1 : Les métiers de Propreté et Environnement

L'enchaînement des différentes activités concernant les déchets banals est résumé dans la figure suivante :

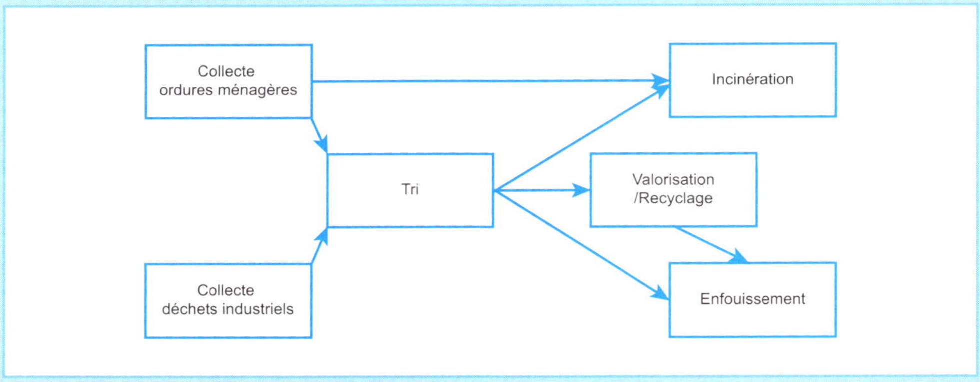

Figure 11.1 – Processus de gestion des déchets

La collecte

Les filiales régionales assurent la collecte des déchets pour le compte de collectivités (ordures ménagères, ou OM) et de clients industriels (déchets industriels, ou DI). En ce qui concerne les ordures ménagères, on distingue la collecte sélective, qui consiste à acheminer les déchets jusqu'au premier centre de traitement (tri), et la collecte non sélective (bacs à ordures), qui est acheminée directement vers les centres d'incinération. Les déchets industriels, quant à eux, sont généralement plus triés en amont ; l'essentiel est donc acheminé vers des centres de tri[1].

Avec les collectivités locales, des appels d'offres séparés sont lancés pour la collecte et les opérations aval. Ces activités sont toutefois liées, car la collecte est un moyen de développer les contacts avec les collectivités qui faciliteront, par exemple, l'ouverture de nouveaux sites d'enfouissement des déchets.

Les clients industriels, quant à eux, se voient proposer une offre de prestations complète incluant la collecte, le tri, la valorisation et le traitement final, pour un prix global. Le principe est que les clients puissent totalement externaliser auprès d'un prestataire unique la gestion de leurs déchets, bien qu'il arrive parfois qu'un client industriel se charge d'apporter lui-même ses déchets à l'incinérateur. Lorsqu'une offre globale est proposée, la collecte constitue la première maille de l'activité ; elle permet d'accéder aux activités plus rémunératrices liées au traitement des déchets. Ces contrats sont en général d'une durée plus courte que ceux liant l'entreprise aux collectivités locales.

1. Pour des raisons de simplification, nous ne considérons pas ici le cas des déchets spéciaux, dont le traitement (collecte, tri, enfouissement) suit un circuit spécifique du fait de leur caractère toxique ou polluant. Ce cas se limite ainsi aux déchets dits « banals ».

Le tri

Les filiales régionales procèdent ensuite au tri des déchets collectés. Cette activité exige une main-d'œuvre importante.

Certains déchets peuvent faire l'objet d'une valorisation, d'autres seront orientés vers un traitement final (incinération, enfouissement).

La valorisation/le recyclage

La loi oblige à recycler au maximum les déchets avant de les mettre en décharge. Cette valorisation est assurée par des « filières matières/produits » spécialisées (caoutchouc, plastique, bois, métaux, papiers/cartons, mais aussi déchets électroniques, voitures, etc.), regroupées dans une filiale nationale spécifique, organisée par type de matières/produits.

La valorisation est une activité de négoce. La concurrence est forte et le prix de marché très fluctuant. C'est ce dernier qui permet d'ajuster notamment les quantités de main-d'œuvre qui seront affectées au tri. En effet, lorsque les prix des matériaux récupérables sont à la hausse, il devient rentable d'augmenter la main-d'œuvre pour un même volume de tri. Accroître la main-d'œuvre permet de renforcer la qualité et la précision du tri, l'accroissement des coûts à la tonne triée étant plus que compensée par le produit de la vente des matériaux récupérés.

De manière symétrique, il est important de ne pas faire de surqualité en matière de valorisation.

L'enfouissement

L'activité d'enfouissement est assurée distinctement selon qu'il s'agit de déchets « spéciaux » (amiante, etc.) ou plus banals (déchets industriels banals, ordures ménagères). Les premiers doivent faire l'objet d'un traitement spécifique du fait de leur dangerosité. L'enfouissement des déchets plus standard est assuré principalement par les filiales régionales. En effet, la proximité est essentielle en la matière, car l'ouverture des sites d'enfouissement est négociée avec les collectivités locales. Par ailleurs, la loi interdit en général que les déchets franchissent les frontières départementales. Cependant, il existe une filiale nationale qui gère de plus gros sites d'enfouissement et ceux-ci ont souvent des arrêtés leur permettant de traiter des déchets au-delà des frontières des départements.

L'enfouissement est une activité très génératrice de résultat. En effet, ses coûts sont principalement liés au site de stockage (terrain, personnel, gardiennage, pont-bascule, frais administratifs), il s'agit donc de coûts fixes, si bien qu'une fois ces coûts couverts, le coût marginal d'enfouissement est faible (de l'ordre de 20 % du coût total) : que l'on enfouisse tel ou tel volume de déchets ne coûte pas beaucoup plus cher.

Il est essentiel que les filiales sachent reconstituer à moyen et long termes leurs capacités d'enfouissement grâce à l'acquisition de nouveaux sites. Ce processus est toutefois devenu de plus en plus long, complexe et coûteux, en raison notamment de la raréfaction des sites éligibles et du renforcement de la réglementation environnementale.

L'incinération

L'incinération, quant à elle, est portée par une filiale nationale, car une usine d'incinération constitue un outil industriel complexe et des coûts fixes très lourds. Des équipes d'ingénieurs et de techniciens très spécialisés détenant des compétences spécifiques sont nécessaires pour assurer le bon fonctionnement des installations. L'implantation d'un incinérateur fait l'objet d'un contrat entre l'entreprise et une collectivité locale sur une période longue (vingt ans), qui assure environ 80 % de l'activité de l'incinérateur et permet de couvrir la majeure partie de ces coûts. Les 20 % restants constituent ce que l'on appelle dans le jargon du métier le « vide de four ». Un enjeu essentiel pour augmenter les marges est de combler ce vide de four grâce à l'incinération de déchets autres que ceux provenant des collectivités. L'incinérateur fonctionne en continu, quel que soit le taux de remplissage du four. Le programme d'implantation de nouvelles usines d'incinération est pratiquement gelé, les groupements écologiques faisant valoir les émissions de dioxines, mais également du fait de résistances politiques dans certaines régions.

Annexe 2 : La structure juridique du groupe et les liens avec les activités

Les filiales régionales

10 filiales multimétiers :

- Collecte ordures ménagères (OM) ;
- Collecte déchets industriels (DI) ;
- Tri ;
- Enfouissement déchets standard.

Les filiales nationales

2 filiales activités spécialisées :

- 1 filiale incinération ;
- 1 filiale enfouissement des déchets (gros sites).

1 filiale valorisation matières/produits.

Annexe 3 : Le système de comptabilité analytique

Le système de comptabilité analytique de Propreté et Environnement a été mis en place par le contrôleur de gestion trois ans plus tôt, selon les principes suivants.

La maille d'analyse élémentaire qu'il a choisie est le métier dans une agence. Cela permet de produire, d'une part, des comptes de résultat par filiale (une filiale est un regroupement d'agences) et, d'autre part, des comptes de résultat par métier.

L'analyse par filiale

Les coûts directs des filiales comprennent principalement des frais de personnel, des coûts énergétiques, des charges externes (entretien notamment).

Les coûts indirects correspondent aux frais de siège, qui sont facturés aux filiales au prorata du chiffre d'affaires. Selon le contrôleur de gestion, le but principal de cette allocation est que les filiales ne fixent pas des prix de vente trop bas. Accessoirement, il s'agit également « de faire râler les filiales et de les amener à faire pression sur le siège pour que celui-ci justifie ses coûts auprès d'elles ».

Les cessions des filiales régionales aux filiales nationales (valorisation/recyclage, incinération, enfouissement des déchets/gros sites) font l'objet d'une négociation au cas par cas, car il n'existe pas de prix de marché. La pratique revient en général à laisser la marge commerciale à la filiale régionale.

L'analyse par métier

Cinq métiers différents ont été distingués :

- la collecte ordures ménagères (OM) ;
- la collecte déchets industriels (DI) ;
- le tri/la valorisation ;
- l'enfouissement ;
- l'incinération.

Annexe 4 : Les résultats par métier

Tableau 11.1 – Marges opérationnelles

	Réalisé *n* – 1 (en k€)					
	Collecte OM	**Collecte DI**	**Tri/valorisation**	**Enfouissement**	**Incinération**	**Total**
Chiffre d'affaires incinération					363 192	
Chiffre d'affaires valorisation énergétique					91 418	
Chiffre d'affaires	477 000	294 000	520 527	437 863	454 610	**2 184 000**
Charges d'exploitation directes hors amortissements	390 990	217 730	390 077	154 858	329 135	
Dotations aux amortissements matériel (DAM)	30 150	32 480	37 200	59 880	35 100	
DAM capacité enfouissement				10 500		

	Réalisé *n* – 1 (en k€)					
	Collecte OM	**Collecte DI**	**Tri/valorisation**	**Enfouissement**	**Incinération**	**Total**
Marge brute	55 860	43 790	93 250	212 625	90 375	**495 900**
Charges de structure	65 520	40 390	71 500	60 150	62 440	**300 000**
EBIT	– 9 660	3 400	21 750	152 475	27 935	**195 900**
CAPEX	37 950	42 980	21 000	85 440	25 350	

Tableau 11.2 – Détail des charges d'exploitation directes hors amortissements

	Collecte OM	**Collecte DI**	**Tri/ valorisation**	**Enfouissement**	**Incinération**
Personnel d'exploitation	273 152	83 831	75 608	25 319	63 796
Énergie	32 396	24 823	22 373	6 851	18 878
Entretien, frais GER[1] et démantèlements	50 512	29 693	77 585	1 527	65 464
Autres charges externes[2]	15 937	37 034	139 700	26 432	117 875
Coût des installations techniques[3]	1 333	1 797	42 075	85 179	35 503
Achat de matières revalorisables + autres frais affectables	6 856	3 284	2 719	2 867	– 3 842
Divers[4]	10 804	37 268	30 017	6 683	31 461
Total	**390 990**	**217 730**	**390 077**	**154 858**	**329 135**

Tableau 11.3 – KPI enfouissement

	Réalisé *n* – 1	**Janvier**	**Février**	**Mars**	**Avril**	**Mai**	**Juin**	**Juillet**	**Août**	**Septembre**	**Octobre**	**Novembre**	**Décembre**
Volumes (en tonnes)	9 638 640	792 000	726 000	844 800	805 200	825 000	891 000	877 800	792 000	778 800	897 600	752 400	656 040
Chiffre d'affaires/ tonne	45,4												
Coût de revient/ tonne	22,3												
Marge/tonne	23,1												

1. GER : gros entretien et réparations.
2. Location de matériel, sous-traitance, assurances.
3. Frais d'installation, réaménagement des centres d'enfouissement technique (CET), suivi long terme (SLT) des CET.
4. Impôts et taxes, provision pour risques clients, coûts des prestations internes au groupe.

	Réalisé *n* – 1	Janvier	Février	Mars	Avril	Mai	Juin	Juillet	Août	Septembre	Octobre	Novembre	Décembre
Capacités													
Ouverture	80 400												
Consommation	2 880												
Extension	3 000												
Réduction	0												
Clôture	80 520												

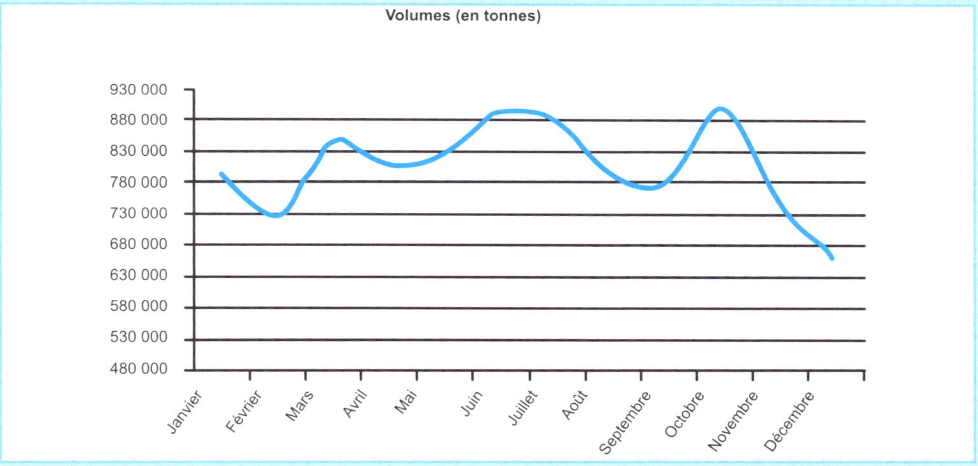

Figure 11.2 – Volumes (en tonnes)

Tableau 11.4 – KPI incinération

	Réalisé *n* – 1	Janvier	Février	Mars	Avril	Mai	Juin	Juillet	Août	Septembre	Octobre	Novembre	Décembre
Tonnes reçues	5 612 750												
Tonnes incinérées	5 298 150	486 200	429 000	469 040	414 700	436 150	414 700	450 450	429 000	429 000	429 000	471 900	439 010
Chiffre d'affaires incinération/tonne reçue	58,7												
MWh électrique	1 239 420	138 710	110 110	124 410	97 240	100 100	81 510	105 820	91 520	100 100	92 950	124 410	131 560
Chiffre d'affaires/MWh électrique	59,4	82,5	84,7	83,6	34,1	31,9	31,9	30,8	33	29,7	55	83	82,5
MWh thermique	924 495	104 390	95 810	97 240	65 780	62 920	40 040	44 330	42 900	45 760	94 380	120 120	110 825
Chiffre d'affaires/MWh thermique	19,25	20,9	20,35	21,45	18,7	17,6	18,15	18,15	18,7	19,25	19,25	21,45	20,9
Chiffre d'affaires/MWh	42,2												

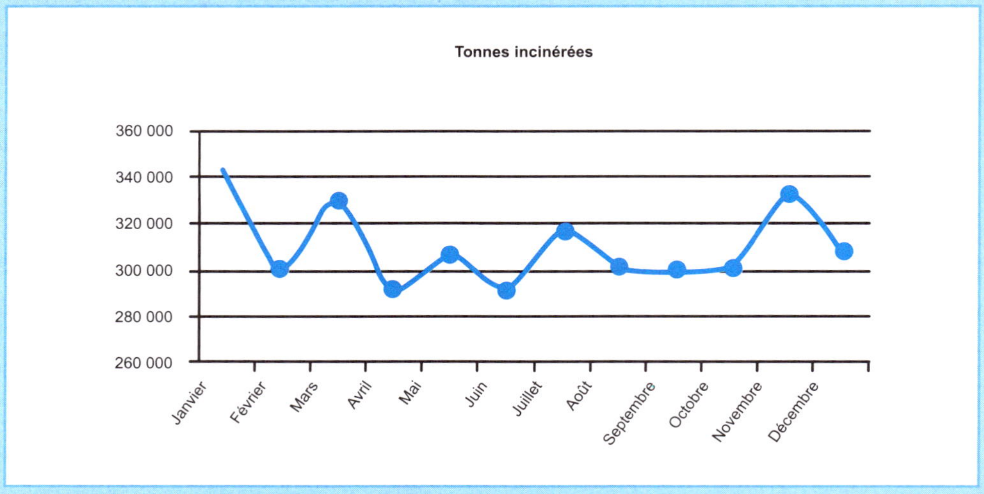

Figure 11.3 – Tonnes incinérées

Tableau 11.5 – KPI collecte ordures ménagères

Nombre de camions	2 486,4
Frais personnel/chiffre d'affaires	58,9 %
Entretien/chiffre d'affaires	11,3 %
Kilométrage	4 352 000
Prix de revient kilométrique	1,529
DAM/chiffre d'affaires	6,3 %

Tableau 11.6 – KPI collecte déchets industriels

Nombre de camions	1 950
Frais personnel/chiffre d'affaires	43,5 %
Entretien/chiffre d'affaires	11,5 %
Kilométrage	7 360 000
Prix de revient kilométrique	0,72
DAM/chiffre d'affaires	11 %
Nombre de tours/jour ouvré/camion	2,95

Annexe 5 : Le système de gestion

Le système de planification

Le plan stratégique du groupe est élaboré par le comité exécutif du groupe et le contrôle de gestion central. Il est actualisé chaque année. Les prévisions de développement de chaque métier sont établies à l'horizon de dix ans, avec projection financière à trois ans. Le plan stratégique sert principalement à décider les grands leviers d'investissement.

Le budget (première année du plan) est élaboré à un horizon annuel et par filiale (plus exactement par métier au sein de la filiale). Il sert d'indexation pour le bonus et ne fait l'objet d'aucune révision dans cette perspective. En revanche, des reprévisions sont effectuées régulièrement pour estimer le point de sortie de l'entreprise.

Le suivi des résultats

Les filiales transmettent chaque mois un *reporting* au groupe. Un premier niveau de discussion des résultats est effectué au niveau régional, une zone correspondant à un regroupement de filiales. Ce *reporting* s'appuie sur les résultats financiers et sur le tableau de bord (voir exemples de KPI en annexe 3).

Par ailleurs, chaque année, des plans d'action de suivi sont réalisés par métier.

Enfin, chaque directeur de filiale rend compte de ses résultats lors d'une revue annuelle de performance.

Annexe 6 : Les systèmes d'évaluation des managers

Chaque filiale régionale est constituée en centre de profit, de façon cohérente avec la forte décentralisation de l'activité.

La culture du centre de profit est fortement enracinée dans l'entreprise : le directeur général de chaque filiale est (et tient à être) évalué sur sa *bottom-line* et se voit comme « propriétaire » de son compte de résultat. Par ailleurs, le calage des responsabilités sur la structure juridique renforce ce sentiment d'identité claire et indépendante, chacun se percevant comme « le patron de la filiale X ».

Plus précisément, le bonus des directeurs de filiale (environ 30 % de leur rémunération) dépend de leur capacité de gérer les indicateurs suivants :

- le résultat net de la filiale (20 % du bonus) ;
- le *free cash flow* de la filiale (20 %) ;
- une série d'indicateurs d'appropriation des valeurs du groupe (esprit d'équipe, transparence, sécurité, etc. ; 30 %).

Les 30 % restants sont indexés sur le résultat du groupe.

Le résultat net correspond au cumul des marges brutes métiers des agences de la filiale, dont on déduit les coûts de structure de la filiale et les frais de siège. Ceux-ci comprennent les coûts de la présidence et des services de support (DAF, DRH).

Le bonus maximum est obtenu si la filiale atteint 120 % du budget.

Annexe 7 : Les nouvelles controverses dans la gestion des déchets

Voici une synthèse d'un article de Gilles Van Kote, « Sortir des dogmes dans la gestion des déchets ménagers », paru dans *Le Monde* le 14 mai 2009, et qui évoque le sujet sensible de la gestion des déchets.

Au début du mois de mai 2009, le préfet du département des Alpes-Maritimes a annoncé la fermeture définitive en juillet de la même année, pour cause de saturation, d'un vaste centre d'enfouissement de déchets ménagers, alors qu'aucune solution de remplacement n'a été prévue. Les quelque 300 000 tonnes de déchets annuels que ce centre absorbait devront être traitées en dehors du département ou incinérées. Ces solutions, jugées peu économes et peu respectueuses de l'environnement, seraient, selon le journaliste, emblématiques des contradictions et des dogmes de la gestion des déchets ménagers, en particulier concernant la question de l'incinération sur laquelle s'opposent industriels, d'une part, et riverains et associations de défense de l'environnement, d'autre part.

Les industriels sont favorables à la mise en œuvre d'un programme de construction d'incinérateurs, sur le modèle pratiqué dans d'autres pays européens. Auparavant décriés pour leurs émissions de dioxines, les incinérateurs seraient aujourd'hui plus respectueux de l'environnement et conformes aux normes européennes beaucoup plus strictes, appliquées en France depuis 2005. De plus, le pouvoir combustible des déchets peut être utilisé pour produire de l'électricité ou pour le chauffage urbain.

Riverains et associations de défense de l'environnement rejettent ces arguments. Ils n'hésitent pas à s'appuyer sur des études épidémiologiques anciennes, dont les résultats continueraient, selon eux, à s'appliquer aux incinérateurs de nouvelle génération. Ils mettent en avant risques d'accident et principe de précaution. Enfin, les incinérateurs, pour fonctionner en continu, doivent être constamment alimentés en déchets, ce qui irait à contresens des politiques de recyclage et de réduction des déchets à la source.

Le journaliste souligne l'absence de solution simple entre ces deux positions.

Par exemple, les centres d'enfouissement ne sont pas exempts eux non plus de risques de pollution : émissions de gaz en raison de la fermentation des déchets (toutefois, ces gaz pourraient servir à produire de l'énergie) ou fuites de liquides toxiques dans l'environnement si l'étanchéité du système n'est pas garantie.

Par ailleurs, incinération et enfouissement sont les deux seules possibilités pour les déchets dits « ultimes ». Réduire les déchets à la source est une action possible, mais les politiques de responsabilisation n'ont permis jusqu'à présent que de stabiliser les volumes de déchets ménagers – soit 350 kg par habitant et par an.

Des progrès pourraient également être faits en matière de recyclage ou de compostage qui ne portent actuellement que sur 30 % des déchets, mais les politiques du « tout-recyclage » sont parfois contestées elles aussi.

Sortir du dilemme est pourtant indispensable pour les communes et les départements responsables devant la loi de la collecte et du traitement des déchets, pour les premières, et des plans d'élimination, pour les seconds.

Index

Dépôt légal : mai 2011
IMPRIMÉ EN FRANCE

Achevé d'imprimer le 9 mai 2011
sur les presses de l'imprimerie « La Source d'Or »
63039 CLERMONT-FERRAND
Imprimeur n° 10656